小さな民のグローバル学

共生の思想と実践をもとめて

Global Studies from People's Perspectives:
In Search of Philosophy and Practice of Co-existence

甲斐田万智子／佐竹眞明／長津一史／幡谷則子　共編著
Edited by Machiko Kaida, Masaaki Satake, Kazufumi Nagatsu and Noriko Hataya

Sophia University Press
上智大学出版

目　　次

序章　「小さな民のグローバル学」が目指すもの　　　　　　　1
　　　　　　　　　　　甲斐田万智子・佐竹眞明・長津一史・幡谷則子

第1部　小さな民の生き様——民衆生業と移住

第1章　観光という日常
　　　　——バリ島の小さなホテルで働く人々　　　　　12
　　　　　　　　　　　　　　　　　　　　　　　　中谷　文美

　　第1節　バリ島の観光産業　　13
　　第2節　ホテルの成り立ち　　16
　　第3節　従業員たちのプロフィール　　18
　　第4節　育児・儀礼上の義務と職業生活の両立　　22
　　第5節　それぞれの人生設計　　27

第2章　民衆生業の社会経済圏
　　　　——インドネシア・ソロ地方出身のジャムー売りの世界　　35
　　　　　　　　　　　　　　　　　　　　　　　　間瀬　朋子

　　第1節　ジャムー売りはソロ人なのか　　38
　　第2節　ソロ出稼ぎ送り出し圏の中心——ングトゥル　　42
　　第3節　出稼ぎ慣行の周辺地域への波及　　52

第3章　移動する朝鮮族と家族の分散
　　　　——国籍・戸籍取得をめぐる「生きるための工夫」　　62
　　　　　　　　　　　　　　　　　　　　　　　　権　香淑

　　第1節　問題意識と研究目的　　64
　　第2節　朝鮮族の再移動と跨境生活圏の拡大　　66
　　第3節　二つの聞き取り事例　　70

第 4 節　国籍・戸籍取得をめぐる意味づけ　72
　　　第 5 節　家族の分散を支える諸条件　75

第 4 章　四国の山村における国際結婚
——フィリピンからの「小さな民」の生き方　85

佐竹　眞明

　　　第 1 節　国際結婚をめぐる事実関係　86
　　　第 2 節　出会い・活動・地域の現実　93
　　　第 3 節　人間関係　99
　　　第 4 節　家族関係　103

column　「小さな民」としての日本の農民　　　　　　原村　政樹　111

第 2 部　人権と援助——少女・先住民・地域住民の声

第 5 章　少女に対する暴力
——「伝統」に挑む権利ベース・アプローチ　114

甲斐田　万智子

　　　第 1 節　少女に対する暴力をめぐる国際的動向　115
　　　第 2 節　少女に対する暴力の現状と取組み　117
　　　第 3 節　FGM／C 廃絶に向けて——国際社会のかかわりと当事者運動　122
　　　第 4 節　権利ベース・アプローチによって少女たちを守る　129

第 6 章　〈他者〉との共存を求めて
——フィリピン先住民族の自己表象　138

小川　玲子

　　　第 1 節　地域にあるものから出発する　139
　　　第 2 節　アイデンティティと表象　141
　　　第 3 節　なぜ他者を助けるのか　144
　　　第 4 節　先住民族による文化の記録と継承——ミンドロ島のマンヤン　146

第5節　先住民族による文化の創造——ミンダナオ島のルーマッド　152
　　　第6節　「小さな民」の正義とは　155

第7章　開発と紛争
　　　——インドネシア・アチェのODA事業による土地収用と住民の周縁化　160

佐伯　奈津子

　　　第1節　居住と生計を奪うアルンLNG社　161
　　　第2節　住民を貧困に追い込むアセアン・アチェ肥料社　169
　　　第3節　インドネシアの土地政策の変遷　175

第8章　「普遍的価値」と「人間の安全保障」
　　　——ODA大綱の見直しをめぐって　184

長瀬　理英

　　　第1節　開発協力大綱とシリア周辺地域の危機　185
　　　第2節　開発協力大綱における普遍的価値と人間の安全保障　187
　　　第3節　集団的自衛権行使容認の具現化を支えるODAへ　190
　　　第4節　軍事的用途に近づくODAと人間の安全保障　193

　　　column　ジェンダーと人権　失われた女性：インドの性比問題　　村山　真弓　206

第3部　モノからみる世界と日本——グローバル化と民衆交易

第9章　コーヒーから見える世界
　　　——東ティモールのコーヒー生産者とフェアトレードを考える　210

伊藤　淳子

　　　第1節　フェアトレードとは何か　211
　　　第2節　東ティモールのコーヒー産業概観　212
　　　第3節　東ティモール・マウベシ郡でのコーヒー生産者グループ結成まで　217
　　　第4節　東ティモールコーヒー生産者組合の誕生と発展　223
　　　第5節　フェアトレードで変わったこと、変えられないこと　227

第10章　インドネシア・パプア州でのカカオ民衆交易
　　──共に生きる関係を目指して　　234

津留　歴子

　第1節　パプアの概要　235
　第2節　カカオの民衆交易　239

第11章　グローバル市場とフェアトレードの課題
　　──南米コロンビアの伝統的金採取業の挑戦と挫折　　255

幡谷　則子

　第1節　コロンビアの経済発展と紛争の歴史　256
　第2節　今日の金鉱山開発ブームと開発戦略　258
　第3節　アフロ系コミュニティと金鉱山開発の歴史　261
　第4節　アフロ系住民の土地と生業を守る運動　263
　第5節　「グリーン・ゴールド」との出会い　268

column　モノから小さな民に思いを馳せるということ　　堀　芳枝　277

第4部　海の民の豊かな世界──国家と国境の向こうへ

第12章　海民の社会空間
　　──東南アジアにみる混淆と共生のかたち　　280

長津　一史

　第1節　東南アジア海域世界研究と海民論　282
　第2節　ゲセル島とその周辺──辺境のコスモポリス　288
　第3節　サプカン島──海道の結節点とバジャウ人の生成　294
　第4節　海民の社会空間にみる混淆と共生　300

目　次

第13章　ひとはいかに海を利用してきたか
　　　　　――海域東南アジアの海民社会から考える　　　306

北窓　時男

　第1節　日本列島の海民と海の利用　307
　第2節　インドネシアの海域特性と海の権利　310
　第3節　インドネシアにおける海の利用　312
　第4節　海民の活動と発展史観　318

第14章　フィリピンとマレーシアのあいだの海域世界
　　　　　――スル諸島ムスリム社会の周辺化と自律　　　326

石井　正子

　第1節　スル王国の繁栄と衰退　329
　第2節　スル諸島の周辺化――アメリカ植民地期から独立期　332
　第3節　政治化する境域――新しい指導者層の台頭とMNLFの誕生　335
　第4節　スル諸島ムスリム社会の周辺化への抵抗　338

第15章　海民と国境
　　　　　――タイに暮らすモーケン人のビルマとインドへの越境移動　　　346

鈴木　佑記

　第1節　陸上がりした海の民　348
　第2節　タイ―ビルマ間の越境移動　351
　第3節　タイ―インド間の越境移動　356
　第4節　タイ国籍の取得　360
　第5節　国籍を得た人びと　363

column　海道の起源を求め、海域世界を歩く
　　　　　インドネシア・北マルク諸島のフィールドから　　　小野　林太郎　370

　あとがき　373
　執筆者紹介　378
　索　　引　383

序章　「小さな民のグローバル学」が目指すもの

甲斐田万智子・佐竹眞明・長津一史・幡谷則子

　本書は、東南アジア地域研究を専門とした社会経済学者、村井吉敬（1943〜2013年）が提唱した「小さな民」の概念を手がかりとして、既存の資本主義経済や国民国家体制が主導するのとは異なるもう一つの（オルタナティブな）グローバル化と共生社会のあり方を模索しようとするものである。

　1990年代以降、多国籍企業や国際機関などのグローバル・アクターが経済のグローバル化を急速に推し進めた。その過程で地球環境問題はますます深刻化し、また地域社会と地域経済は世界経済の中心への従属をいっそう深め、地域社会とグローバル社会の双方のレベルで貧富の差が拡大した。市場経済の肥大化にともなう自然環境の破壊と地域社会の衰退は、1990年代に先立つ約20年のあいだに日本や欧米のいわゆる先進国が身をもって示してきた事実である。しかし、その教訓は十分に生かされず、アジアでもアフリカでもラテンアメリカでも、エネルギー資源開発や輸出志向型の工業化が経済成長の中心に置かれた。グローバル市場における競争は、そうした開発に拍車をかけている。

　他方、1970年代末から、欧米ではポストモダンの思想が広まった。この思想は、19世紀の産業革命以降の工業化による近代化と、資本主義による大量生産と大量消費が支える経済・社会の発展モデルを絶対的・普遍的なものとみなさない。それは、従来の単線的な資本主義の発展とは異なる社会の変革を志向する。こうしたポストモダン思想のもと、既存の資本主義経済の発展パラダイムを疑問視する人たちは、資本主義でも社会主義でもないもう一つの生活様式や発展のあり方を模索し始めた。さらには、市場中心の経済成長を軸として「発展」を考えるのではない、「脱成長」の議論も欧米を中心に展開されるようになった。近年、一般に知られるようになったフェアトレード運動は、こうした知的潮流を背景として始まったのである。

　しかしながら、こうした現在のグローバル市場経済モデルに対するもう一つ

の多元的な発展を目指す考え方は、かつて発展途上地域と呼ばれた「南」の国々、すなわち東南アジアや南アジア、アフリカ、ラテンアメリカの「小さな民」を基点とする実践や運動から多くの示唆を得ていることを忘れてはならない（例えばラヴィル（編）［2012］、ラトゥーシュ［2010］を参照）。

　本書のタイトルを『小さな民のグローバル学——共生の思想と実践をもとめて』に決めるにあたり、私たちはあらためて村井が著した『小さな民からの発想——顔のない豊かさを問う』［村井1982］をひもといてみた。この本は私たちが「小さな民」の思想を学ぶ際の原点である。そこで「小さな民」がどのように定義されているのかを確認しようと思ったのである。

　同書の主役は、権力も富もなく、多国籍企業の物質主義、消費文化に生活圏を侵食されながらも、伝統的な相互扶助のネットワークと助け合いの文化を土台として民衆生業で支え合い、したたかに現実を生きる人々である。インドネシア・西ジャワの貧困線以下の収入で暮らす稲作農民、山村の鍛冶屋、町の人力車曳き、生薬の行商人、移動屋台のそば屋等々——こうした人々を村井は「小さな民（"orang kecil"、インドネシア語で「小さな人（人々）」の意味）オラン・クチル」と呼んでいる。また、当時の日本企業のアジアへの進出を背景に、「小さな民対大きな企業」という構図の中で高度消費文化によって生活を脅かされているのが「（アジアの）貧しい小さな民」であるとも述べている。他方で村井は、近代化や開発によって豊かになったはずの日本社会が抱える矛盾を、高知の山村や小規模金物産業に生きる新潟の町から見通している。日本の山村や地方都市は、近代化や開発の一方で、大都市と資本への従属を深め、自立性を失いつつあったのである。

　これらの用法や議論を踏まえていえば、「小さな民」とは、強大な権力と市場、それらがもたらした価値観によって生活圏を歪められ、権力側からの差別を受けながらも、日々の生活をたくましく生きる人々とその日常を主題化するための言葉であるといえるだろう。

　「小さな民」とかれらを脅かす権力や市場との非対称的な関係は、『小さな民からの発想』が出版されてから30年以上が経った現在、経済のグローバル化を経てよりいっそう顕在的になり、また世界のいたるところで見られるようになった。市場経済中心のグローバル化は、地域社会（ローカルな社会）が培ってきた伝統や生業に多大な影響を与える。しかし同時に、地域社会は新しい行

動や運動を創出することによって、そうしたグローバル化状況に対峙しようともしている。

　こうした「ローカル・グローバルの相互作用」という視点が生まれてからすでに10年が経つ。この視点もまた、「小さな民対大きな（多国籍）企業」の構図の延長上にある［下川 2008］。本書は、こうした視点を踏まえつつ、ローカルな空間と小さな民の生活世界に焦点をおいて、地域社会や人々が国民国家の枠組みにとらわれずに運動や生活実践を創りあげていく過程、あるいはローカルな運動が地域や国境を越えて連帯・連携していく過程、つまりもう一つのグローバル化を描き、発信しようとする。『小さな民のグローバル学』という主題には、そうした思いが込められている。

　本書は4部15章で構成され、小さな民の生活世界や市民がかかわる国際協力を四つの領域、つまり「民衆生業と移住」、「人権と援助」、「モノの流れ」、「海の民と移動」に分けてつづっている。ここでの私たちの企図は、それらを欧州出自のポストモダンの思想によって解釈することではない。そうではなく、小さな民の生活世界や市民の実践の中に、今日主流化しているグローバル化のパラダイム（枠組み）とは異なる新たな連帯や共生のパラダイムをみいだすことである。

　各論考では、地理的、社会的な「周縁」に置かれてきたアジアやラテンアメリカの「小さな民」の生活実践や生産活動がとりあげられ、それぞれの地域におけるもう一つのグローバル化や、国家によらない共生のかたちが描かれる。それらの中に、私たちは既存のグローバル化社会における画一的な価値観に支えられた考えとは異なる、地域に根ざした多様で豊かな価値観をみいだそうとするのである。ただ、今日の社会では、そうした多様性を排除しようとする力も働いている。それゆえ、そうした力に立ち向かおうとする小さな民の生活実践や運動も絶えず生成し、また組み直されている。本書は、そうした小さな民の連帯に基づくもう一つのグローバル化を探る試みでもある。

　以下、各部の内容について簡単に紹介しておこう。

　第1部「小さな民の生き様――民衆生業と移住」では、権力も富もないごく普通の人々と、「民衆」あるいは先述した「小さな民」の暮らしや、国境を越える動き、そこに見られる変化をとりあげる。これらの人々の日常生活における変化は、近代化、工業化、都市化、開発という一連の現象とどのように関連

しているのか。グローバル化が進展するなかで、国境を越えるモノの流れ、人の流れをさまざまな地域のミクロな事例を通じて検討するのが第1部の四つの論文に共通するアプローチである。

「小さな民」は弱者として長年、近代化と工業化の波にさらされてきた。今日では、モノやヒトや情報が自由に国境を越えるグローバル化のなかで、時代に翻弄され、自分のさまざまな願望をかなえることができず社会から疎外され、失望感を持つこともある。しかしその一方で、したたかに、たくましく現実に立ち向かい、あるいは現実を受け入れながらも、主体性を持ち続けて生き抜いている。こうした人たちの日常的な視点や生活実践から私たちが学ぶことは多い。

第1章中谷論文は、そうした小さな民の視点や実践を、インドネシアの国際的観光地バリ島で、変貌する農村社会と都市の観光地を生きる人々のあいだにみいだす。25年にわたる同島とのかかわりに根ざした緻密な記録は、激動のインドネシア現代史の中で、仕事として観光空間を生きるバリの人々の姿を生き生きと描く。第2章間瀬論文は、インドネシアの東ジャワ州でジャムー（天然生薬飲料）を売る行商の女性たちをとりあげる。彼女たちは、政治経済の不安定さに脅かされながらも、戦略的に立ち回って商売を続け、成功をおさめてきた。本章が論じるのは、そうした行商女性たちの商業の論理やネットワークである。第3章権論文では、中国東北部の延辺朝鮮族自治州から韓国、日本、米国などに移住する朝鮮族の家族が描かれる。同論文では、いずれの国においてもマイノリティである朝鮮族の人々にとって、移動すること、国境を跨いで生きることは、グローバル化する現代世界においてみずからの社会的上昇を成し遂げていくための戦略にもなっていることが示される。第4章佐竹論文は、日本人男性と結婚し、日本の四国・徳島県に住むフィリピン人女性に目を向ける。その記述は、標高500メートルを超える山間の「過疎地」で異文化の中にありながらも、新たな社会関係を紡ぎ、みずからの社会的地位を確立して生きるフィリピン人女性たちの日常実践を伝える。

第2部「人権と援助——少女・先住民・地域住民の声」は、国際開発援助が、どこまで本来「開発」の先にあるべき人々の生活向上と、その基本的条件としてあるべき人権、特に当事者の人権保障と、かれらのエンパワーメントにつながってきたかを問い直す。開発の担い手には、政府開発援助（ODA: Official Development Assistance）や国連のみならず、国際NGO、ローカルNGOや市民社会組織（CSO: Civil Society Organization）も含まれる。「小さな民」の視点に立つことは、こうしたODAの政策や事業、NGOの活動やプロジェクトにかかわる実践の場では必須である。

　第5章甲斐田論文では、少女に対する暴力の問題が、従来、国際開発協力において伝統や文化という理由から踏み込めずにきたこと、それに対し、少女の人権侵害という視点から国際社会において行動や運動がとられるようになってきたことを示したうえで、その過程で当事者の少女たちの声を聴くことがいかに重要であるのかを論じる。第6章小川論文では、フィリピンの開発プロジェクトにおける先住民族による語りや自画像を描く試みを通じて、マイノリティのエンパワーメントとマイノリティとマジョリティとの共存のあり方について検討する。第7章佐伯論文では、開発と紛争の関係について、インドネシア・アチェで実施されたODA開発事業を事例に検証する。その議論は、住民参加のない開発によって周縁化が進んだ場合、開発は紛争の根源的原因となるだけでなく、数十年経っても未解決の問題を残すことを明らかにする。第8章長瀬論文では、日本のODAの指導理念とされてきた人間の安全保障が、最近のODA大綱見直しにより国家安全保障のもとに明確に位置づけられ、すでに認められる形骸化がさらに進んでいることを指摘したうえで、本来の理念を取り戻すための道筋を提案する。

　第2部に共通するのは、「なぜ国際支援を行うのか」という命題に対する理念や思想を私たちがいかにして構築してきたのかという問いである。一部の企業の経済的利益ばかりを重視し、地域住民の人権侵害を顧みない開発援助が少なからずあることは、以前から指摘されてきた。そうした援助のあり方を変えるために、人権侵害の当事者と日本の市民がつながるグローバル化が求められている。そもそも日本のODAおよびNGOによる支援の中身は、国内の人権意識と深くかかわっている。国内で人権、特に子どもや女性の権利の実現が立ち後れるなか、ODAやNGOの支援においてジェンダーや子ども、少数者の権利の主流化を進めていくことはできるのか。国際開発援助における人権のあり方を問い直すことは同時に、日本社会の人権意識を見直すことにも結びつくのである。

　第3部「モノからみる世界と日本——グローバル化と民衆交易」は、私たち

の消費生活にかかわる「モノ・商品」を通じてグローバルとローカルのつながりを見直そうとする。日常生活において私たちがごく身近に当たり前のように接している食材や日用品の数々には、実ははるか遠くの、あるいは隣国の見知らぬ人々の命をかけた営みがかかわっている。第3部は、私たちが日常消費する商品をつくる人々の暮らしやその交易のあり方に着目する。

　消費者と生産者を結ぶ交易も物流もグローバル化時代の今日、ますます加速化し、拡大している。しかし意識して問わなければ、生産者の顔にも、その暮らしぶりにも、ましてや生産者の生活がさまざまな脅威にさらされていることにも、日本で暮らす私たちは無頓着のまま過ごしてしまいがちである。モノからみる世界と日本という視座、そしてそこから生まれる私たちの日々の行動へのフィードバックは、現在のインターネット社会では一昔前よりもはるかにたやすくなった。この結果、確かに「フェアトレード」や「環境にやさしい」などを冠する商標に対し、消費者は慣れ親しんできたし、そうしたものにより敏感に反応するようになってきた。

　第3部の3篇は、はからずも異なる国、地域における「フェアトレード」の実践例を扱っている。第9章伊藤論文は東ティモールのコーヒーを、第10章津留論文はインドネシア・パプアのカカオ（チョコレートの原材料）を、第11章幡谷論文は南米コロンビアの金採取業における試みをそれぞれ論じている。フェアトレードは、生産者と消費者の側である日本社会とのつながりもその視座に入れている。しかしここでの三つの論考は、いずれも生産者の生活空間に立ってモノからみた生産者と世界とのつながりを考察する。

　東ティモールとパプアにかんする論考は、実際に現場で支援活動にかかわる実務家の伊藤と津留が書き下ろした。二人の論考は、当事者としての葛藤やフェアトレードの生産者の経済的自立の面での限界にも対峙してきた当事者の記録であり、分析であり、主張なのである。コロンビアの事例は、鉱物資源に公正取引の概念を入れたエシカル・ジュエリー（倫理的な宝飾品）の発想に基づくフェアトレードをとりあげる。その考察は、市場原理との関係性におけるフェアトレードのジレンマを提示する。

　いまやブランド化した「フェアトレード商品」の生産者の暮らしを、私たちはどこまで理解しているのか。フェアトレードの本来の目的である生産者との公正な取引・地球環境への配慮と生産者の経済的自立の同時達成は、どこまで

序章

実現されているのか。

　日本に輸入されて消費されている食材や貴金属は、生産地ではどのように扱われ、その市場と生活者はどのようにその「取引」と「交易」をみているのか。これらのことを私たちはまだよく知らない。「もう一つの」市場システムを求める運動や思想も生まれつつある。しかし、相変わらず私たちの生活はあふれるモノに囲まれている。そうした生活が市場に支配されたままであること、また生産者の日常が消費者から遠く離れた世界であり続けていることを、本章でとりあげた事例は示唆している。

　第4部「海の民の豊かな世界——国家と国境の向こうへ」は、海民、つまり海を生活の基盤としてきた人々の自然環境とのかかわりや、国民国家にとらわれない生活実践、移動・移住のあり方を描く。アジアからアフリカ東岸に至る広い海域には、紀元前後の頃から、交易を基盤として諸地域が結びつく海民の世界が広がっていた。そうした海民の世界は、西洋諸国による植民地化とその後の国民国家による海の囲い込みによってしだいに分断された。私たちの世界認識が国境線に拘束されたいびつなものになってしまったのは、そうした200年ほどの歴史の帰結にすぎない。他方、この20年ほどのあいだには、グローバル化が盛んに語られるようになった。にもかかわらず私たちは、いまも人やモノが、あるいは文化や情報が、国境を越えて、自由に、自然に往来する世界を実感することができない。第4部では、そうした国民国家中心の世界観を問い直し、日本や東南アジアの海民の世界から新たなアジア像・世界認識を展望しようとする。

　第12章長津論文は、東南アジアにみる海民の社会空間の特徴を論じる。東南アジアの多島海には、海で結ばれた独自の社会文化圏、東南アジア海域世界が長い歴史を通じて維持されてきた。本章では、そこに住む海民集団が生成してきた場を、商業・移動・ネットワークを基盤とする混淆と共生の社会空間として理解することを試みる。第13章北窓論文は、日本と東南アジアの漁業権制度をとりあげる。沿岸漁業を維持していくためには、地先の海を利用する人々が、その海と資源に対して権利を行使すると同時に責任を負うようなシステムを導入することが必要である。本論文では、東南アジアと日本の沿岸漁業のあいだに漁業権にかんしてどのような相違点と類似点があるのかを比較検討し、漁業権をめぐる現代的な課題をまとめる。第14章石井論文は、フィリピンとマ

レーシアとのあいだに広がるスル海域の近代史を扱う。1970年前半、フィリピン南部ではムスリム（イスラーム教徒）を主体とするモロ民族解放戦線（MNLF）と政府軍のあいだに内戦が生じた。MNLFの反政府闘争において、二つの国に跨がるスル海域はどのような役割を果たしてきたのか。本章は、その歴史を具体的に描きだす。第15章鈴木論文は、タイ南西アンダマン海に住む海民、モーケン人の越境移動を論じる。モーケン人は、長らく国籍を持たず、ナマコ採取などに従事しながら移動性の高い生活を営んできた。そうしたモーケン人にとって、国境を越えて移動すること、またタイ国籍を付与されタイ国民になることは、どのような意味を持つのか。鈴木の論考は、こうしたモーケン人と近代国家との相互作用のあり方を明らかにする。

村井吉敬らの東南アジア海域世界にかんする研究は、陸地権力者の思考や定着農耕史観、国民国家中心の世界観を、それらが周辺化してきた海の世界から相対化することを目指してきた（たとえば村井［1987］）。第4部の4本の論考はいずれも、その思想を継承しようとするものであり、海辺から、海民の現場から、国民国家を枠組みとしないグローバル化や共生社会のあり方を展望しようとする。

各部には1篇ずつそれぞれのテーマに即したコラムを配した。また、各章には、引用文献のほかに、とりあげたテーマや問題の基本的な理解を助けるための「推薦図書」を挙げている。読者は、みずからの関心に沿って、どの部、章、コラムからでも自由に読み進めることができるだろう。私たちの身近な生活は、急速に進行する世界経済のグローバル化と密接にかかわりあっている。そのグローバル化のあり方は、多くの人にとって不公平ないびつなものであり、「小さな民」の視点から問い直すことが必要だと私たちは考える。この課題を念頭に置きつつ、本書では、もう一つのグローバル化とは何か、そこで求められる共生とはどのようなものなのかを読者とともに探ってみたい。

【参考文献】

下川雅嗣. 2008. 「結び――ローカル／グローバル相互作用が生む新たな発展モデル」『貧困・開発・紛争――グローバル／ローカルの相互作用』幡谷則子；下川雅嗣（編），239-255ページ．東京：上智大学出版．

村井吉敬．1982．『小さな民からの発想――顔のない豊かさを問う』東京：時事通信社．

―――．1987．『スラウェシの海辺から――もうひとつのアジア・太平洋』東京：同文舘．

ラトゥーシュ，S. 2010. 『経済成長なき社会発展は可能か？――「脱成長（デクロワサンス）」と「ポスト開発」の経済学』中野佳裕（訳），東京：作品社．（原書：Latouche, Serge. 2004. S*urvivre au développement: De la décolonisation de l'imaginare économique à la construction d'une société alternative*. Paris: Mille et une nuits ／ Latouche, Serge. 2007. *Petit traité de la décroissance sereine*. Paris: Mille et une nuits.（両者の版をもとに訳出されている））

ラヴィル，JL.（編）．2012．『連帯経済――その国際的射程』北島健一；鈴木岳；中野佳裕（訳），東京：生活書院．（原書：Laville, Jean-Louis. éd. 2007. *L'économie solidaire: Une perspective international*. Paris: Hachette Littératures.）

第 1 部

小さな民の生き様

民衆生業と移住

第1章 観光という日常
――バリ島の小さなホテルで働く人々

中谷　文美

はじめに

2012年9月。バリ島有数の観光スポット、クタ（Kuta）地区の北に延びるレギアン通りの一角で、小さなホテルが38年の歴史にひっそりと幕を下ろした。新規の予約をすべて断り、中長期滞在者がまばらにいるだけの空間になったこのホテルに、私は最後の客の一人として泊まっていた。

ホテルの名前は、マスタパ・ガーデン（Mastapa Garden）。その名のとおり、喧噪あふれる表通りから敷地内に足を踏み入れると、さまざまな花に彩られ、手入れの行き届いた庭園の静寂に身を包むことができた。いくつものプールやレストラン、コテージが並んでいるような、5つ星ホテルの広大な敷地とは比べ物にならないが、このホテルの庭には、隠れ家的な雰囲気と心地よさがいつもあった。

マスタパとは、ホテルの所有者であったワヤン・マストラ（Wayan Mastra）氏の父系親族集団の寺院にちなんだ名前である。だが私が知り合った頃のマストラ氏は、ヒンドゥ教徒が圧倒的多数を占めるバリでは珍しいキリスト教徒であり、教会組織（Gereja Kristen Protestan Bali）の重鎮でもあった。

私がこのホテルを最初に訪れたのは1990年、バリ島での長期調査を始めるにあたって、調査地を決めるための短い旅をしたときのことである。私のかつての勤務先がキリスト教系の団体だった縁で、このホテルを紹介してもらった。当時、1泊20〜40ドルという室料は、サヌール（Sarur）やヌサ・ドゥア（Nusa Dua）に建ち並んでいた5つ星ホテルよりは安価な設定だったが[1]、若いサーファー向けの安宿がひしめくクタ周辺では、ぐっと高級な部類に入るホテルであった。大学院生の私には敷居が高く、そのときは挨拶に訪れただけで終わった。

翌年から2年弱にわたる調査を開始したのち、役所回りなど州都のデンパサール（Den Pasar）周辺で用事を済ませる必要があった時期に、75％ディスカウントという破格の値段で滞在させてもらったり、ちょうど私と同世代だったマストラ氏の娘たちと親しくなったため、調査地の村から都市部に出向いたときに立ち寄ったりするようになった。

写真1　営業時のマスタパ・ガーデンホテル
（2012年撮影）

2000年代に入り、マスタパ・ガーデンを一つの拠点として、バリ都市部に重心を移した調査を行うようになると、ここで過ごす時間は、バリ観光の一面にかんする定点観測を可能にしてくれるものとなった。特に、このホテルで働く従業員たちが、ここで知り合って結婚し、子どもを育てながら仕事を続け、年を重ねるにつれ定年退職後の生活を思い描いたりするようになるプロセスは、私自身のライフステージの進行ともそのまま重なっていた。何人かのスタッフの自宅を訪ねたり、人生儀礼に出席したりという機会も得た。

そこでこの章では、このホテルの従業員を対象に実施した2008～09年のインタビューを基礎資料としつつ、折に触れて話をしてきた数人のライフストーリーを軸に、農村から都市に移動してきた第一世代のバリ人たちが、観光産業の一翼を担いながら過ごしてきた時間を追ってみることにしたい。

第1節　バリ島の観光産業

インドネシアのバリ島は、いうまでもなく世界的に有名な観光地の一つである。2013年にインドネシアを訪れた外国人観光客数は880万人を数えるが、そのうち最も多いのがバリ島への訪問者である。バリのングラ・ライ空港を通じて入国した外国人は約330万人で、バリ州政府の目標値を上回る数字となった［The Jakarta Post. Jan. 14, 2014］。

第1部　小さな民の生き様

表1　国別外国人観光客数（主要国のみ）
(人)

	2013年	2004年
オーストラリア	826,385	267,520
中国	387,533	21,651
日本	208,115	326,397
マレーシア	199,232	62,974
シンガポール	138,388	43,113
韓国	134,452	80,273
台湾	126,914	183,624
フランス	125,247	40,441
イギリス	122,406	55,546
アメリカ	105,863	50,516
ドイツ	100,663	70,050
ロシア	79,337	10,986
オランダ	72,341	32,805
インド	64,578	6,468
中東諸国	18,245	1,345

出典：バリ州観光局統計

　表1は、2013年の1年間に5万人以上がバリを訪れている国を順に並べたうえで、04年時点の人数と比較したものである。
　首位のオーストラリアは約82万6000人で、04年に比べると3倍以上に増加した。08年まで外国人観光客の中で最も多かったのは日本人であるが、09年以降減少が続いている。04年時点では2万人余りにすぎなかった中国からの観光客は、11年に日本人を上回り、13年には約39万人となった。このほか、ロシアやインド、中東からの観光客も急遽に増えつつある。さらにバリ州観光局の統計によれば、04年に約200万人だった国内観光客も、09年には3倍以上の700万人弱まで増加した。つまり、人口400万人余りのバリ島に1000万人を超える観光客が年間を通じて押し寄せる状態となっている。
　このように全体としては右肩上がりで、特に2000年代後半に入ってから順調な伸びを示しているバリ島の観光業であるが、観光という産業特有の浮き沈みはこれまで何度となく経験してきた。なかでも最大の影響を与えたのが、02年と05年の二度にわたる爆破テロ事件であろう。88人のオーストラリア人をはじめ、数多くの犠牲者を出した02年の爆破テロ後、1週間のうちに観光客数は半減し、ホテルの平均客室占有率も70％から20％以下へと急落した［Picard 2009: 100］。その後、03年のイラク戦争勃発とSARS（重症急性呼吸器症候群）流行に追い打ちをかけられ、さらに04年のスマトラ島沖大地震とインド洋大津波に加えて鳥インフルエンザ流行など、いくつものマイナス要因が重なるなか、クリスマス・新年のピークシーズンに向けて盛り上がりを見せ始めた矢先に起きたのが、05年10月の二度目の爆破テロであった。このほか、なぜか日本人だけ

が次々にコレラに罹患したり（1995年）、日本人女性の殺人事件が発生したり（2009年）したときのように、なんらかの出来事をきっかけに特定の国や地域からの観光客数が大きく減少することもある。日本人にかんしては、夏休みや年末年始の暦の並び具合が、海外旅行の行先を決定する大きな要因ともなりうる。

　その意味では、現在のように観光客の出身国が多様化し、国内観光客の比率も増えたことで、リスクが分散されやすくなっているとみることもできる。しかし、政治情勢やインフラの整備、観光施設の充実の有無といった受け入れ側の事情のみならず、景気の変動や戦争、病気の流行といったグローバルな出来事に常に左右されるという、観光産業の本質的な脆弱性が克服されたわけではない[2]。

　バリ島での私の調査は、ングラ・ライ空港に到着し、タクシーの運転手に景気はどう？と尋ねるところから始まるのが常であるが、彼らの答えは毎回異なる。観光スポットが多くの客で賑わっているように見えても、国内観光客が多い時期だと、自家用車に大人数で乗り込んでやってくるので、タクシー業は潤わないうえに交通渋滞が悪化して商売上がったりさ、と浮かない顔のときもある。

　いずれにしろ、1969年の国際空港開業、70年代初めの観光開発マスタープランの作成に続き、政府の金融緩和政策に後押しされるかたちで80年代を通じて急成長した観光産業は、関連分野も含め、今ではバリ経済を支える屋台骨となっている。バリ州政府が発表した2013年の経済概況分析でも、州の産業別収入の３割を稼ぎ出す観光部門（商業・ホテル・レストラン業）への言及が随所に見られる［BPS Provinsi Bali 2014a］。このような観光産業の拡大はバリ島内での農村から都市への労働力移動を促したが、そればかりでなく、ジャワ島をはじめとする他島からの人口流入にもつながっている。こうした他島出身者の中には、外国人などと並んで大規模ホテルやツアー会社の管理職に登用される者がいる一方で、屋台車（*kaki lima*）を曳いての行商や清掃作業員、建設労務者などとして就労し、社会の底辺を支える未熟練労働力となる者たちも多い［今野 2009］。

　すでに述べたように、観光客としてバリを訪れる人々は年々多様化しているほか、スハルト政権（1968～98年）最末期の98年にジャワ島で起きた、華系住

民を標的とする暴動以降、華系インドネシア人の移住が目立つようになっている。みずからも働き口を求めて農村部から観光地周辺に移り住んできたバリ人たちは、職場でも居住地でも、これら非バリ人と日常的に顔を合わせる環境に生きていることになる［中谷 2012］。

第2節　ホテルの成り立ち

　本章でとりあげるマスタパ・ガーデンホテルは、バリ島の大規模観光開発の最初期にオープンした、地元資本のホテルであると同時に、キリスト教徒がオーナーであるという特徴を持っていた。

　1931年にバリ東部の山村に生まれたマストラ氏は、もともとは、他の大多数のバリ人たちと同じくヒンドゥ教徒であった[3]。スラバヤにある教員養成学校で学んでいたときにキリスト教に改宗し、いったんバリに戻って英語教師となった後、ジャカルタの神学校で神学を修めた。61年に結婚した妻のクトゥット（Ketut）は、バリ島西部の開拓村の出身で、キリスト教徒の家庭に生まれた女性である[4]。マストラ氏は新婚の妻と共にバリ島北部のシンガラジャ（Singaraja）で布教活動に4年間従事し、その間に3人の娘を授かった。その後約6年間に及ぶアメリカ留学を経て、バリ・プロテスタント・キリスト教会の教会会議（Synod）の議長（のちに主教）に就任し、以来教会の重鎮としてさまざまな職務を担ってきた。

　ホテル開業資金の一部となったのは、アメリカ留学中に頼まれた講演などの謝金を貯めて持ち帰ったお金である。バリ教会での勤務で得られる報酬は家族を養うには十分ではなく、貯金を取りくずして生活費に充てざるをえなかったが、そのままでは将来の生活設計が成り立たないと危惧し、貯金が残っているうちにと家を建てるための土地を探し始めた。当時手元にあった2000ドルで都市部に買える土地の広さは限られていた。そこでまだ観光地化がほとんど進んでいなかったクタの北隣、レギアン（Legian）地区に30アールの土地を求めたのが1972年のことである。その時点ではまだホテルを建てる計画はなく、自分たちが住む家と、友人たちが訪ねてきたら滞在できるような部屋をいくつか造る程度に考えていた。ほかには、果物のなる木をたくさん植えるつもりだった。月々の収入は多くなくとも、果樹や野菜を育てることで、ある程度の自給が果

たせると考えたためである。

　翌1973年、バリでのワークキャンプに参加したアメリカ人青年と知り合い、彼が相続したばかりの遺産から5000ドルを銀行の条件よりも高利で借り受け、それを元手に4室だけのバンガローを建てた。そのバンガローを1室あたり1晩1ドルで貸し出すようになったのが、ホ

写真2　開業初期の建物（マストラ氏提供）

テルの始まりである。ちょうどクタ周辺にヒッピーなどの若い旅行者が増え始めていた時期であり、周辺には宿がまったくなかったため、口コミで結構はやるようになったという。

　当時、厨房スタッフなどはみな住み込みで、客用のシーツや枕カバーはマストラ夫人が自分で縫った。マストラ一家は、デンパサール市内に建てられた教会会議議長のための公館にまだ住んでおり、マストラ夫人はそこから通ってホテルの手伝いをしていた。その後少しずつ建て増しして、ホテルの体裁が整っていった。

　1978年から84年にかけて、長女のアメリカ留学の費用を捻出するために、オーストラリア人とマネジメントの委託契約をしていた時期もある。84年以降は再び自分たちでホテル経営を手がけることになったが、マネジャー職はマストラ夫人の弟に任せた。この間、ホテルの部屋数をさらに増やしていった。オーナー一家がここに住まいを移したのは88年である。

　1989年に次女のカデ（Kade）がジャカルタの大学を卒業してバリに戻り、叔父にかわってマネジャーとなった。私が初めてこのホテルを訪ねたのはその直後である。97年には地元の大学を卒業した3女のコマン（Komang）が姉からマネジャー職を引き継ぎ、カデはトラベル部門のほうに移った。マスタパ・ガーデンは、平屋だったメイン部分の建物を3階建てに改築するなどして、45の客室と40人余りの従業員を抱えるホテルに成長した。70年代半ばには民家と空き地しかなかった周辺も、ホテルや飲食店、ブティックなどがぎっしりと建ち並ぶ繁華街へと変貌を遂げている[5]。

第3節　従業員たちのプロフィール

　このホテルの従業員たちは、フロント、客室清掃、厨房、レストラン、経理、機械メンテナンス、警備、庭の整備などの部門に分かれて勤務していた。2008年と09年に、従業員39人に対して行ったインタビュー調査に基づき、対象者を勤続年数が長い順に並べたのが表2である[6]。ここには挙げていないが、インタビューでは各人の職歴、家族構成などもくわしく聞いている。

　マストラ夫人の弟がマネジャーを務めていた1985年以降、2009年まで勤続20年以上に及ぶ者は16人を数えた。さらに10年〜20年の勤続者を含めると、7割を超えるスタッフが10年以上にわたってこのホテルで働いていることになる。客のリピーター率も高く、外国人客たちにとって顔なじみの従業員の存在は、ここに戻ってくる重要な動機ともなっていた[7]。

　インタビュー対象となった39人のうち、男性が21人、女性が18人と性別に大きな差はない。最年長は1951年生まれの男性で、ホテルが閉鎖される前に定年を迎えた。彼はキリスト教徒で、高校生のときに洗礼を受けた。バリを出て、スラウェシ州やパプア州で工事現場などの仕事をしたことがあるほか、クタのディスコで警備員をするかたわら、自宅近くの孤児院でも働いた経歴を持つ。マスタパでも警備員を務めていた。最年少は85年生まれの3人で、2006〜07年に就職したばかりだった。

　年代として最も多かったのは40代前半（1965〜69年生まれ）の18人、次いで30代後半（1970〜74年生まれ）の9人である。彼らの多くは20代初め頃までにこのホテルに就職し、以来、長年にわたってここで働いてきた。

　1人を除き全員が既婚者で、しかもこのホテルで知り合った相手と結婚した人が多い。職場結婚ののち、夫婦がそのままここで働き続けているカップルが5組いるほか、結婚後どちらかが転職したケースも、確認できただけで6例あった。妻がマスタパに残っている場合、その夫は他のホテルや飲食店、あるいは観光客向けの運転手として働くなど、観光業で職を得ているケースが目立つ。それ以外には、銀行勤務や公務員が1例ずつあった。このホテルの男性従業員の妻たちは、無職の場合もあれば、幼稚園や学校の先生、縫製工場・スーパーマーケット勤務などさまざまである。妻だけが子どもを連れて夫の出身村に戻り、婚家で暮らしているケースも2例ある。

第1章 観光という日常

表2 マスタパ・ガーデンホテルにおけるインタビュー対象者一覧（2008〜09年、就職年順）

	仮名	性別	生年	就職の年	職務内容	出身地	宗教	最終学歴	就職のきっかけ	備考
1	ニ・カデ・M	女	1967	1985	厨房	ブレレン	ヒンドゥ	中学校（SMP）	家族がマスタパ氏のブレレン赴任時代からの知り合い。	
2	ニ・ワヤン・S	女	1969	1985	レストラン	カランアッサム	ヒンドゥ	小学校（SD）	マスタパ氏の親族で、中学卒業後から一家の手伝いに来た。	
3	ニ・ルー・S	女	1967	1985	厨房	ブレレン	ヒンドゥ	中学校（SMP）	このホテルで働いていた親族の誘い。	
4	イ・クトゥット・S	男	1965	1986	レストラン	カランアッサム	ヒンドゥ	高校（SMA）	マスタパ氏の誘い。	
5	イ・ワヤン・S	男	1965	1986	フロント	カランアッサム	ヒンドゥ	高校（SMA）	マスタパ氏と同郷。	13のニ・ワヤン・Rの夫
6	ニ・クトゥット・S	女	1966	1987	レストラン	ブレレン	ヒンドゥ	教員養成学校（PGAHN：宗教教育）	このホテルの厨房で働いていたイトコの誘い。	
7	ニ・ニョマン・M	女	1967	1987	ハウスキーピング	ブレレン	ヒンドゥ（元クリスチャン）	職業専門高校（SMEA：経済）	父親がマスタパ氏の知り合いだった。	16, 20の姉
8	イ・ネンガ・S	男	1968	1988	フロント	カランアッサム	ヒンドゥ	高校（SMA）	マスタパ氏の誘い。	24のニ・カデ・Rの夫
9	ニ・ネンガ・P	女	1966	1988	客室清掃	ブレレン	ヒンドゥ	高校（SMA）	キョウダイがマスタパ夫人の知り合いだった。	
10	ニ・クトゥット・P	女	1973	1988	共用エリア清掃	ブレレン	ヒンドゥ	中学校（SMP）	このホテルで働いていた姉の紹介。	
11	イ・クトゥット・P	男	1969	1988	客室清掃	カランアッサム	ヒンドゥ	観光専門高校（SMK）		39の兄
12	イ・ニョマン・G	男	1968	1988	警備	ブレレン	ヒンドゥ	中学校（SMP）	友人の紹介。	
13	ニ・ワヤン・R	女	1964	1989	レストラン	カランアッサム	ヒンドゥ	高校（SMA）	マスタパ氏と同郷。	5のイ・ワヤン・Sの妻
14	イ・ブトゥ・G	男	1966	1989	客室清掃	ブレレン	ヒンドゥ	高校（SMA）		37のニ・マデ・Rの夫
15	グスティ・マデ・Y	男	1965	1989	メンテナンス	カランアッサム	ヒンドゥ	教員養成学校（PGAHN：宗教教育）	以前このホテルで働いていた兄の紹介。	17のニ・コマン・Eの夫
16	ニ・クトゥット・M	女	1970	1989	厨房	ブレレン	クリスチャン	高校（SMA）	このホテルで働いている姉の紹介。	7, 20の姉妹
17	ニ・コマン・E	女	1969	1990	レストラン	ジュンブラナ	ヒンドゥ（元クリスチャン）	高校（SMA）	マスタパ夫人と同郷。	15のグスティ・マデ・Yの妻
18	イ・ワヤン・Y	男	1968	1990	警備	カランアッサム	ヒンドゥ	高校（SMA）	友人の紹介。	
19	イ・クトゥット・D	男	1965	1990	フロント	ジュンブラナ	ヒンドゥ	観光専門学校（D1）	父親とマスタパ氏が知り合いだった。	2009年に退職（父の後を継いで祭司になるため）
20	ニ・ルー・M	女	1972	1991	客室清掃	ブレレン	ヒンドゥ（元クリスチャン）	高校（SMA）	このホテルで働いている姉の紹介。	7, 16の妹
21	イ・クトゥット・W	男	1951	1991	警備	バドゥン	クリスチャン	高校（SMA）	友人の紹介。	
22	イ・グデ・S	男	1970	1991	厨房	ムンウィ	ヒンドゥ	観光専門学校（BPLP）	オジがマスタパ氏の知り合いだった。	
23	ニ・マデ・G	女	1966	1992	経理	バドゥン（レギアン）	ヒンドゥ	大学（D3：教員養成課程）	マスタパ夫人の親族で、誘いを受けた。	
24	ニ・カデ・R	女	1973	1992	経理	スラウェシ島	ヒンドゥ（元クリスチャン）	高校（SMA）	マスタパ氏の誘い。	8のイ・ネンガ・Sの妻
25	イ・マデ・S	男	1970	1993	レストラン	カランアッサム	ヒンドゥ	観光専門学校（P4B：D1）	このホテルで働いていた友人からの誘い。研修生として3ヶ月働いたあと採用された。	
26	ニ・カデ・Y	女	1973	1993	在庫管理	バドゥン	ヒンドゥ	中学校（SMP）	マスタパ氏の親族。	
27	イ・ブトゥ・S	男	1971	1995	フロント	ブレレン	ヒンドゥ	観光専門学校（D1）		
28	ニ・ニョマン・F	女	1977	1997	フロント	バドゥン（レギアン）	ヒンドゥ	観光専門学校（BPLP：D1）	観光学校在籍時に研修でこのホテルに来た。卒業後、採用された。	31のイ・カデ・Aの妻

第1部　小さな民の生き様

29	イ・クトゥット・S	男	1977	1997	ガーデニング	クルンクン		高校 (SMA)	
30	イ・カデ・D	男	1980	2000	レストラン	ブレレン	ヒンドゥ	観光専門学校 (SMIP)	求人に応募。	2009年に退職(クルーズ船のクルーに転職)
31	イ・カデ・A	男	1975	2000	メンテナンス	バドゥン	ヒンドゥ	工業専門学校 (STM)	以前オーナー家族の運転手だった人の紹介。	28のニ・ニョマン・Fの夫
32	ニ・カデ・S	女	1985	2006	経理	バンリ	ヒンドゥ	大学 (SE：経済学士)	以前このホテルで働いていた友人の紹介。	2009年に退職(縫製工場の経理担当者に転職)
33	イ・コマン・J	男	1985	2006	エンジニア	カランアッサム	ヒンドゥ	工業高校 (STM)	マストラ氏の同郷で、家がすぐ近くだった。	
34	ニ・クトゥット・D	女	1985	2007	レストラン	タバナン	ヒンドゥ	観光専門高校 (SMK)	イトコからここでの求人を聞いて応募。	
35	イ・クトゥット・S	男	1972	2007	厨房	ギアニャール	ヒンドゥ	高校 (SMA)	知り合いからここが厨房スタッフを探していると聞いた。	
36	R.Y	男	1975	2007	運転手	スラウェシ島	クリスチャン	高校 (SMA)	妻の親族がマストラ氏の知り合いだった。	
37	ニ・マデ・R	女	1969	2008	厨房	ブレレン	ヒンドゥ	高校 (SMA)	このホテルで働いている夫の紹介。	14のイ・ブトゥ・Gの妻
38	イ・ニョマン・S	男	不詳	2009	警備	ムンウィ	ヒンドゥ	不詳	求人広告を見て応募した。	
39	イ・コマン・S	男	不詳	2009	ガーデニング	カランアッサム	ヒンドゥ	不詳	このホテルで働いている兄の紹介。	11の弟

注：マスタパ・ガーデンホテルの従業員名簿およびインタビューによる。直接インタビューができなかった3名はリストから除いている。

　従業員たちの出身地は、バリ島北部のブレレン（Buleleng）県13人、東部のカランアッサム（Karangasem）県11人で全体の約6割を占め、残りはバリ島各地に散らばっている。バリ州を構成する8つの県のうち、ブレレンとカランアッサム出身者が特に多いのは、オーナーのマストラ氏とのゆかりによる。前述のように、マストラ氏はカランアッサム県の山村に生まれ育ち、キリスト教に改宗したのちも、親族を中心に、出身村の人々と緊密な関係を維持してきた。また、牧師となって最初の赴任地であったシンガラジャは、ブレレン県の中心都市である。ホテルを経営することになってからは、その二つの地域の親族や知人の中で若者たちに積極的に声をかけ、従業員をリクルートした。特に初期の就職者の中に、マストラ氏の誘いを受けて働き始めたという者の比率が高いのはこのためである。

　たとえばブレレン出身のNo.7、16、20の3人は実の姉妹で、父親がマストラ氏の知人だった縁でここに来た。3人共キリスト教徒だったが、未婚のニ・クトゥット・M（No.16）[8]以外の2人は、夫がヒンドゥ教徒だったためにヒンドゥに改宗した。インドネシアでは、結婚に際して夫婦の宗教は同じでなければならないと定められているからである。

第1章　観光という日常

　西部のジュンブラナ（Jembrana）県出身のニ・コマン・E（No.17）は、マストラ夫人の遠縁にあたる。前述のようにマストラ夫人は、1930年代にキリスト教に改宗したバリ人たちが開拓した村、ブリンビンサリ（Blimbingsari）の出身である。この村の出身者たちはほかにもいたが、今も残っているのは、No.17の女性だけである。このコマン・Eも、ホテルで知り合った男性（No.15）と結婚し、ヒンドゥに改宗した。夫婦共ここで働いている。
　珍しいところでは、No.24、36のようなバリ島外の出身者も従業員に含まれている。ただしNo.24の女性はバリ人であり、もともとマストラ氏と同じ村の出身だった両親がスラウェシ島に移住した先で生まれた。これは、ジャワ島やバリ島といった人口密度の高い島の人口圧力を減らすために実施された、政府の移住政策[9]によるものである。この女性、ニ・カデ・Rは高校卒業後、マストラ氏の誘いに応じてバリに戻り、マスタパ・ガーデンで働き始めた。2人いる弟たちも一時はここで働いていたが、2人共バリでの生活になじめず、相次いでスラウェシ島に戻った。カデ・R自身はホテルの同僚（No.8）と結婚し、夫婦で働き続けていた。もう1人の男性（No.36）は、もともと北スラウェシ出身で、スラウェシ島での貨物船勤務の後、職探しで島を転々とし、バリに来てからも家具工場などいろいろなところで働いた。別の島の出身で、バリに来てから知り合った妻の親族がマストラ氏と知己を得ていた関係で、運転手として働くことになったという。
　学歴について見ると、従業員の年齢が若いほど学歴が高い傾向にあり、かつ観光を専門とする教育を受けた人の割合が高いことがわかる[10]。バリでは、1978年に観光産業に特化した職業教育校（Pusat Pendidikan Perhotelan dan Pariwisata Bali: P4B）が政府の肝いりで設立されたのを皮切りに、観光業従事者を育成する高校レベルや専門学校レベルの教育が普及し、いくつかの専門学校は大学に格上げもされている。これらの教育課程は、いずれも実地研修を義務づけており、学生たちは既存のホテルやレストランなどで無給の研修生として一定の経験を積むことになっている。従来は縁故採用が多かったマスタパ・ガーデンでも、研修生としてここに来たのがきっかけで就職することになったり、通常の求人に応じて応募して来たりといったケースがしだいに増えた。同時に、そうした経緯で就職した従業員の中には、ディプロマ取得などの教育歴を武器に、より条件のいい職場に積極的に移っていく傾向も見られる。

21

第4節　育児・儀礼上の義務と職業生活の両立

　前節で見たように、このホテルの従業員の大半は、都市化の進んだ地域ではなく、北部や東部の農村地域出身者である。1960年代後半生まれの従業員たちの大半は、10代後半から20代にかけて都市に出てきている。観光業に就くことになった経緯はさまざまだが、学校を出ても仕事がなく、1年から数年にわたって無職の状態に置かれたのち、マストラ氏からの誘いや親族の口利きで就職したり、いろいろな仕事を転々としたのちにたどり着いたりというパターンが多い。彼らは職場やその周辺で伴侶と出会い、その後も出身村には帰らずに、都市での暮らしを営んでいる。

写真3　ホテル内のレストラン従業員（2008年撮影）

多くの場合、妻も仕事を続けているため、子育て期にあっては、子どもの世話と職業生活の両立が大きな課題となっていた。
　たとえば、2004年のある日の私の調査ノートには、次のような記述がある。

　　おとといの夜は、（レストラン勤務の）ニ・ワヤン・Sの夫が客を連れてウブッドに行ったまま夜まで戻って来ないので、遅出のワヤンがマスタパに下の子を連れてきていた。子どもはしばらくほかのスタッフにも相手をしてもらったりして遊んでいたが、9時頃寝入ってしまった。9時半頃になると、夫が車で寄り、子どもを連れて帰った。
　　今日は、（同じくレストラン勤務の）ニ・コマン・Eと（やはりこのホテルで働いている）夫がともに早出の日だったらしく、息子を連れてきている。息子はレストランやプールの回りで遊んでいる。大きな声を出さないようにコマンは気を使っているが、とりあえずこうやって連れてこられるだけ、いい職場といえるだろう。
　　居合わせたバーテンダーのイ・クトゥット・Dが言うには、「ここは雰囲気が家族みたいでね（*seperti keluarga, suasananya*）。よその職場じゃこ

んなことさせてもらえない。大変だよ」。

クトゥット自身の妻も、厨房スタッフとしてここで働いている（当時）。夫と妻の早出と遅出が組み合わさるようにシフトを組んでもらって、交代で下の子（2歳半）を見ている。小学校6年生の上の娘も、1時間くらいなら弟の面倒がみられるという。　　　　　　　　［調査ノート、2004/8/11］

このときのノートに登場する3人はいずれも職場結婚で、うち2組は結婚後も夫婦が同じホテルで働き続けていたケースである。どの夫婦も、互いの勤務をやりくりしながら、交代で子どもたちの世話をしていた。ホテルでの仕事は、担当する業務によって異なるシフトが組まれている。たとえば厨房は朝6時～14時、14時～22時、15時～23時、16時～24時と少しずつ時間をずらしたシフトとなっている。レストランは、朝7時からの早番と夕方16時からの遅番の2交代制。ハウスキーピングはシフト制ではなく、朝8時から夕方16時までが定時となっていた。

私が長期の住み込み調査をしていた農村において、妻がかかりきりで子育てを引き受けているケースは稀であった。夫も子どもにはよくかかわっていたほか、同居している夫の両親や未婚のきょうだい、あるいは近隣に住む親族など、誰かしら子どもの相手を買って出るのが普通だった。そうした親族が身近にいない都市部の核家族の場合は、子どもを預けられるような家事手伝いの女性や子守を住み込みで雇うか、妻が就労を中断して育児に専念することになる。

だがこのホテルの従業員の場合、一時的に子守を雇っていた時期はあるものの、恒常的に育児を子守に任せている世帯は皆無だった。子守のなり手が相対的に減ってきており、その分報酬の相場が上昇傾向にあったため、子守を雇うとなれば妻の給料のかなりの部分を注ぎ込まざるをえないからである。他方、妻が子育てを理由として無業にとどまるケースは4例あった。子育てと就労を両立する手立てとして最も多かったのは、故郷の村から母親やイトコなどの親族を呼び寄せて同居し、世話を頼む方法である。だが、それができない場合には、上記の3人のように、夫婦が交代で時間をやりくりしていた。

上の調査ノートに登場するニ・コマン・E（No.17）は、夫も機械メンテナンス担当者としてこのホテルで働いていた。夫はマストラ氏と同じ村の出身である。2人はこの職場で知り合って結婚した。上の子が2000年に生まれ、妻が

産後5カ月で復帰したときには住み込みの子守を雇っていたが、その子守が給料に不満を持っていたことと、子どもが実の母親より子守になつくのをコマンが恐れたこともあり、自分たち夫婦の手で子育てをすることにした。一時的に夫の母を呼び寄せたこともあったが、基本的には夫婦が勤務時間を調整することでなんとかやっている。料理も洗濯も、手が空いたほうがやる。子どもの相手は夫のほうがうまいくらいだという。2人のシフトの入れ替え時間、つまり一方が出勤し、もう一方が退勤するときに1時間ほどタイムラグが生じるが、その間は家に鍵をかけておくようにしたり、出勤するほうが子どもを連れてきて、退勤するほうがその子どもを連れて帰ったりなどの工夫をしている。勤務表の都合で2人共が同時間帯に勤務する必要があるときは、近所に住んでいる妻方の親族の家に預ける。早朝出勤や深夜までの勤務など、観光業では拘束時間が比較的長くなるが、シフト制を利用することによって、綱渡りながらも夫婦による子育てが実現できている。

　だが、そこに葛藤がないわけではない。やはり夫共々このホテルで働いているニ・カデ・Rは、生まれ育ったスラウェシ島から呼び寄せた自分の母に3人の子の世話を託していたが、「ときどき、自分が子どものことをおろそかにしているんじゃないかと感じる」と語っていた。休日になると子どもがまつわりついてきて大変なので、よけいにそう感じるのだそうだ。そういうときは、このまま仕事を続けていていいのかと思うこともあるが、やはり働き続けたい気持ちが強い。その理由は、夫の収入に頼る生活をしたくないからだとカデは言う。ショッピングモールでちょっとしたものを見つけたときに、夫にせがんで買ってもらう必要がないとか、自分の母が病気をしても自分の貯金から手術代を出せるとか、そういうことができるのが大事らしい。そこに居合わせた同僚の既婚女性もこの言葉に大きくうなずいていたので、「あなたは主婦になりたいと思うことはありますか」と尋ねてみると、それはあると答えた。

　　とくにすごく忙しいときなんかはね。結婚式とかお葬式とか、そういうのが重なって、あんまり大変なときは、いっそ主婦になりたいと思ったりします。でも、仕事を辞めてしまったら、夫の給料でやっていかないといけなくなるでしょ。私の収入があれば家計は助かるもの。

［調査ノート、2008/8/13］

第1章　観光という日常

　この女性、ニ・マデ・G（No.23）は、3年の教員養成課程を終えているが、就職先が見つからず、マストラ夫人の遠縁にあたる父の紹介でこのホテルに来た。就職してから外部研修で経理の基礎を学んだという。経理部門の勤務時間は8時〜16時だが、ニョマンには小さい子どもが2人（当時8歳と3歳）いるため、出勤が9時、10時になることも大目に見てもらっているという。ほかではそうはいかないが、「ここはとても家族的な雰囲気だから（*suasananya sangat kekeluargaan*）」という言葉をこのときも聞いた。

　子どもが生まれてからも夫婦共働きを続ける理由としてよく挙げられるのは、都市部では生活費がかさむため、夫が稼ぐ収入だけでは生計が成り立たないということであるが、上に見たように、経済的理由ばかりでなく、妻たち自身の就労意欲の高さも大きな要因となっている。実際、このホテルの従業員の中には、同じ観光業でも格段に実入りがいいとされている観光ガイドを夫に持ち、生活には困らないといえるにもかかわらず、厨房で料理人として働き続けている女性がいる。やはり夫が観光客向けドライバーとして働いている別の女性、ニ・ワヤン・S（No.2）は、こう言っていた。

　　　家にずっといたら退屈してしまう。病気で何日か家にいるだけでも、早く外に出たくなるもの。それに、働いていれば、いろいろな経験ができるでしょ。毎日何かしら新しいことがわかる。同僚やお客さんと話すだけでも、視野が広がるから。　　　　　　　　　　　　［調査ノート、2004/1/12］

　このワヤンの夫は、1986年からこのホテルで働いていたが、96年に同僚のワヤンと結婚したのち、「もっと広い世界が見たいと思い」、観光客相手のドライバーに転職した。彼らの自宅を訪ねたときには、妻のワヤンがちょうど出張マッサージをしてもらっており、夫が息子と一緒に干した洗濯物を取り込んでいた。その日の夕食も、ご飯を炊いて野菜炒めを作ったのは夫だった。ご飯をおいしく炊くのは夫のほうが得意で、子どもの世話も夫のほうが向いているとワヤンは言う。

　ところで、都市部で家庭を営む農村出身者にとって、日常の仕事と両立しなければならない重要な要素が、子育て以外にもう一つある。それは、出身村で行われる種々の儀礼への参加である。

ヒンドゥ教徒のバリ人にとって、結婚式、葬儀、成人儀礼などを含む身内の冠婚葬祭や、父系出自集団が祖先を祀る屋敷寺やより規模の大きな寺院、そして出身村にある主要な寺院の周年祭（*odalan*）への出席は、非常に重要な意味を持っている[11]。村人であれば、そのような行事のたびに総出で駆けつけ、準備段階から参加しなければならない。遠方に住む都市生活者には同じレベルでの関与は期待されないが、少なくとも規模の大きな儀礼の当日には、帰郷し出席することが当然と考えられている。むろん仕事のスケジュールや子どもの学校の都合など、さまざまな事情で出席がかなわないことも多いが、長期間にわたってまったく顔を見せないままだと、将来、自分たちが人生儀礼を主宰する段になって周囲の協力が取りつけられなかったり、あるいは自分の死後、出身地での埋葬や火葬をしてもらうことができなくなったりする。これは、カウィタン（*kawitan*）と呼ばれる出自との絆を大切にしているバリ人にとっては、なんとしても避けなければならない事態である［中谷 2012］。

　また、1年を210日と数えるバリ特有のウク暦では、毎年1回、ガルンガン（*Galungan*）、クニンガン（*Kuningan*）という祖霊の供養にかかわる重要な祭日が訪れる[12]。このときには、日本の盆休みのように、家族ぐるみで帰郷することが習慣化している。

　カランアッサム県出身のある男性従業員は、フロント勤務で忙しいため、出身村で儀礼があっても、あまり頻繁に戻ることができない。が、子どもが生まれた年のガルンガンには、同じホテルで勤務する妻と2人の子どもを連れて帰村し、実家に訪ねてくる近所の人たちに赤ん坊のお披露目をしなければならなかった。そのため、儀礼の前日夕方に早番の勤務を終えてから村に移動し、その日に行われる行事に参加した後、儀礼当日の夕方には村を出発し、そのままレギアンに戻ってきて遅番の勤務に就くというスケジュールをこなした。他の従業員たちも、夫婦で遠方の出身村に往復する場合は、似たような日程であわただしい移動をしていた。

　結婚による改宗者も含め、従業員の大半がヒンドゥ教の信奉者であることから、儀礼への参加を理由に皆がいっせいに休みを取ってしまうと、ホテル運営に支障をきたす。これはバリ島の観光業に広く共通する課題でもある[13]。そこでスタッフのあいだでシフトの調整をしつつ、主要な祭日のどこかで皆が休みを取れるような工夫が不可欠だった。

ただ、マスタパ・ガーデンの場合は、夫婦となった従業員がそのまま勤務しているケースが多いため、家族イベントや人生儀礼、祖先祭祀にまつわる儀礼の際は、2人が同時に勤務から外れることになる。マネジメントの観点からすればそれは好ましい状態ではないが、個々の事情がわかっているため、大目に見ているとのことだった。

実のところ、経済面での処遇にかんしては、このホテルは従業員たちにとって特に魅力的な職場とはいえない[14]。しかし、夫婦で子育てをしながら勤務を続け、また出身村との儀礼上のつながりを維持していくためには、有形無形の配慮を仰ぐことができる経営者との信頼関係は重要な要素である。さらに、同じ職場で長く働いてきた従業員同士の絆に基づく「家族的な雰囲気」が、都市部に働き口を求めた農村出身者の新たな家族形成と維持を支えてきたといえるだろう。

第5節　それぞれの人生設計

私がマスタパ・ガーデンに出入りするようになった頃、話し相手となることが多かったのはフロントやレストランのスタッフたちである。知り合った当初は、仕事と子育ての両立の難しさや都市での生活費の高さ、教育にまつわる問題がよく話にのぼっていた。だが、そのうち子どもたちも次々に成長し、しだいに比重が大きくなったのは、退職後の生活をどうするかという話題だった。

たとえば先述のニ・ワヤン・Sは、観光客向けドライバーをしている夫が、町での生活に飽きて早く村に帰りたがっていると2003年頃から言っていた。ドライバー業に定年はないが、いずれはかならず村に帰るつもりだと、夫本人も語っていた。彼らはホテルから通勤圏内にある新興住宅地に家を構えている。都市で生まれ育った子どもたちはそのまま残るだろうが、親のほうは年をとれば村に帰るのが普通だという。その頃には村にいる親も年をとり、さまざまな儀礼にまつわる労働も肩代わりが必要になる。そこで、都市生活を通じて培ったアイディアを生かし、貯金を元手にちょっとした事業を村で始めたいというのが夫の希望だった。ところが、夫と同じ村の出身である妻のワヤンのほうは、もともと不器用で儀礼用の供物作りが苦手なため、村に帰って儀礼に追われる生活はしたくないとこぼしていた。

第1部　小さな民の生き様

　だが、2008年にホテルをスラバヤの資本家に長期リースする話が持ち上がり、彼らは定年を待たずに次の身の振り方を考えざるをえなくなった。このとき古参の従業員たちが最も心配したのは、観光学校などの卒業資格を持たず、年齢も上の自分たちは、新しい経営体制のもとで解雇されるか冷遇されるのではないかということだった。マスタパ・ガーデンでも、若い従業員の中には観光関係のディプロマを持つ者が増えてきている。経験はあってもディプロマがなければ、転職先も見つからないだろうという彼らの危惧には、十分リアリティがあった。当時私が訪ねた観光専門学校に並ぶ求人広告も、経験者優遇とは書いてあるが、年齢は35歳までとしているものがほとんどだった。

　結局、このときのリース話は実現せずに立ち消えになったが、比較的若くて資格もある何人かの従業員は、これを潮に離職していった。当時の人気職種だったクルーズ船に転職した者もいる。

　また、この時期に帰村を決めた従業員もいた。レストランのバーテンダーからフロント勤務に移っていたイ・クトゥット・D（No.19）は、西部のジュンブラナ出身で、父がマストラ氏と知り合いだった関係で、30代も半ばになってからこのホテルに就職した。

　　　ここに来る前は、実家でぶらぶらしていた。村には仕事がなかったからね。農民になるくらいしか。まだ若かったから、農業なんてやりたくなかった。
　　　今は村でもいろんな仕事がある。大工とか、ペンキ塗りとか。仕事はきついが、儲かる。バイク・タクシー（*ojek*）も今は多い。昔はなかったけど、今じゃ、300メートル先に行くのも、みんなバイク・タクシーを使うからね。2000ルピアとか3000ルピアとか払ってでも。
　　　　　　　　　　　　　　　　　　　　　　　［調査ノート、2004/8/11］

　こう語っていたクトゥットは、同じホテルの厨房で働いていた妻と子どもたちを先に村に帰してから、自分も2009年に退職し、父親の後を継いで寺院付祭司（*pemangku*）になった。バリの昔ながらの村にはかならずある公共の寺院の一つ、プラ・デサ（*Pura Desa*）での儀礼に責任を負う祭司職であるが、それだけでは食べていけないので畑仕事もすると言っていた。

村から都市への移住者第一世代の中に、そろそろ村に帰ることを現実的に考え、また実行に移す人たちも出てきたのが2000年代末だった。その背景には、本人たちのライフステージの進行にともない、村の状況と観光地での状況が共に変化してきたことが絡んでいる。村側の変化とは、村に残ってバリ人の生活のあらゆる側面にかかわる儀礼の施行を担っていた親世代の高齢化が進み、一定程度の肩代わりが必要となってきたことや、村にもビジネスチャンスがあるという認識の広がりが生じたことを指す。

　その後2012年には、別の投資相手との契約が成立した。冒頭で述べたように、マスタパ・ガーデンはいよいよ閉鎖され、ホテルの建物も完全に取り壊された。当時の従業員のうち、10人ほどは新ホテル建設の準備事務所と敷地の警備やまかないなどを任されるかたちで残留した。行先がないだろうと不安がっていた年長の従業員たちも、それぞれになんとか再就職先を見つけている。

　目立つのは、外国人が所有するプライベート・ヴィラでの雇用である。独立したコテージ（バリではヴィラと呼ぶことが多い）形式の高級ホテルの建設ブームと並行して、バリ島では個人所有のヴィラが2000年代半ば頃から急速に増えた［Trisustanto 2008］。観光客向けのレンタル専用のものもあるが、外国人がみずから住むために建て、自分たちが不在のあいだ貸し出すこともあるプール付きの豪華な邸宅もヴィラと呼ばれている。大規模ホテルでは採用にあたって資格や年齢を重視するのに対し、こういうヴィラで清掃や調理を担当するスタッフの採用にかんしては、人柄がよく、経験も豊富であることがアピールポイントになったということだろう。退職金を元手にワゴン車を買い、観光ガイドを兼ねたドライバー業を始めた人もいる。

　全員というわけではないが、転職してから前より経済状況が上向いたという人は少なくない。フロント勤務だったイ・ネンガ・S（No. 8）は、日本人が経営するヴィラ形式のホテルに転職した。マスタパにいたときよりはずっと待遇がよくなったが、その分拘束時間も増え、忙しい。今になって初めて、前の給与がよくはなかったことに気がついたと妻のカデ・Rは言う。だが、そんなことが気にならないほど、職場の雰囲気がよかったから長くいられたのだと述懐していた。

　マスタパで会計担当だったこのカデ・Rは、自宅の敷地内に小さなスペースを設け、惣菜を売ったり、お菓子のケータリングをしたりしている。一番下の子がまだ4歳半と小さく、同居している母も年をとって前ほど子どもの世話が

できなくなったため、当分は子育てを中心にしつつ商売をしていくつもりだと言っていた。だが、夫が就職したホテルから、子守を雇う費用を出してもいいから会計担当者として来てくれないかというオファーもあり、迷い始めた。

　彼らはそれまでずっと賃貸の家に住んでいたが、今回は10年間の借地契約をした土地に家を新築した。土地を買わなかったのは、資金面の問題もあるが、子どもたちが大きくなった頃にはカランアッサムの出身村に戻ることを視野に入れているためである。村に残っているネンガの父にかわって、儀礼上の義務を果たす責任があるからだという。

　ホテル閉鎖から1年数カ月が経った頃、ネンガとカデをはじめ、数人の元従業員と再会する機会を得た。「大家族のようだった」職場を懐かしみつつ、都市での第2ステージともいえる職業生活をそれぞれに続けている。結局、ホテル閉鎖のタイミングで村に戻った者はまだいない。都市で生まれ育った子どもたちがまだ教育年齢にあることも大きな要因だろう。彼らの今後の人生選択を引き続き追ってみたいと思っている。

おわりに

　何度となく浮沈を繰り返しながらも、バリ島の観光業は成長を続けてきた。星つきのホテル数は2009年から13年の5年間で1.5倍にもなり、なかでも5つ星ホテルの増加が目立つ。星なしの宿泊施設も1.2倍に増えたが、マスタパ・ガーデンと同規模のホテル（客室数が40～100室）の数は伸び悩んでいる［BPS Provinsi Bali 2014b］。湿潤な熱帯雨林気候のもとでは、水回りの劣化が激しく、設備メンテナンスのための追加投資が欠かせない。マスタパ・ガーデンの閉鎖はオーナー一家の個人的な事情によるところも大きいが、全体として競争が過熱化するなかで、地元資本によるこの規模のホテルの生き残りはむずかしかったといえるだろう。マスタパ・ガーデンの跡地にも、5つ星チェーンのブランドで新しいホテルが建つことになっている。

　かつてはごく限られた地区に限定されていた観光振興も、年を追うにしたがって対象地域が拡大し、近年は州政府の新たな政策のもと、内陸部の農村地域でも観光開発が進みつつある。私が長年調査を重ねてきた東部の山村でも、今では棚田のあいだにホテルやヴィラが建ち並び、数十年前のウブッドを彷彿とさせるような光景が広がり始めた。そこでサービスを提供する従業員たちの

多くは、都市部の観光地で働いた経験を持つ。マスタパ・ガーデンで働いていた人々の一部は、この村からさほど離れていない別の村の出身であるが、そこでも似たような展開があれば、彼らも進んで帰郷を選択するかもしれない。

都市部に移住し、そこで家族を形成した農村出身者たちにとって、観光産業への従事は、儀礼上の義務を果たすことを中心に村との往復を繰り返しつつ、就業と子育てを両立する生活を可能にしてくれる手段であった［中谷 2016］。

バリ島の観光をめぐっては、「文化観光」という側面に注目した論考が数多く出され、バリ内の知識人を中心とする政策批判もさまざまに紹介されてきた［Picard 1997他］。この中で本章が意図したのは、バリ島において観光という日常を生きる人々の現実の一端を記録することである。

とはいえ、ホテルやレストラン勤務、観光ガイドに限らず、みやげ物製作などの関連産業や、ホテル建設、インフラ整備などを含む土木事業も含めれば、広い意味での観光産業にかかわる人口は膨大なものとなる。その中では、決して破格の待遇とはいえずとも、安定した収入を確保していたマスタパ・ガーデンの従業員たちは恵まれたほうの部類だろう。すでに触れたように、他島からの移住者は観光関連産業の中でもより低賃金の未熟練労働に就く場合が多く、一方バリ島内の農村出身者たちも、観光学校卒などの学歴が手にできなければ、それらの移住労働者と不安定な職を競い合う立場に置かれる。さらにいえば、観光業の恩恵にまったくあずかることのない層の人々も存在する。

1970年代以降、バリ島は、観光を基礎にした経済発展に向かって大きく舵を切った。世界中から娯楽や癒しを求めて訪れる客たちを迎える側のさまざまなバリ人や周辺地域からの移住者たちにとって、この土地で生き、働くことの意味をさらに広い視点から問いかけることを今後の課題としたい。

【注】
(1) サヌールやヌサ・ドゥアの高級ホテルの公称レートは、当時シングル料金で1泊100ドルからであった。他方、クタ周辺の若者向けの安宿は1泊3〜10ドル程度で泊まることができた。
(2) 吉田［2013: 29］が指摘するように、環境への過大な負荷にみられるような「生態学的な危機」も無視できないスケールで進行している。

第1部　小さな民の生き様

(3) ワヤン・マストラ氏のライフヒストリーについては、本人からの聞き取りに基づく。
(4) バリ人がキリスト教に改宗した過程と、オランダ植民地政府から払い下げられた西部の沼沢地の開拓については、マッケンジー［1989］を参照。2010年時点でバリ州住民のうち、キリスト教徒が占める割合はわずか2.4％にすぎないが、1971年から比べると、実数は約6倍になっている［BPS Provinsi Bali 2014b: 149］。これは、バリ人の改宗が進んでいることに加えて、観光業に従事する他島出身者の中にも、キリスト教徒が一定数含まれていることによる。
(5) バリ島の観光開発が進行した1980年代、主たる観光地となっていたのは、クタ、サヌール、ヌサドゥア、ウブッドの4カ所であったが、その後クタ地区は西海岸沿いに北部に向かって開発が進み、マスタパ・ガーデンが位置するレギアンの北にもスミニャック、クロボカンという観光エリアが加わった。
(6) 2008年の従業員リストに掲載されていた40人のうち、インタビューができなかったのは、3人である。2009年採用の2人にはインタビューを行った。
(7) 1980年代から定期的にこのホテルに滞在している外国人の国籍は、シンガポール、オーストラリア、オランダ、日本、カナダと多様で、商品の買い付けなどビジネス目的の人が多い。だがホテル閉鎖に至るまでの数年は、オンライン予約や旅行社とのパッケージ契約の客も増え、また買い物に便利な場所ということで、国内客の比率が増えてきていた。
(8) バリ人の名前には苗字がなく、出自を示す称号と個人名の組み合わせからなる。個人名には、きょうだいの中で出生順にワヤン、マデ（またはカデ）、ニョマン（またはコマン）、クトゥットという決まった名前が含まれることになっているため、このホテルにも複数のニョマンやクトゥットがいる。ここでは出生順の名前と別の個人名のイニシアルのみを表示する。
(9) 人口圧力の高いジャワ島やバリ島、マドゥラ島から外島への移住を奨励する政策（*transmigrasi*）の起源はオランダ植民地期にあるが、初代大統領スカルノ、第2代大統領スハルトのもとでも積極的に進められた。
(10) バリ州の普通高校の生徒数は1978年の15,924人から2000年の70,005人に、職業高校の生徒数は13,765人から34,243人に急増した。1980年時点の高校就学率は推計26％、2000年は62％である［今野 2009: 94-95］。だが農村と都市、そして男女間の格差も大きく、1985年時点では、10歳以上の人口に占める中学卒業者の割合は、農村部の女性で4.5％、高校卒業者は2.7％にすぎなかった（インドネシア中央統計局）。
(11) 村落部におけるヒンドゥ儀礼の内容や当事者および親族・近隣の村人が果たすべき役割については、中谷［2003；2012］にくわしい。このホテルの女性従業

員の中には、結婚後、婿養子の手続きをした夫と共に都市部にある自分の実家に住み続けている人がいたが、その女性の場合は、都市化したとはいえ、従来の慣習をそのまま引き継いだ村落世界に暮らしの基盤を置いていることになる。そのため、農村の女性たち同様、バリのコミュニティにおいて重要な意味を持つさまざまな儀礼にまつわる仕事をすべて引き受けている。毎日、供物を作って供えるばかりでなく、近隣世帯や親族内で葬儀や婚礼などの行事があれば、準備を手伝う段階から参加しなければならない。バリ独特の暦にしたがって特別な供物を用意すべき時期には、仕事が終わってバイクで自宅に戻り、洗濯など一通りの家事をすませてから供物作りを始め、夜中すぎに床に就くような毎日だと言っていた（2008年8月13日のインタビュー）。

(12) バリの暦には、ウク暦（7日×30週＝210日を単位とする循環的な暦）とサカ暦（太陰暦）の二種類があり、市場が立つ日や、ヒンドゥ教の枠組みによる各種の行事や儀礼を行う日取りは、すべてこれらの暦で定められている。

(13) 他方、国際チェーンの5つ星ホテルやジャカルタ資本のホテルであれば、ジャワ人をはじめとする他島出身者で、ムスリムやキリスト教徒など、複数の宗教を持つ従業員を意図的に揃え、休暇を取る時期がかち合うリスクを低減している。

(14) 2008年時点のマスタパ・ガーデンの基本給は37万4000ルピア（当時のレートで約4000円）で、これに扶養手当、交通費などが加算され、月額65万ルピア（約7000円）が保障されていた。また、ホテルの宿泊料やレストランの利用代金に上乗せされるサービス料を従業員全員で分けるため、客の入りが多ければ、収入が100万ルピアを超える月もあったが、そういうことはめったにない（2008年9月4日のインタビュー）。5つ星ホテルなどの場合は、基本給が100万ルピアで、サービス料収入がその3倍になる月もあるという話だった（2008年9月7日のインタビュー）。

【参考文献】

今野裕昭. 2009.「観光リゾート都市バリの光と影」『変わるバリ　変わらないバリ』倉沢愛子・吉原直樹（編）, 90-105ページ. 東京：勉誠出版.

中谷文美. 2003.『「女の仕事」のエスノグラフィ──バリ島の布・儀礼・ジェンダー』京都：世界思想社.

───. 2012.「都市の家族，村の家族──バリ人の儀礼的つながりの行方」『民族大国インドネシア──文化継承とアイデンティティ』鏡味治也（編）, 79-115ページ. 東京：木犀社.

───. 2016.「儀礼は仕事か？──バリ人にとっての働くことと休むこと」『仕

事の人類学』中谷文美；宇田川妙子（編），京都：世界思想社．

マッケンジー，ダグラス．1989．『マンゴー樹の教会――バリ島のキリスト教』桃山学院大学インドネシア・ワークキャンプ実行委員会（訳），東京：聖公会出版．

吉田竹也．2013．『反楽園観光論』名古屋：樹林舎．

BPS Provinsi Bali. 2014a. *Tinjauan Perekonomian Bali 2013.* Denpasar: BPS Provinsi Bali.

BPS Provinsi Bali. 2014b. *Bali dalam Angka 2014.* Denpasar: BPS Provinsi Bali.

Dahlan, M. Alwi. 1992. *Penduduk Indonesia selama Pembangunan Jangka Panjang Tahap I.: Bali.* Jakarta: Kantor Menteri Negara Kependudukan dan Lingkungan Hidup.

Fagertun, Anette. 2013. Gendered Labor in 'Paradise': Tourism as an Engine of Change in Bali. *IIAS Newsletter* 66: 50.

Picard, Michel. 1997. Cultural Tourism, Nation-building, and Regional Culture: The Making of a Balinese Identity. In *Tourism, Ethnicity, and the State in Asian and Pacific Societies,* edited by Picard, M.; and Wood, R. E., pp. 181-214. Honolulu: University of Hawai'i Press.

【インターネット資料】

Trisustanto, Djody. 2008. "An Expert View of Bali's Villa Hotel Market: Can Bali and its Luxury Villa Hotel Market Maintain Growth?" *The Jakarta Post.* November 7, 2008. Accessed on December 30, 2014.
http://www.balidiscovery.com/messages/message.asp?Id=4851

Badan Pusat Statistik(BPS)Provinsi Bali. 2014a. "Jumlah Penduduk Provinsi Bali." Accessed on December 31, 2014.
http://bali.bps.go.id/tabel_detail.php?ed=dynamic_reg

Badan Pusat Statistik（BPS）Provinsi Bali. 2014b. "Kedatangan Wisman ke Bali." Accessed on December 31, 2014.
http://bali.bps.go.id/tabel_detail.php?ed=dynamic_par

【推薦図書】

ヴィッカース，エイドリアン．2000．『演出された「楽園」――バリ島の光と影』中谷文美（訳），東京：新曜社．（原著：Vickers, Adrian. 1989. *Bali: A Paradise Created.* Victoria: Penguin Books Australia.）

山下晋司．1999．『バリ――観光人類学のレッスン』東京：東京大学出版会．

第 2 章 民衆生業の社会経済圏
―― インドネシア・ソロ地方出身のジャムー売りの世界

間瀬 朋子

はじめに

インドネシアでの生活体験をもとに書かれた村井吉敬著『スンダ生活誌――激動のインドネシア社会』を読んだとき、「闇から忽然と鳴り響いてくるプトゥ（菓子の一種）売りの物悲しい蒸気の音」や「闇のしじまを突きさすそば屋の叩くチークの木音」（ともに村井［1978a: 123］）などの暮らしの音に想像力を掻き立てられた。「彼女たち〔後述する生薬、ジャムー売りの女性たちのこと。以下、キッコウ括弧は筆者の注記〕はバンドンから300キロも離れた、中部ジャワの古都ソロの近くからやって来る」［村井 1978a: 124］というくだりに触れて、もっと詳細を知りたいと思った。なによりも、同書に登場するモノ売りたちに生きる力がどくんどくんとみなぎっているようで、心ひかれた。それ以来、モノ売りを追いかけてインドネシアを歩いている。

インドネシア中央統計庁のデータによれば、同国の就労人口1億1820万人（2014年2月）のうちの53.6％（6336万人）が「インフォーマル・セクター」従事者である。周知のとおり、同セクターには多種多様な活動が含まれているが、一見して物品販売が目立つ。屋台商人または露天商人[1]の数は2200万人（2013年）、伝統的市場の商人の数は1200万人（2013年）という数字もある［Bisnis Indonesia. May 5, 2013; Timoroman. June 10, 2013］。両者に重複があったり、そのほかの形態で営業するケースがあったりもするであろうが、これらの数値を参考にインドネシアのモノ売り数を大まかに約3000万人と想定すれば、同国の就労人口の約4分の1、「インフォーマル・セクター」従事者の約半分がモノ売りである。インドネシアはモノ売り天国なのである。モノ売りがインドネシアの経済・雇用情勢に与えるインパクトは大きい。

本章が注目するのは、ジャワ島の中ジャワ州ソロ地方[2]から送り出される

第1部　小さな民の生き様

ジャムー売り

ジャムー（jamu）[3]売りである。ジャムーはショウガ科植物、キンマの葉、米、タマリンド、ヤシ砂糖などから作られる天然生薬飲料で、行商人が販売するものはたいてい手製である。手製のものに工場製の粉末ジャムーが溶かし込まれて販売される場合もある。ジャムー売りの多くは、肩から斜め掛けにした縞布（Kain lorek カインロレッ）で竹籠を背負って行商をする女性である。片手には、ヤシ殻でできたコップ（batok バトック）と水を張った小さなバケツを提げている。ジャワの伝統的な上衣（kebaya）とろうけつ染めの腰巻き布（sarung サルン）に編み笠（caping チャピン）という装いの行商人も見かける。可動式屋台（rombong ロンボン）や自転車、バイクを利用して、ジャムーを商う形態も増えている。そのような新形態のジャムー売りの中には、男性の姿も見られる。

　筆者がこれまで実施したフィールド調査によれば、インドネシアの全域に広がって働くジャムー売りの出自はたいてい、ソロ地方の中でも特定の地域にある。さらに、ジャムー売りの配偶者として別の商品を取り扱うモノ売りや、ジャムー売りが出現する過程であらわれ、別の商品を取り扱うモノ売りなど、ジャムー売りの周囲にはさまざまなモノ売りが存在する。このように、ジャムー売りを取り巻いて一つのまとまりができあがっている。

　このまとまりを送り出す地理空間は、複数の県・郡・村・集落にまたがる圏である。そこの人びとは一定の期間、ある場所に出かけて行っては再び出身村へ戻ってくるという循環型の移動（circular migration）を行い、長年出稼ぎを続けながら村とのつながりを断ち切らない。出稼ぎ先と出身地のあいだを定期・不定期的に往復するこのような移動は、彼らのことばジャワ語でボロ（mboro）と呼ばれている。

　クンチョロニングラト［Koentjaraningrat 1975］、エヴァース［Evers 1975］、パパネク［Papanek 1976］、ヒューゴー［Hugo 1977］、村井［1978b］、福家［1986］など、スハルト大統領による開発体制下における出稼ぎ移動を扱った研究には

多くの蓄積がある。ただしそれらはふつう、出稼ぎ先である都市の一地点での調査、あるいは出稼ぎの送り出し元である農村の一地点の調査としてなされてきた。その中で、①人びとが出稼ぎをつうじてみずからの経済的な状況を押し上げるばかりでなく、出稼ぎ送り出し村の経済全体を向上させたこと、②1960年代末から80年代前半にかけて、「緑の革命」[4]が進展し、石油・天然ガス資源の開発によってもたらされる収入に支えられながら、スハルト政権は国家をあげて工業化・産業化を推進した。その時代に起こった農村から都市への出稼ぎ移動の一般的な形態が循環型であったこと、③農村からの出稼ぎ者が出稼ぎ先の都市に出身農村の文化を持ち込んだこと、④「床屋には東ジャワ州マドゥラ島バンカランの出身者が多い」「スマトラ島・北スマトラ出身のバタック人の多くは、首都ジャカルタへ出稼ぎに行き、バスの車掌や客引きになる」「ジャムー売りのふるさとは中ジャワ州ソロである」という具合に、特定集団・特定出身地と特定出稼ぎ業種のあいだに相関関係があることなどが、明らかにされてきた。

　先行研究ではしばしば、仙草ゼリー（cincau〈チンチャウ〉）売り、肉・キャベツ・春雨などの具に牛骨や鶏ガラのスープを注いだ料理（soto〈ソト〉）売り、ジャムー売り、牛肉ミートボールのスープ（bakso〈バッソ〉）売り、牛肉ミートボール入りの麺（mie bakso〈ミ バッソ〉）売り、輪タク（becak〈ベチャ〉）牽き、建設現場労働者などとしての出稼ぎを送り出す各村が個別の事例としてとりあげられてきた。それらの研究では、当該業種による出稼ぎが一村として完結しているかのように描かれてきた。しかし、そうしたケースが一般的とは思われない。一村または一地点でなく複数村または複数地点を対象としつつ、同一業種による出稼ぎを行っている複数村や複数地点のあいだの社会経済的な関係や歴史文化的な結びつきに関心を払うことは、これまでにあまりなされてこなかった。それゆえ、都市部で特定の出稼ぎ業種に就いたり、特定の販売物を商ったりしている人びとの中に出稼ぎ者が目立つにもかかわらず、特定集団・特定出身地と特定出稼ぎ業種に相関関係があるという結論をめぐって、集団とは特定の家族集団を指すのか、あるいはあるエスニック集団を漠然と指すにすぎないのか、出身地とは特定の集落、村、郡、県のどれを指すのか、こうした詳細が明示されることも、およそなかった。

　そこで、本章では、出稼ぎ送り出し元の複数地点と出稼ぎ先の複数地点を対象とし、出稼ぎにみる特定集団と特定業種との結びつきのあり方をより詳細に

考察することを目的とする。具体的には、第1節で、ジャムー売りを取り巻くまとまりとそのまとまりを出稼ぎに送り出す地域について説明する。この作業により、中ジャワ州スコハルジョ県ングトゥル郡（Nguter）を中心とする出稼ぎ送り出し地域にかんする概要を示す。第2節では、ングトゥルにおいて多くの出稼ぎ者のあいだで共有される出稼ぎ様式が発生した経緯を探る。最後に第3節では、ングトゥルから周辺地域に出稼ぎ様式が波及し、その地理的空間に一つの出稼ぎ送り出し圏が生成されていくプロセスを明らかにする。

本章は、筆者が主に2002年10月から07年9月にかけて、単独の出稼ぎ先や出稼ぎ送り出し村ではなく、インドネシア全土を視野に入れて複数の出稼ぎ先（ジャワ、マドゥラ、バリ、ロンボク、スンバワ、アンボン、スラウェシ、スマトラの各島の計87カ所）およびソロ地方に属する複数の出稼ぎ送り出し村で行ったフィールド調査に基づいている。その中心を成したのは、モノ売り1011人（男性448人、女性563人）を対象とした、質問票を用いない聞き取り調査である。聞き取り調査は通常インドネシア語、ときに通訳を介したジャワ語で実施した。

第1節　ジャムー売りはソロ人なのか

1　ジャムー売りと「ジャムー売り集団」

インドネシア・ジャワ島出身のジャムー売りについては、「私の会った何人かのジャム売りはすべてスラカルタ市を取り巻くスコハルジョ県の出身者だった」［村井 1982: 183］、「中部ジャワの特定地域から来ている出稼ぎの女たちの仕事である」［マレー 1994: 86］などと記されてきた。ジャムー売りの多くは女性である。その配偶者が同じくジャムー売りをしている場合もあるが、別の商品を取り引きするモノ売りである場合のほうが多い。

ジャムー売りの配偶者が就業する出稼ぎ業種としては、伝統的なアイスクリーム（es puter エスプトゥル あるいは es krim エスクリム）売り、牛肉ミートボール入りの麺売り、鶏そば（mie ayam ミーアヤム）売り、焼きめし・焼きそば売り、おもちゃ売り、ヘッ（hik）あるいはアンクリンガン（angkringan）と呼ばれる屋台で紅茶、しょうが湯、揚げものなどを売る人、米粉の蒸し菓子（putu プトゥ）売り、ボトル入り清涼飲料売り、紙製トランペット売り、たばこスタンド経営者、靴・傘修理屋

などが挙げられる[5]。また、次節で詳述するが、ジャムー売りが登場するまでの歴史的な過程に見られる出稼ぎモノ売りとして、茹で野菜のピーナッツソース和え（janganan ジャガナン）売り、肉の脂身や大豆発酵食品テンペの串焼き（sate kere サテケレ）売り、ジャワ風そば（mie Jawa ミジャワ）売り、牛骨や鶏ガラのスープ（saoto/前出の soto に同じ サオト）売り、氷入りのシロップ飲料（es gronjong エスグロンジョン）売り、温かいココナッツミルク飲料（cemue チュムエ）売り、アイスクリーム売りなどがある。本章では、ジャムー売りを取り巻くこのような零細商人のまとまりを「ジャムー売り集団」と呼ぶ。

2　ジャムー売り集団を送り出す地域とその輪郭

聞き取りに基づいていえば、全国各地にこのジャムー売り集団を送り出す地域は、中ジャワ州のソロ地方に位置していても単一の県・郡・村・集落ではなく、複数の県・郡・村・集落にまたがる圏である。ここではそうした地域を「ソロ出稼ぎ送り出し圏」（図1を参照）と呼ぶ[6]。

本章は、ある同一の出稼ぎ慣行が共通して見られる地域、すなわちソロ出稼ぎ送り出し圏を出稼ぎ従事者からの聞き取りに基づいて浮かびあがらせる試みである。史料を包括的に精査してジャムー売りの歴史を探ろうとする研究ではないことをことわっておく。

ジャムー売り集団は、中ジャワ州の中でも特にソロ地方の出身者から成り立っている。ソロ地方には、スコハルジョ県、ウォノギリ県、クラテン県、カ

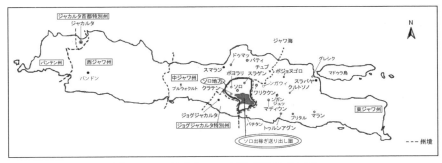

図1　ソロ地方とソロ出稼ぎ送り出し圏
※ 本章に関連するジャワ島の地名については、本図を参照のこと。出典：筆者作成

ランアニャル県、スラゲン県、ボヨラリ県[7]が含まれる。ジャムー売り、牛肉ミートボール入りの麺売り、アイスクリーム売りには中ジャワ州のうちでもスコハルジョ県とウォノギリ県の出身者が圧倒的に多い。そのほかクラテン県とカランアニャル県の出身者もある程度いて、一部にスラゲン県の出身者、わずかにボヨラリ県の出身者が見られる。これが、筆者の聞き取りから得られた結論の一つである。

聞き取りの結果をもう少し細かく見てみよう。表1のとおり、ジャムー売り集団の主な出身郡は、スコハルジョ県（全12郡）のうち6郡、ウォノギリ県（全25郡）のうち11郡、クラテン県（全26郡）のうち5郡、カランアニャル県（全17郡）のうち3郡であることがわかる。とはいえ、たとえば、これらの郡に隣接するスコハルジョ県ウェル郡、ウォノギリ県のキスマントロ郡、プルワントロ郡出身のジャムー売りに出会うことがまったくないとはいえない。他方で、スコハルジョ県のガタック郡、バキ郡、グロゴル郡、ウォノギリ県のングントロナディ郡やパラングピト郡、カランアニャル県のチョコマドゥ郡やカランパンダン郡、クラテン県ウェディ郡やジャティノム郡などの出身者は、これまで見かけたことがない。つまり、出稼ぎジャムー売り集団の出身郡は、各県に複数、存在するにしても、きわめて限られているのである[8]。大まかに見れば、スコハルジョ県、ウォノギリ県、クラテン県、カランアニャル県の特定の郡にだけジャムー売り集団として出稼ぎに行く慣行があり、それらの郡は同じ社会経済様式を共有している、と考えてよいであろう[9]。

表1　ジャムー売り集団の主な出身郡

県	郡
スコハルジョ	ングトゥル、ブル、タワンサリ、ブンドサリ、スコハルジョ、ポロカルト
ウォノギリ	セロギリ、ウォノギリ、ジャティプルノ、ブルクルト[10]、スロゴイモ、ンガディロジョ、ギリマルト、ジャティスロノ、シドハルジョ、ジャティロト、マニャラン
カランアニャル	ジャティプロ、ジュマポロ、ジャティヨソ
クラテン	バヤット、チャワス、カランドウォ、トゥルチュッ、ペダン

・・・：図2の①に属する郡、　・・・：同②に属する郡、　・・・：同③に属する郡
出典：フィールドワークをもとに筆者作成

第2章　民衆生業の社会経済圏

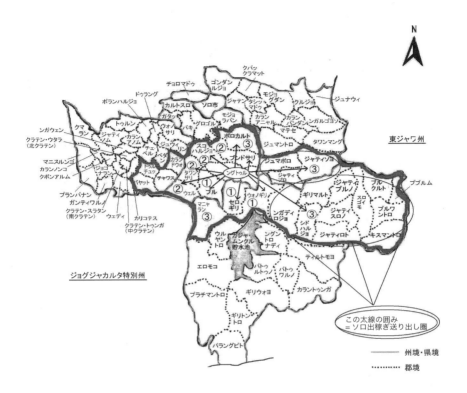

- ブル郡（B）やセロギリ郡（SG）などのブンガワン・ソロ地域の周辺には、地域の中心・ングトゥル郡（N）との地縁・血縁をつうじて、出稼ぎ慣行が波及（①）
- スコハルジョ郡、タワンサリ郡、ブンドサリ郡などのスコハルジョ県出稼ぎ後発組（SH2）には、ブンガワン・ソロ地域との地縁・血縁をつうじて、①より少し遅れて、出稼ぎ慣行が波及（②）
- ンガディロジョ郡やシドアルジョ郡などのウォノギリ県東部（WGT）、ジュマポロ郡やジャティプロ郡などのカランアニャル県南部（KA）、あるいはスコハルジョ県出稼ぎ後発組（SH2）でもポロカルト郡などには、ングトゥル郡（N）とのパトロン―クライアント関係をつうじて、出稼ぎ慣行が波及（③）
- クラテン県（KLT）からの出稼ぎ慣行には、早期に発生したものもあるが、かならずしもングトゥル郡（N）から波及したものではない

図2　ジャムー売り集団としての出稼ぎが発生する中ジャワ州の諸郡
＝ソロ出稼ぎ送り出し圏（ングトゥル郡を中心とする出稼ぎ慣行の波及）
出典：フィールドワークをもとに筆者作成

第1部　小さな民の生き様

　次に出稼ぎジャムー売り集団の出身郡を地図上にマーキングしてみると、スコハルジョ県ングトゥル郡とウォノギリ県セロギリ郡、スコハルジョ県ングトゥル郡とカランアニャル県ジュマポロ郡、カランアニャル県ジャティプロ郡とウォノギリ県ンガディロジョ郡、スコハルジョ県タワンサリ郡とクラテン県カランドウォ郡というように、県名は異なっても、実際には県境を挟んで隣りあわせの郡同士であるケースがあちこちで見られることに気がつく。すなわちジャムー売り集団としての出稼ぎを発生させている郡は相互に地理的に接し、一つの圏を成している（図2参照）。ここにソロ出稼ぎ送り出し圏の輪郭が浮かびあがる。

第2節　ソロ出稼ぎ送り出し圏の中心——ングトゥル

1　「ブンガワン・ソロ地域」とングトゥル

　図3に見るとおり、ジャムー売り集団を送り出すソロ出稼ぎ送り出し圏の中央部にブンガワン・ソロ（Bengawan Solo）が蛇行している。ブンガワン・ソロはジャワ島随一の大河（全長548.5キロメートル）で、中ジャワ州と東ジャワ州の境にそびえるラウ山に水源を持ち、最終的に東ジャワ州グレシクでジャワ海に注ぐ。この図にしたがえば、このブンガワン・ソロがソロ出稼ぎ送り出し圏の形成に影響を及ぼしているように思われる。

　聞き取りによれば、ソロ出稼ぎ送り出し圏のうちでもブンガワン・ソロに面する一部地域にオランダ領東インド（蘭印）政庁期（1800〜1942年）の終わり頃、つまり1910年代末からモノ売りとしての出稼ぎ慣行があった。ガジャ・ムンクル（Gajah Mungkur）多目的ダム・貯水池を抜け出てデンケン川を抱き込むまでのブンガワン・ソロの両岸にあたるその地域は、行政的にほぼ現在のウォノギリ県のウォノギリ郡とセロギリ郡、スコハルジョ県のングトゥル郡とブル郡に属する。この地域を「ブンガワン・ソロ地域」（図3を参照）と呼ぼう。

　聞き取りにおいて、ソロ地方の特定地域の中でも最も早い時期からジャムー売り集団としての出稼ぎを多数、輩出してきたのがこのブンガワン・ソロ地域、とりわけ現在のスコハルジョ県ングトゥル郡に属する地区である。筆者がこれまでにソロ地方を含むインドネシア各地で行った聞き取りにおいて、1920年前後に自分または家族がモノ売りとして出稼ぎに行っていたと述べた人の大

第2章 民衆生業の社会経済圏

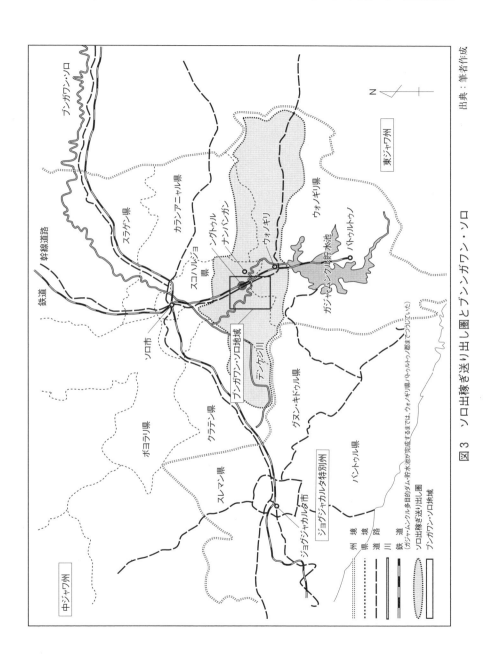

図3 ソロ出稼ぎ送り出し圏とブンガワン・ソロ

出典：筆者作成

第1部　小さな民の生き様

　多数は、ングトゥル郡の出身者であった。

　　私の記憶が正しければ1920年以前に、父はアイスクリーム売りとして東ジャワのンガウィやボジョヌゴロなどへ出稼ぎに行っていました。同時期に、父はソロの町とウォノギリをつないでングトゥルを通過する予定になっていた鉄道の建設現場で働いていたこともあります。子どものころ村の寄りあいについて行くといつも、村書記役などの年長者から出稼ぎの話を聞かされました。

　　　　　　（2007／6／9、元アイスクリーム売りの男性、ングトゥル、80歳代）[11]

2　ングトゥルで出稼ぎ慣行が広まった理由

　ングトゥルはソロの町の約16キロメートル南に位置している。ングトゥルの特定地区で早い時期に出稼ぎ慣行が広まったことにかんしては、いくつかの理由が考えられる。ことに次の5点、すなわち①ングトゥルがブンガワン・ソロによる水害を被りやすい農業不適地であったこと、②蘭印政庁時代の王侯領（Vorstenlanden）内にあったングトゥルでは、地域住民がじゅうぶんな農地やその用益権を所有したり、農業で生計を立てたりすることを妨げるような土地制度が敷かれていたこと、③王侯領の時代、ングトゥル周辺にサトウキビ、タバコ、コーヒー、藍などの農園企業がおよそ存在せず、農地やその用益権を所有しない住民の農業就労機会が非常に限られたこと、④ングトゥルがソロとウォノギリを結ぶ幹線道路と鉄道の双方に面し、交通の利便性に恵まれていたこと、⑤1920年前後に同地に出稼ぎ時代が到来する以前から、ングトゥルの住民のあいだに周辺で零細商人（bakul）として農産物や手工芸品を取引する経験があったこと、が重要と思われる。

　これらの理由をもう少し細かく検証しよう。鉄道が敷設される以前から、ソロの町とングトゥルは幹線道路でつながっていた。1917年にングトゥル（スコハルジョ）とナンパンガン（ウォノギリ）のあいだでブンガワン・ソロに橋が架けられ［Soekardjo 1960: 26］、23年にはソロの町、ングトゥル、ウォノギリの町、バトゥルトゥノ（ウォノギリ南部）が鉄道で結ばれた。聞き取りでは、ングトゥル出身者による出稼ぎ経済活動の萌芽は、この鉄道敷設の時代（1913年着工、22年ソロ―ウォノギリ間で開通、23年ウォノギリ―バトゥルトゥノ間

で開通）[Soekardjo 1960: 18] にみいだせる。

　前掲の図3を見ると、ングトゥルが幹線道路、鉄道、ブンガワン・ソロのすべてに接していることがわかる[12]。ソロとウォノギリとの中間に位置し、両者を結ぶ幹線道路と鉄道という二つの地域経済の動脈に面していることは、商業地であるソロの町、ウォノギリの町（ングトゥルの南16キロメートル、以下マル括弧内の距離はングトゥルからのだいたいの距離）、バトゥルトゥノ（南30キロメートル）を行き来するングトゥル出身の零細商人の活動を支える重要な地理的条件であった。

　　蘭印政庁時代から、父はアイスクリーム売りとして出稼ぎに行っていました。母はングトゥル地場産の干したキャッサバ、落花生、バナナの葉との交換でバトゥルトゥノの市場で米などを仕入れては、ソロの町まで売りに行っていました。　　　（2007/7/14、元教師の女性、ングトゥル、60歳代）

1976～81年に多目的ダム・貯水池の建設を目玉とする一連の水利工事が行われる以前のングトゥルの河川地区において、ブンガワン・ソロのぐねぐねとした流れがもたらす水害とその農業に与える影響は深刻であった。

　　ダム・貯水池が建設される以前の村では、年に一度の稲作がやっとでした。その収穫でさえ、たびたび洪水に流されました。毎年の3月の洪水には抵抗のしようがありませんでした。
　　（2004/6/13、ポンドック（長屋のような下宿兼仕事場、第3節で詳述）の元
　　経営者の男性、ングトゥル、70歳代）

　ングトゥル出身者が食いつなぐには、地域経済の動脈に面するという地元の立地条件を活かし、零細商人としての活動に食い込むのが手っ取り早かったと推測される。聞き取りでは、ングトゥル出身者は男女を問わず、自分の屋敷地で生産されるバナナとその葉、落花生、キャッサバなどの農産物や籠や編み笠などの簡単な手工芸品と、周辺の市場、とりわけングトゥル、ウォノギリ、バトゥルトゥノ（南35キロメートル）[13]の市場に売りに出された米、ココヤシの実、ヤギ等を物々交換し、それらの入手物を主としてソロの町で売りさばくこ

とで稼いでいた。それがほぼ元手を有しない多くのングトゥル出身者が行いうる数少ない経済活動だったのであろう。日帰りのスタイル（laju）を基本とし、たいていの人びとは徒歩でバトゥルトゥノ市場への仕入れやソロの町への行商に向かった。

3　ソンゴ・ガウェ制度がもたらした事情

　20世紀初旬のングトゥルの人びとには、水害による農業の不振のほかにも零細商人になるべき事情があったと考えられる。ングトゥルを含むソロ地方は蘭印政庁下で在地の王の自治が許された王侯領であった。そのため土地の大部分は1910年代頃まで天領と王族や王の臣下（patuh）に与えられる封土（apanageあるいはlungguh）で構成されていた。封土の経営にあたって、王族や王臣は支配下に差配（bekel）を置いて封土内の住民が水田耕作するのを監視させたり、徴税させたりした。さらに差配は、封土の現場監督として住民に対して実際的な権力をも行使していた。

　1910年代半ばから20年代前半にかけて、このような封土制度が解体、差配職が廃止され、行政単位としての村（kelurahan）が形成されるという一連の農業行政改革が実施された。その際、封土内の水田が分割され、その用益権が宅地とともに元差配および水田耕作にたずさわる意思と能力を有する住民に対して分配されるようになった。ただし、その用益権を得た人は、納税義務のほかに公道の補修などの蘭印政庁に対する公共事業への労役と、夜警労務、村道や用水路の補修などの村に対する労役の義務（ireng denes）を負わなくてはならなかった[14]。これらを負えない場合、その用益権は取り消された。用益権のある水田はタナ・サンガン（tanah sanggan）[15]、行政農業改革以降の新制度はソンゴ・ガウェ（songgo gawe）と呼ばれた。

　聞き取りから推察すれば、旧王侯領に特有のこのような社会経済環境のもと、1920年前後から日本軍政期（1942年3月〜45年8月）にかけてのングトゥルの周辺においては、じゅうぶんに広いとはいえない0.5ヘクタール内外の水田に対する用益権を獲得すると同時に、重い義務を課されるようになった住民と、用益権を得なかったので義務から免れたものの、地元に耕作地を有さないために生計手段に乏しいままの住民とが存在していた。付随する義務の重さに耐えかね、いったん手にした用益権を放棄したという住民の話もたびたび耳に

した。

　天水頼みの農業を行い、水害を免れるのが難しかった時代、用益権のある0.45ヘクタールの水田を耕したとしても、年間1ルピアを納税しながら一家が食いつなぐのは楽でありませんでした。水田の隅に落花生やとうもろこしを植え、糊口をしのいでいました。重税にあえぎ、水田の用益権を村に返還してしまう隣人もいました。

（2007/8/23、元アイスクリーム売りの男性、ングトゥル、70歳代）

　多数が小規模の水田に対する用益権さえ有していなかった時代において、ングトゥルの住民が近隣で農業労働（賃労働）をしていたという話はまったくない。当時、ングトゥルを含むブンガワン・ソロ地域では農園企業は操業していなかったため[16]、住民が用益権を持つ水田を農園企業向けに貸し出したり、農園での賃労働に従事したりすることもなかった。ングトゥルを筆頭に1920年前後のブンガワン・ソロ地域において零細商人として農産物を取引する人が続出したのは、出身地域界隈で農業（稲作）によって生計を立てることができなかったからにほかならない。

4　ジャムー売りの前史——布売り、茹で野菜のピーナッツソース和え売り、アイスクリーム売り、ジャワ風そば売り

　その後の1920年代以降、細々と農産物を商うほか、隣接するタワンサリ（西4キロメートル）やブル（南西4キロメートル）で家内工業製の縞布を、あるいはソロの町でろうけつ染めの布を買い付け、それらを東ジャワまで行商するングトゥル出身者があらわれるようになった。布商売は、買い付けにじゅうぶんな資金力と信用があり、さらに東ジャワまで出かけるための汽車賃を支払えるほど比較的裕福な男女によって手掛けられることが多かったようである。みずからの屋敷地で収穫できる地場産品との物々交換によって近隣の市場で仕入れた米を売る商売などは、やる気さえあればほとんど誰にでも参入可能であった。これに対して、布売りになる人には、封土制度のもとで蓄財する余裕があった差配につながる家系[17]の出身者が多かった。すなわち、徒歩圏内のソロの町や、やや遠くても同じ中ジャワ社会文化圏にとどまるスマランの町（北

125キロメートル）を抜け出て、より遠方に向かう出稼ぎに先鞭をつけたのはブンガワン・ソロ地域の貧困層でなく、富裕層だったのである。

　　日本軍政期以前のことです。私は、本当は教師になりたかったのですが、断念して、布と糸の商いを始めました。ソロの町にあるクレウェル市場で布を買い集めたり、地元ングトゥル近隣のブルやタワンサリで縞布を仕入れたりしたあと、汽車に乗って東ジャワまでそれらを売りに行きました。東ジャワのボジョヌゴロで布を売ると同時に、糸を購入しました。今度はそれをブルやタワンサリの縞布の生産地へ持ち帰って、売りました。
　　　　　　　（2007/7/10、元布売りの女性、ングトゥル、80歳代）

　　日本軍政期頃、ンガンジュッ、クルトソノ、クディリ、ブリタル、マランのスンブルプチュンやクパンジェンなどの東ジャワを移動しながら、布を商っていました。さらに、東ジャワで糸を仕入れて、ソロの町で売りました。「爆弾」という銘柄の糸があったことを、いまも思い出します。
　　　　　　（2004/6/13、元ポンドック経営の男性、ングトゥル、70歳代）

　前者、後者ともに、祖父は差配であった。後者の兄は村長（lurah ルラ）であった。後者自身は、ポンドック経営の前は布やアイスクリームの行商をしていた。
　農産物取引でソロの町を頻繁に出入りした人びとや東ジャワへ布商いに出かけた富裕層が出身地のングトゥル周辺に戻ってくるたびに、村びとに未知の世界にかんする知見をもたらしたであろうことは、想像に難くない。これまで地元で日帰り型の行商をしてきた零細商人たちは、東ジャワへの出稼ぎに対して関心を示したことであろう。それでも、彼らの多くには市商いをするほどの資金力がなかったはずである。聞き取りをもとに一つの仮説を立ててみるならば、じゅうぶんな元手のない人びとは、布売りをまねつつ、小規模資金で開業できる氷入りのシロップ飲料、ジャワ風そば、アイスクリームなどの行商を行ったり、市場の内外で茹で野菜のピーナッツソース和えを商ったりするスタイルで、出稼ぎに踏み切っていったのではないか。
　このような簡易な飲食物を商う出稼ぎに早い時期に身を投じていった人の中には、やせ地で農業のふるわないングトゥル東部地区の出身者が数多く見られ

る。筆者が聞き取りをしたングトゥル東部地区出身の女性たちの場合、最初は飲食物を商う父親、兄弟、配偶者などを手伝う目的で、出稼ぎ先へ向かった。そしてそのうちの多くは、ほどなく男性から独立し、手始めに茹で野菜のピーナッツソース和え、やがてジャムーの行商を手がけるようになった。

　　　日本軍政期以前のことです。父が中ジャワ・スマランにあるブル市場で食堂を経営していたため、子どもだった私もそこにいました。父を手伝った時期もありましたが、やがてひとり立ちをしてジャムーを商い始めることになりました。(2007/ 4 /27、元ジャムー売りの女性、ングトゥル、78歳)

　1920年前後から日本軍政期にかけて、ングトゥルをはじめとするブンガワン・ソロ地域出身の①布売りの場合、鉄道を利用して、中ジャワとの州境に程近い東ジャワのワリククン（東70キロメートル）やマディウン（東130キロメートル）に、②氷入りのシロップ飲料、ジャワ風そば、牛骨や鶏ガラのスープ、茹で野菜のピーナッツソース和え、肉の脂身や大豆発酵食品テンペの串焼き、温かいココナッツミルク飲料、アイスクリームなどを商う人の場合、中ジャワ内のソロやスマランの町に向かうのが常であった。ジャワ風そば売りやアイスクリーム売りの中には布売りと同様、ソロの町よりさらに東を目指す人がいたことも、聞き取りからわかった。
　この時期に広まっていたのは、中ジャワのソロやスマランの町、または中ジャワに近接する東ジャワの町など、ングトゥルの北あるいは東約150キロメートルの範囲に収まる旅行型の出稼ぎであった。つまり、出身地と出稼ぎ先とのあいだを数週間から数カ月を費やして旅しながら、商売が行われていたのである。
　その後どのぐらいの時間差があったのか正確なことはわからないが、おそらく数年のうちに、ングトゥル出身者は中ジャワ内ではスマランを越え、ドゥマッ（北120キロメートル）、そこからさらに東のパティ（北東130キロメートル）やチュプ（北東145キロメートル）などまで、頻繁に出かけるようになった。東ジャワのワリククンやマディウンよりもっと東のンガンジュッ（東155キロメートル）、クルトソノ（東180キロメートル）、ボジョヌゴロ（北東175キロメートル）、トゥルンアグン（南東200キロメートル）、ブリタル（南東235キ

ロメートル)、マラン(南東290キロメートル)、スラバヤ(北東280キロメートル)へと足を延ばすようになるのも、時間の問題であった。

ところが、1920年代前半にはすでに長距離バスやトラック、鉄道の路線があったにもかかわらず、ジョグジャカルタ(南西80キロメートル)、プルウォクルト(西250キロメートル)などの中ジャワ内の西部、西ジャワ、ジャカルタ(北西590キロメートル)などのソロの町から西へ向かう出稼ぎはまったく見られない。1920年、ジャカルタはすでに蘭印政庁下で最大の人口を擁する大都市になっていた。にもかかわらず、ングトゥル出身者のジャカルタ周辺を含む西方への出稼ぎは、48年頃になるまでは広まらなかった。聞き取りによれば、東方はソロ地方と同様のジャワ語・ジャワ文化圏であったから、ソロ地方とは別の王族が支配する西方のジョグジャカルタ地方は、同じジャワ語・ジャワ文化圏であっても「他者の地」であったから、ソロ地方には西行きを忌み嫌う言い伝えがあったから、などがその理由である。

　　インドネシア独立(1949年12月)以前の時代、ングトゥル出身者は中ジャワ内のソロとスマランの町、東ジャワのワリクタン、クルトソノ、モジョクルト、スラバヤ周辺へ出稼ぎに行くのが最も一般的でした。

　　　　(2001/ 9 /21、ポンドック経営者の妻、ングトゥル、70歳代)

5　出稼ぎジャムー売りの登場

聞き取りによると、日本軍政期頃になってようやく、ングトゥルとその周囲の出身者が以前よりも活発に出稼ぎに乗り出すようになる。ジャムー売りとして出稼ぎをする人がぽつりぽつりとあらわれ始めるのも、この時期である。この時期に出稼ぎが増加した理由としては、日本軍政期の経済的な困窮が指摘されることが多かった。

　　ソンゴ・ガウェ制度のもと、ングトゥル周辺の住民は食うや食わずの状況で生きてきました。日本軍政期になると、収穫した農産物を日本軍に収奪され、日々食いつなぐのがますます難しくなりました。食べものばかりでなく、着るものにも事欠いていました。

　　　　(2007/ 4 /27、元アイスクリーム売りの男性、ングトゥル、70歳代)

その後、独立戦争期（1945年8月～49年12月）になって、ングトゥルから近隣のブルやセロギリなど広くブンガワン・ソロ地域全体に、ジャムー売りを含むモノ売りの出稼ぎ慣行が伝播し、中ジャワのソロやスマランの町、東ジャワの全域へ出稼ぎに行く人の数が逓増した。現在のジャムー売り集団に引き継がれるような循環型移動は、この頃一般化した。

 聞き取りによれば、出稼ぎ業種としてのジャムーの行商に最初に目をつけたのは、中ジャワ内のソロやスマランの町で小食堂の手伝いや茹で野菜のピーナッツソース和えの行商を経験してきたングトゥル、とりわけその東部出身の女性たちであった。聞き取りにおいて、「昔、ドゥクン（伝統的な医師、呪術師）、正確にいえばドゥクン・バイ（産婆）がジャムーを作っていた」と話す人はいても、「出稼ぎ時代が到来する以前に、出身村でジャムーの行商を見かけた」、「出稼ぎに行く以前に、出身村でジャムーの行商をしていた」と語る人は、ほとんどいない。もともとングトゥル周辺で活動していたジャムー売りがやがて他地域でのジャムー商売に乗り出していったわけではなさそうである。

> 昔、産婆の手製のジャムーは、中国系住民が営む村の薬局で購入できました。村で行商のジャムー売りの姿を見たことはありません。
> （2004/6/13、元布売り・元ポンドック経営者の男性、ングトゥル、70歳代）

 聞き取りを総合してみるならば、別のモノ売りとしてソロやスマランの町ですでに活動していたングトゥルをはじめとするブンガワン・ソロ地域の出身者が、それらの町の市場で商売をする中国系の住民やドゥクンをまねて、行商スタイルでジャムーを商い始めた、ということになる。ジャムーと同様、ジャワ風そば、アイスクリーム、米粉の蒸し菓子、牛骨や鶏ガラのスープなどの商いも、ブンガワン・ソロ地域の出身者が農産物や布を商うために訪れたソロやスマランの町などで見聞きした商売であると思われる。彼らは中国系住民が行っていたらしき飲食物の商売に目をつけ、中国系住民のもとで徒弟として働きながら調理法を学び、それに多少ジャワ風のアレンジをほどこすことによって、みずからの出稼ぎ商売に仕立てていったのであろう。

 大人になった後、出稼ぎの先駆者であった隣人からアイスクリームの製

法を教えてもらいました。ソロの町で中国系住民からそれを習得した、という友人もいます。子どもの頃、スカテン〔sekaten、預言者ムハンマドの生誕祭にちなんだイスラームの祝祭〕を見にソロの町へ行くと、中国系住民がアイスクリームを商っているのをよく目にしたものです。

(2004/6/13、元布売り・ポンドック経営者の男性、ングトゥル、70歳代)

第3節　出稼ぎ慣行の周辺地域への波及

　ここでは、ングトゥルで発生した出稼ぎ慣行がその周辺地域に波及していった過程について説明する。波及の媒体として、地縁・血縁とパトロン―クライアント（親分―子分）関係（patron-client relationship）の二つが挙げられる。前掲の図2にある矢印と丸囲みの数字は、ングトゥルから出稼ぎ慣行が波及した方向性と順序を簡略化して示している。

1　地縁・血縁をつうじての波及

　地縁・血縁は、ジャムー売り集団としての出稼ぎ慣行を拡散させ、ソロ出稼ぎ送り出し圏を構築した原動力である。ングトゥルの特定地区出身の出稼ぎ先発者を親族、姻族、隣人に持つ人びとは、日常的な交流の中で、出稼ぎのノウハウにかんする直接的な教えを受けたり、まねたりすることによって、モノ売りとしての出稼ぎ慣行を身につけていった。ングトゥル内やそのほかのブンガワン・ソロ地域、特にブルとセロギリの一部の人びとがそうである（図2の①）。

　夫〔ングトゥル出身〕と結婚してから、ジャムー売りとして出稼ぎをするようになりました。　(2007/5/13、元ジャムー売りの女性、ブル、70歳代)

　やがて独立戦争末期の1948年頃から50年代にかけて、とりわけングトゥル内、ブル、セロギリ、ウォノギリの出稼ぎ先発者がそれぞれの親族や隣人を積極的に勧誘したために、広くブンガワン・ソロ地域に出稼ぎ慣行が根づいたことが、聞き取りからわかった。それから多少時間を経て、ブンガワン・ソロ地域に接する村々（タワンサリ、スコハルジョ、ブンドサリなどに属する村々、

図2の②）の人びとがブンガワン・ソロ地域出身者との血縁・地縁を介して情報を得たり、勧誘されたりすることで、モノ売りとしての出稼ぎになじんでいった、と推測できる。

　　　警察官の父は、自分の収入が一家を養うのに不十分であると感じていたので、ブルにいる知りあいに頼んで、母をジャムー売りとして出稼ぎに行かせることにしたそうです。
　　　　　　　　　（2004/3/2、ジャムー売りの女性、タワンサリ、50歳代）

　先に、1920年前後から日本軍政期頃に始まる旅行型の出稼ぎが一貫してソロやスマランの町、ソロ以東の中ジャワ内、東ジャワを目指して行われていた、と述べた。ところが、地縁・血縁を介してングトゥルから周辺へと出稼ぎ送り出し地域が拡大するにつれ、彼らの出稼ぎ先は多様化した。聞き取りに基づいていえば、ジャカルタやバンドン（北西490キロメートル）を含むジャワ島の西部へ向かう出稼ぎが盛んになったのは、独立戦争末期以降である。戦争に収拾がつき、治安が回復したせいもあり、出稼ぎ先駆者との商売競争を避けることのできる、出稼ぎ新開地ともいえる西の諸都市へと、人びとの関心が向き始めたのである。ジャワ島の外、たとえばバリ島、スマトラ島、スラウェシ島などへ向かう出稼ぎも、ジャワ島内の西行きとほぼ同時期に始まったようである。ジャムー売りとしての出稼ぎも、この頃になって本格的に増加した。

　　　日本軍政期頃になって、ジャムー売りやアイスクリーム売りとして村から出稼ぎに行く人びとが見られるようになりました。当時、人びとはもっぱらマディウンやスラバヤなど東を目指していました。私自身は1952年、スマトラ島南部の南スマトラ州パレンバンに行き、ジャムー売りとして出稼ぎを開始しました。
　　　　　　　　（2001/12/14、元ジャムー売りの女性、ングトゥル、70歳代）

2　パトロン―クライアント関係をつうじての波及

　パトロン―クライアント関係を介して出稼ぎ慣行が波及するようになるのは、総じて地縁・血縁を介してそれが波及した時代よりも遅かった。聞き取り

第1部　小さな民の生き様

によれば、1970年代になってから、ングトゥルの出稼ぎ慣行がパトロン—クライアント関係を介して東へ70～80キロメートル離れた村々にまで波及し、出稼ぎ送り出し圏をぐんと拡大させている。

　ここでいうパトロン—クライアント関係とは、ポンドック（pondok：仮住まい、長屋、寄宿舎）制度に内在する親分—子分関係のことを指している。この制度は、商業的な契約のもとでングトゥル出身の出稼ぎ先発者が親分（juragan ジュラガン）として渡航費用、渡航先での寝床や商売道具などの開業資本を貸与し、モノ売りとしての商売ノウハウも与えることにより、後発者である子分（anak buah アナック ブア）を特定の出稼ぎ先に勧誘する枠組である。同制度下で、ポンドック経営者である親分は一定期間（通常一年間）、子分が上げた商売利潤のうち一定の割合、通常50％を徴収したり、子分に自分から原材料を仕入れるよう命じたりできる。そうすることにより、親分は子分に貸与した出稼ぎ先への渡航費用や開業資本を回収するのである。

　聞き取りでは、ポンドック経営者である出稼ぎ先発者（親分）にとっても、遠方への出稼ぎを試みるには元手の足りない出稼ぎ後発者（子分）にとっても、ポンドック制度はじゅうぶんな「旨み」がある。しかし、だれもが親分になりえたわけではない。かつての布商い同様、概して富裕層がいち早く遠方へ出稼ぎに向かい、そこでポンドックを経営し、ポンドック制度のもとで大きな利益を上げるようになることが多かった。

　　　モノ売りとしての出稼ぎをやめてからは、ングトゥルの出身村にある自前の水田で稲作を行いながら、精米所を経営しています。1970年代の後半から約5年間、インドネシア東部・マルク州アンボンの市街地で出稼ぎ経済活動に従事していました。ガラス製品などの日用雑貨を商うかたわら、アイスクリーム売りをしたり、アイスクリーム売りと牛肉ミートボール入りの麺売りの親分としてポンドックを経営したりしました。そのあいだに、ソロ地方の中でもスロゴイモやジャティスロノなどのウォノギリ県の東部から約50人の子分をアンボンのアイスクリーム行商に勧誘しました。
　　　（2002/7/9、元アイスクリーム売り・元ポンドック経営者の男性、ングトゥル、50歳代）

第２章　民衆生業の社会経済圏

　早期にモノ売りとしての出稼ぎを始めたングトゥルおよびブンガワン・ソロ地域出身者の中には、目を見張るような経済的な成功を収めた人が少なくない。いま見た聞き取りにあらわれているとおり、早々に出身村に引き揚げ、腰を据えて農業に従事するようになった人が大勢いる。故郷ブンガワン・ソロ地域に水田を購入したり、水田に井戸水をくみ上げるポンプを設置したりする経済的な余裕のある彼らは、しだいに農業経営地を拡大させていく傾向にあった。緑の革命が一定の成果を上げた1970年代のブンガワン・ソロ地域では、生産年齢人口の男女の大半がすでにモノ売りとして出稼ぎ経済活動に出払っている。したがって、同地域で農業経営に従事する高齢層は、域外から農業労働力を調達することが多かった。81年、多目的ダム・貯水池が完成し、ブンガワン・ソロ地域の稲作農業環境はますます整備された。その流れの中で、ウォノギリ県東部やカランアニャル県南部の出身の男女がングトゥルでの農業労働に駆り出された。

　1970年代から、まずはングトゥルで農業労働に従事するうちに同郡出身者と契約を結び、ポンドック制度を使って出稼ぎを開始した、というウォノギリ県東部やカランアニャル県南部（図２の③）の人びとの数はかなり多い。出身村にやってきたングトゥル出身者にポンドック制度を介しての出稼ぎに誘われたので応じた、という人もいる。同制度を介さなくても、ングトゥルでの農業労働に従事したときに出稼ぎに勧誘された、出稼ぎ情報をもらった、というウォノギリ県東部やカランアニャル県南部の出身者は、多数存在する[18]。

　　1950年代の後半のことですが、母方の祖父はウォノギリ県東部のジャティスロノから農業労働者として連れてきた男性を自分の娘と結婚させました。
　（2005/4/28、ジャカルタで焼きめし・焼きそば売りをしている男性、ングトゥル、40歳代）

　　1957年、アイスクリーム売りたちの集うポンドックの所有者（ングトゥル出身者）の代理が村にやってきて、村びとたちをバリ島での出稼ぎに勧誘しました。最低６カ月間はその人の子分になることが条件だったのですが、５人の隣人とともに私はバリ島へ出発しました。当時のバリ島デンパ

第1部　小さな民の生き様

サル市のN通りには、その人以外にもングトゥル出身のポンドック経営者がいました。
（2001/12/15、元アイスクリーム売りの男性、ウォノギリ県東部シドハルジョ、60歳代）

おわりに

インドネシアでは、だれもが「ジャムー売りの故郷は中ジャワ州のソロ」と言う。その場合のソロは、中ジャワ州のソロの町（ソロ市）でもソロ地方全体でもなく、同地方に属する複数の県・郡・村・集落が集まって構成された圏である。本章では、そのことを聞き取りに基づいて明らかにしてきた。特定の郡や村における単なる静態的な一事例としてではなく、特定の郡や村（中心）と他の複数の郡や村（周辺）とのあいだで人びとの活動が連動しているために一つの社会経済様式を共有する圏が次第に生成されていくという動態的な過程として、ジャムー売りとしての出稼ぎをとりあげた。

聞き取りによれば、ジャワ風そば売りやアイスクリーム売りの中に、1960年代になって麺入りミートボールスープ売り、90年前後に鶏そば売りへ商売替えをした人が多数見られた。ジャワ風そば売りとアイスクリーム売りは、蘭印政庁時代末期以来の出稼ぎ業種である。他方で、「1杯10円か20円ほどですむ、安上がりの健康管理術」という庶民の日常的なニーズにしっかりと裏づけられたジャムー売りからあえて商売替えする人はあまりあらわれないまま、現在に至っている。庶民からの圧倒的な支持があり、また薄利多売の原則を堅持しているため、ジャムー売りは不況時にも強い、優れた商売なのである。

これに対して、ジャワ風そば売りやアイスクリーム売りは、なぜ商売替えをしたのだろうか。「時代遅れ」「昔風」だからジャワ風そばが売れなくなったこと、町中の商店や家庭に冷凍庫が置かれ始めたこと、工場製のインスタント麺やアイスクリームが登場し消費者の食の選択肢が増えたこと、などがその理由として考えられる。しかし、そうした時代背景だけに、ジャワ風そばやアイスクリームからの商売替えが見られた理由を求めないほうがよいのかもしれない。「昔風の」ジャワ風そばやアイスクリームを商う人びとは、いまも少なからず残っているからである。

1920年代以来、ソロ地方の特定地域における出稼ぎ送り出し圏は拡大し続

け、ジャワ風そばやアイスクリームなどの特定商品を商うモノ売りの数は増える一方であった。そこで、特定の出稼ぎ業種内での過当な商売競争を避け、出稼ぎを志す人びとがみなモノ売りとしての経済活動を維持していくための策として、麺入りミートボールスープ売りや鶏そば売りなどの新業種を生み出しながら、出稼ぎ業種を多様化させてきた——こう考えてみるのはどうであろう。紙幅の都合上、細かな説明は割愛するが、出稼ぎ送り出し圏が拡大し、特定商品を商うモノ売りの数が増えるのにしたがって、実はジャムー売り集団の出稼ぎ先もどんどん多様化してきた。インドネシア全国の津々浦々、都市部のみならず僻地の農村部までを視野に入れながら、出稼ぎ先の多様化は現在も展開中である。

　ジャムー売り集団の1011人に対する聞き取りは、同集団が利に敏く、各人が出稼ぎ商売の業種や出稼ぎ先の選択に工夫をほどこすことをつうじて、より多くの同郷者の生計を成り立たせようとする精神性を持っている、と教えてくれた。一見、特定商売に固執した出稼ぎを行っているように見えるとしても、ジャムー売り集団は時代の趨勢や買い手のニーズを敏感に意識しているし、新業種への転向に消極的なわけでもない。地縁・血縁に縛られるあまり、出稼ぎ先発者がみずからの狭い出稼ぎ先に同郷の後発者を無条件に受け入れている、ということでもない。モノ売りとしての出稼ぎで利益を上げ続けるには、同郷者との競争をできる限り回避し、未知の出稼ぎ先を開拓するのが得策である。そうした合理的な感覚がジャムー売り集団のあいだで共有されているであろうことも、本章では示された。同集団の出稼ぎ経済活動はおそらく、柔軟な「外向きの」精神性に支えられているといってよい。それは、やや行き詰まった現状に甘んじながら「内向きに」精緻化することで人びとが貧困を分けあい、たがいに生計を支えているという「貧困の共有」[ギアーツ 2001: 138-139]や「都市インヴォリューション」[McGee 1971: 74-75; Evers 1975: 779-783]とは根本から相容れない、発展的に「豊かさを共有しようとする」精神性であるように思われる。

第1部　小さな民の生き様

【注】
(1) 可動式屋台（rombong）を特定箇所に据えて商売をする人のほか、それを使って行商をする人、露天商などの総称をカキリマ商人（Pedagang Kaki Lima）という。
(2) 中ジャワ州のソロ市（kotamadya Solo）、クラテン（Klaten）、ボヨラリ（Boyolali）、スラゲン（Sragen）、カランアニャル（Karanganyar）、スコハルジョ（Sukoharjo）、ウォノギリ（Wonogiri）各県の1市6県で構成される地方をいう。旧スラカルタ理事州（Karesidenan Surakarta）に該当し、スラカルタ（Surakarta）地方とも呼ばれる。
(3) jamuのカタカナ表記にはいくつかの可能性がある。長音・短音を厳密に区別しないならば、ジャム、ジャムー、ジャムゥのいずれでもよいであろう。本章では、「ジャムー」と表記する。
(4) インドネシアにおいては、フィリピンの国際稲研究所（IRRI）で開発された高収量品種の導入のほか、化学肥料や農薬の利用をつうじて米を増産し、稲作を近代化する一連のプログラムを指す。1960年代終盤に始まり、70年代に本格的に展開した。
(5) 妻がジャムー売りという共通項があっても、夫の業種に、①出身の郡・村・集落ごとの独自性、②出稼ぎ先ごとの独自性、③時代性が見られる。①については、ウォノギリ県マニャラン郡A村界隈から米粉の蒸し菓子売り、同県ブルクルト郡B村界隈から紙製トランペット売り、クラテン県バヤット郡C村からアイスクリーム売り、スラゲン県の特定村から刃物売りと寝具売りが送り出されること、②については、スコハルジョ県ングトゥル郡東部特定村の出身者が中央ジャカルタのチキニ地区でたばこスタンド経営者、同県タワンサリ郡D村の出身者が中ジャワ州ソロ市でどまきと豆腐の軽食（tahu kupat タフ クパット）売りになること、③については、近年インドネシア東部の各地への出稼ぎにおいて夫婦で小食堂を経営する事例が増えていることなどが、それぞれの例として挙げられる。
(6) 地名について、ジャワ島内の場合は図1、ソロ出稼ぎ送り出し圏内の場合は図2を参照されたい。
(7) ジャムー売りやジャワ風そば売りを送り出すスラゲン県やボヨラリ県の一部地域は、ソロ出稼ぎ送り出し圏の飛び地とみなすことができるが、この点については本章ではとりあげない。
(8) 実際には郡より下位の行政単位まで出身地を尋ねている。本章では、煩雑さを避けるために郡レベルでの説明にとどめる。
(9) モノ売りではなく、工場労働者、建設現場労働者、家事労働者、運転手などとしての出稼ぎは、ウォノギリ県南部のプラチマントロ、ングントロナディ、

バトゥルトゥノなどの郡からジャカルタ首都圏および東ジャワ州スラバヤなどで数多く見られる。クラテン県ウェディ郡からはジャカルタ首都圏に向けて工場労働者、建設現場労働者、家事労働者のほか、市場の野菜売りなどのモノ売りが送り出されているが、ジャムー売りになる人はいない。つまり、これらの郡の出稼ぎ様式は、ジャムー売り集団のそれとは異なっている。

⑽　2002年、ブルクルト郡の一部がププルム郡に改編された。

⑾　聞き取り内容の最後に（聞き取り日、対象者、出身郡、年齢）の順で情報を付記する。年齢は、聞き取り当時のもの。

⑿　ウォノギリの町も幹線道路、鉄道、ブンガワン・ソロのすべてに接するが、もともとの社会経済状況がングトゥルとは異なっている。20世紀初頭、ウォノギリの町の中心部は市場町として栄え、住民は農業に依存しなくても地元での商業で生活の糧を得られたようである。他方、ウォノギリの町の中でもングトゥルと接する地点においては、ングトゥル同様、早期からジャムー売り集団としての出稼ぎが見られる。

⒀　Mühlenfeld［1987: 61］によると、バトゥルトゥノも商業地として活況を呈していた。

⒁　ヨーロッパ農園企業の操業地付近に住む人びとには、用益権を有する水田の半分を定期的に農園企業に貸し出し、そこを耕作する義務も課された。

⒂　聞き取りによれば、用益権を付与された水田の一人当たり面積は、ングトゥルの西部E村で4000～5000平方メートル、同西部G村で3500平方メートル、同西部I村で8000平方メートル、同東部J村で3500平方メートル、ブルのK村で2500平方メートル、セロギリのL村で1万平方メートルであった。

⒃　農園企業はクラテンやスコハルジョに集中し、一部ボヨラリとスラゲンにもあったといわれている。1856年から日本軍政期にかけてウォノギリにあったのは、メント・トゥラカン（Mento Tulakan／現ウォノギリ郡ウォノハルト村）に位置するパイナップル繊維の農園企業ひとつだけである［Soekardjo 1960: 138］。スハルトノ［Suhartono 2010: 206］は、1900年の王侯領内における農園の所在を図示している。そこに見られるスコハルジョの農園地区は、本章のブンガワン・ソロ地域やソロ出稼ぎ送り出し圏とは重なっていない。

⒄　封土制度の時代に免税の職田が与えられたり［森 1969: 267］、新制度への移行にともなって新たに村長に任命されたり、終身の恩給田（pituwas）を与えられるなどして、（旧）差配は優遇された。

⒅　主に1970年代に、ングトゥルへ農業労働に出かけたことをきっかけに、ウォノギリ県東部やカランアニャル県南部の生産年齢人口の多くがジャムー売り集団として出稼ぎに専念するようになった。現在、彼らがングトゥルへ農業労働

に行くことはほとんどない。そのため、ングトゥルをはじめとするブンガワン・ソロ地域の農家は、中ジャワ州ドゥマッ県や東ジャワ州パチタン県から農業労働力を調達している。

【参考文献】

ギアーツ，C・クリフォード．2001．『インボリューション——内に向かう発展』池本幸生（訳），東京：NTT 出版．

福家洋介．1986．「西ジャワ州（パダレック村）の出稼ぎ農民」『アジア研究』32（3／4）：1-30．

マレー，A．1994．『ノーマネー、ノーハネー——ジャカルタの女露天商と売春婦たち』熊谷圭知；内藤耕；葉倩瑋（訳），東京：木犀社．

村井吉敬．1978a．『スンダ生活誌——変動のインドネシア社会』（NHK ブックス）東京：日本放送出版協会．

———．1978b．「インドネシアの民衆生業」『アジア研究』24（4）：57-82．

———．1982．『小さな民からの発想』東京：時事通信社．

———．2014．『インドネシア・スンダ世界に暮らす』（岩波現代文庫）東京：岩波書店．

森弘之．1969．「ジャワ"土侯領"の村落構造の歴史的変化」『インドネシアの社会構造』（アジア経済調査研究双書）岸幸一；馬淵東一（編），258-293ページ．東京：アジア経済研究所．

Evers, Hans-Dieter. 1975. Urbanization and Urban Conflict in Southeast Asia, *Asian Survey* 15 (9): 775-785.

Hugo, G. J. 1997. *Population Mobility in West Java*. Yogyakarta: Gadjah Mada University Press.

Koentjaraningrat. 1975. Population Mobility in Villages around Jakarta, *BIES* 11 (2): 108-114.

McGee, T. G. 1971. *The Urbanization Process in the Third World*. London: G. Bell and Sons.

Mühlenfeld, A. 1987 (1914). *Monographie van de Onderafdeling Wonogiri, Residentie Souerakarta*（修正版．初版1914年出版）．

Papanek, G. F. 1975. The Poor of Jakarta, *Economic Development and Cultural Change* 24 (1): 1-27.

Soekardjo, Sastrodiharjo. 1960. *Beberapa Tjatatan dari Daerah Kabupaten Wonogiri (Monografie)*. Djakarta: Djawatan Pertanian Rakjat Pusat Bagian Publikasi & Dokumentasi.

Suhartono, W. Pranoto. 2010. *Jawa Bandit-Bandit Pedesaan: Studi Historis 1850-1942.* Yogyakarta: Graha Ilmu.

【インターネット資料】

Bisnis Indonesia. May 5, 2013. "UKM: Jumlah Pedagang Kaki Lima Diperkirakan Capai 22 Juta Orang." Accessed on February 27, 2015.
http://industri.bisnis.com/read/20130505/87/12417/ukm-jumlah-pedagang-kaki-lima-diperkirakan-capai-22-juta-orang

Timoroman. June 10, 2013. "Di Indonesia 1,625 Juta Pedagang Pasar Bangkrut Akibat Pasar Modern." Accessed on June 3, 2015.
http://timoroman.com/di-indonesia-1625-juta-pedagang-pasar-bangkrut-akibat-pasar-modern/

【推薦図書】

高橋澄子．1988．『ジャムゥ――インドネシアの伝統的治療薬』東京：平河出版社．
深見純生．2010．「王侯領――1920年ころのソロ・ジョクジャ」『国際文化論集』（桃山学院大学総合研究所）42: 133-146.

第3章 移動する朝鮮族と家族の分散
——国籍・戸籍取得をめぐる「生きるための工夫」

権　香淑

はじめに

　まず、ある歌を紹介したい。中華人民共和国（以下、口国）吉林省の延辺朝鮮族自治州（以下、延辺）で、その歌謡界の第一人者といわれるファン・サンリョンが作詞・作曲し、若手の新人歌手チェ・スンファが歌った「みな行った」（2004年）という歌である。

　　妻も行った、夫も行った
　　叔父も行った、みな行った
　　韓国に行った、日本に行った
　　アメリカに行った、ロシアに行った
　　よりよい暮らしを求めて、みな行った
　　涙で別れて、みな行った
　　生きるって何なのだろう、みんながばらばらになり
　　愛おしさだけを抱えて生きねばならぬのか
　　豊かにみんな一緒に暮らせる日がいつになったら来るのだろう
　　指折り数えながら待つしかないのか

　この歌詞には、近年における中国朝鮮族（以下、朝鮮族）の大規模な移動状況、あるいは移動性そのものが端的に表現されている。その行間からは、移動のなかに生きる人々の情感が溢れ出ており、人々は歌詞にみずからの経験を重ねながら共感し、口ずさんだに違いない。

　次に、これを統計から把握してみよう。表1は、延辺における1952年から2012年までの民族別人口構成比の統計である。朝鮮族の構成比が、1952年当時

表1　延辺の年代別人口構成比

(単位：人)

年	朝 鮮 族	漢　　族	総　　数
1952	529,801（62.0）	324,630（38.0）	854,431
1960	584,280（51.8）	543,262（48.2）	1,127,542
1964	623,136（47.4）	691,226（52.6）	1,314,362
1970	687,437（44.5）	858,716（55.5）	1,546,153
1975	710,901（42.2）	972,236（57.8）	1,683,137
1980	733,028（40.4）	1,080,863（59.6）	1,813,891
1985	781,354（40.5）	1,146,470（59.5）	1,927,824
1990	838,998（40.5）	1,230,564（59.5）	2,069,562
1995	859,956（39.5）	1,315,932（60.5）	2,175,888
1999	847,148（38.8）	1,228,449（61.2）	2,185,597
2010	801,819（36.6）	1,288,944（63.4）	2,190,763
2012	796,524（35.6）	1,437,429（64.4）	2,233,953

＊（　）内は総人口に対する構成比（％）
出典：国家統計局『中国統計年鑑2000』および『黒龍江新聞』2013年1月8日付記事を参照に筆者作成

は62％であったのに対し、2012年は35.6％と60年間で3割近く低下していることがわかる。また、1996年現在、農村就労人口の転出率が全国平均では9％であるのに対し、朝鮮族は17〜20％と群を抜いていることが指摘されており［岡本 2001: 104-105］、移動性が顕著に高いことがうかがえる。

　このような朝鮮族の移動にかんする従来の研究には、二つの潮流がある。一つは、社会的環境や経済構造などから説明しようとするもので、主に移動の外的要因の解明を目指すものである。いま一つは、移動者の文化的特性から把握しようとする試みで、歴史的に蓄積された特性、いいかえれば個人や集団の内面的・文化的要素から移動の動態を説明する方法である。

　とはいえ、この二つの観点はかならずしも対立するものではない。それらを統合することも可能である。すなわち、物理的な移動とそれにともなう移動主体のアイデンティティの変容とは、互いに独立したものではなく、移動のさまざまな文脈において交錯し、人々の文化的特性や歴史的な身体性のようなものが、移動の最初の段階において埋め込まれているとも考えられる。

　そこで、本章では、朝鮮族の移動とそれに連なる家族の分散状況をとりあげる。とりわけ、家族レベルにおける国籍・戸籍取得の局面に焦点を合わせて記

述し、朝鮮族の移動にともなう家族の分散と再結集、移動の連続が、どのような論理によって生成・構築されているかを具体的な事例から明らかにする[1]。

以下では、まず、問題意識を踏まえて研究目的や調査データの概要などを記す（第1節）。次に朝鮮族の移動をめぐる現状を概観し（第2節）、家族の分散にかんする二つの事例を紹介する（第3節）。そして国籍・戸籍取得に焦点をあてた事例を分析・解釈し（第4節）、家族の分散を支える諸条件についてまとめることにする（第5節）。

第1節　問題意識と研究目的

1　移動する人々と法的地位

一般的に、人々は移動先の社会に定着するにつれ、法的地位の問題に直面する。移民の定住化とともに浮上するこの問題は、移動する人々にとってもちろん、彼ら彼女らを受け入れる国家にとっても、国民国家形成および社会統合政策との関連において不可避の課題である。具体的には、それぞれ移動先の国家の成り立ち、統治理念、国内外の流動人口をめぐる諸政策などにより、その問題のあらわれ方は異なってくる。

中国以外で最も多くの朝鮮族が暮らす韓国の場合、母国／故国への帰還および外国人労働者としての出稼ぎといった文脈が混在しており、一般外国人とは別の在外同胞という位置づけになる。日本への移動は、旧宗主国における帝国言語／旧「満洲国」における「国語」としての日本語を身につけていることが、朝鮮族の来日を方向づけたといわれる[2]。とはいえ外国人身分証明としての在留カードには民族が明示されないため、在日中国人に一括され日本社会では見えにくい。近年ことに顕著な現象として、韓国や日本への移動を経た後に中国（沿海都市）に再び移動する際には、これまでの中国における少数民族という法的地位に復帰する。

では、以上のような受け入れ側からの把握ではなく、移動する側の状況はどうなのか。移動する人々は、受け入れ側の位置づけをどのように理解し、制約や束縛、その利便性などを、現在の生活や今後の人生設計に取り入れて暮らしているのか。国籍変更その他の手続きなどについては、単に「紙切れ一枚」にすぎないという当事者の語りもあり、その認識は決して受け入れ側の論理と同

じではない。
　このような問題意識を踏まえ、本章は、移動する朝鮮族の家族レベルにおける国籍・戸籍取得の局面[3]に着目し、二つの事例から移動する側の意味づけを記述・分析する[4]。そのことによって、国籍・戸籍取得をめぐる行為に内在した論理や諸条件を明示し、移動の包括的な理解に資することを主眼とする。
　あえて二つの事例に絞る理由は、二つほどある。第一に、近年、朝鮮族社会では「兄は上海でビジネス、父母は韓国で出稼ぎ、私は日本に留学」といった言い回しがよく聞かれるが、二つの事例がそうした「当たり前」の状況を反映しているばかりでなく、国籍・戸籍取得をめぐる特徴においても示唆的だからである。第二に、それらが、語りの当事者もしくは親近者にフィードバックをして検証することが可能なケースで、聞き手の事実誤認や記述の誤りを回避しやすい条件を備えているからである。
　もちろん、たった二つの事例をもって、朝鮮族家族の一般的状況を代表させることはできない。したがって、筆者が長年にわたって継続してきたフィールドワークの知見や、関連する文献資料なども活用し、二つの事例の個別性・普遍性を浮き彫りにするよう努めて補いたい。なお、事例の紹介にあたっては、プライバシーに抵触しないよう、本人や関係者の姓名はもちろん、職業などにかんしても、論旨が崩れない限りにおいて改変している。

2　用語の定義
　ここで、「朝鮮族」と「再移動」という用語について説明をしておく。
　まずは「朝鮮族」という呼称である。これは1949年中国が成立して以来、少数民族政策[5]が実施されるなか、中国東北部の朝鮮人に付与された少数民族としての呼称である。しかし、その呼称に対する当事者の立場は、実に多様である。自負心を込めてその呼称を引き受けている者がいる一方、それは国家たる中国政府による押し付けであるとして、「조선사람」（チョソンサラム＝チョソンは「朝鮮」、サラムは「ヒト」を意味する朝鮮語）と自称する人々がいる。あるいは韓国で通常用いられている「中国同胞」、「僑胞」などを好む人々もいるといったように複雑である。
　この背景には、国家の別を問わず、社会的マジョリティによる可視的・不可視的な蔑視に対する異議申立てや、その他の在外コリアンとの平等を主張する

意味合い[6]もあるのだろう。いずれにしても、グローバル化にともない世界各地に移動する朝鮮族の、移動先における社会関係における生活実践が大きく関与しているものと思われる。以上のように、呼称をめぐる実践的な意味合いについては、当該社会における階層、世代、ジェンダーなどの違いによって、その意味づけが異なる。しかし、ここでは、そうした多様性を念頭に置きながらも、とりあえず、多くの当事者が一定の留保を付けつつ、ある程度は受け入れている「朝鮮族」という用語を使用する。

「再移動」については、1990年代以降の移動を指していることを予め記しておく。朝鮮半島から中国東北地域に移住した朝鮮人の流動性は、日本の敗戦とともに迎えた「解放」（1945年）[7]を経て、中国成立（1949年）とともに少数民族となった後も見受けられた。延辺の農業状況や、地続きの朝鮮半島北部における経済状況に影響を受けながら、社会主義政権下において多少なりとも定着度を高めたが、改革開放（1978年）以降における「社会主義市場経済」の進展[8]、とりわけ中韓国交樹立（1992年）によって、その移動性が顕在化した。朝鮮半島から中国東北部への方向性を有していた移動と区別して、この90年代以降における現代の移動を「再移動」と呼ぶことにする。

第2節　朝鮮族の再移動と跨境生活圏の拡大

1　跨境民族の再移動

中国では、国境線を挟んで中国と隣接する諸国に、同一あるいは同系の民族が居住している場合、跨境民族と呼ぶ。朝鮮族もその一つなのだが、民族が国境に跨るようになった歴史的経緯は多様である。朝鮮族の場合、古くは17世紀以降、とりわけ19世紀後半以降、朝鮮半島北部の自然災害や日本の「韓国併合」（1910年）、「満州国」建国（1932年）など朝鮮半島および中国東北地域をめぐる政治・経済的状況を背景に、朝鮮人農民がより良い土地を求めて移住した。「解放」後も朝鮮半島には戻らず／戻れず、同地域に居住し、中国の少数民族として位置づけられた［李 2009］。

前述のとおり、朝鮮半島から中国東北部へと向かう朝鮮人の移動の方向性を基準に考えると、再移動（図1）の流れは、改革開放以降における市場経済化と、中韓国交正常化（1992年）の影響を被っている。中国の沿海都市、韓国、

第3章　移動する朝鮮族と家族の分散

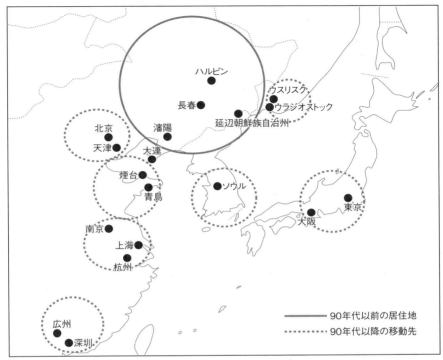

図1　1990年代以降の朝鮮族の移動分布
出典：権［2011］をもとに筆者作成

　日本へと再移動を経験する朝鮮族の多くが、移動先からさらなる移動または往復する移動を繰り返し、跨境生活圏⁽⁹⁾の拡大をもたらしているといわれる。
　韓国を代表する通信社「聯合ニュース」によれば、2015年2月末現在、韓国に暮らす朝鮮族の数は、韓国国籍取得者も含めおよそ70万人（朝鮮族人口の約4割）［連合ニュース 2015］に迫り、韓国の総人口に占める割合も1％を超えた。その内訳も、個人の移住にとどまらず、徐々に家族単位での移動・定着が増加している。職種も、家政婦や建設現場の作業員、食堂の従業員など「3K労働」⁽¹⁰⁾のみならず、企業家や大学教授などに活動領域を広げている。

第1部　小さな民の生き様

2　移動先での諸現象

　近年、ソウルでよく見かける朝鮮族の結婚式は、韓国における朝鮮族の増加や定住傾向を表す象徴的な現象であろう。若い朝鮮族留学生のカップルは、みずからが生まれ育ち両親や親戚などの戸口（戸籍）がある中国東北地域の朝鮮族村ではなく、しばしばソウルを挙式の場所として選ぶ。その理由は、「故郷の両親や親戚が皆ソウルに来ており、親戚一同が集まれるのがソウルだから」である。中国の村に戻って挙式を行おうとすれば、家族や親戚もまた出稼ぎ先から飛行機に乗って帰郷しなくてはならないが、その費用を捻出できる者は少なく、むしろソウルでの挙式が安上がりになる[11]。そうした事情は、若者の結婚式に限られない。夫婦の古希祝いもまた同じパターンになっている。たとえ老夫婦が持病を抱えての飛行機での移動には困難がともなっても、子どもや親戚がみな韓国に滞在しているという事情から、わざわざ黒竜江省から船で韓国に行き、古希の祝賀会を挙げたりするのである。

　これらは、韓国における朝鮮族の増加傾向を端的に指し示しているのだが、それだけではない。およそ半世紀にわたり中国の少数民族として独自の文化を築いてきた朝鮮族社会の婚礼や伝統儀式などに、現代韓国社会や文化の影響が如実に及んでいる新たな局面でもある。そのような局面は韓国にとどまらず、たとえば、1980年代後半以降、日本に移動した朝鮮族によるコミュニティ活動[12]においても顕著である。それは、子どもと母親、祖母の三世代が集う在日朝鮮族女性会（以下、女性会）の場において、特にあらわれている。

　女性会は日本で暮らす朝鮮族女性の生活向上に向け、日本社会での就職、事業、起業、育児における悩みや困難を共有し、共に乗り越えていくことを目的としている。2008年より活動を始めたが、毎月一回の活動では参加者の入れ替わりが激しい。韓国で暮らす祖父母の元から日本の親元に移った子ども、日本で生まれ育ったが小学校進学と同時に中国にある全寮制の私立学校に通うようになった子どもなど、それぞれの事情も背景もさまざまである。家族の呼び寄せ、再集結はもちろん、英才教育や一般よりも年齢を繰り上げて施す早期教育といった多様な脈絡で、子どもたちも移動している[13]。

　このような子どもたちの世話をするために、中国や韓国から来日した祖父母たちも、その会に集う。日本に留学した後、共働きをしながら生活をする娘や息子夫婦の手助けをするために、「短期在留ビザ」で来日し、短くても3カ

月、長い場合には6カ月ほど滞在しながら孫の世話をする。経済的に余裕がある家の場合、老夫婦は、初めて、あるいは久しぶりに経験する海外旅行、とりわけ日本の観光名所が堪能できる。しかし、経済的に余裕がない家庭の場合は、育児の手伝いに加え、家計の足しにするために、いわゆる超過滞在者が長時間労働に従事する下請け工場[14]で働くケースもある。

3 集住地域における人口減少と家族の分散

　伝統的な朝鮮族集住地域（中国東北三省）からの移動の増加は、出身地域での人口減少をもたらす。延辺における人口は1996年以降マイナス成長に転じ、同年から2011年まで16年間、マイナス成長の一途をたどっている［人民ネット2012］。その結果として残された家族の問題、とりわけ留守児童の問題は、朝鮮族社会において年々深刻さを増している。ここでいう留守児童とは、出稼ぎをしている両親とは別々に暮らす郷里に残された子どもを指す。大半は祖父母や親戚の元に預けられており、延辺における朝鮮族家庭の5割［延辺日報2008］、龍井市にいたっては7割に留守児童がいるという調査結果もある［金2015: 72］。

　朝鮮族の人口減少は、その移動性が起因の一つではあるが、それは近年に始まったことではない。朝鮮族の前史においても朝鮮半島からの移住民によって構成される朝鮮族社会は、常に移動と背中合わせの暮らしがあった。前近代において、朝鮮北部に多く見られた農民たちは「朝に耕し、夕べに帰る」、「春に耕し、秋に帰る」、「令厳しければ退き、令ゆるめば戻る」ように国境を越え、豆満江沿岸で農業を営み、村落を形成した。その状況は、社会主義中国に組み込まれた後も連続しており、朝鮮族農村においても自明のことであった［林2014］。朝鮮族の移動性が開放経済によってより顕著になったといえよう。

　朝鮮族の移動をめぐる特徴的な実態は、家族の分散である。これは1990年代以降、朝鮮族がトランスナショナルな移動を経験するなか、朝鮮族家族の特徴であるといわれてきた安定的で親族ネットワークにより支えられた家族共同体が、急激に変化する様子を表している。一般的には都市化や産業化が従来の家族関係を解体するとみなされがちなのに対し、朝鮮族の場合、空間的な移動や拡散が家族構成員の個人化を促進するのではなく、家族結合の再活性化や強化をともなっており、家族間の持続的で緊密な紐帯が、その生計維持や社会的上

昇を目指す際に活用される。つまり家族・親族にかんして活用可能な関係性が、資源として飽くことなく動員され、新たな親族ネットワーク形成の延長線上に家族の移動がある。

第3節　二つの聞き取り事例

　では朝鮮族の移動の過程で、家族の結集や関係性がどのように変容し再生産されているのか。以下で、二つの事例における国籍・戸籍取得の局面を中心に、その傾向を見ていこう。

1　利便性を求めた日本国籍の取得

　1970年代に吉林省で生まれた女性Ａさんは、延辺の州都・延吉(えんきつ)で育った。3つ年下の弟は、中国のいわゆる重点大学(15)の大学院に通っており、両親はソウルで暮らしている。Ａさんは高校まで朝鮮族学校に通い、大学では経済学を専攻した。第二外国語が日本語だったため、とにかく日本に留学してみたいと高校卒業後から毎年のように日本語学校への入学試験を受けた。しかし思い通りにはならずに半分あきらめかけていた矢先、日本の地方大学が主催する中国現地での特別入学試験があることを知った。Ａさんは、その特別入学試験に合格して、2000年、ようやく日本への留学を果たした。

　Ａさんよりも先に関東圏の大学に留学していた夫とは、母親同士の紹介で知り合った。遠距離恋愛の末、大学卒業と同時に結婚し、すでに就職していた夫の社宅がある首都圏郊外の町に移り住んだ。間もなく長女を授かったが、娘の小学校入学をきっかけに、ある外資系会社の仕事に就き、現在、その会社の営業関係の業務をこなしている。

　Ａさん夫婦は、結婚後、何度も中国パスポートでアメリカやヨーロッパなどへの海外旅行を試みた。しかし、ビザ取得がうまくいかなかったり、たとえ取得に至ってもかなりの時間が費やされたりと、何かと不便であった。とりわけ大手の日本企業に勤める夫のほうは、中国パスポートの不便さをいやというほど味わってきた。社内プロジェクトによる海外の現地調査などでは、ビザの不備のせいで自分だけが参加できないことが度々あった。

　Ａさん夫婦は2008年に夫の苗字を残した名前で日本への帰化申請をした。動

機は、「本当の中国人ではなく、本当の韓国人でもない。どちらも中途半端な朝鮮族。中国人や韓国人のように中国人としてのプライド、韓国人としてのプライドはない。日本での生活がより暮らしやすく、仕事がよりやりやすくなれば、それに越したことはない」との考えからである。

夫婦の「帰化」は、申請から3カ月が経った時点で許可された。娘の手続きは様子をみてからにしようと思っていたが、夫婦の国籍取得が完了した時点で娘の分も申請し、1カ月ほどで認められた。夫が名前にこだわったのは、自分のルーツを子どもにしっかり教えたいという思いからである。名前までも変更したら、朝鮮族として中国から来日した事実を子どもたちに伝える機会がなくなってしまうと考えている。

Aさんは、今のところ、「帰化」したことについてまったく後悔していない。「帰化」した後には、むしろ良いことが二つもあった。一つは、日本国籍であっても、華人（移動先の国籍を取得した中国系住民）の資格で個人的に中国大使館にビザ申請ができること[16]、もう一つは、中国の戸籍がそのまま残っているので[17]、ビザを取得しさえすれば中国（実家）での長期滞在が可能であること、である。

2 社会的上昇のための戸籍取得に向けて

1970年代、吉林省に生まれた女性Bさんも、小・中・高と地元の朝鮮族学校に通い、大学では日本語を専攻した。大学卒業とともに日本に留学し、大学院を経て専門事務職に就いた後、日本にある外資系企業に転職して数年が経つ。現在は、フルタイムでハードワークをこなす毎日を送っている。

同じく日本に留学に来ていた夫とは、2000年に結婚した。授かった長男を3歳まで日本の保育園に通わせたのち、中国の沿海都市にある私立幼稚園に入れ、実家の父母が延辺からそこに移り住んで育てている。実家の父母と息子が暮らすその家は、共働きの稼ぎを投資して購入した新興住宅街の高級マンションである。決して安くない買い物であったが、契約で70年間と規定されている中国のマンション事情[18]を踏まえ、老後を考えての購入であった。

Bさんは、息子の小学校入学とともに家族3人で上海に移ることを希望しており、そのための準備を着々と進めている。日本の大手企業に勤める夫は、早くから企業内転勤というかたちで、上海支店勤務の希望を出し続けてきた。す

でに内定を得ており、環境さえ整えばすぐにでも上海に移り住むつもりでいる。

　一家で上海を目指すのは、中国の将来は可能性に満ちており、修士以上の学位を持った帰国組は別地域への戸籍の移動においてもかなり有利な立場になる、という事情があってのことである。日本で修士号の学位を持つBさん夫婦が上海に行った場合、通常、中国国内において不可能な都市戸籍の取得が容易で、その他にもさまざまな恩恵を受けることができる。何よりも、この優遇制度を通してBさん夫婦が上海の戸籍を取得すれば、息子も自動的に同じ戸籍の取得が可能となる。2013年現在、息子は6歳で就学前児童だが、Bさんは、息子が成長したのちの大学受験のことも考えて、一家共々上海に移り住むことを目指している。

第4節　国籍・戸籍取得をめぐる意味づけ

　前節において、国籍・戸籍取得をめぐる二つの家族の事例を紹介したが、それらは、どのような歴史的・社会的文脈に位置づけられるのだろうか。

1　新しい「戸籍」の主体的な意味づけ

　Aさんが「帰化」して良かったと思っている二つのこと、すなわち日本国籍を持つ華人の資格で大使館にビザ申請ができることと、中国の戸籍をそのまま生かして実家に長期滞在ができることは、いずれも移動や生活がより便利になるという意味で望ましい。ただし、Aさんは決して華人としての意識が濃厚であるというわけではない。否、まったくないといってもよいほどで、むしろ朝鮮族としてのこだわりや民族意識が強く、前述した女性会などのコミュニティ活動にも積極的にかかわっている。だからといって、中国政府が付与する「華人の資格を拒否する理由はない」ので、生活に利便をもたらすものは何でも活用したいと考えている。

　他方で、Aさんには、「帰化」による二つの利便性という側面以外にも、家族にとって意味があると思っていることがある。新しく作られたAさん一家の戸籍には、「家族の日本での生活や歴史などが埋め込まれた居住地が克明に記録されている」と考えているのである。いわば国家による国民の把握という

意味合いなどとは関係なく、「家族の歴史をそこにみいだせる」というように、戸籍の機能的側面に着目した主体的な意味づけである。中国の戸口簿にも家族の住所が記録されているのでは、と聞き手の筆者が問うたところ、中国の戸口簿では家族の歴史を意味づけることはできない、との答えが返ってきた。Aさんの家にも父親が管理する戸口簿があるが、延辺のような地方の周辺部における登録は、システム化された日本のそれとは比べものにもならないくらい記載に矛盾があるという。いずれにせよ、Aさんは来日以来の居住地の変遷の軌跡がきっちりと記される日本の戸籍を通して、日本での家族の記録という積極的な意味を付与しているのである。

　Aさんが言うには、朝鮮族は朝鮮半島から中国に移動してきた移民であるが、大半の朝鮮族は、その家族のルーツを具体的には知らないままに育つ。朝鮮族学校を卒業したAさんでさえも、学校教育においては朝鮮族の移住史は習わず、確認したくてもその機会も方法もなかった。家系をたどることが可能な「族譜」[19]がある家庭はめずらしい。祖父母の出身地域名までも知っている家族も決して多くはない。だからこそ、Aさんにとっては、日本の新しい戸籍の記録が、みずからが留学、結婚というかたちで切り開いてきた人生の意味、家族の意味について考える手立て——「家族のルーツを記録するツール」として意味づけられている。

　冒頭で記したとおり、Aさんが来日の際に持っていた中国パスポートには、中国人として登録され朝鮮族であることは示されない。日本の在留カードにも、民族名が明示されることはなく、社会的にも日本語の音読みを使い、中国名を使用する状況があるため、「朝鮮族であること」が日本社会で浮き彫りにされることはきわめて少ない。このような朝鮮族をめぐる日本の社会的状況は、朝鮮族の来日が展開し始めた1980年代以降、今日に至るまで大きな変化はなく、Aさんによる「帰化」の社会的な脈絡は、より見えにくいプロセスの中にある。

　とはいえ、Aさんの内的世界においては、日本国家による外からの意味づけとは関係なく、あくまでも移動における利便性の高い国籍を取得し、その手続きの中で作られたみずからの戸籍に対し、「家族の記録ツール」と意味づけて現在を生きている。そこには、「帰化」という言葉（漢語）に内在化された「君王（天皇）の徳化に帰伏する」という意味合い、いいかえれば日本の「古

代国家において培われた帰化の思想が、現代日本の国家権力に継承されている」［遠藤 2013: 59］という観点が浸透する余地はない。そうした客観的な意味づけとAさんの主観的な意味づけとのあいだには、少なからぬズレが存在する。

　ちなみに、留学生として来日していたAさんの従妹も、Aさんを後追いするかのように、「帰化」申請をして日本国籍を取得した。そしてその後間もなく、日本のパスポートを携えて渡米し、現在はアメリカでの生活を満喫しているという。

2　家族の社会的上昇を担保する戸籍

　「帰化」手続きの煩雑さ[20]を除けば、日本国籍取得は個人的には良いこと尽くしだと感じているAさんのように、日本国籍を取得した朝鮮族は、筆者が個人的に知りえる限りでも二桁を超える。現代的な移動においてしばしば見受けられる同化をゴールとしない移動主体のあり方であり、移動の通過地点における国籍取得である。移民先の社会において同化を強いられる近代的な移民とは異なり、出身母国で培った言語や文化といったエスニシティを保持し、国籍を取得して日本国民になった今後も、移動する可能性が開かれた現代的な移動といえよう。

　他方、Bさんの場合は、「息子が大学受験をする10年後」を見据えた家族戦略としての方向性がはっきりと読み取れる。

　周知のとおり、中国における現行の戸籍制度が、人々に強いる制約は計り知れない。中国の戸籍（戸口）制度は、住民の管理とともに都市と農村の人口移動、特に農村から都市への流入を厳しく制限することに主な特徴がある。戸口には「城市戸口」（都市戸籍）と「農村戸口」（農村戸籍）があるが、「農村戸口」を持つ農民が都市に転籍することは基本的に禁止されており、農民による都市部への移住は、都市での就職・大学入学や軍への入隊など以外には、原則的に不可能である。

　このように、「中国国内では逆立ちしても不可能な戸籍の取得」を目指して、Bさんはフルタイムで働きながら、子どもや祖父母の交通手段を手配し、生活の段取りをつけ、時には自身が中国に飛び、時には東京に両親を呼び寄せ、時には就学前の子どもを一人飛行機に乗せて往来させる生活を3年以上にわたって続けている。上海には、結婚した兄がすでに移り住んでいるが、Bさ

ん一家が上海に行くことになれば、韓国に住んでいる義理の両親（父親は韓国国籍を取得、母親は永住権を取得）や実家の両親も上海に行くことを予定しているという。Bさんの息子を含む家族はもちろん、両親や親族もまた、次の移動の予備軍である。

中国では「海亀」と呼ばれる海外からの帰国組人材に対し、近年、積極的な優遇政策を展開している。その政策は、各都市によって異なっているが、すでに実験的な数々の試みが広く報じられている。Bさんが移動を目指す上海市の場合、高学歴者や高度職業人に対する優遇措置として、上海市の居住証を保有する者が一定の条件（①上海市の「居住証」取得後、7年以上が経過していること、②規定に従い社会保険に7年以上加入していること、③規定に基づく所得税を納めていること、④中級技師以上またはそれに相当する職業資格を有すること、⑤計画出産政策違反、犯罪行為その他の不法行為の記録がないこと）を満たせば、上海市の「常住戸籍」を取得できるといった新たな制度を導入している[21]。

Bさんは、自分と同じような戦略と展望をもって帰国し、北京で生活する友人と連絡を取り合いながら、次の移動先の生活で有益となるような情報を逃さないよう、常に心がけている。上海市の受入政策を最大限に活用しつつ家族の生活戦略に直結させるBさん家族のケースは、移動を管理する国家・政府の施策と、移動する家族の利害関係が見事に一致する（市政府としては高度人材が確保でき、家族としては社会的上昇が可能になるという）典型例であろう。

第5節　家族の分散を支える諸条件

1　二つの事例に共通する特徴

以上、二つの事例から浮かびあがる共通点は何か。日本国籍を取得したAさん家族、中国国籍のまま都市戸籍の取得を目指すBさん家族の事例に共通することは、何よりも家族が日中韓に跨りながら居住しており、その関係が途絶えることなく継続している事実である。その特徴は次の5点にまとめることができる。

まず、いずれの事例においても、両親もしくは義理の両親が韓国で国籍回復／取得するか永住権を持ち、韓国や中国（沿海都市）で暮らしている。いいか

えれば、長期にわたる韓国での移住労働を経て、現在の法的地位を得るに至っている。Aさん家族の場合、Aさんが高校に入る頃に父親が韓国に出稼ぎに行き、弟が大学に行く頃には母親も韓国へ働きに行った。朝鮮北部出身の父親とは異なり、南部（韓国）に戸籍がある母親の家族は皆韓国に移り住んでいる。Bさん家族の場合も、朝鮮族の韓国行きが実現した1980年代後半以降、長年にわたり義理の両親が韓国への労働移動を経験した後、国籍または永住権を取得している。

　次に、その出稼ぎ労働による多額の収入が、子どもの教育・留学資金として活用されているほか、移動先における不動産の投資・取得などの経済的な基盤となっている。AさんBさんともに留学生活をしていた頃、日本での生活費はアルバイト代で賄ったが、学費などについては親の出稼ぎによる収入に負っていた。娘が留学を終え結婚をした現在、Aさんの両親は、大連とソウルに購入した自宅を行き来しながら、現在も韓国で働いている。日中韓の3カ国に持ち家があることは、廉価で容易に移動しうるという意味で、双方向的かつ多方向的な移動を誘発する与件である。

　そして、長期間の出稼ぎ労働と滞在の経験が、韓国社会における人脈やネットワーク形成の方法を学び、韓国・韓国語を介した情報を取得するきっかけとなっている。二つの事例で紹介した親世代は、中韓国交樹立（1992年）以降の韓国における外国人労働者受入政策や在外同胞政策の変遷過程を、労働現場において実体験しているばかりでなく、韓国社会における市民的連帯に連なる社会運動の影響[22]を受けている。AさんやBさんの家族に限られたことではないが、日中韓にそれぞれ跨る家族同士のコミュニケーションには、「カカオトーク」や「微信（WeChat）」などのソーシャルネットワークサービス（SNS）が活用されている。実に朝鮮族人口の4分の1にあたるおよそ70万人が韓国に在住するといわれる現在、上位世代の韓国における社会的経験がエンパワーメントとなり、家族分散のありようを下支えしている。

　さらに、本人およびパートナーが、中国の朝鮮族学校を卒業し、大学を卒業した高学歴であることに加え、外国語としての日本語を身につけ日本に留学した後、日本もしくは外資系企業に就職している。いいかえれば、朝鮮族の形成過程において培われた日本語が、その後の日本への移動や社会的上昇において活用されている。1970年代生まれのAさんとBさんが学校教育を受けた80年代

から90年代は「日本語ブーム」が沸き起こり、外国語としての日本語教育が最も盛んとなった時期である。90年当時、中国における日本語学習者の3人に1人が朝鮮族（当時の朝鮮族総人口の4％）と高い割合を占めていた［本田 2012: 1］。日本への留学を経て専門知識を兼ね備えた朝鮮族は、東アジアを市場とする日本および外資系企業にとって、日中韓三つの言語を身につけた有望な高度人材として、需要が高いという好条件も指摘する必要がある。

　最後に、子どもに中国語を含む多言語教育を施す意志が明確にあるかすでに実践しており、その方向性において移動がなされている。Bさんの息子が、中国と日本を行き来しながら多言語環境下において育っていることはすでに言及したとおりであるが、Aさんもまた、現在、日本で育てている8歳の娘を、中学からは大連にある中国語と英語の習得が可能な学校に編入させることを検討している。中国での社会的上昇に必須である中国語と、国際的ツールとしての英語の有用性を踏まえてのことである。中国社会における日本国籍者は中国国籍者の2倍ほど学費がかかるにもかかわらず、子どもにより良い教育を施すためであれば、多少の出費は厭わないという。子どもの教育が朝鮮族の移動の契機となっている背後には、朝鮮族の高学歴志向と教育熱などの要因がしばしば指摘されているが、AさんとBさんの場合も例外でない。

2　家族の生活戦略とネットワーク形成

　さらに注目すべきは、国籍・戸籍取得に付随する種々のプロセスや、取得後における家族・親族などの再結集の様相である。Bさんの場合、実家の両親はもちろん、義理の両親も、Bさんの都市戸籍の取得を目指す動きに連動するかたちで、上海への移動の可能性が示されている。究極的な目標として、子どもの大学進学をも想定しつつ、日中韓に跨って生きるBさんの人生設計と今後の移動の方向性からは、朝鮮族に特徴的な家族分散のありようがうかがえる。移動の過程において、家族や親族の結集や関係性が再生産され強化されているのである。

　Aさん一家の場合、かならずしも日本の国籍取得が家族の再結集という文脈にあるとはいい切れないが、Aさんの従妹は、Aさんの「帰化」申請を踏襲するかたちで国籍を取得したのち、米国への移動を果たしている。Aさんの従妹の立場から考えた場合、やはり、Aさんの「帰化」プロセスの段取りを参照し

つつ有益な情報を活用することで、スムーズに帰化申請を済ませて渡米している。したがって、この場合も国籍取得は移動のための手段の一つにすぎない。いいかえれば、国籍・戸籍取得が家族・親族ネットワークの構築／再構築において手段化されているのである。

さらに二つの事例における家族の移動と再結集のプロセスには、父系および母系という両系統の親族関係が関与している。すなわち、朝鮮半島における家族関係の中心であった父系制（父方の系統により所属する親族組織が決定される制度）による絆ではなく、それらに固執しない朝鮮族の親族ネットワークの形成とその展開がある。朝鮮族の家族・親族関係そのものに移動性を生み出す一面があり、「姻戚関係は特定の地域的範囲に押し込められるものではなく、まさに関係を広げるネットワークでもあり、人々はいくつかの姻戚関係を利用しながら、その活動の場を移し展開していくことが可能なのである」［植野 1999: 85］。

このような傾向は、「機会さえあれば少しでも暮らしやすい場所へ移住しようとする〈移民的習性〉」や、「そのことが朝鮮族をして、社会的立場の上昇に対する強い執念を維持させている」［韓 2001: 26］といった特徴、あるいは身体に埋め込まれた文化的特性として把握しうる。さらに、その背景的な要因については、朝鮮族社会が朝鮮半島の旧常民層に属する貧困層によって形成されてきたことを指摘する、以下の内容も十二分に踏まえる必要があるだろう。

　　……朝鮮の伝統社会においても、もともと日本に比べると一般に居住の流動性が高く、とりわけ零細農民の間では非常に高かったと思われる。両班に代表されるような土着的な住民を除けば、一般の農民は一定の土地に住み続けることにさほどこだわらない。とりわけ零細農民の間では、端境期における春窮民[23]のような流動もかつては稀ではなかった。また、近年の経済発展にともなう農村から大都市への人口流動ばかりでなく、都市の内部においても居住の流動性が高い。中国東北部への移住者も、こうした旧常民層に属する貧困層が主となっていた……　［伊藤 2001: 32-33］。

第3章　移動する朝鮮族と家族の分散

おわりに

　本章において読み解いてきたように、朝鮮族の移動にともなう家族の分散には、一定の成立要件がある。すなわち、朝鮮族の韓国における労働や滞在経験を通した現在の法的地位、所得の状況、情報の経路などの政治的、経済的、社会的な影響が反映されているほか、子弟にかんする教育熱の高さ、(日本との関連においては)朝鮮族の形成過程において養われた文化的な要素が関連している。朝鮮半島からの移民として歴史的に培われてきた朝鮮族の移動と家族・親族ネットワーク形成のありようも、併せて指摘することが可能である。このような諸条件を確認することで、朝鮮族の移動先における国籍・戸籍取得のプロセスは、生活向上や社会的な上昇につながる教育のための、いわば「生きるための工夫」であることが把握される。

　グローバリゼーションへの対応として、1990年代末以降、国際競争力強化の観点から、世界各国では能力や業績のある移民を受け入れ、リスクの高い移民を抑える選別的な移民政策への転換が図られている。東アジア諸国においても同様の傾向が見られるが、その傾向を牽引するかのように、朝鮮族の家族が分散し、跨境生活圏を生きている。その意味で朝鮮族の移動とそのありようは、東アジアの現状を映し出す試金石でもある。「兄は上海でビジネス、父母は韓国で出稼ぎ、私は日本に留学」といった当たり前の状況、そして冒頭で示した歌詞が過去となる日がくるのだろうか。引き続き、その動向が注目される。

　本章でとりあげたような、移動の利便性を向上させるための国籍・戸籍取得という論点については、より精緻な検討が必要であろう。「中途半端な朝鮮族」(Aさん)という語りの背後には、少数民族としての意識形成による国民意識の希薄さがある。これらは、近年において顕著な東アジア諸国間の領土・国境問題をめぐる軋轢や、肥大化したナショナリズムを乗り越えるための与件になりえるかもしれない。移動する側から、国民国家のあり方を問う視点にも繋がる論点であろう。すでに多くの研究蓄積がある華人の移動との対比や、150年以上にわたる朝鮮族移民史の中の再移動、いいかえれば「朝鮮族三世」が「移民一世」となる現代的な意味の検討とも併せて、今後の課題としたい。

【注】
(1) 本章の多くは権［2014］に依拠しているが、その後に出版された関連書籍の成果を踏まえ、大幅な加筆・修正を施している。本章のサブタイトルにある「生きるための工夫」とは、人々がより良い暮らしをするために編み出した方法や手段（生活戦略）を指す。

(2) 「韓国併合」(1910年)、「満洲国」樹立（1932年）など、日本帝国による領土拡張の歴史過程で実施された同化政策としての日本語教育は、朝鮮族の歴史にも深く浸透している［本田 2012］。その結果として、朝鮮族が日本語や日本文化に慣れ親しんでいることが、日本への移動を促す要因の一つであるといわれる［権 2011: 171-186］。

(3) 朝鮮族の移住史において国籍・戸籍をめぐる問題は、17世紀以降の移住初期から今日に至るまで、東アジアの国際関係の変遷とともに引き続き提起されてきたが［権 2011: 21-24］、本章では、1990年代以降の再移動に焦点をあてるため割愛する。

(4) 本章にかんする調査では、1996年以降、筆者が信頼関係を築いてきた日本在住の朝鮮族を起点に、東アジアに跨るその家族に聞き取る方法を採用している。過去２年間（2012〜13年）に限って記すと、計12家族になり、１家族につき２回から６回の聞き取りを行っている。聞き取りを行った場所は、語り手の職場、飲食店、コミュニティ活動の会場などで、中国や韓国では語り手の自宅に寝泊りさせてもらいながら行った場合もある。またその対象は、本人に加え、その上位世代（両親）と下位世代（子ども）の三世代に及ぶ。

(5) 「民族区域自治」と呼ばれる中国独自の政策で、国民を構成する諸集団がどの「民族」に帰属するかを法的に確定させる行政手続き（民族識別工作）が前提となっている。2014年現在、全国民の約９割を占める漢族と、約１割にあたる55の少数民族（合せて56の民族）が公式に認定されており、指定の区域自治内では、少数民族の文字・言語の使用権、財産の管理権、単行法令の制定権などが認められている。朝鮮族の場合、この区域自治を行う行政単位が延辺である。

(6) この背景には「在外同胞の出入国および法的地位に関する法律」(1999年９月２日制定) の改正運動がある。同法はアジア経済危機（1999年）の克服を目指し、在米コリアンによる経済活動の優遇措置として制定された経緯があるが、大韓民国樹立（1948年）以前の国外移住者（中国の朝鮮族、ロシアのＣＩＳ同胞、日本の「朝鮮籍」同胞）は対象外となっていたため、その処遇の落差をめぐり激しい批判が提起されていた。なお、同法は憲法裁判所による違憲判決（2001年）を受け、法改正に至った（2004年）［呉 2012: 58-59］。

(7) 日本の植民地支配下にあった朝鮮半島はもとより、旧「満洲国」をはじめ海

第3章　移動する朝鮮族と家族の分散

外に在住していた朝鮮人にとって1945年8月15日は、「敗戦」や「終戦」ではなく、植民地支配からの「解放」であった。
(8)　改革開放とは、1978年12月以降、鄧小平の主導で実施された国内体制改革および対外開放政策を指す。文化大革命で疲弊した経済を立て直すため、経済特別区の設置、人民公社の解体、海外資本の積極的な導入などが行われた。社会主義市場経済ともいわれ、政治体制的には社会主義を堅持しながら、市場経済を導入して経済の活性化を図る中国独自の政策である。
(9)　跨境生活圏とは、地域間、国家間における境界が存在する中にあっても、比較的自由にヒト、モノ、カネ、情報が移動可能な経済・社会的ネットワークを含む生活領域を指す。跨境民族の自然経済圏を打ち出した R. A. Scalapino の議論を踏まえ、鶴嶋雪嶺による記述・説明［鶴嶋 2000: 9］を参考にした筆者による造語であるが、1990年代以降における朝鮮族社会の諸相にも適用しうると思われる。
(10)　「きつい」「汚い」「危険」な条件の厳しい労働のこと。三つの単語の頭文字をとってこのように呼ぶ。
(11)　2012年10月27日、朝鮮族三世たちが集まる会合（ソウル）での聞き取りから。
(12)　朝鮮族のコミュニティ活動は20世紀末に首都圏を中心に関東地域で活性化された後、21世紀には大阪を中心とする関西地域でも活発に活動していることが知られている。
(13)　このように子どもが移動することは、決して新しい現象ではない。朝鮮半島の現代史においては、韓国の海外養子に代表されるような子どもが、そして北朝鮮の「コッチェビ（꽃제비）」（浮浪児）に象徴される子どもがいた／いるが、その内実は異なっている。卑見の限りでの相違点は、かつての単方向ではなく、双方向の移動であるほか、家族のやむを得ない選択と積極的な生活戦略とが密接に絡まっていることである。このような実態を考慮すると、これらの現象は古くて新しい現象であるといえよう。
(14)　しばしばインフォーマントが語る下請け工場の実態について、その全体像を把握するのはきわめて困難であるが、東京都内のある下請け工場の状況については、以下に詳しい［権 2011: 188-192］。
(15)　中国の権威ある大学として国家的に認定され、予算の優先配分などが行われている大学を指す。
(16)　現在、中国大使館では、外国籍保持者のビザ申請を受け付けておらず、旅行会社を通した申請しか認められていないが、外国籍保持者であっても「華人」の場合はその限りではないという。
(17)　中国の現行制度では、外国籍を取得した元中国国民の戸籍抹消手続きは、本

人による申請がない限り行われることはない。したがって、そのような申請を行っていないAさんの戸籍は、従来どおり中国の実家を単位に現存しており、Aさんは中国の戸籍を持つ中国人として長期滞在が可能であるという。

⒅　土地が私有制の日本とは異なり、国有または集団所有の中国では、民間セクターの土地利用権限は土地使用権が基本で、住宅の場合は70年間という規定がある。「都市不動産管理法第十三条および都市部の国有土地使用権の払下および譲渡に関する暫定条例」（第十二条）に定められている［日本貿易振興機構北京センター 2008］。

⒆　中国を中心とする東アジア社会で編纂されてきた家系記録の一種。韓国のほとんどの家庭にあるといわれるが、朝鮮族は移住過程において紛失したり、文化大革命期に廃棄されるか燃やされたりしたため、家庭に保存されている場合はきわめて稀である。

⒇　帰化申請に必要な主な書類は、①帰化許可申請書、②親族の概要を記載した書類、③帰化の動機書、④履歴書、⑤生計の概要を記載した書類、⑥事業の概要を記載した書類、⑦住民票の写し、⑧国籍を証明する書類、⑨親族関係を証明する書類、⑩納税を証明する書類、⑪収入を証明する書類、⑫在留歴を証する書類などである。しかも各書類は一つではなく、申請者の国籍や身分関係、職業などによって必要な書類が異なるため、すべての書類を作成して集める作業は、非常に煩雑で骨の折れる作業であるといわれる［法務省 2015］。

㉑　2009年2月の段階で、上海市の常住人口約1900万人のうち約600万人（約32％）が外来の流動人口であるが、そのおよそ7割にあたる約400万人に上海市の「居住証」が付与されているという［鎌田 2010: 64］。

㉒　たとえば、在韓朝鮮族の法的地位をめぐる在外同胞法改正運動（注6参照）において、外国人労働者としての朝鮮族が、みずからの処遇や人権状況をめぐり、韓国の市民社会と連帯して法改正を実現させた経験などを挙げることができる。

㉓　日本植民地統治下の朝鮮において、朝鮮総督府が端境期には食べるものがなくなってしまうような零細農民のことを指して、このように呼んだ。

【参考文献】

伊藤亜人．2001．「延辺朝鮮族における周縁性とエスニシティ」『中国朝鮮族の移住・家族・エスニシティ』佐々木衛；方鎮珠（編），19-41ページ．東京：東方書店．

植野弘子．1997．「移民社会における姻戚関係」『中国東北部朝鮮族の民俗文化』中国東北部朝鮮族民俗文化調査団（編），67-86ページ．東京：第一書房．

遠藤正敬. 2013.『戸籍と国籍の近現代史——民族・血統・日本人』東京：明石書店.
岡本雅亨. 2001.「中国のマイノリティ政策と国際基準」『現代中国の構造変動〔第7巻〕——中華世界アイデンティティの再編』毛里和子（編），79-117ページ. 東京：東京大学出版会.
呉泰成. 2012.「エスニック移民の〔国民〕への再編入プロセス——韓国における中国朝鮮族『一世』の事例を中心に」『Sociology Today』20: 53-64.
鎌田文彦. 2010.「中国における戸籍制度改革の動向——農民労働者の待遇改善に向けて」『レファレンス』710: 49-65.
韓景旭. 2001.『韓国・朝鮮系中国人＝朝鮮族』福岡：中国書店.
金英花.「中国朝鮮族の際的な移動と子ども教育——出稼ぎの変容と留守児童の問題から見る家族生活」宇都宮大学国際研究科2014年度博士学位論文.
権香淑. 2011.『移動する朝鮮族——エスニック・マイノリティの自己統治』東京：彩流社.
———. 2014.「中国朝鮮族の再移動と家族分散——生活戦略としての国籍・戸籍取得に着目して」『朝鮮史研究会論文集』52: 99-126.
鶴嶋雪嶺. 1997.『中国朝鮮族の研究』大阪：関西大学出版会.
本田弘之. 2012.『文革から「改革開放」期における中国朝鮮族の日本語教育の研究』東京：ひつじ書房.
李海燕. 2009.『戦後の「満州」と朝鮮人社会——越境・周縁・アイデンティティ』東京：お茶の水書房.
林梅. 2014.『中国朝鮮族村落の社会学的研究——自治と権力の相克』東京：お茶の水書房.

【インターネット資料】
延辺日報. 2008.「欠損家庭の学生比例、継続して上昇」2015年3月29日アクセス.
　　http://www.iybrb.com/news_vew.aspx?id=10114
人民ネット. 2012.「朝鮮族人口マイナス成長の対秘策至急」2015年3月29日アクセス.
　　http://korean.people.com.cn/73554/73555/75322/15215466.html
日本貿易振興機構北京センター. 2008.「知っておこう中国の土地使用権」2015年3月29日アクセス.
　　http://www.jetro.go.jp/world/asia/cn/reports/05001564
法務省. 2015.「国籍 Q&A：Q10 帰化申請に必要な書類には、どのようなものがありますか」2015年3月29日アクセス.
　　http://www.moj.go.jp/MINJI/minji78.html#a11

連合ニュース．2015．「国内の朝鮮族70万①〜⑤」2015年3月29日アクセス．
　http://www.yonhapnews.co.kr/bulletin/2015/01/30/0200000000AKR20150130
　110700372.HTML

【推薦図書】
松田素二；鄭根埴（編）．2013．『コリアン・ディアスポラと東アジア社会』京都：
　京都大学学術出版会．
崔学松．2013．『中国における国民統合と外来言語文化——建国以降の朝鮮族社会
　を中心に』東京：創土社．
戸田郁子．2011．『中国朝鮮族を生きる——旧満洲の記憶』東京：岩波書店．

第4章 四国の山村における国際結婚
―― フィリピンからの「小さな民」の生き方

佐竹　眞明

はじめに

　奥深い山、生い茂る樹木、祖谷川のせせらぎ、冬の雪、歯ごたえのあるコンニャク、手打ちの祖谷そば、川魚アメゴの塩焼き……。

　四国の真ん中を東西に貫く四国山地に標高500メートル以上に広がる地区、東祖谷。何度となく同地を訪れてきて思い出す風景、食べ物を並べてみた。正式には徳島県三好市東祖谷という。

　今から四半世紀前、東祖谷では過疎化とお嫁さん不足が深刻だった。1980年代の半ば、東北・山形でフィリピンから「農村花嫁」を迎えたニュースを聞き、当時の村の助役や職員が視察に出向いた。そして、村役場が民間の会社社長と組んで、フィリピンでお見合いを行った。そして、フィリピン人女性6人を村に迎えたのが87年のことである。

　それから25年余りが経った。6人のうち、地域で暮らしているのは2人だけとなった。他の女性は地域を離れた。とはいえ、その後、8人のフィリピン人女性が村の男性と結婚し、うち6人が地区で暮らしている。さらに、日本とフィリピンとの経済連携協定に基づいて、フィリピン人介護労働者3人が地区の高齢者介護施設で働いている。

　筆者は1990年以来、東祖谷を訪ねてき

写真1　東祖谷の山間地域
（筆者撮影。以下同じ）

た[1]。本章ではフィリピン人女性たちや地域の人びとに対する聞き書きに基づき、同地の国際結婚について振り返ってみる。フィリピン人女性移住者の歴史と彼女たちの主体的な生き様を、当事者の声を紹介しながら記してみたい。とりわけ、どのようにして、フィリピン人女性たちが過疎化の深刻な山間地域で生活し続けることができたのか、明らかにしたい。彼女たちが主体性を発揮する過程を追い、地域において、多文化社会的な空間や人間関係を築き、家庭において男女の平等的な関係を創り出すプロセスも描きたいと思う。

本章の構成は次のとおりである。まず、日本で暮らすフィリピン人と国際結婚の状況を紹介し、農村の国際結婚、東祖谷の概略と国際結婚、地区のフィリピン人について記す。次に、出会い、活動、地域の実情に触れる。そして、結婚女性を取り巻く地域内外や職場の人間関係、夫婦や子どもとの関係・老後についての思いを記していく。

以上を通じて、「農村・山村花嫁」という弱者、小さな民として、捉えられがちな彼女たちの声を聴き、力強い生き方を照らし出したい。なお、プライバシーを守るため、女性や夫たちの名前は仮名とする。年齢や職位などの事実は2013年8月時点のものである[2]。

第1節　国際結婚をめぐる事実関係

1　在日フィリピン人と国際結婚

法務省の統計によると、2014年末、日本における在留外国人（総数212万1831人）のうち、フィリピン人の人口は21万7585人であり、中国人（65万4777人）、韓国・朝鮮人（50万1230人）に次いで3番目に多い［法務省 2015a］。在日フィリピン人の男女構成は男性5万2508人、女性16万5077人であり、女性が75.9％を占める。女性の年齢構成を見ると30〜40歳代が多く、最も多い層は45〜49歳である。総数の53.2％にあたる11万5857人が日本に永住できる永住資格を持つ［法務省 2015b］。つまり、在日フィリピン人には日本人男性と婚姻し10〜20年経ち、永住資格を持つ女性が多いのである［高畑 2011: 222-224］。

次に、国際結婚について説明する。日本人と外国籍者との婚姻は1970年代末から増えた。とりわけ80年代半ば以降、農村における国際結婚、日本に出稼ぎにきたフィリピン人女性と日本人男性との結婚が増加した［佐竹；ダアノイ

2006: 2・3章］。90年代には結婚業者が仲介する日本人男性と中国人、韓国人女性などとの婚姻も増えた。こうして、国際結婚は1978年の6280組から最盛期2006年の4万4701組へと7倍にも増加した。だが、その後、日本政府によるフィリピン人女性への出稼ぎ規制[3]、08年のリーマン・ショックによる日本の不況、11年の東日本大震災といった要因が重なり、国際結婚は減り、13年、総数2万1488組となった。これは1989年（総数2万2843組）の頃の水準である。なお、国際結婚の性比を見ると、日本人男性と外国人女性との婚姻が1万5422組あり、71.9％を占める。2013年、女性の国籍は中国6253人、フィリピン3118人、韓国・朝鮮2734人などである。1992〜96年、2005年では女性の出身地としてフィリピンがトップだった［厚生労働省 2014a］。他方、国際結婚における離婚＝国際離婚も増えており、1995年の7992件から2013年にかけてほぼ倍増し、年間1万5196件に達した。上位は中国人女性（4573件）、フィリピン人女性（3547件）との離婚である［厚生労働省 2014b］。

2　村の国際結婚

　　日本国内で相手がいないのなら（いるかもしれないが、その人を探し出すには時間的、経済的、年齢的に限度が来ている）、国境、民族を超えてなどというといささか大げさであるが、航空機の発達している今日、日本国内より近い外国が、いっぱいあるのである。

　山形県朝日町企画広報係長・菅井和弘氏は「運命の赤い糸は国内だけに限らない――国際結婚に取り組んで」と題して、『農業富民』(1987年2月号、53頁)にこう記した。戦後、都市化、農村の人口減が進み、農業後継者と結婚する日本女性も減った。このままでは家どころか、村の存続も危うい。そんな事情を背景に、結婚業者が農村の自治体に外国からお嫁さんを迎えたらどうか、という企画を持ち込み、行政と業者が提携するかたちで農村の国際結婚が始まった。菅井氏は国際結婚を仲介した行政の立場を説明していたのである。

　先陣をきったのがこの朝日町だった。町役場と業者が提携して、段取りをつけて、1985年8月から86年9月までに、町の男性とフィリピン人女性との婚姻9組をまとめた。フィリピン・バタアン州に業者が男性を連れて行き、お見合

いの結婚をさせ、女性を町に迎え入れたのである。「フィリピンから花嫁さん」という取組みは同じく過疎化、「嫁不足」に悩む農村自治体に衝撃を与え、多数の自治体が同町に職員を派遣し、外国から女性を受け入れる策について実情を探った。その中の一つが同じ山形の最上郡大蔵村であった。村は同様に結婚業者と組んで、86年8〜9月の2カ月間で、村の男性とフィリピン人女性10組の結婚を取りまとめた。うち5組は女性が住む現地カビテ州でのお見合いから結婚まで4日間という超スピード結婚だった［宿谷 1988: 60］。

その後に続く自治体の中でもとりわけ注目されたのが、徳島県三好郡東祖谷山村（当時）の事例だった。

3　東祖谷

東祖谷は四国内陸を東西に貫く四国山地の東寄りに位置する。かつての村長・出口操氏がみずから日本の三大秘境として紹介した［東祖谷山村企画振興課 1997a: 発刊にあたって］ほど、山深い地域である。JRの岡山駅から列車に乗り、瀬戸大橋を渡り、阿波池田駅または大歩危駅で下車し、バスに乗車する。阿波池田駅から1時間半、大歩危駅から1時間かかる。手前の西祖谷までは、かずら橋、琵琶の滝といった名所を訪れる観光客も少なくない。だが、さらに

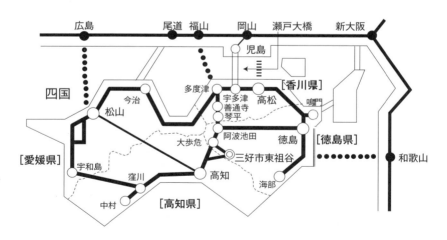

図1　徳島県三好市東祖谷の所在図
出典：東祖谷山村企画振興課［1997a］所収の地図に筆者が加筆・修正

山奥に入る東祖谷まで足を運ぶ旅人は秋の観光シーズンを除き、稀である。道も狭く、一部は一車線しかない。奥深い祖谷という意味で、東祖谷は「奥祖谷」とも呼ばれる。

東祖谷では山の緑は濃く、祖谷川の流れは清冽で、空気も清々しい。かつての村役場、現在の三好市東祖谷総合支所がある京上集落が中心地である。しかし、2階建ての旅館（奥祖谷観光ホテル）、東祖谷歴史民俗資料館、診療所、ガソリン・スタンド、小さな食料品店、そば屋があるくらいで、集落は閑散としている。京上の標高は500メートル、冷涼な気候で年間平均気温は仙台市や秋田市並みである。冬は積雪、凍結のため、一部区間が通行止めになる。他の集落はさらに800メートルほどの山地斜面に散らばる。面積は621.48平方キロメートル、90％が山林である。かつて徳島県三好郡東祖谷山村だったが、2006年3月、三好郡の三野町、池田町、山城町、井川町、西祖谷山村、東祖谷山村の4町2村が合併し、徳島県三好市が誕生した。その結果、東祖谷山村は三好市を構成する6地区の一つとなり、住所表記は徳島県三好市東祖谷となった。

東祖谷の人口は最盛期の1955年、8974人だった。以降、人口が減り、70年は5009人、87年は3200人となった。この数値はピーク時の約3分の1であり、人口流出、過疎化が甚だしいことを物語っている。87年当時、25歳から39歳の年齢層では独身男性は120人、独身女性は31人であり、「嫁不足」は深刻だった〔朝日新聞 1987年10月14日〕。

4 東祖谷の国際結婚

1983年、隣県・香川県の高松市に本社を置く霊芝（キノコの一種）栽培会社の社長が東祖谷で栽培を計画し、村の嫁不足を知った。そして、社長は86年11月からフィリピン・ルソン北部のイサベラ州サンチャゴ市で試験栽培を始めた。社長はサンチャゴ市長から同地では男性が中東に出稼ぎに行き、女性が結婚難であると聞いた。他方、東祖谷では男性が

写真2　総合支所前にある旧役場の標識

第 1 部　小さな民の生き様

結婚相手を見つけられない。そこで、87年の春、社長が村役場に橋渡し役を申し出たところ、役場は「村の活性化にもつながる」として、議会と青年会に諮(はか)ったうえ、同5月、フィリピンの花嫁を迎えた朝日町と大蔵村を視察して、行政レベルでの推進を決めた［朝日新聞1987年8月23日］。こうして、村とサンチャゴ市は国際友好都市協定を結び、いわば「国際交流」の枠組みで婚姻が成立していった。サンチャゴ市はフィリピン人女性を募集し、400人の応募を受け、市長と東祖谷山村の助役が一緒に「書類選考」し、23人に絞った。そして、同7月、市のホテルで2日間、お見合いパーティが開かれた。東祖谷の男性6人が意中の女性に声をかけ、会った翌日に婚約を決めた。男性はいったん日本に帰り、8月サンチャゴにもどり、結婚式・披露宴を挙げ、花嫁と共に東祖谷に帰るのである。村役場前で村民200人が花嫁を「熱烈歓迎」した［蔭山1988: 6-13; 東祖谷山村1988: 当時の助役・奥鳴諭氏へのインタビュー、1992/12/10。以下インタビューは日付で表記］。

　その後、6組の夫婦のうち、2組が村を去り、のち、離婚した。他方、フィリピン人女性ネリアの場合、1988年男児を出産したが、91年、夫が事故で亡くなった。93年、彼女は5歳の息子と一緒に村を出た。その後、関東で日本人男性と再婚したといわれる。別のフィリピン人女性テレシータは96年、村に夫を残し、東海地方に移住した。98年、彼女は村を再訪した際、夫と再会し、一緒に村を出た。

　こうして、今も東祖谷に残るのがデイジーとポリーである。2人には共通点が多い。ともに21歳で結婚し、現在46歳、夫はどちらも土建業で働き、各61歳と60歳である。子どもも一男一女である。そして、デイジー、ポリーは共に、養護老人ホーム、特別養護老人ホーム（特養）、老人短期入所施設が併設された介護施設の正規職員である。デイジーは調理職員、ポリーは介護職員である。2人は東祖谷のいわば先輩・先駆的花嫁といえる。

5　後輩花嫁と EPA 労働者

　1990年代以降、行政の仲介によらずに地域の男性とフィリピン人女性が結婚するケースが出てきた。具体的には西祖谷山村や池田町のパブに女性がエンターテイナーとして出稼ぎに来て、店に来た村の男性と知り合い、婚姻に至るという事例である。6組が該当する。そして、村の男性と結婚していた女性が

別の男性を妹や姪に紹介するという事例も2件ある。これらのフィリピン人女性は8人おり、そのうち、夫と死別した女性を含め、6人が東祖谷で暮らしている。彼女らを「後輩花嫁」と呼ぶ。

さらに、2006年9月に日本とフィリピンの政府間で結ばれ、08年12月に発効した経済連携協定（EPA: Economic Partnership Agreement）に基づくフィリピン人女性の介護福祉士候補者が2人、介護福祉士が1人いる。EPAは日本の介護労働者不足と、フィリピン政府からの派遣要請があるなかで締結された。同様の協定が07年8月にインドネシア政府とのあいだで締結され、フィリピンに先立って08年7月発効していた。両国とのEPA締結によって、日本への外国人看護師や介護士の受け入れが実現したのである。なお、09年ベトナムともEPAが締結され、それに基づく交換公文が13年発効し、14年にはベトナムからも看護師・介護福祉士候補者が来日した。制度として、福祉士候補者は日本で3年間就労した後、国家試験を受験し、合格すれば、介護福祉士として就労を続けられる。不合格の場合、本国に帰国させられる[4]。

東祖谷の福祉士候補者、フェンとレイチェルは2011年7月に来日し、名古屋で6カ月、日本語を学習し、12年1月から上記の介護施設で就労中である。そして、14年度に国家試験（15年1月に1次＝筆記、3月に2次＝実技）を受験する［2人へのインタビュー：2013/4/28］。また、09、10年度のEPA介護福祉士候補者の受け入れでは、専門学校で介護福祉を専攻しながら、国家試験合格を目指す「就学コース」という制度があった（11年度から廃止）。10年9月、ウーピーは「就学コース」で来日し、大阪で6カ月、日本語を学習し、11年4月から徳島市の専門学校で学び、12年度の国家試験に合格した。この専門学校は東祖谷の介護施設を運営する社会福祉法人が設立したもので、ウーピーは13年4月から東祖谷の施設で働いている［2013/8/15］。

このように、東祖谷にはフィリピン出身者として「先輩花嫁」2人、「後輩花嫁」6人、EPA介護労働者3人、計11人が居住している。フィリピン籍の男性はおらず、みな女性である。

東祖谷の在住外国人にかんしては、2013年1月30日、三好市役所を訪問し、12年12月28日付の市の外国人統計を入手した。同統計によると、東祖谷の外国人登録者は11人となっており、すべて女性である。これはフィリピン人「花嫁」8人のほか、日本人と結婚し同地で暮らす中国人女性3人を含む数値だと思わ

第1部　小さな民の生き様

れる。フィリピン人 EPA 福祉士候補者 2 人は最初に 6 ヵ月間日本語を勉強した名古屋、介護福祉士 1 人は就学した専門学校がある徳島市にて在留登録をしたものと推測される。1987 年以降に東祖谷に移住してきたフィリピン人女性たちの一覧については表 1 をご覧いただきたい。

表 1　1987 年以降に東祖谷に移住してきたフィリピン人女性

	名前	東祖谷男性との結婚の年	東祖谷到着の年	年齢	フィリピンの出身地	現住所	現在の仕事	夫の年齢	夫の仕事	夫婦が出会った経緯	子ども（カッコ内はその年齢）	備考
*1	デイジー	1987	1987	46	イサベラ州ロハス町	東祖谷	高齢者介護施設にて調理職員（常勤）	61	土木	フィリピンにおける行政仲介によるお見合い	長男(25)、長女(19)	
*2	ポリー	同	同	46	同サンチャゴ市	同	高齢者介護施設にて介護職員（常勤）	60	同	同	長男(25)、長女(22)	
3	テレシータ	同	同	51	同エチャゲ町	東海地方	化粧品訪問販売	58	トラック運転手	同	なし	
4	ネリア	同	同	47	同サンチャゴ市	関東地方	不明	91年に32歳にて逝去	土木（東祖谷）	同	長男(25)	
5	X	同	同	48	イサベラ州	不明	不明	64	土木	同	なし	90年代前半離婚
6	Y	同	同	46	不明	不明	不明	52	同	同	なし	同
*7	ヘレン	1993	1993	不明	不明	東祖谷	西祖谷のホテルにて客室清掃	不明	同	西祖谷で出稼ぎ中に東祖谷の男性と知り合う	不明	
*8	ヘレンの妹	不明	不明	不明	同	同	専業主婦	不明	同	姉の紹介	長男	
9	アーリンダ	1990年代	1990年代	不明	同	三好市池田	居酒屋給仕	不明	同	池田で出稼ぎ中に東祖谷の男性と知り合う	同	90年代末以降離婚
10	サリー	1995	1995	不明	三好郡東みよし町（旧・三加茂）	不明	不明	同	同	長男、長女	2004年離婚
*11	エライサ	2001	2002	37	南ダバオ州ダバオ市	東祖谷	高齢者介護施設にて介護職員（非常勤）	49	ガソリン・スタンド従業員	同	長女(11)、息子(7)	
*12	ロディ	2010	2010	39	マニラ首都圏バレンスエラ市	同	同	50	土木	同	なし	
*13	メロディ	不明	不明	不明	ラグナ州カブヤオ	同	中古の電化製品の売買	夫、逝去	不明	同	不明	
*14	マリルウ（メロディの姪）	2010	2011	25	同	同	専業主婦	46	土木	叔母のメロディによる紹介	長女(4か月)	
*15	フェン	該当せず	2012	25	ヌエバ・エシハ州ギンバ	同	EPA介護福祉士候補	独身	-	-	なし	
*16	レイチェル	該当せず	2012	26	カビテ州バコール	同	同	独身	-	-	なし	
*17	ウーピー	該当せず	2013	28	マニラ首都圏マカティ市	同	EPA介護福祉士	28	エンジニア	フィリピン人の夫（在フィリピン）と離婚	なし	

注：* 2013年8月18日現在の東祖谷在住者数＝11。表中はすべて2013年8月現在。
出典：筆者の調査をもとに作成

第2節　出会い・活動・地域の現実

1　出　会　い

1987年故郷イサベラ州で開かれたお見合いを振り返ってデイジーは言う。

> おばさんが誘ってくれて、パーティに行った。選ばれたら、仕事できるかなと思った。結婚するとは思ってなかった。会場のホテルに泊まったら、翌日、寛二さんに会った。フィリピン人の通訳によると、あの人が気にいっているというの。それで、いいですよと言った。日本はいい国だと思っていたし、仕事もできるだろうし［2013/1/27］。

ポリーはこう語る。

> あの時は日本に仕事に行こうかなと思っていた。でも、そんなに仕事は見つからない。それなら、結婚でもいいかなと思った。結婚のお見合いパーティだということを知っていて、参加した。いい人であれば、結婚してもいいと思っていた［2013/1/29］。

当時、デイジー、ポリーともに21歳だった。寛二の印象について、デイジーに聞くと、「その時は男前。色も白い。にこにこしていた」とのことだった。

語りからわかるように、デイジー、ポリーともに日本で働きたい気持ちもあった。日本への良好なイメージ、就労への期待に加えて、デイジーの場合は初対面時の印象の良さが婚約への同意を引き出した。ポリーの場合は、両親が亡くなっており、また叔父の家で暮らしており、海外での就労をより強く希望していたと思われる。ポリーに結婚のきっかけを尋ねると、「あの人が選んでくれた。せっかくの機会だから、ついて行こうと思った」という。400人の「応募」から絞られた28人中、最終的には6人が選ばれるという過程で、「せっかくの機会」という表現が出てくる。選ばれた、チャンスが与えられた、という感覚である。

では、男性のほうはどうだったか。寛二は36歳、ポリーと結婚する俊治は35歳だった。

第1部　小さな民の生き様

寛二は言う。

　　しょせん、嫁さんおらんし、自分の家庭を持てんだろうと思っていた。軽い気持ち、旅行半分の気分で行った。当時酒浸りの生活を送っていたから、人生を切り替えるつもりだった。両親も本人が決めたことだし、このままなら、嫁さんおらんから、行って来たらという感じだった〔2013/1/27〕。

彼女に決めた理由については、「夜のディスコ・パーティでは彼女に気がつかなかった。次の日の朝、ホテルで会った。日本人みたいな顔しているなと思った。わしがグッド・モーニングってあいさつした。そしたら、彼女もグッド・モーニングと言った。それで決まった」という。嫁不足が深刻な村で、人生を切り替えようと思っていた。そこで、明るい印象を与える彼女に出会った、という展開だった[5]。

では、花嫁たちの日本のイメージと村についての感想はどうだったのだろうか。彼女たちの言を紹介しよう。「来日前、テレビでは日本について、都会の風景しか映っていなかった。実際来てみると、田舎だったのでびっくりした。場所は慣れたが寒さに耐えるのがつらい」〔デイジー 1998/11/23〕。「村に来たら、ともかく遠かった。一体どこまで行くのかという感じだった」〔ポリー 2000/11/19〕。

彼女たちは都会暮らしのイメージを持って来日したが、現実は大違いだった。

2　活　動

過疎化対策として、外国から配偶者を迎えるという村の企画について、東祖谷総合支所の保健師・高橋玉美さんはこう語った。

　　行政がタッチすることが本当にいいことなのか、疑問に思いましたし、同じ女性として腹も立ちました。全然知らない人同士なのに、誰かが仲介して何人も出かけていって、女性を選んで一緒に帰ってくる、そういうのってどうなのか、と感じました。言葉や文化の違う人を受け入れるのは大丈夫なのでしょうか、と村長に伝えたら、受け入れの対応は家族がすべきだ、と言われました。それはおかしい、行政が責任を取るべきだ、と話

したことがあります［2013/1/28］。[6]

　行政の責任という点では、1987年女性たちの到着後、冬まで3カ月間、村役場は彼女たちのために日本語教室を開いた。しかし、冬季は寒くなり、道路が雪で封鎖されたこともあり、教室は取りやめとなった。また、女性たちが地元の縫製工場で働けるように、役場が雇用を斡旋した。さらに、90年から94年まで、香川県に所在しながら東祖谷に最も近い大学である四国学院大学が日本語教員養成課程の実習として、学生を派遣し、毎週土曜日、女性たちが村役場で日本語を学んだ。さらに、91年、村は祖谷そばや土産品を販売する観光物産センターを設立し、当時、夫を事故で失ったネリアをセンターで雇用した。村の支援は概ね、このようなものだった。

　一方、彼女たちが来て、夫婦が署名した結婚契約書（日本人の親との同居、フィリピンに送金しないことなどが記載）を見て、高橋さんはこの国際結婚は問題含みだ、と思ったと言う。結婚におけるお金のやり取りについても、フィリピン人女性たちは村に来てから知った。男性たちは1人170万円の結婚費用を村に払っていたのである。

　経済成長のなかで過疎化が進み、いわば周辺化されていた村の男性を対象としたとはいえ、村は「富める」国の男性の視点から国際結婚をまとめた［木野 2005b: 80-81］。つまり、村はお金を介在させて、嫁不足、過疎化に対応したのである。それに対して、高橋さんら村の若い女性たちが行動を起こした。1988年4月、フィリピン人女性と交流しつつ、女性の立場から生活を見直すという趣旨で、月に1回、女性たちは「ミズ・オープンセミナー」（Ms. Open Seminar）を始めた。花嫁たちと一緒にフィリピン料理を作ったり、アジアと日本とのかかわりを食べ物や農業、公害問題、企業の進出など、さまざまな角度から勉強した。四国学院大学の教員や広島、岡山、大阪、京都からのボランティアも参加した［高橋 1989: 19, 2002; 西沢 1991: 66］。

　さらに、デイジーとテレシータは香川のフィリピン人と組んで1991年2月 Tanggol Karapatan（タンゴル カラパタン）（フィリピン語で「権利擁護」の意味）という団体を結成した。この団体は93年、香川・善通寺市で日本人有志とともに「シンポジウム『フィリッピーナを愛した男たち』をめぐって」を開催した。フジテレビ系列で92年12月に放映された同名のドラマでフィリピン人女性がずるがしこく、お

第1部　小さな民の生き様

金のためだけに日本の男性と付き合うかのように描かれたことに対して、彼女たちは異議を唱えたのである［メディアと人権を考える会1993］。テレシータも発題者の1人として、発言した。さらに、デイジーとテレシータは「在日フィリピン人ネットワーク」の活動にも加わった。このネットワークは、フィリピン問題資料センターのフィリピン人職員のリサ・ゴーが93年5月に広島市で在日フィリピン人女性初の全国交流集会を開き、結成した団体である。交流集会にはテレシータ、デイジーに加え、日本人と結婚したフィリピン人女性23人が全国から参加した［読売新聞1993年5月18日］。3日間の集会では日本社会の閉鎖性や性的差別が指摘され、夫もフィリピンの文化や言葉を知ってほしいという意見が出た［読売新聞1993年5月20日］。96年にはテレシータは北海道での交流集会にも参加した。

　こうして、先輩花嫁は地域内外の日本人、フィリピン人との交流を深めた。その過程で日本社会やフィリピンと日本との関係についても学んだ。そして、自分たちフィリピン人女性がメディアや社会において、偏見を持たれ固定された見方をされていることを知り、声を上げ、異議を唱えたのである。彼女らは自分の主体性を出来うる限り発揮し、視野を広げていったともいえる。ここでいう主体性 agency とは、アメリカ人と結婚した中国、フィリピン人女性を研究したコンステイブルが提起する概念である。つまり、個人が選択し、その選択に基づいて行動する能力を指す。ただし、その選択、行動は同時に個人の選択を制限する構造的制約のもとにあるという［Constable 2003: 147］。東祖谷のフィリピン人女性たちも地理的社会的制約を受けつつも、自ら選んで、行動し、自分の世界を広げていった、といえよう[7]。

　だが、1996年、満足できる就業機会に恵まれなかったテレシータは村を出た。デイジーも子育てに追われ始めた。93年、長女出産の際はすでに舅・姑が亡くなっており、義父・義母の助けは得られなくなったのである。ただし、ポリーは村外の活動までは参加していなかった。こうして、ポリー同様、デイジーにとっても村の生活が日々の中心となった。

3　地域の現実

（1）人口減少

　1987年以降も東祖谷の人口は減り続けた。2012年4月30日現在1648人とな

り、人口は半分になった。869世帯で男性799人、女性849人である。

　2013年8月1日現在、人口2万9799人の三好市全体でも事情は同様である。同8月刊行の『市報みよし』によると、直前の6月26日から7月25日までの1カ月間、「おめでた」（出生）は11人、「およろこび」（婚姻）は8組、「おくやみ」（死亡）は38人だった。つまり、「おくやみ」は「おめでた」の3倍以上なのである。

　2013年8月、東祖谷にて吉本雄一（46歳）とマリルウ（25歳）の夫婦を訪ねると、生後4カ月の女の子が揺りかごで眠っていた。吉本は2010年、東祖谷在住のフィリピン人女性メロディから姪のマリルウを紹介されて結婚した。吉本が言う。「娘が4月に生まれてから、ここでは子どもが生まれていません。学校でクラスメートなしになるかもしれません。そうならないといいんですが」〔2013/8/18〕。実際、13年1月28日付の東祖谷総合支所の資料によると、11年4月～12年3月末までの1年間の出生はわずか2人だった。

（2）限界集落

　一般に65歳以上の人が人口の21％以上を超える社会を超高齢社会という。日本は2007年に21.5％を超え、超高齢社会となり、人口も05年以降、減少してきた。山村研究では過疎化と高齢化が深刻な集落は限界集落と呼ばれる。地方自治体を構成するのが集落であり、そのうち、65歳以上が人口の50％に達し、独居老人世帯が増え、共同活動の機能が低下し、社会的共同生活の維持が困難な状態にある集落を限界集落と呼ぶのである〔大野 2005: 11, 22-23〕。

　三好市でも全445集落のうち37.5％、168集落が限界集落である。その割合が最も高いのは西祖谷山村で52.9％に達する（2006年の町村合併後、西祖谷山村の名称は西祖谷山村に変わった）。2番目に高い東祖谷では44集落中、22が限界集落で割合は50％である。2012年末の全人口1623人中、65歳以上は766人で47.2％を占める。介護施設次長の武川忠志氏も「どの集落でも65歳以上が多い。10年経つと、多くの集落が消えてしまうのでは」と指摘する〔2013/8/17〕。たとえば、デイジーの住む樫尾集落には88人が住む。そのうち、65歳以上は35人で4割を占める。寛二も「10年経ったら、この辺、人おらんようになる。年寄りばかりだから」と嘆く。さらに、ポリーが住む阿佐集落では人口33人のうち65歳以上は19人で、57.6％に達する。内訳は65～74歳が6人、75歳以上が13人

である。阿佐は標高も高く、山奥に高齢者が集中している構図となる。実際、ポリーの夫の母、つまり姑は90歳で、ポリー夫婦の家の隣に一人で暮らす。13年1月、筆者が雪の山道をタクシーで登り、ポリー宅を訪れた際、姑は農家の前で大根を洗っていた。ポリーによると、義母も一度施設に入ったが、家に戻ってきたそうである。

（3）生　　業

　日本の林業が輸入木材に押され衰退するなかで、東祖谷の林業も衰退した。現在確認しうる東祖谷独自の資料に基づくと、1995年、総人口2620人、総労働従業者1263人の産業分類別就業率は次のとおりだった。建設業42.6％、サービス業18.9％、製造業12.6％、卸小売業6.8％、公務6.5％、農業4.8％、林業4.2％［東祖谷山村振興企画課 1997b: 8; 木野 2005a: 22-35も村勢に詳しい］。耕地の荒廃も進み、農業も衰退した［木野 2005a: 25］。京上で土産屋を営むおばあちゃんからもこう聞いた。「野菜、キノコ、ソバをつくっとるところあるけど、みな、年とっておる。サル、シカが食べてしもうて、大変ですわ」［2013/ 4 /29］。

　産業分類のうち建設業とは土木のことで、道路や河川の補修仕事を指す。1987年、フィリピン人女性6人と結婚した男性はみな土木会社に勤めていた。「後輩花嫁」8人と結婚した男性もガソリン・スタンド従業員1人以外は土木業に従事する。

　女性の就業先としては、かつて縫製工場があり、フィリピン人花嫁6人もそこで働いた。しかし、90年代半ばに工場が閉鎖したため、96年テレシータは村を離れ、デイジーは化粧品の訪問販売員になり、ポリーは西祖谷山村のホテルで働くようになった。村役場も2006年3月、三好市への併合にともない、東祖谷総合支所と名称が変わり、池田にある三好市役所に配置転換される職員もおり、配属人員は減った。

　一方で増えたのが高齢者介護の仕事である。地区が限界集落と化し、一人暮らしのお年寄りも増えたからである。まず、東祖谷には三好市社会福祉協議会のデイサービスセンター、ヘルパーステーションがある。そして1999年、前述の介護施設が東祖谷に開設された。施設は徳島市に本部をもつ高齢者介護の社会福祉法人が経営する。東祖谷の定員50名の養護老人ホーム、定員30名の特別養護老人ホーム（特養）、定員10名の老人短期入所施設、いずれも満員である。

説明を入れておくと、養護老人ホームとは、常時介護の必要はないが、心身および経済的な理由などで自宅における生活が困難な65歳以上の高齢者を養護する施設である。特別養護老人ホーム（特養）とは、自宅で適切な介護を受けられず、常時介護が必要な65歳以上の高齢者を養護する施設である。老人短期入所（ショートステイ）施設は、

写真3　冬の東祖谷

自宅で介護を受けることが一時的に困難となった65歳以上の高齢者を短期間入所させ、養護する施設である。女性の施設長・前田福美さんによると、入所者はほとんど東祖谷の人で、年齢は80代後半から90代に及び、8～9割が女性とのことである。また、特養の入所待機者は10～20人で、他の地域では100～200人を超えるので、東祖谷ではまだ少ないほうだという。日本全体の高齢化が背景にあるが、東祖谷でも確実に限界集落化、高齢化が進んでいる。

この施設では職員が40人おり、うち8人が外国人である。開所直後、2000年にはデイジーが働き始め、06年にはポリー、08年には「後輩花嫁」エライサ、10年には同ロディ、12年にはEPAのフェン、レイチェル、13年に同ウーピーが就業した。地区在住フィリピン人11人のうち、7人がここで働くのである。なお、地区の日本人と結婚した中国人女性1人も同僚である。こうして、高齢者介護は外国人を含む地域の女性にとって貴重な就業先となっている。前田施設長も「私自身、地元出身なのでここで働けることをありがたく思っています」と言う［2013/8/17］。

第3節　人間関係

1　地域内外の交友関係

1987年の村の国際結婚は新聞、テレビで詳しく報道され、フィリピンからのお嫁さんは地域でいわば有名人である。EPA労働者も顔なじみである。筆者

が京上の食料品店や土産屋を訪ねると、応対するおばあちゃんたちは村を去ったネリアやEPA労働者との交友関係を話してくれる。

では、村の人について、フィリピン人女性はどう思っているのだろうか。1998年、デイジーはこう言った。「東祖谷の人はやさしい。都会に住んでも、近所の人が無関心だったら、さびしいでしょ」。これは村を去ったフィリピン人女性について彼女の思いを聞いたとき、返ってきた答えだった〔1998/11/23〕。東祖谷在住12年という時点で、すでにデイジーは地域の人びとの善意を感じていたのである。その発言には保健師の高橋さんら、彼女らを支えた人びとへの感謝の気持ちも込められていたのではないだろうか。

デイジーは前述の活動を通じて知り合った人びとを含め、地区外部にも友人・知人が多い。たとえば、2013年8月15日、筆者がデイジー、フェン、ウーピーと池田の阿波踊りを見に行った際も、デイジーは東祖谷の元・介護施設長で、池田で介護NPOを立ち上げた男性と再会し、親しく談笑していた。さらに、東祖谷の男性と離婚し、池田で暮らすフィリピン人女性、アーリンダとも再会し、旧交を温めていた。地域内外の多文化的な人間関係は彼女を支えているようである。

2　職　場

前述のように、東祖谷の高齢者介護施設で働く40人の職員のうち、外国人は8人おり、全職員の2割を占める。フィリピン人では、正規職員が調理担当のデイジー、介護のポリー、EPA介護福祉士ウーピー、同福祉士候補者フェン、レイチェル、非常勤介護がエライサ、ロディである。中国人の女性は非常勤・介護担当である。前田施設長によると、「〔前記・社会福祉法人＝筆者注記〕グループが資格を持っている人を派遣するけれど、職員をそろえるのが大変です。職員も高齢化して50代後半の女性が多い。若い人は入ってきません。フィリピン人女性が来てくれ人員を確保できています」。そして、フィリピン人スタッフについてはこんな印象だという。

　　日本人職員より明るい。最近は慣れてきて、日本人と同じように働けているし、日本人とコミュニケーションも取れています。お年寄りも全然違和感なく接しています。うちの場合、EPAの前に「フィリピン人のお嫁さ

ん」が働いていたので、入所者がフィリピンの方に慣れていた。だから、違和感なく、EPAの方もすんなり入れたという感じがします［2013/8/17］。

　筆者が施設を訪れたときも、入所者の高齢女性と施設長のあいだで次のような会話が交わされていた。女性：今日もフェンちゃんが来て、話をした。日本にいたいけど、再来年介護福祉士の試験に落ちたら、帰らなきゃいけないという。だから、日本におってよ、と言ったんよ。施設長：彼女、日本人と結婚したらいいのに。女性：夫の甥っ子に紹介するよ。施設長：試験に合格してからね。まずは試験に集中しないと［2013/8/17］。
　入所者がEPA職員に親しみを感じており、介護現場は多文化的になってきた。そして、EPA職員のスムースな受け入れはフィリピン人の先輩花嫁、後輩花嫁の雇用によってもたらされたのである。
　他方、先輩花嫁は職場についてどう感じているのだろうか。ポリーは言う。「日誌や記録をつけるのが大変です。体調とか記入するし、健康チェックも書いていますので」。今では流ちょうな祖谷弁を話すポリーだが、専門用語を含む文章の作成には苦労する。そして、こうも言う。「私も年になった。でも一緒に仕事している人が助けてくれる。やさしくしてくれるからやっていける。そうした人に迷惑をかけている気もします」。恐縮しつつも、彼女は同僚の思いやりに感謝する。そんな人間関係が彼女の励みになっているように思われる。
　デイジーといえば、老人ホーム50人、特養30人、ショートステイ10人、職員40人の計130人余りの食事を準備する。日本人職員と一緒に早番なら午前6時半から午後3時半、遅番なら午前10時から午後7時という勤務である。「ローテーションで働いているけど、食事をたくさんつくるのはきつい」と彼女は言う。しかし、2000年、フィリピン人職員として、この施設で最初に雇用されたことに彼女は誇りを持つ。開設当初から働いているのはほかには日本人でも施設長の前田さんなど、もはや数人だけである。さらに、13年に亡くなったグループ企業の会長は彼女に目をかけていた。その会長とは国会議員として、EPAの締結に尽力した故・中村博彦参議院議員（1943〜2013）である。同氏はEPA締結について「外国人介護士らの受け入れに関し、中村氏が先頭に立って進めてきたのは自他ともに認めるところだ」と指摘される［出井2009: 201-211］。つまり、彼は介護業界の有力者だった。そんな会長は会う機会があ

るたびに彼女に声をかけ、デイジーちゃんと呼ぶほどだった。デイジーも会長に恩を感じているという。こうして、正規職員としての就労は彼女の誇りとなり、心の支えになっているようである。

3　フィリピン人同士

　先輩花嫁は後輩花嫁やEPA介護福祉士、同候補者の面倒をみてきた。たとえば、2000年、25歳のエライサが池田の「フィリピン・カラオケ・クラブ」で6カ月の就労を終え、帰国した後、エライサを慕う東祖谷の男性をデイジーはマニラまで連れて行った。2人に頼まれ、男性にとって初めてのフィリピン訪問のガイド役をデイジーが務めたのである。その結果、01年8月、2人はマニラ首都圏パサイ市で結婚し、02年1月エライサは東祖谷に移り住んだ［エライサへの電子メール・インタビュー2013/5/3］。デイジーに後輩花嫁エライサにとって恩人なのである。

　そして、先輩花嫁と後輩花嫁は共に、EPA介護福祉士候補者たちに親切である。20代後半のフェン、レイチェル、ウーピーは日本の運転免許を取得していないし、車も持っていない。彼女らは介護施設前のアパートに住み、最寄りのバス停まで20分歩かねばならない。フェンによれば、「猿も出るので、時々怖い」し、バスに乗って買い物先の池田まで行くにはさうに1時間半かかる。そのため、デイジー、ポリー、エライサらは彼女らをしばしば池田まで車で連れて行く。このことはフェンたちにとって大助かりである。さらに、花嫁たちはEPA介護福祉士たちを家に招き、フィリピン料理を一緒に作って食べ、カラオケで歌ったりする。山での桜の花見や、8月に開かれる池田の阿波踊り祭りにも連れて行く。

　デイジーに、なぜ彼女らの世話をするのか、聞くと「私たちも言葉や習慣を学ぶのに苦労した。だから、放っておけないの」と言う［2013/8/16］。先駆的移住者としての苦労ゆえに、新規

写真4　池田の阿波踊り（デイジー、ウーピー、フェンと参観）

移住者の困難に思いが至るのだろう。そして、若い同胞への支援はフィリピンにおける価値観、「同胞への支援（Pakikipag kapwa-tao）」という精神に基づいている、と思われる。「カプワ・タオ」（または「カプワ」）はフィリピン語で隣人、同胞を指し、「パキキパッグ・カプワ・タオ」で「仲間・同胞を大切にする」という意味である[8]。さらに、フィリピン料理を共に食すことにより、彼女たちは自分たちがフィリピン人であるという民族的ルーツを再確認できる。

こんな先輩花嫁のことを、後輩花嫁やEPA介護福祉士候補たちは尊敬の念を込めて、「アテ・デイジー」「アテ・ポリー」と呼ぶ。アテ（ate）とはフィリピン語で「お姉さん」という尊称であり、訳すと、「デイジー姉さん」、「ポリー姉さん」という意味になる。こう呼ばれて2人は先駆的移住者としての誇りを感じることができ、若い同胞の世話は、「先輩花嫁」にとって、喜びでもある。

第4節　家族関係

1　夫婦の絆

26年間を振り返り、夫との関係について、ポリーは「ストレスをためないこと。たまると耐えられなくなる」と言う。なるべく話をするように努力しているとのことである。また、夫の健康について、こう語る。

　　　利治さんは血圧が高い。痛風にもなった。寒いと、つらいといって、仕事にも行かないときがある。ある日、職場で痛くなって、救急車で病院に連れて行かれた。そして、職場に電話かかってきた。こっちも仕事があって、行けん、と言ったん。でも、しょうがないから、職場に説明して、お父さんを池田の病院まで迎えに行った。今でも焼酎を飲んでるん［2013/1/29］。

飲酒について、寛二も「仕事して家に帰るだけの毎日はつまらない」と言う。デイジーによると、寛二も以前、水のように台所で日本酒を飲んでいたそうだ。後輩花嫁のロディの夫も深酒をすると聞いた［ロディ 2013/8/17］。ポリーも酒を控えない夫に不満はあるが、職場の同僚や子どもとの関係によって、気分を紛らわしているようである。

第1部 小さな民の生き様

　デイジーと寛二も両者同席のインタビューで、夫婦関係において波風が立ったときもあると述べる。デイジーによると、「昔は大変だった。お父さんは話し方も怖かったし、私の好きなようにできなかった」という。こんな具合である。

　　仕事が終わって帰ってきたら、焼き肉のタレがなかった。こっちは仕事で疲れていた。それなのにお父さんが焼き肉のタレがないよ、ってビチビチ言った。しょうがないでしょ、ここはお店じゃないんだからって言っても、ビチビチ言う。だから、鍋をゴン！ってやったことがある。仕事で疲れる、ということをお父さんが理解してなかった。
　　それから、職場で通訳を頼まれ、徳島に行くと言ったら、お父さんが何で行くのか、と言った。こっちは仕事ですから、行かにゃいかんのですよ。私はお父さんの仕事に何も言わないのに、お父さんは私の仕事のこと、なんもわかってなかった［2013/1/27］。

　だが、肉体的な暴力は振るわれたことがないという。デイジーは続ける。「喧嘩しても、お父さんは手を出さんから。手を出したら許さない、終わりや、絶対おらん、と最初から言っていたの。だって、私の親は一回も手を出したことはなかった。ひどい言葉も出てきたけど、お父さんは口ばっかりだったから。私がお皿投げたことはあるけど」。これに対して、寛二が言う。「この子が殴ってくることもあった。でも、殴り返したら終わりや、と思っている。男は殴ったらいかん、と思っている」。
　デイジーには暴力を許さないという毅然とした態度があった。そして、寛二には男性としての自制心があった。さらに、彼は2004年から05年にかけて3回、肝臓の手術を受けた。飲酒がたたったのである。そのとき、息子が自衛隊（後述）から休暇を取って、入院手続きや預金管理など、世話をした。デイジーもたいそう心配したが、決して夫を見捨てなかった。その体験を通じて、寛二のデイジーに対する感謝の気持ちが深まったのではないだろうか。
　寛二は変わった、とデイジーは言う。「お酒も減った。感謝の気持ちも表すようになった。お母さん、ようやっている、と言ってくれる。私の仕事も理解してくれる。今は、どこへでもどうぞ、とお父さんは言う」。

第4章　四国の山村における国際結婚

合わせて、夫婦の関係が続いてきた秘訣を聞くと、こんなやり取りが返ってきた。

　　寛　　二：辛抱じゃな。やはり。最後はお互いの辛抱。それしかないな（笑）。
　　デイジー：なんというか、話し合いですね。喧嘩しても話し合わないといけないですね。
　　寛　　二：話し合いと辛抱じゃな。
　　デイジー：譲り合い。

　　デイジー：子どもがいたから耐えられた。親が別れたら子どもがかわいそう。子どもは宝。
　　寛　　二：子どもがいても別れる夫婦はおる。
　　デイジー：わたしはそういう親じゃない。
　　寛　　二：縁かもしれん。喧嘩はするけど一緒に暮らしている。宿命じゃな。

　デイジーは付け加える。「辛抱してよかった。いろいろあったけど、もう乗り越えたかな、大きな嵐、文化の壁を。前はお互いを理解できなかったけど、今、理解できるようになった」。
　デイジーは前向きの姿勢を崩さなかった。夫に向き合い、夫婦が納得するような関係を築いてきた。衝突し、ぶつかり合いながら、辛抱、話し合い、譲り合いによって、「大きな嵐」「文化の壁」を克服してきた。彼女の強さと主体性も感じられる。そして、子どもの存在もデイジーの辛抱を支えた。対して、寛二も辛抱と話し合いを通じて、妻の立場、考えを尊重するようになった。病気のとき、辛抱して世話をしてくれた妻への感謝の気持ちもあるのかもしれない。デイジーの前向きな姿勢と、寛二の自制的な対応と妻への感謝。それらが重なり合って夫婦の絆が保たれてきたように思われる。

2　子どもと老後

　ポリー、デイジーともに長男は地元を離れ就職し、娘は大阪で就学中である。
　ポリーの長男（25歳）は地元の中学校を卒業後、香川県にある5年制の高等専門学校の電子工学学科で学び、さらに同校の2年制の専攻科に進学し、修了

した。卒業後、香川県の電気会社に就職した。職場近くの彼の住居は東祖谷から車で2時間ほどである。ポリーは言う。「日曜に訪ねていき、部屋の掃除とかしてあげる。お父さんと一緒に行くと、私と息子は映画かカラオケに行くんよ。お父さんはパチンコします」。比較的容易に息子に会いに行けるので、ポリーにとってはありがたい。他方、長女（22歳）は香川県の私立高校を卒業後、体育の先生になるため、大阪の大学で就学中である。だが、子どもが減り、教員採用数も少ないため、東祖谷で働く可能性は乏しい。

　デイジーの場合、長男、長女ともに大阪暮らしである。長男（25歳）は池田高校祖谷分校を卒業後、香川県善通寺市の陸上自衛隊に入隊した。後に大阪府伊丹市の駐屯地に配属された。祖谷分校は2005年3月、生徒数の減少により閉校となった。そのため、長女（19歳）は地元の中学校を卒業後、親元を離れ、池田でアパートを借り、池田高校本学舎で学んだ。そして、卒業後は、大阪の美容専門学校に進んだ。つまり、長男は高校、長女は中学を卒業した後、親元を離れたのである。お盆や年末年始には帰省するが、普段は離れ離れである。寛二は言う。「ここは仕事がないから、子どもと離れるのは必然です。うちらは大阪で暮らすわけにいかん。子どものそばにいると、うるさいと言われるし」。彼はしんみりと言う。「結局、最後、夫婦は2人きりになるんですよ」。

　ここで、気になるのが、老後の夫婦生活である。ポリーは言う。「年とったら、フィリピンに家を建てて、寒い冬のあいだはあっちに行きたい。本当、冬はいやや、寒い。旦那さんはついてこないと思う」。長く暮らしてきても、雪に閉ざされる冬の山奥はつらいようである。そして、夫がフィリピンに同行しないとは寂しいことだろうが、これも夫婦関係の一面なのかもしれない。対して、デイジーは言う。「年をとったら、フィリピンに帰りたい。どうせ死ぬなら、自分の国で死にたい。こっちに墓を立てたら、フィリピンの人は来ないし。子どもにも骨をフィリピンにもどしてって言っている」。寛二は言う。「心配すんな。おれのほうが先に死ぬかもしれんけど、もしお前が先に亡くなったら、分骨してフィリピンの生まれ故郷に持ってってあげるから」。デイジーも祖国への思いは強い。そして、寛二はそうした妻の心情を心得ている。

　あらためて記すと、第1節で記したように、日本人と結婚したフィリピン人女性の多くは中年世代となり、老後を控え、フィリピンでの生活を望むことが多い。筆者の知り合いのフィリピン人女性は夫に先立たれた後、結婚して子ど

もがいる息子夫婦との同居をためらい、母国にもどった。デイジー、ポリーの場合も夫が60代となり、病を患ったり、病がちだったりする。彼女ら自身も40代後半となり、子どもは親元を離れた。中高年を迎えたポリー、デイジー夫婦はこれから生活する場を含め、どのような人生の道を選択していくのだろうか。

おわりに

　本章は行政が関与した国際結婚によって、フィリピン人女性たちが日本の男性と婚姻し、東祖谷に嫁ぎ、暮らしてきた過程を記してきた。出会い、活動、地域の現実、地域内外の人間関係、夫婦の絆や子どもとの関係、老後についての思いをつづってきた。結論としていえば、先輩花嫁は過疎化と高齢化が進む限界集落において、夫婦の絆、子どもとの関係を基礎として、日本人、フィリピン人を含む地域内外や職場の人間関係に支えられつつ、生活を続けてきた。そうした彼女たちを包み込む人間関係が彼女たちの定住につながったのではないだろうか。逆にいうと、彼女たち自身、そうした人間関係があったからこそ、地域に残る選択をした、ということもできよう。

　ここで先輩・後輩を含む「花嫁」の貢献について、付言したい。彼女たちは高齢化する限界集落で暮らし、介護施設で働き、地域の福祉を支える。日本全体に目を広げても、高齢者介護は外国人労働者への依存を強めている。東京の介護施設の32％、EPA候補者を受け入れた全国の介護施設の42％が在日外国人を雇用している。その多くは日本人と結婚したフィリピン人や韓国人、中国人、ベトナム人や定住資格を有する日系人らである［小川 2013: 5］。このように、在日フィリピン女性は、貴重な人材として超高齢社会日本に尽くしている。いいかえると、彼女たちによって、日本社会は助けられ、大きな恩恵を受けているのである。

　最後に、フィリピン人女性たちを「小さな民」と呼ぶことが適切かどうか、議論はあろう。しかし、政治・経済の大きな権力を持たない者を「小さな民」と呼ぶならば、デイジーやポリーは行政が仲介した「山村結婚」によって、越境してきた結婚移民であり、権力を持たない「山村花嫁」という「小さな民」なのかもしれない。だが、彼女たちは主体性を発揮し、力をつけ、みずからの生き方を切り開いてきた。地域内外の人々と交流し、地域や職場において多文化的空間を創りあげてきた。家庭でも男女平等的な夫婦関係を築こうと努め、

第1部　小さな民の生き様

立派に子どもを育ててきた。彼女たちは力強き「小さな民」と呼ばれるべきかもしれない。そしてその生き方から、私たちが学ぶことも多いのではないだろうか。

【注】

(1)　1990年は前任校・四国学院大学の1年生へのオリエンテーション合宿、92年、97年、98年、2000年は同大学の研修・実習授業、04年2回（研究者への調査支援。フィリピン人女性の相談対応）、13年1月、4月、8月の3回は個人の調査による。計10回訪問した。

(2)　本章は以下の国際学会に提出した英語論文（未刊行）に加筆修正を加えたものである。"A Quarter Century Later: Enduring Love in the Community of Higashi Iya," paper submitted to Panel 30, Filipino-Japanese Cross-cultural Families, Philippine Studies Conference in Japan, Kyoto University, 1 March 2014.

(3)　2004年、アメリカ国務省の『人身売買報告書』は、日本における興行就労が外国人女性の人身売買の隠れ蓑となっている、と指摘し、日本を要監視国とした。その警告を受けて、05年、日本政府は興行資格による外国人の入国を規制した。当時、興行ビザを取得する外国人労働者の中で最多数を占めたのはフィリピン人であり、女性の割合が9割以上だった。彼女らはパブやクラブで歌手、ダンサーとして働いた。規制の影響を受け、興行資格によるフィリピン人の入国数は04年8万2741人から、12年2681人へと減った。そのため、就労先でフィリピン人女性と日本の男性が知り合う機会も減り、日比結婚も減少した。

(4)　看護師候補者は3年間の就労中、毎年国家試験を受けられるが、不合格なら、就労3年後に帰国を迫られる。2009年以来13年度まで5年間で、フィリピン人看護師候補者は301人、同介護福祉士候補者は520人が来日した。看護師候補者は同5年間で41人、介護福祉士候補者は11年～13年度の3年間で75人が国家試験に合格した。受け入れ数における合格者の割合は看護師で13.6％である。たとえば日本人を含む2013年度看護師試験の全体合格率89.8％と比べると、きわめて低い。09年、10年度に来日した候補者が受験した13年度の介護福祉士試験では、10年度入国のフィリピン人初受験者の合格率は50％であり、前年より19.6％伸びた［厚生労働省 2014c］。

(5)　なお、ポリーを通じて、夫の俊治氏へのインタビューを打診したが、実現しなかった。

(6)　ただし、同村長は晩年、高橋さんに手紙を送り、フィリピン人女性たちのことをよろしく頼む、と記したという。女性たちのことが気にかかっていたのだ

ろうか、と高橋さんは述べる［2013/1/28］。
(7) フィリピンから日本への結婚移民における主体性については佐竹［2011］を参照されたい。
(8) デ・ラ・コスタは民族的解放の立場から、人類全体、人間同士の連帯として、この用語を論じている［デ・ラ・コスタ 1977: 153-175］。

【参考文献】
出井泰博．2009．『長寿大国の虚構——外国人介護士の現場を追う』東京：新潮社．
大野晃．2005．『山村環境社会学序説——現代山村の限界集落化と流域共同管理』東京：農文協．
小川玲子．2013．「超高齢社会の介護を支えるのは誰か」『DiaNews』72: 3-6．
蔭山昌平．1988．『アジアから来る花嫁たち——村の国際結婚』兵庫：南船北馬舎．
木野羊子．2005a．「『ムラ』の国際結婚——徳島・東祖谷山村を一例に」2004年度恵泉女学園大学大学院人文学研究科修士論文．
―――．2005b．「『ムラ』の国際結婚——徳島・東祖谷山村の場合」『恵泉アカデミア』10: 70-85．
佐竹眞明；ダアノイ，メアリアンジェリン．2006．『フィリピン‐日本国際結婚——移住と多文化共生』東京：めこん．
佐竹眞明．2011．「フィリピンから日本への結婚移民——出国ガイダンス・上昇婚・主体性」『在日外国人と多文化共生——地域コミュニティの視点から』佐竹眞明（編），244-264ページ．東京：明石書店．
宿谷京子．1988．『アジアから来た花嫁——迎える側の論理』東京：明石書店．
高橋玉美．1989．「過疎化の村・東祖谷山村から」『徳島自治』46: 17-20．
―――．2002．「フィリピンからの『花嫁』問題とその後の課題」『自治研報告集』（第29回地方自治研究全国集会『徳島市』2002年10月29～31日）ページ記載なし．
高畑幸．2011．「『意味ある投資』を求めて——日本から帰国したフィリピン人による出身地域での企業」『移民のヨーロッパ——国際比較の視点から』竹沢尚一郎（編），218-243ページ．東京：明石書店．
デ・ラ・コスタ，ホラシオ．1977．「フィリピンの国民的伝統」『フィリピンのこころ』ホルンスタイナー，M. R.（編），山本まつよ（訳），153-175ページ．東京：文遊社．
西沢江美子．1991．「フィリピン花嫁を中心とした国際化——徳島県東祖谷山村の挑戦」『月刊自治研』33(7): 63-67．
東祖谷山村．1988．「おらが村に南からの花嫁さん」『ひがしいや広報』1988年1月28日．

東祖谷山村企画振興課（編）．1997a．『伝説の秘境　1997年東祖谷山村勢要覧』徳島：徳島県東祖谷山村．

東祖谷山村企画振興課（編）．1997b．『平成8年度東祖谷山村勢要覧　資料編』徳島：徳島県東祖谷山村．

メディアと人権を考える会．1993．『テレビメディアが問われ私たちが問われている――ドラマ「フィリッピーナを愛した男たち」をめぐって――ドラマが映す差別と偏見，映像はフィリピンとフィリピン人をどう描いたか』高松：メディアと人権を考える会．

Constable, Nicole. 2003. *Romance on a Global Stage: Pen Pals, Virtual Ethnography, and "Mail Order" Marriages*. Berkeley and California: University of California Press.

【インターネット資料】

厚生労働省．2014a．「夫妻の国籍別にみた年次別婚姻件数」（基準年月2013年），政府統計の総合窓口，2015年8月18日アクセス．
https://www.e-stat.go.jp/SG1/estat/GL02020101.do

厚生労働省．2014b．「夫妻の国籍別にみた年次別離婚件数及び百分率」（基準年月2013年），政府統計の総合窓口，2015年8月18日アクセス．
http://www.e-stat.go.jp/SG1/estat/GL02020101.do

厚生労働省．2014c．「第26回介護福祉士国家試験におけるEPA介護福祉士候補者の試験結果」2014年7月10日アクセス．
http://mhlw.go.jp/stf/houdou/0000041984.html

法務省．2015a．「国籍・地域別　在留資格（在留目的）別　在留外国人」（基準年月2014年12月），政府統計窓口 http://www.e-stat.go.jp/SG1/estat/eStatTopPortal.doに「在留外国人」と入力し，さらに，在留外国人統計（旧登録外国人統計）にアクセスして統計を取得．2015年8月18日アクセス．

法務省．2015b．「国籍・地域別　年齢・男女別　在留外国人」（基準年月2014年12月），同上URLから同じ方法により，統計を取得．2015年8月18日アクセス．

【推薦図書】

アジア太平洋人権情報センター（編）．2009．『アジア・太平洋人権レビュー2009――女性の人権の視点から見る国際結婚』東京：現代人文社．

嘉本伊都子．2008．『国際結婚論！？　現代編』京都：法律文化社．

武田里子．2011．『ムラの国際結婚再考――結婚移住女性と農村の社会変容』東京：めこん．

「小さな民」としての日本の農民

原村　政樹

　私が村井吉敬先生を知ったのは『スンダ生活誌――変動のインドネシア社会』［村井吉敬著、1978年、NHKブックス。村井吉敬著『インドネシア・スンダ世界に暮らす』2014年、岩波現代文庫に収録］であった。当時、アジアの辺境への旅を夢見ていた私は、この本に感激したことを今も忘れない。大学1年生のときであった。翌年、2年生になったとき、村井先生が上智大学で教鞭をとられることを知り、驚き、まだ2年生であったが、ゼミの初日に顔を出して、参加させてほしいとお願いしたところ（ゼミは3年生からの参加であった）、すぐに「いいですよ」との返答、それからの学生時代は村井ゼミを中心にすべてが動いていった。

　ゼミの初日、村井先生は「私は経済学が専門だが、経済とは生活のことで、たとえばインドネシアのスンバ島の島民の暮らしを経済学は教えないし、知らない」とお話しされていたことがとても新鮮だった。そして村井先生がインドネシアを自分の足で歩いて、そこから発信していく姿に今の自分と重なるものを感じるのである。

　学生時代、フィリピン・ミンダナオ島の山岳少数民族の村に滞在したり、インドネシアの村々を訪ね歩いていた私は、アジアの民衆文化を伝えたいと、卒業後、ドキュメンタリー映画の世界に入った。幸い、30代の頃は、東南アジアやアフリカなど、海外取材を頻繁に行う機会に恵まれた。それはとても刺激的であった。しかし、村井先生がインドネシアという地域にこだわり続けていることに比べ、私はフィリピン、インドネシア、タイ、バングラデシュ、ケニアと、異なる国々を飛び回り、そのどの国にも自分が深くかかわっていないことに違和感を持ち始めた。もっと自分が責任を持てる地域を描く仕事をしたい。それは自分が暮らす日本ではないか。30代後半から、日本を見つめ直すようになっていく。まずは「日本の中のアジア」をテーマに動き出した。

　最初に出会ったのが在日コリアンの人たちであった。大阪や京都、兵庫、奈良、川崎で暮らす在日の人たちに直接会って話を聞くことを始めた。100人を超える方々にお会いし、同じ日本に暮らしながらまったく異なる体験、世界観を持つ人々に魅了されていった。自分の世界観も大きく変わっていった。日本社会が今までとは違った風に見えてきた。

　それは村井先生が現地を歩き、名もなき人たちと出会いながら研究を深めていった

第1部　小さな民の生き様

軌跡と同じ方法だと、今になって思えてくる。そして4年の歳月をかけ、私の最初の長編記録映画『海女のリャンさん』を完成させた。それは、それまで教育映画やテレビドキュメンタリーを中心に仕事をしてきた私にとって、自分の作品だと胸を張って言える仕事のスタートでもあった。

　その後、私は農業へテーマをシフトさせていく。人間を根底から支えているものは、水と空気、そして食べ物である。その食べ物を育てているのが農業である。村々を訪ね、農家の人たちと語らい、農作業を見つめる年月となっていく。山形県高畠町の有機農業を描いた『いのち耕す人々』は20年かけて完成させた。原発事故に立ち向かう福島県天栄村の農家の人たちの挑戦を描いた『天に栄える村』には4年の歳月をかけた。そして4年前から山形県の農民詩人、木村迪夫さんを通じて、戦後日本を小農の眼から見つめ直す『無音の叫び声』を制作、ようやく今春（2015年4月）完成した。いずれも長期密着の取材・撮影である。時間をかけなければ見えてこない真実があると考えて、非効率的であっても、長期取材を続けている。村井先生がインドネシアにこだわって歩き続けてきた姿を無意識のうちに学んだのかもしれない。取材させていただく方々と長年お付き合いすることで多くのことを学び、私自身の世界も広がっていく喜びがある。きっと村井先生も同じような喜びを感じながらインドネシアを精力的に歩き回っていたのだと思う。

　「小さな民」という視点からいえば、私の映画で紹介する人たちはすべてが「小さな民」である。私には大手メディアがあまり紹介しない名もなき人々のことを伝えたいとの想いがある。「小さな民」から、日本の姿が違って見えてくる。常識と思いこんで（または思いこまされて）いることが間違いである、との発見もある。「小さな民」のことを伝えることは、ある意味、社会が危険な方向へと向かおうとしていることへの警鐘になると思うのだ。

　村井先生は常々、「地域自立経済」の重要性をお話しになっていた。20代、30代の頃は「実現不可能な夢」だと思えたが、40代になって日本の村々の撮影を続けていくうちに、グローバル化が進む今こそ、「地域自立経済」は人類の未来を左右する最重要なテーマだと思うようになった。それは一握りの「大きな民」からの従属の鎖を断ち切り、「小さな民」が幸せを掴む大きな力となりうると思えるからだ。

　考えてみると私が制作した農業の映画はすべて「地域自立経済」が根底にあった。今後もそのことを根底に映画を創っていこうと思う。ささやかだが、私は村井先生の思想を受け継いでいるのかもしれない。

第2部

人権と援助

少女・先住民・地域住民の声

第5章 少女に対する暴力
―― 「伝統」に挑む権利ベース・アプローチ

甲斐田　万智子

はじめに

「女性に対する暴力」が国際社会の場でとりあげられてから数十年経ち、日本でも市民権を得てきたが、近年、「少女に対する暴力」という言葉も国連や国際NGOなどで大きくとりあげられるようになった。日本でもガールスカウト連盟が2012年から22年まで「少女に対する暴力をなくすキャンペーン（STV: Stop the Violence）」を実施している。

「少女に対する暴力」と概念化することにより、かつては文化や伝統、家庭内の問題として立ち入ることがタブー視されてきた問題も、人権侵害であることが明確になり、廃絶への動きが進んでいる。その代表的な例が児童婚と女性性器切除（FGM/C: Female Genital Mutilation/Cutting）である。

このほかにも、その社会の価値観によって世界の多くの少女たちが日常的に暴力を受け、それが、「伝統」の名のもとに正当化されることが多い。こうした少女たちは、女性であることと子どもであることから二重の差別を受けている。女性が団結し社会に発信できる術を獲得できるようになった地域や国がある一方で、少女たちには社会に向けて発信する機会がまだ少なく、特に途上国の農村に住む少女たちは、教育や社会活動に参加する機会を奪われ孤立することが多い。

近年、国際協力や開発の現場で権利ベース・アプローチが採用されるようになったが、少女たちが直面するこうした問題にこのアプローチをとることは、具体的にはどのような取組みを意味するのだろうか。

権利ベース・アプローチとは、ある固有のグループが特定の問題に直面する際に、それを本来保障されるべき権利を保有する人、すなわち権利保有者（rights holders）の権利の侵害であると捉え、その問題を解決するために、

それらの問題に直面している当事者自身が権利を主張できるように開発従事者が当事者をエンパワーするアプローチのことである。同時にそうした権利を保障すべき責任を負っている人々を意味する責務履行者[1]（duty bearers）の意識化・能力強化を行っていく。これはそうした人権の保障義務が法律で定められていることを人々に啓発し、当事者を含め広く権利を守ろうとする社会規範の強化も目指している。

筆者は、2003年から国際子ども権利センター（C-Rights：シーライツ）というNGOの活動を通じて、カンボジアの子どもたちの権利擁護にかかわっている［甲斐田 2013］。カンボジアでは18歳未満の子どもが結婚させられる児童婚の割合は18％と高い［ユニセフ 2014］。また、児童婚以外にも人身取引や性的搾取など少女に対する暴力が頻繁に起こっており、女子の権利侵害は深刻である。本章では、このアプローチが伝統的慣行として継続されてきた児童婚やFGM/Cの廃絶において有効であることを論じていきたい。

第1節　少女に対する暴力をめぐる国際的動向

1　少女に対する暴力と女性にかんする国際人権基準

「少女に対する暴力」は、いつごろから着目されるようになったのだろうか。「少女に対する暴力」は、「女性に対する暴力」の一部として国際社会でとりあげられてきたが、最近は、子どもに対する暴力の文脈でも焦点があてられるようになってきた。

1959年に採択された国連子どもの権利宣言の第10条には、すでに「子どもは、人種的、宗教的またはその他のいかなる形態の差別をも助長するおそれのある慣行から保護されなければならない」（傍点は筆者。以下同）と謳われている。この時点ですでに国際社会では、ある種の慣行が子どもの権利を侵害していると認識されていたことがわかる。

1979年に国連で採択された女性差別撤廃条約では、第5条(a)項で「両性いずれかの劣等性若しくは優越性の観念又は男女の定型化された役割に基づく偏見及び慣習その他あらゆる慣行の撤廃を実現するため、男女の社会的及び文化的な行動様式を修正すること」と規定されている。ここで示されるジェンダー差別や性別役割の固定観念に基づく慣習や慣行とは、のちに「女性や少女

に対する暴力」も含むと考えられ、それらの撤廃と文化的行動様式の修正が求められているのである。

「女性に対する暴力」という言葉が国際社会で使われたのは、1985年、第2回世界女性会議のNGOフォーラムである。その後、93年の国連世界人権会議で女性グループが、「女性に対する暴力」を議題にした結果、この会議の採択文書「ウィーン宣言及び行動計画」に「女性および女児の人権が普遍的人権の不可侵・不可欠・不可分な一部である」と記されたのみならず、「女性の権利を侵害するある種の伝統的、習慣的又は現代的な慣行の、いかなる有害な側面も禁じられ、撤廃されるべきである」とも明記された。

そして、1993年の国連総会で「女性に対する暴力撤廃宣言」が採択され、94年には、スリランカ出身のラディカ・クマラスワミ（Radhika Coomaraswamy）が「女性に対する暴力」特別報告官に任命され、「女性への暴力に関する特別報告書」を96年にまとめた。95年に北京で開催された第4回世界女性会議には「女性に対する暴力」を人権侵害とする署名が148カ国から100万人分以上集まり、この会議において「女性に対する暴力」が明白な人権侵害と認識されるようになった。この世界女性会議で採択された北京行動綱領には、「女児（Girl Child）」という項目が含まれており、戦略目標として、少女に対する否定的な文化的態度及び慣行を撤廃することが記されている。そして、とるべき行動として、(1) 少女に対する否定的な態度及び慣行の変革を促進するための取組みを奨励・支援すること、(2) 特定の伝統的又は習慣的慣行が女児に及ぼす影響について大人に知らせ、その意識を高める教育を行うことの2点を挙げている。

2011年には国連の6つの機関によって「思春期の少女タスクフォース（UN Adolescent Girls Task Force）」がつくられ、少女に対する暴力を分析し、廃絶に向けた各国の実践例を紹介した報告書を出している [Bruce 2011]。14年には、UNICEF（ユニセフ、United Nations Children's Fund）が少女に対する暴力にかんする統計 [UNICEF 2014a] や児童婚の減少状況と今後の見通しにかんする報告書 [UNICEF 2014b] をまとめている。

2　子どもに対する暴力と伝統的慣行

1989年に国連総会で採択された「子どもの権利条約」でも、伝統的慣行が子

どもの健康に有害であることが示されている。子どもの健康に生きる権利を定めた第24条では、(FGM/Cに代表される) 子どもの健康に有害な伝統的な慣行を廃止するために、効果的で適当なあらゆる措置をとることを締約国に求めている。

そして2003年、国連子どもの権利委員会は「一般的意見」第4号「思春期の健康・発達」を採択し、締約国は、条約で認められた健康・発達に対する青少年の権利の実現とその監視（モニタリング）を行うため、あらゆる必要な措置をとらなければならないとし、履行すべき義務の一つとして「早期婚、名誉殺人およびFGM/Cのようなあらゆる有害な伝統的な慣行から青少年を保護すること」を挙げている。さらに14年11月、国連子どもの権利委員会は「一般的意見（General Comments）」[2]第18号「有害慣行」を女性差別撤廃委員会と合同で採択し、FGM/Cおよび児童婚を「有害慣行」であると明言した[3]。

一方、国連子どもの権利条約第19条では、子どもが暴力から保護される権利を定めているが、「子どもに対する暴力」という概念も近年明確化されてきた。2003年、パウロ・セルジオ・ピニェイロ教授が調査を開始し、「子どもに対する暴力」調査報告書が06年国連総会に提出された。報告書は、子どもに対する暴力がすべての国で起きていることを報告し、文化的あるいは伝統的な慣行という名目の子どもの健康や福祉を損ねる暴力が、多くの場合、家庭において、家族によって行われていることを指摘した。そして児童婚とFGM/Cも「子どもに対する暴力」として明言され、決して容認されてはならないとされた。この報告書においてこのように「子どもに対する暴力」が人権の侵害として概念化されたことにより、伝統的慣習とされてきた問題においても市民社会が廃絶に向けて新たな行動をとりやすくなったといえる。

第2節　少女に対する暴力の現状と取組み

1　性的暴力・性的搾取

UNICEFによると、世界で1億2000万人の少女が強制的な性的行為の被害に遭っている。15歳から49歳までの少女と女性に行った調査によると、最初に性暴力の被害に遭った年齢は、ほとんどの国で15歳から19歳までのあいだだった。毎年、約100万人の子どもたちが子ども買春や子どもポルノの商業的性的

搾取の新たな被害者となっているとみられている［UNICEF 2014a］。

　子どもの商業的性的搾取にかんしては、1996年に第1回世界会議がストックホルムで開かれた。その後、2008年までに2回の世界会議が開催されており、毎回新たにこの問題解決に向けての公約が発表され、関連の法整備や法執行の強化がなされてきた。しかし、性的搾取の被害に遭う子どもたちは世界中で後を絶たず、その多くが少女である。この文化的背景として、貧しい家庭の娘は親を助けねばならないというジェンダーに基づく根強い考え方が存在する。また、アジア地域では、処女と性行為をもつと病気が治り、長寿になるという迷信があるため処女に対する需要がある。さらに、処女でなくなった少女は、女性としての価値がなくなり、結婚もできないとみなす社会の価値観が、少女たちが性産業から抜け出すことの妨げとなっている。

2　児童婚（早すぎる結婚）

　児童婚（子どもの年齢（18歳未満）で結婚すること）は「早すぎる結婚」「早期婚」とも呼ばれているが、その多くの場合、当該の少女たちは十分な情報を与えられておらず、その結婚に対して自由に意思を伝えることができない状況にある。その意味でこれらは、強制結婚でもある。前述したように、児童婚も多くの国際文書や国際人権基準によって規制されており、「女性に対する暴力」「子どもに対する暴力」の形態の一つと認識されてきた。にもかかわらず、世界ではまだ7億人の女性が18歳未満で結婚しており、そのうち15歳未満で結婚した女性は、2億5000万人にも上る。18歳未満で結婚した男性もいるが、圧倒的に女子が多い。たとえばニジェールでは、20歳から49歳の77％の女性が18歳未満で結婚したのに対し、男性のその割合は5％である［UNICEF 2014b］。

　早すぎる結婚の結果、少女たちは身体が未発達にもかかわらず、妊娠およびリスクの高い出産を迎え、健康に生きる権利を侵害されている。毎年、1400万人の思春期（15歳から19歳）の女子が出産していると推計されているが、妊娠出産に関連した死亡は7万人に上り、世界中の15歳から19歳の女子の死因のトップとなっている［UNFPA 2013］。15歳未満の少女が合併症など妊娠・出産にかかわる原因で死亡する確率は、20代の女性の5倍に上り、難産の結果、尿道や直腸が傷つき、フィスチュラ（fistula、性器ろうこう）という後遺症に苦

第5章　少女に対する暴力

しむ少女たちも多い。慢性的に尿・大便失禁をともなう後遺症を患う少女たちは、老齢になるまで社会から隠れ、あるいは差別を受けながら生きていかねばならない。

　強制的に早期に結婚させられた少女は子ども時代を奪われるだけでなく、家族からも友人からも切り離され、社会的にも孤立する。結婚した女の子が学校を中途退学させられるリスクは非常に高く、働く機会も限られる。さらに、多くの場合、少女たちは、何十歳も年上の男性と結婚させられ、自分の生活についての自己決定が制限され、夫から暴力や搾取の被害も受けやすい。このような強制結婚によって、少女たちは行動の自由や経済的自由も得られず、結婚生活から逃れるために自殺をはかることも少なくない。

　過去数十年のあいだに、各国で児童婚廃絶の動きが急速に強まっている。特にUNICEFでは、村長など行政担当者の研修、児童婚を批判的にとりあげるドラマの制作・放映、地域での討論などを通してその弊害について啓発活動を行い、少女たち自身も少なからず声を上げるようになった。たとえばニジェールでは、ある村で14歳の少女が児童婚をやめてほしいと訴えた結果、地域の長老が17歳前の女子の強制結婚の廃絶を呼びかけた。こうしてその地域の村々に児童婚廃絶を求める委員が任命されたのである［日本ユニセフ協会 2003］。

　このような取組みにより、過去30年で児童婚の割合は減ってきた。1985年に33％であった児童婚の割合（世界の20〜24歳の女性の18歳未満で結婚した割合）は、2010年には26％となり、30年には22％に、50年には18％への減少が見込まれている。しかし、この減少のスピードは人口増加のスピードに追いつかないと推定されており、このままでは、18歳未満で結婚する少女たちの絶対数は、減らないどころか増えることが予測されている。世界の11億人の少女のうち、2200万人の少女はすでに結婚しているが、残る数億人の少女たちも結婚のリスクに直面しており、人口増加にともないその数字は増えていくのである。つまり、現在の減少のスピードが維持され、2050年までに4億9000万人の少女たちが結婚を免れたとしても、児童婚の可能性がある少女たちはまだ7億人存在すると推計されるのである［UNICEF 2014a: 28-29］。

3　FGM/C（女性性器切除）

（1）FGM/Cとは何か

FGM/Cは、かつては、女子割礼と呼ばれ、文化的慣習として他国が介入することの是非をめぐる議論が続いてきた。しかし、FGM/Cは、国際人権基準や「女性に対する暴力」「子どもに対する暴力」報告書などで、今日、人権侵害と明確化されている慣習であり、世界各地においてその廃絶運動が広がっている。

FGM/Cは、世界保健機関（WHO: World Health Organization）によって①クリトリスの一部または全部を切り取り、包皮を切除する方式、②クリトリスを切除し、小陰唇の一部または全部を切除する方式、③性器縫合または外性器の一部または全部の切除および膣口の縫合または偏狭にする方式、④その他、クリトリスや陰唇を突き刺したり、穴を開けたりするなど女性の生殖器官を傷つけるすべての行為と定義されている。大量出血、施術中の激痛、回復まで続く痛み、さまざまな感染症を引き起こすなどの健康被害があるばかりでなく、手術中のショックで意識不明になったり、死亡したりするケースも少なくない。FGM/Cは、助産師や理髪師など伝統的な施術者によって、麻酔を用いずに、はさみ、剃刀、ガラスの破片を使用して行われることが多い。後遺症として、排尿痛、失禁、性交時の激痛、性行為への恐怖、月経困難症、難産による死亡があり、HIV感染の危険性も高まる。少女たちは事前にこうした危険を知らされず、またFGM/Cを受けたくないと思っていても、多くの少女が社会的な圧力によって自身で止めることができないでいる。

UNICEFによると、FGM/Cの慣習があるアフリカと中東の29カ国で、1億3000万人以上の少女や女性がFGM/Cを受けており［UNICEF 2014a］、毎年300万人の少女と女性がFGM/Cの危険にさらされている［UNICEF Innocenti Research Center 2008］。

ウガンダ、ケニア、ギニアビサウでは、FGM/Cを違法とする法律が可決され、またエチオピアでは、6人の少女に切除を行った施術者と親たちが罰せられ、減少に向かっている国もある。アフリカやアラブ諸国で法律や法令でFGM/Cを禁止している国は26カ国に上る［UNICEF 2013］。しかし、法律だけではこの慣行を止めることはできず、このまま一部の国や地域でFGM/Cの慣習が続けば、2030年までに世界中で8600万人以上の少女が何らかのかたちで

第5章　少女に対する暴力

FGM/Cを受けることになると予測されている。

（2）FGM/C廃絶をめぐる国際的動き

　FGM/Cの問題は、1980年コペンハーゲンで開かれた世界女性会議のNGOフォーラムで議題になったが、欧米女性の批判に対して、アフリカ、アラブの女性たちが激しく抗議した。その結果、欧米女性はこれを批判することは民族の伝統や文化を否定することになると考え、90年代に入るまで、世界の女性運動のなかでFGMについて話すことはタブーとなった。しかしアフリカでは、84年、26の当該国がアジスアベバに集まり「女性と子どもの健康に影響を与える慣習に取り組むアフリカ委員会（通称「インター・アフリカン・コミッティー」、IAC: The Inter-African Committee on Traditional Practices Affecting the Health of Women and Children)」というNGOを結成し、それぞれの国内委員会を作り、FGM/Cの廃絶を求める運動を開始した。2003年には、IACがエチオピアでFGM/C根絶のための世界会議を開催し、毎年2月6日が「国際女性性器切除（FGM/C）根絶の日」と定められた。そのようななか、FGM/Cの被害に遭った女性たちがNGOを立ち上げて活動したり、FGM/Cを逃れるために欧米諸国に亡命した女性が自叙伝を書くなど、当事者の女性がその危険性や苦しみとともに廃絶を訴えることも少なくない［ディリー　2011］[4]。他方で、当事者の少女や女性の気持ちを聞き、この慣習をやめる運動にかかわる村のリーダーたちや施術師たちも徐々に増えている。

　2008年には、国連の10機関が「女性性器切除の廃絶を求める国連10機関共同声明」を発表し[5]、国連の組織をあげて廃絶に向けて強い意思を表した。声明では、さまざまな角度からFGM/Cについて分析し、FGM/Cは男女間における不平等の表れであり、社会による女性の管理であると批判している。そして、政府、国会議員、専門組織、NGO、宗教団体、保健従事者、伝統的施術師、国連の役割を提示している。

　2012年には、国連総会で、少女や女性たちの権利を実現することの重要性が強調され、「FGM/Cの廃絶に向けた国際的活動を強化する」決議（A/RES 67/146）が採択された。日本でも、「FGM廃絶を支援する女たちの会」と日本ユニセフ協会が「国際女性性器切除（FGM/C）根絶の日」にイベントを開催するなどFGM/C廃絶のための啓発活動を行っている。

第3節　FGM/C廃絶に向けて——国際社会のかかわりと当事者運動

1　FGM/C廃絶をめぐる議論——文化と人権

　FGM/Cの問題にかんしては、FGM/Cを「女子割礼」と呼び続け、外国のNGOがその廃絶に取り組むことに対して疑問を投げかける研究者もいる。特に文化人類学の領域では、外部者がFGM/C廃絶にかかわることはむしろ逆効果であるという主張が存在する。たとえば、真崎は、「外部の運動体やNGOは、現地住民には自ら『固有の価値や規範』を変えていく能力がないという暗黙の前提で啓蒙や教育に取り組む傾向にあるが、その前提は間違いである」とし、西ケニアのクリアという民族社会を調査してきた小田亮の論考を紹介している［真崎 2013］。小田は、クリア社会では独自にFGM/Cの方式を小規模なものに変容させてきており、施術も有資格の看護師がクリニックで行うようになっていることに鑑み、次の二つの理由から、外部団体による人権教育や救済活動は控えるべきだと主張している。すなわち、「第一に外部介入は矜持や自負をもって習慣を変えようとしていた地元の人に劣等感を植え付けることになり、そのためかえって習慣を変えられなくなる」ということと、第二に、外部団体が「（その地域）固有の価値や規範」とみなすことで、その偏見に対する反発が高まり、「伝統」を固守しようとする原理主義運動の勢力がむしろ増してしまうという理由である［小田 2009］。

　それを受けて真崎は、「開発協力に従事する人は、特定の課題をめぐって地元でどのようなやり取りが起きているのか、先ずは虚心に学ばねばならない。その上で、地元では手に負えない状況、あるいは、外部支援が緊急な場合に限って臨機応変に支援を繰り出す。そうした柔軟かつ非過干渉的な姿勢が望まれている」と主張する［真崎 2013: 192］。そして、人間開発報告書2004年版のようにFGM/Cを「伝統的な男性優位社会における慣行」と捉えることは、「人権教育や救済活動を実施したい援助団体の都合に合わせてつくり上げられた文化像」であり、「『進んだ』先進国・地域と『遅れた』途上国・地域の優劣をつける開発文化を正当化する」「一面的・固定的な見方である」と論じている［真崎 2013: 194］。

　はたしてそうであろうか。まず、FGM/Cを廃絶しようと活動している国連機関やNGOは、「『遅れた』途上国の文化だから正そう」としているのではな

く、それが第1節で述べたように女性や少女に対する明白な人権侵害であり、暴力であるから廃絶しようとしているのである。

また、小田は、「女性器切除を廃絶するために介入をすべきだという人権派」と、「現地の声や当事者にとっての意味を知ることが大切だという文化相対主義的な立場をとる人類学者」とのあいだにディスコミュニケーションがあるとしている［小田 2009］。しかし、今やNGOも国連機関も、小田がいうように「植民地主義的に」一方的に先進国の価値観をもたらそうとするのではなく、地元の被害に遭っている少女や女性の声、および、地元でこの慣習を続けようとする住民双方の意見をきちんと聴くことを優先している。

例として、プラン・インターナショナルのマリ共和国における活動を紹介したい。プラン・インターナショナルは、世界70カ国で地域開発を支援している国際NGOだが、FGM/Cを健康問題ではなく人権問題として捉え、国際的に廃絶運動を行っている。近年、地域開発において、子どもの権利ベース・アプローチをとり、その廃止活動において住民自身の話し合いを重視している。マリにおいても1999年からFGM/C廃止に向けて自主的に活動できる人材を育てることを目的に事業が始まった。具体的には、地元のNGO、子どもクラブ、女性グループに働きかけ、当事者として彼・彼女たちが話し合いを行った。その結果、長年、タブーとして語ることができなかったFGM/Cについて、被害を受けた少女や女性だけでなく、他の住民も沈黙を破って語るようになった。以下は、第三者（CECISというコンサルタント会社）による評価報告書に掲載されたマリのファナ地区、ディエン村の若者の言葉である。

　　今では、子ども、イスラームの指導者、女性、若者、村の長老など、社会のすべてのグループがFGM/Cについて話すようになった。パーティーでも家庭内でも村長の家でさえもオープンに話すようになった［CECIS 2009: 14］。

こうした話し合いを通じて、村長など地域のリーダーが初めてFGM/Cを受けた少女たちの苦しみを知るようになった。そして、FGM/Cはイスラームの決まりであり、FGM/Cを受けない女性は汚れており礼拝も無効だと考えていたイスラームの宗教指導者たちの言動にも変化が起こった。FGM/Cはクル

アーン（コーラン：イスラム教の聖典）のどこにも書かれておらず、ムスリム（イスラーム教徒）の義務ではないと宣言するようになった。すなわち、女性の宗教的義務の遂行、信仰とFGM/Cの諾否は無関係であるという立場をとるようになったのである［CECIS 2009: 15］。

また、FGM/C廃止によって収入を失うことになる施術者でさえ、実はFGM/Cに苦しめられていたことを述懐している。以下はある女性の施術者の言葉である。

> 切除を廃止したことで、私たちはストレスや住民からサービスを求められるプレッシャーから解放されました。……切除は負担でした。切除で少女が亡くなるのはとても辛いことでした。親によっては、私たちのことを魔女だという人もいました［CECIS 2009: 17-18］。

こうした大人たちの考え方が変化した背景に、子どもたち自身が活動計画を立て、廃止運動の担い手となっていったことが挙げられる。また、FGM/Cを廃止した村の出身の女性が結婚相手として拒否されないようにするため、結婚相手を互いに紹介しあう村でも同じような意識を持つことが必要だが、この点についても住民から指摘があり、周辺地域の村でも同時に廃止に向けての取組みがなされるようになった。CECISが行った評価報告書は、プランの働きかけによりFGM/Cに対するさまざまな立場の住民が本音を語り、さらに住民間での話し合いによって合意形成がなされたことがディエン村のFGM/C廃止宣言につながったことを示している［CECIS 2009: 16-17］。

UNICEFも同様に、FGM/Cは有害だから廃止すべきと一方的に考えを押し付けるのではなく、地域の価値観を尊重しながら、話し合いを通じて当事者の人々がみずから有害であることに気づくことを重視している［UNICEF Innocenti Research Center 2010］。そして、少女たち、関係者の声を聴く姿勢をもって地元の団体を支援している。このように人権に基づいてFGM/Cを廃絶しようとする組織は、当事者の声および当事者主体の活動を重視していることがわかる。

弱い立場に置かれた当事者の女性や少女たちは、この慣習を続けようとする地域の有力者に比べ、FGM/Cについて安心して話をすることは非常に難し

い。それゆえ、人権に基づいて活動する開発従事者は、女性や少女が危険にさらされないように配慮しながら、彼女らの声に耳を傾けようとする。

小田が主張するとおり、ある地域で長く続いてきた慣習をなくすために外部団体が働きかけようとすると、原理主義者の反対にあうかもしれない。しかし、それは外部団体の「偏見」のために起きるというより、女性は性的に男性に従属すべきであるというその社会で代々引き継がれてきたジェンダー観や社会規範が揺らぐことに対して抵抗があるからと考えられる。マララ・ユスフザイさんらパキスタンやバングラデシュなどで女子教育を進めようとする女性が、地元で原理主義者の暴力に遭うのと同じ構図となっている。

だからこそ、外部の団体が、弱い立場にありながらも声を上げて廃絶運動に取り組む女性や少女の声を国際社会に発信し、支持を表明していくことにより、彼女たちが暴力にさらされることを防ぐことが重要だといえる。社会の主流を成す構成員の優位性の維持を問いただす「批判的多文化主義」が重要だと論じられているが、それならば、村レベルで「主流を成す構成員」である長老や宗教的指導者などFGM/Cの継続を主張する人々の優位性を問うことも必要なのではないだろうか。

確かに外部からの働きかけがなくとも、その地域の住民みずからが「女子割礼」をなくそうとしている動きもあるだろう。しかし、FGM/Cにかんしては、継続すべきと考える人々の力のほうが圧倒的に大きいのであり、自然に減少することを待っていれば、膨大な数の少女たちが日々心身に深刻な損害を受けることになる。FGM/Cの実施率は減少してきるとはいえ、前述したように、2030年までに世界中で8600万人以上もの少女がFGM/Cを受けると推計されているのである。たとえば、ケニアでは30年のあいだに実施率が3分の1まで減ったが、実施率が100％に近いギニアやソマリアでは数％しか減少していない。これは実施率が高い国ほど、「女はFGM/Cを受けねばならない」という社会規範が強く、ノーという声を上げにくいからだと考えられる。このような国ではFGM廃絶の取組みに対して外部からさまざまな働きかけが必要ではないだろうか。

真崎はFGM/C廃絶運動について、「アラブ研究者の岡真理［2000］によれば、反対運動やNGO活動はよく現地の（フェミニストも含む）人たちに批判される。それらの多くが太古変わらぬ『固有の価値や規範』の根絶に取り組

む、という姿勢で進められるからである」［真崎 2013: 190］と論じている。しかし、岡は、「性器切除が女性の心身に有害な行為である以上、一刻もはやく廃絶されるべきであり、この習慣を廃絶すべく闘っているアフリカの女性たちに、私たちも連帯すべきである」と述べている［岡 2000: 297］。そのうえで、1980年のコペンハーゲンの世界女性会議でFGM/Cを批判した西洋フェミニストたちに対して、アフリカやアラブのフェミニストたちが「これは私たちの文化なのだ」と叫ばざるをえなかった理由をこう記している。

　　……西洋のフェミニストに抗議したアフリカやアラブのフェミニストたちは、自分たちの社会で性器手術の廃絶を目指して闘っています。彼女たちの「敵」は、「文化」というものを、単一の価値観で塗り込められた不変の単体として捉え、性器手術を「民族の文化」と言って彼女たちに強制する、父権主義者たちの自文化中心主義的な態度です［岡 2000: 302-303］。

すなわち岡は、アフリカやアラブの女性たちがこの時に抗議したのは、西洋のフェミニストたちが自分たちの文化における習慣を批判したこと自体ではなく、この習慣を批判する際に彼女たちがとった「植民地主義的な態度であった」と述べているのである。そして、彼女たちが被っているさまざまな痛みをわかったうえでFGM/Cを批判することが「普遍的人権主義」ではないかと論じている［岡 2000: 304-305］。

2　国連の人権と文化に対する方針

　コペンハーゲン会議での議論から30年以上経った今日、国連は普遍的人権主義に基づいて文化にかかわる問題をどのように考えているのだろうか。
　FGM/C廃絶に取り組む国連人口基金（UNFPA: United Nations Population Fund）は『世界人口白書』の2008年版で「共通の理解を求めて——文化・ジェンダー・人権」をテーマにしている。そして、文化が、貧しい国々における開発を成功させるための重要な要素であるとともに、人権の国際的枠組みは世界的に妥当性を持つとしている。つまり人権は、すべての文化に共通する価値観であるという考え方に基づき、女性の人権保障を推進するための「文化に配慮したアプローチ」を推奨している［UNFPA 2008］。文化に配慮したアプ

第5章　少女に対する暴力

ローチをとるには、文化に精通していること（cultural fluency）、すなわち「文化がどのように作用するか、また文化とどう取り組むかについてよく知ること」が求められる。そのうえで、UNFPAと地域社会の組織や指導者がパートナーシップを結ぶことが、人権保障の推進やFGM/Cなどの人権侵害を廃絶するための効果的な戦略となると示唆している。また、地域社会は、それぞれの文化的価値観や慣習を分析し、それらが人権を侵害しているのか、保障しているのかを判断する役割を担うと論じている。

同白書は、「文化的に配慮をする」ことは、「有害な」伝統的慣習を認めたり、普遍的人権に従わないことに対する言い訳と誤って解釈されうると警告したうえで、次のように述べている。

> このような相対主義は行動の基礎とはならず、停滞と挫折を生むだけである。人権を侵害する価値観と慣行はすべての文化の中に見られる。文化的現実を受け入れることで、有害な文化的慣習に立ち向かい、良いものを強化する最も効果的な方法は何かを明らかにすることができる［UNFPA 2008: 2］。

自文化を否定的に見ることには抵抗があるものだが、自文化の中に有害な人権侵害をもたらす価値観があることを直視することから始めねばならないということである。このように、国連も人権と文化の問題に正面から取り組み、今日では、先進国を含むグローバル社会が、文化に配慮しつつ、当事者の声を聴きながら、人権を侵害する有害な慣行に立ち向かうことを当然と考えるようになっているのである。

3　女性・少女たちの声と彼女ら当事者の取組み

では、市民社会は、途上国の少女や女性たちが抱える痛みにどれだけ文化的配慮を行っているのだろうか。国際NGO「プラン・インターナショナル」の西アフリカ地域事務所は、2005年にFGM/Cの影響とこの慣習が継続される背景について当事者からさまざまな聞き取り調査を行った。この調査によると、女性たちにとって、FGM/Cには性的な従属とは異なる側面もあることがわかる。以下は、シエラレオネの女性がFGM/Cの儀式について表現した言葉であ

る。「私たちが唯一リラックスできる時です。家庭の問題を打ち明けたり、年配の女性に助言を求めたりできるからです。踊ったり、歌ったり、悩みなどをシェアしたりできる貴重な機会なのです。儀式で何をするか、男たちに尋ねなくてもいいのです」[Plan International 2005: 14]。

　日々重労働に追われる少女や女性にとって、FGM/Cの儀式が男性から解放される機会（女性のスペース）であるとともに、女性のみで自由に物事を進められる場となっていることがこの言葉から読み取れる。

　このことは、インドのカルナタカ州で児童労働問題に携わるNGOの「働く子どもを支援する会（CWC: The Concerned for Working Children）」で、筆者が知ったもう一つのエピソードを想起させる。CWCが、農村で朝早くから薪を集める少女たちの負担軽減の代替案を示したときに、少女たちは、「薪集めは確かに大変だけど、友達といろいろな話ができる貴重な機会なので薪集めをやめたくない」と答えたという。共通するのは、日常生活において少女や女性たちが仲間と話し合う機会や意思決定過程に参加する権利が奪われているということであり、権利侵害の一面のみに注目した対策は不十分であるということである。FGM/Cのみならず、少女たちの生活を包括的に捉え、その他にどのような権利の侵害があるのかについて耳を傾ける必要がある。そうすることで、有害な慣行から少女たちを守るだけでなく、少女たちがより主体的に家庭やコミュニティ、社会で参加する権利を実現する社会を築いていくことができる。このように少女や女性の声を聴きながら、彼女たちの生活を包括的に考えていくのが権利ベース・アプローチである。

　アフリカのFGM/Cの実態を調査した内海は、エジプト、ケニア、ウガンダにおける地元の団体によるFGM/C廃絶活動を紹介しているが、成果を収めている実践について次のように述べている。

　　FGM廃絶キャンペーンは、以前のように女性だけに向けられるのではなく、コミュニティのリーダーや宗教的リーダー、そして、男性をも対象にすることで、効果をあげることが明らかになってきた。……女子割礼への意識変革は、地域開発によってコミュニティが以前よりも住みやすくなり、同時に女性の立場や地位が改善されるという社会全体の改革をともなう必要がある［内海 2003: 144-145］。

エジプトでは、FGMタスクフォースがこの役割を果たしてきた。また、ケニアでは、全国女性連合（MYWO: Maendeleo Ya Wanawake Organization）がFGM/Cの女子の通過儀礼としての意義に注目し、伝統的な成人儀礼から性器切除を排除した代替通過儀礼を開発した。この儀礼に参加することにより、少女たちは伝統を引き継ぎながら自意識を高め、自立する力も身につける。夫に服従するという従来の価値観の代わりに女性としての権利を学んだ少女たちは、FGM/Cをやめたことを誇りに思えるようになった［内海 2003: 158-166］。

「少女時代──共にFGMをなくそう（The Girl Generation: Together to End FGM）」は、2014年10月にケニアなどで始まったキャンペーンであるが、FGM/C廃絶において、当事者の少女たちの声を伝え、国際社会の規範を変えようとするこのような国際キャンペーン活動の果たす役割は大きい。同時に地域開発を行うプラン・インターナショナルや、UNFPA、UNICEF のような国際NGO・国際機関の役割としては、地元のNPOや団体が少女たちの声を聴き、少女たちの生活を包括的に捉えることができるように支援することが重要である。すなわち、暴力を受けない権利のみならず、少女の教育を受ける権利、意思決定に参加する権利などさまざまな権利の実現を同時に考え、その責務を負っている人々の能力を強化していくことである。

第4節　権利ベース・アプローチによって少女たちを守る

1　文化相対主義と人権

文化相対主義とは、自分が属する文化を絶対化し、その尺度で異文化を測るのではなく、むしろ自文化を相対化し、異文化をそれに固有の尺度で測らなければならないという考えである。先進国が自文化を絶対化し、開発途上国の文化を劣ったものとみなしてきた歴史を振り返るとき、この多様性を尊重する考え方は重要である。

しかし一方で、世界人権会議以降、文化相対主義の考え方が、「人権抑圧の隠れ蓑」として利用されてきたこともある［阿久澤：金子 2006］。アジアの一部の政府は、アジアには固有の人権があるとして、時の為政者が利益擁護を最優先し、国際人権基準を軽んじてきた。

また、人権擁護の考え方もアジアやアフリカでは欧米のものだと批判されることがあった。しかし、今や主要な国際人権基準は多くの国によって批准されている。社会権規約と自由権規約の締約国は、2015年10月現在、それぞれ164カ国、168カ国、女性差別撤廃条約と子どもの権利条約の締約国は、それぞれ189カ国、196カ国の国と地域となっている。国にはそれぞれの文化、価値観があり、また、各国の状況は異なるが、それぞれの社会で暮らす人の多様性を認め、尊厳ある生き方を保障するために国際人権基準が「普遍的」となるよう国際社会は対話を積み重ねてきた。その結果、多くの国が批准し、それぞれの国で法的拘束力を持つ条約をさまざまな場面で使うことができるようになった。

　これらの国際人権基準に基づいて開発を行うという考え方が、冒頭でも述べた権利ベース・アプローチである。これは人権アプローチとも呼ばれるが、特にUNICEFやセーブ・ザ・チルドレンなど子どもに関連する国連機関・国際NGOによって推進されてきた。また、2010年に世界中の市民団体（CSO: Civil Society Organisation）が、政府およびNGOの開発援助の質の向上を目指して話し合ったCSO 開発効果オープン・フォーラムにおいて打ち出された8つの原則（イスタンブール原則）においても、第一の原則が人権と社会的正義の推進、第二の原則が女性と少女の人権の推進およびジェンダー平等の実現となっている［国際協力NGOセンター 2010］。

2　権利ベース・アプローチと少女に対する暴力

　権利ベース・アプローチの特徴は、すべての人が人として持つ当然の権利を保障されるためにはどのような社会を実現したらいいかということを考えることである。そのために、まず、権利の視点によって状況を分析し、それぞれの関係者が参加と説明責任（accountability）という原則に基づいて行動することを重視する。すなわち、第一に権利保有者自身の声を聴くことと、当事者である彼・彼女らがエンパワーされ、権利を主張できるようになることに重きを置く。

　筆者がかかわっているNGOの国際子ども権利センター（シーライツ）は、カンボジアにおいて、権利ベース・アプローチによって事業を実施している。具体的には、子どもたちがさまざまな権利を学び、教育を受ける権利などを主張できるようになり地域社会の意識が変わることにより、子どもたちがベトナ

ムに物乞いとして出稼ぎに出されること（人身取引）を防止している［甲斐田 2013］。また、その事業は、少女たちが権利を学ぶことで児童婚や性的暴力などの被害に遭わないような力をつけることも目的としている。

本章のテーマ「少女に対する暴力」を権利ベース・アプローチの視点から、考察し、廃絶のために求められることを考えてみよう。第一に、少女たちが自

カンボジアの子どもクラブで活動する少女たち。貯金をして自信をつける。©シーライツ（筆者撮影）

分たちの権利を知り、自分たちには有害な伝統慣習から守られる権利があることを自身で主張できるようにすることが重要である。第二に、それぞれの状況において権利を実現する責務を負っている責務履行者が誰であるかを明らかにし、権利保有者の主張に応えられるように、彼ら・彼女らの能力を強化することが求められる。すなわち、少女たちの権利実現の要求に応えられるように、親や地域のリーダー、教員たちなど責務履行者が少女の権利を理解し、少女の受けている暴力を権利侵害と認識し、能動的に行動できるようになることが重要である。そのためにも、権利保有者である少女とそれぞれの責務履行者の能力分析を行うことが必要である。UNICEFの東・南アフリカ地域事務所元所長のジョンソンは、①責任の認識度、②権利・権限、③人材・資金、④意思決定能力、⑤コミュニケーション力という5つの視点で責務履行者の能力分析を行うことを提案している［Jonsson 2003; 川村 2013］。

権利保有者である少女たちは、女性と子どもの人権を大切にする規範が社会にあれば、その規範に支えられ、「まだ結婚したくない」、「性器を切除されたくない」という意思を正当な権利として主張できる。では、従来の社会規範を変え、少女の人権が大切にされる社会規範をつくっていくためには、誰のどの能力が欠如しているのだろうか。ジョンソンが提案する5つの項目にそって、次のように分析していくことが考えられる。①地域のリーダーたちは、少女たちの人権を守る責任を認識しているか。②児童婚、FGM/Cをやめさせる権限

は、その地域の誰がどれくらい持っているのか。③地方行政にトレーニングを行うための人材や資金はあるだろうか。④児童婚・FGM/Cをやめる、あるいはやめさせる意思決定能力が少女・親・村長にあるか。⑤少女たちに親、コミュニティ、他の少女に対し、児童婚・FGM/Cをやめたい、あるいはやめさせるべきだと伝える力はあるか。NGO・メディアにそれらが有害で違法であることを伝える力はあるか。

親が少女たちに結婚やFGM/Cを強要し、少女たちがそれらを受け入れるのは、多くの場合、少女たちがそれらを拒めば社会に受け入れられなくなることを恐れるからである。UNICEFによると、15歳から19歳の少女たちがFGM/Cを受ける利点として挙げているものの最上位項目は、「社会に受け入れられること」である（表1）。たとえば、ギニアでは、FGM/Cについて「良い点は何もない」と答えた少女が16％だったのに対し、「社会から受け入れられる」と答えた少女は55％にも上った［UNICEF 2014a: 23］。

地域のリーダー、メディアや政府などは責務履行者として、たとえ10代で結婚しなくても、FGM/Cを受けていなくても、「社会はそうした少女を受け入れる」ことを示し、新たな社会規範をつくる責任がある。すなわち10代で結婚せずに学校に通い続けた少女は、決して「はしたない」女性なのではなく、知識と技術を身につけ社会から評価される存在であるという肯定的なイメージを広めていくことである。そのためには、人々の意識や行動を変えるような大規模で効果的な啓発キャンペーンも必要である。こうしたキャンペーンによって人々の意識が変われば、児童婚やFGM/Cを禁止する国において、強制的に結婚させること、FGM/Cを実施することは法に反する行為であるということへの理解も深まり、法の執行力も高まる。

そして、政府やNGOが、権利保有者である少女たちに①人権教育、子どもの権利教育、ジェンダー教育を行うこと、②少女たち同士で話し合う機会や場を提供すること、そして③少女たちが社会に声を上げられるようにすることは、彼女たちのエンパワメントのために最も重要なことである。

今日、世界各地で、当事者である少女や若者が中心になって、児童婚やFGM/Cの廃絶運動を進めている。バングラデシュでは、プラン・バングラデシュが支援する「ウェディングバスターズ」という早すぎる結婚をなくすための子どものグループが、地方自治体と協力して児童婚禁止区域を広げる運動を

担っている。参加している少年たちは非常に熱心であり、少女に対する暴力をなくすためには少女たちのみならず、少年たちもこうした運動に参加することが不可欠である。ジェンダー平等の達成を目指して男性に参加を呼びかけるUN Womenの「HeForSheキャンペーン」[7]なども、少女の権利を実現する社会規範づくりに効果的といえるだろう。

表1　少女たちが考えるFGM/Cの利点

FGM/Cについて聞いたことのある15歳から19歳の少女たちが考える、少女にとってFGM/Cを実施することで得られる恩恵・利点（％）

	良い点はない	清潔／衛生的	社会から受け入れられる	良い結婚ができる見込み	処女性を保つ	男性にとって性的快感が強まる	宗教的義務を果たせる	その他	わからない
ベニン	56	0.4	5	1	1	1	1	1	36
ブルキナファソ	53	6	17	3	4	1	2	2	N/A
カメルーン	50	0	0.4	0.4	6	0.2	0.4	4	39
チャド	39	5	26	7	6	1	22	4	N/A
エリトリア	84	4	6	2	4	N/A	1	4	N/A
ガンビア	27	N/A	N/A	N/A	18	N/A	N/A	5	18
ギニア	16	11	55	5	6	3	27	7	N/A
ケニア	80	3	6	3	5	1	2	1	N/A
マリ	21	20	30	8	12	5	21	20	N/A
モーリタニア	26	15	32	4	26	2	21	11	N/A
ニジェール	77	0.4	8	3	5	1	2	7	N/A
ナイジェリア	59	5	6	7	8	4	2	3	13
セネガル	49	5	16	2	11	0.4	5	23	N/A
シエラレオネ	29	19	38	7	3	2	10	2	19

注：N/Aは質問していない（not asked）。複数回答可。
出典：UNICEF［2014a: 23］をもとに筆者作成

おわりに

　世界各地で、少女たちがさまざまな暴力の被害に遭っている。その被害状況は深刻であり、また被害に遭う少女たちの数も膨大である。そうした暴力がなくならない背景に、少女が「子ども」であることと「女性」であることの両面において差別され、その声がきちんと聴かれてこなかったことが挙げられる。また、その国や地域に特有の文化であるという見方があり、明らかな人権侵害であっても、他国の政府や国際機関がかかわることは「介入」であるという立場が強かったことも挙げられる。しかし近年、児童婚やFGM/Cなどは伝統的慣習であっても、それは少女の権利侵害であり、「少女に対する暴力」であるという見方が、該当する国々を含む国際社会で条約や国連文書等を通して明確になされるようになってきた。国際社会は権利保有者である少女たちの声を聴き、その声を広め、少女たちの権利を保障する責務を負っているが、その際に少女たちや関係者が沈黙を破って話し合うことのできる場をつくることが有効といえる。そして、各国の地域社会でそのような責任を果たそうとする住民、関係者の能力を高めるため、および伝統に従わない少女たちを肯定的に受け入れる社会規範づくりのために海外からの支援が必要である。少女たちが暴力を受けないようになるだけでなく、自分で決めた人生を歩んでいくことができるように、子どもの権利をベースにするグローバル社会のかかわり方が求められている。

【注】
(1) 誰が主たる責務履行者かについては、個別の状況によって変わってくる。それを特定化することもこのアプローチの特徴である。
(2) 条約のさらなる実施を促進し、かつ締約国による報告義務の履行を援助するために作成される文書。
(3) 詳しくは平野裕二氏が開設している「ARC平野裕二の子どもの権利・国際情報サイト」[平野 2015] 参照。
(4) ディリー[2011] など、女性性器切除の被害に遭った女性の自叙伝は多数ある。
(5) 女性性器切除の廃絶を求める国連10機関共同声明の10機関は、OHCHR、UNAIDS、UNDP、UNECA、UNESCO、UNFPA、UNHCR、UNICEF、UNIFEM、WHOである。

(6) 8カ国は、エチオピア、ガンビア、ケニア、シエラレオネ、スーダン、セネガル、ナイジェリア、マリ。
(7) UN Womenが進めているキャンペーンで、女性や少女に対する暴力、差別をなくし、ジェンダー平等を達成するために、男性の積極的な参加とコミットメントを呼びかけている。UN Womenの親善大使のエマ・ワトソンが2014年に国連でこのキャンペーンへの参加を呼びかけるスピーチを行った。

【参考文献】
阿久澤麻理子；金子匡良. 2006.『人権ってなに？ Q&A』大阪：解放出版社.
内海夏子. 2003.『ドキュメント女子割礼』東京：集英社新書.
FGM廃絶を支援する女たちの会. 2010.『女性性器切除の廃絶を求める国連10機関共同声明 日本語版』東京：FGM廃絶を支援する女たちの会.
岡真理. 2000.「『他文化理解』と『暴力のあいだで』第三世界フェミニズムが提起するもの」『異文化理解の倫理にむけて』稲賀繁美（編），287-306ページ. 名古屋：名古屋大学出版会.
甲斐田万智子. 2013.「児童労働と子どもの権利ベース・アプローチ」『児童労働撤廃に向けて——今、私たちにできること』（アジ研選書33）中村まり；山形辰史（編），33-66ページ. 東京：アジア経済研究所.
川村暁雄. 2013.「人権と人権基盤型アプローチ」『国際協力のレッスン——地球市民の国際協力論入門』牧田東一（編），112-126ページ. 東京：学陽書房.
国連人口基金（UNFPA）. 2008.『世界人口白書 2008 男女平等への鍵——文化に配慮した開発戦略』東京：UNFPA.
———. 2013.『世界人口白書 2013 母親になる少女——思春期の妊娠問題に取り組む』東京：UNFPA.
ディリー，ワリス. 2011.『砂漠の女ディリー』武者圭子（訳），東京：草思社. （原著：Dirie, Waris. 2011. *Desert Flower: The Extraordinary Journey of a Desert Nomad.* New York: William Morrow.）
日本ユニセフ協会. 2003. *UNICEF NEWS* 199.
真崎克彦. 2013.「開発と文化」『国際協力のレッスン——地球市民の国際協力論入門』牧田東一（編），182-198ページ. 東京：学陽書房.
ユニセフ. 2014.『世界子供白書 2014 統計編——だれもが大切な"ひとり"』東京：日本ユニセフ協会.
Bruce, Judith. 2011. *Violence against Adolescent Girls: A Fundamental Challenge to Meaningful Equality.* New York: Population Council.
CECIS. 2009. *Final Evaluation of the Project: "Empowering the Civil Society in the Fight*

against Female Genital Mutilations". Bamako: Plan Mali.
ECPAT International. 2011. *Global Monitoring Status Action against Commercial Sexual Exploitation of Children Cambodia.* Bangkok: ECPAT International.
Jonsson, Urban. 2003. *Human Rights Approach to Development Programming.* Nairobi: UNICEF ESARO.
UNICEF. 2013. *Female Genital Mutilation/Cutting: A Statistical Overview and Exploration of the Dynamics of Change.* New York: UNICEF.
―――. 2014a. *A Statistical Snapshot of Violence Against Adolescent Girls.* New York: UNICEF.
―――. 2014b. *Hidden in Plain Sight: A Statistical Analysis of Violence against Children.* New York: UNICEF.
UNICEF Innocenti Research Center. 2008. *Changing a Harmful Social Convention: Female Genital Mutilation/Cutting.*
―――. 2010. *The Dynamics of Social Change: Towards the Abandonment of Female Genital Mutilation/Cutting in Five African Countries.*

【インターネット資料】
小田亮．2009．「西ケニアにおける『女子割礼』について」小田亮のブログ「とびとびの日記ときどき読書ノート」2014年9月25日アクセス．
http://d.hatena.ne.jp/oda-makoto/20090926
国際協力NGOセンター．2010．「イスタンブールにおいて承認された『CSO開発効果の原則』」2015年5月17日アクセス．
http://www.janic.org/mt/img/activity/Istanbulprinciples.pdf
平野裕二．2015．「ARC平野裕二の子どもの権利・国際情報サイト」2015年5月17日アクセス．
http://www26.atwiki.jp/childrights/
Plan International. 2005. *"Tradition and Rights: Female Genital Cutting in West Africa."* Accessed on May 17, 2015.
http://www.plan-uk.org/resources/documents/27624/
The Concerned for Working Children. 1986-2012. "Child Marriage." Accessed on May 17, 2015.
http://www.concernedforworkingchildren.org/empowering-children/child-marriage/
The Girl Generation. 2015. "Home: The Vision of the The Girl Generation. A World Where FGM Ends. In One Generation." Accessed on May 17, 2015.

http://www.thegirlgeneration.org/
U.S. Department of State. 2014. "Trafficking in Persons Report 2014." Accessed on May 17, 2015.
http://www.state.gov/j/tip/rls/tiprpt/2014/index.htm

【推薦図書】

公益財団法人プラン・ジャパン；久保田恭代；寺田聡子；奈良崎文乃．2014．『わたしは13歳、学校に行けずに花嫁になる。——未来をうばわれる2億人の女の子たち』東京：合同出版．

房野桂；田中雅子（編）．2007．『女児に対する差別と暴力——実態と撤廃に向けた取り組み』東京：明石書店．

第6章 〈他者〉との共存を求めて
―― フィリピン先住民族の自己表象

小川　玲子

はじめに

　私たちは日々さまざまな立場で他者と出会い、語り合い、時には対立しながら無数の関係性を紡いでいる。その中には、1回限りのものもあれば、長期間にわたって継続するものもあり、私たちは複雑な網の目の中で生きると同時に、生かされてもいる。しかし、その関係が社会的、政治的、経済的に対等でない場合には、それは両者の関係にどのような影響を与えるのだろうか。さらに不平等な関係性が歴史的に固定化されている場合、ステレオタイプ化されたイメージは両者の関係をどのように歪めるのだろうか。これはNGOであれ、研究者であれ、自分とは異なる言語や文化や歴史的背景を持つ他者とかかわる場合には、避けて通ることができない問題である。

　本章では、筆者が国際協力の仕事としてかかわった東南アジアのプロジェクトの中から、特にフィリピンの先住民族をめぐるプロジェクトを二つとりあげ、マイノリティによる自己表象の問題を論じる。表象（representation）には複数の意味があるが、ここでは「代弁すること」つまり「誰かにかわって語ること」という意味で使っており、「先住民族自身による語りや自画像を描く行為」を自己表象と呼ぶこととする。

　表象には権力の問題がかかわっており、表象する側と表象される側の立場はしばしば対等でないことが多い。この問題を西洋と東洋の関係性の問題として捉えたのはエドワード・サイード（Edward Said）である。サイードはその著作『オリエンタリズム』［サイード 1993］において、西洋は、東洋にかんする研究を通じてオリエント（東洋）を否定的なものとして表象することが、その反射鏡としての「西洋」を成立させるために必要であった、と述べている。そして、オリエントを劣位の他者として表象することは、「われわれ」（ヨーロッ

パ）と「彼ら」（オリエント）の差異を広げ、二つの世界の人々の出会いを制約してきたという。サイードは、力のある者がその力を背景に「彼らは○○である」と一方的に表象することの暴力性を批判したが、この問いは少数民族、障がい者、移民、女性、ホームレスなどのマイノリティとかかわろうとするすべての外部者に対して突きつけられた問いでもある。

　1980年代後半に大学院生であった筆者は、外部者による表象の問題に対して自分なりの答えをみいだすことができずに逡巡した。悩んだ末、アジアの人々を「研究対象」にするのではなく、日本とアジアの不平等な関係を少しでも解決したいと考え、国際協力の現場で働くことを選んだ。国際協力の仕事も「持つもの」と「持たざるもの」という権力性を帯びているが、さまざまな制約を受けつつも、アジアの人々と共に何かを創り上げていく共同作業であり、確実に変化をもたらしているという具体的な手ごたえが感じられるものであった。

第1節　地域にあるものから出発する

　まず1990年頃には国際協力とはどのような営みとして理解されていたのだろうか[1]。スーザン・ジョージ（Susan George）『なぜ世界の半分は飢えるのか』［ジョージ 1984］、村井吉敬『小さな民からの発想』［村井 1982］、鶴見良行『バナナと日本人』［鶴見 1982］などは、西欧型の近代化は途上国の貧困問題を解決できないばかりか、先進国の多国籍資本と開発独裁体制の癒着を招き、民主的な市民参加を排除していることを指摘している。そこで提起された「誰のための開発か？」という問いには、上からの開発に対する不満だけでなく、政治や経済資源の分配的正義と参加型開発への希求が込められていた。

　また、鶴見和子・川田侃『内発的発展論』［鶴見；川田 1989］によって上からの近代化ではなく、地域の生態系や文化に根ざした発展の道筋が提起されてきた。内発的発展とは、それぞれの社会が固有の価値観や環境に適合した多様な経路をたどって、人間の可能性が十分に発揮される社会へと至る発展モデルである。内発的発展に関心を寄せていた筆者にとって、開発とは、その地域に「ない」ものを移植することではなく、そこに「ある」ものを活かすことが重要だと考えた。そのような発想から本章では、民間財団のプログラム・オフィサーとしてフィリピンの「小さな民」[2]にかかわった経験について振り返って

みたい。

　フィリピンは東南アジアに浮かぶ7000余りの島からなる島嶼国家である。そもそも、フィリピンという国名はスペイン国王となるフェリペⅡ世にちなんでラス・イスラス・フェリピナス（*Las Islas Filipinas*）と呼ばれたことに由来しており、国民国家の形成が植民地支配を契機として行われたことを象徴している。1521年に太平洋を遠征したスペイン艦隊のフェルディナンド・マゼランによって「発見」されて以降、南部のスールー王国を含むイスラーム地域を除いて徐々に支配が広がり、植民地化されるようになっていく。1893年の米西戦争でスペインがアメリカに敗北した後はアメリカの植民地となり、1941年12月に日本軍が占領するまでアメリカの支配が続いた。そして、日本によるフィリピンの支配は３年半に及び、日本の敗戦後の1946年に共和国として独立を果たす。

　1986年には二月革命によってマルコス政権による開発独裁に終止符が打たれ、民主化を達成したものの、現在に至るまで植民地支配による負の遺産とグローバル化の矛盾がさまざまなかたちであらわれている。遅れた農地改革、製造業の未発達、増大する貧富の格差、政治の腐敗、政府と外資系企業との癒着、国内の失業を解消するための出稼ぎ奨励策など、政策的な課題が山積みである。そのような構造的な問題が「小さな民」の生活に影響を及ぼしているとしても、政治力も資金力もない筆者ができることには限りがある。それでも、「小さな民」による「小さな民」のためのプロジェクトができるのではないかと考え、フィリピンの多島海を島から島へと渡りながら大学の研究者、政府関係者、NGOやアーティストらとプロジェクトの可能性について議論を続けた。幸いにもフィリピンの知識層は英語が堪能なので、次から次へと人の輪が広がり、ネットワークを作るのにはそれほど時間がかからなかった。そして、100名以上に及ぶ人々との面談の結果、中央の地方に対する文化的な支配やマイノリティ文化の流用、国民国家形成のプロセスの中での先住民族やイスラーム教徒の周縁化などの課題があることを知り、先住民族の自己表象に関するプロジェクトを企画することとした。

第2節　アイデンティティと表象

　フィリピンでマイノリティの自己表象を奨励しようと考えたのは二つの理由による。一つはフィリピンのナショナル・アイデンティティの問題であり、もう一つは表象の問題であった。1990年代に冷戦構造が崩壊した後、各地で民族や宗教や言語などの違いによる紛争が多発するようになった。ユーゴスラビア、ルワンダ、インドネシアなどではそれまで隣人同士であった人々とのあいだに殺し合いが起き、民族や宗教などのアイデンティティが政治的に利用されるという悲劇が起きていた。国連も2004年の人間開発報告書（Human Development Report）で『この多様な世界で文化の自由を』（Cultural Liberty in Today's Diverse World）を掲げ、多様性に寛容な多民族国家の形成を呼びかけており、お互いの差異を認めて共存することの重要性を主張している。

　多様な民族集団と言語集団を抱え、国家の成り立ちが植民地支配を契機としている多くのアジア諸国と同様、フィリピンにおいても「フィリピン人とは誰か」というアイデンティティの問題は重要である。しかし、中央集権的な王朝を持たず、400年以上にわたる植民地支配の歴史による社会変容を経た結果、フィリピン人としてのアイデンティティの拠り所は輝かしい過去の伝統や象徴的な文化遺産に求めるものではなく、未来に向かって創られていくプロセスであると理解された。「フィリピン人である」ことは自明でも所与でもなく、「未来への投企」として将来に向かって構築されるものとして捉えられる［清水 1998］。

　フィリピンの街を歩いていると、ハリウッド映画やファーストフードなどのアメリカ文化の影響は日本よりもはるかに色濃く、国語であるフィリピノ語の中にはスペイン語の単語が混入しており、サルスエラやロンダーラのようにスペインに由来する伝統演劇や音楽があり、中国系職人の手による欄間などが居間をかざっているというハイブリッドな文化状況にあることに気がつく。宗教的にも大多数を占めるキリスト教徒のほか、イスラーム教徒や先住民族もおり、民族的にも言語的にも多様であり、しかもメスティーソ（混血）も多い。つまり、スペイン、アメリカ、中国、日本、イスラーム、キリスト教、マレー文化などが混合し、拮抗し、交渉し合うプロセスの中にフィリピンのナショナル・アイデンティティは位置づけられる。しかし、そのような異種混交とアイデンティティ形成の途上でも、フィリピン人として一般的にイメージされるの

は多数派を占める「低地キリスト教徒」であり、マイノリティである先住民族やイスラーム教徒は「想像の共同体」[3] ［アンダーソン 1997］の周縁に位置づけられていた。

　先住民族やイスラーム教徒に対する周縁化の背景には、アメリカによる植民地支配により形成された西欧や白人に対する憧れがある［清水 2003: 73］。同一化したい憧れの対象である西欧や白人に対して、一部の先住民族の身体性やムスリム女性のベールなどは、マジョリティ集団である「低地キリスト教徒」との身体的な差異を可視化するものである。そのため理想としての白人の反転として先住民族やイスラーム教徒との境界が形成されており、そのようなマイノリティとは距離をとることで、マジョリティは白人と同化し、他者を表象する側に立つことが可能になるのである。

　そのようなアイデンティティ政治の中で、先住民族は「消滅する民族」[4]、あるいは「開発の犠牲者」として捉えられており、イスラーム教徒は「異教徒」であり、1970年代から活発化した南部のミンダナオ島における分離独立運動や9.11同時多発テロの影響から「分離独立主義者」や「テロリスト」と呼ばれ、警戒されていた。そこで、筆者は民族や宗教的な差異が政治的アイデンティティとして利用され、紛争や抑圧になることを防ぐには、国民として想像されるアイデンティティを広く定義することが重要であると考えた[5]。つまり、ナショナル・アイデンティティの基盤をマジョリティである低地に暮らすキリスト教徒に限定するのではなく、先住民族やイスラーム教徒を包摂したかたちで多様なフィリピン人のありようを語ることができればと思ったのである。これを日本の場合で考えてみると、アイヌや沖縄の人たちに対する徹底的な同化政策によって、「日本人」としてのナショナル・アイデンティティが形成されてきた反省から、同じ道をたどってほしくないという思いもあった。

　第二に表象については文化人類学においても、「誰がどのような立場から誰を表象するのか」という問題が問われており、他者を表象することの問題が活発に議論されてきた［クリフォード 1996; 太田 1998; 清水 2003］。実際、これまでにも歪められた表象や不承認は、研究者やNGOによっても強化されてきている。たとえば、フィリピンのルソン島北部の先住民族の研究を行った文化人類学者のロサルド（Renato Rosaldo）は、植民地警察、宣教師、人類学者は先住民族に対して類似したイデオロギー空間から表象を行ってきたことを指摘す

る。彼らは自分たちが破壊した先住民族の文化をノスタルジーとして懐かしむことで、植民地支配に対する罪滅ぼしをし、善意を演出してきたという。そして、植民地支配を批判してきた人類学者も、変容する先住民族文化をノスタルジックに描くことで、表象する側とされる側の不平等性から目をそらすという行為の一翼を担ってきたのではないかと述べる［Rosaldo 1989: Chapter 3］。

　清水［2003: 85］は、文化人類学が「未開社会」をユートピアとして描くことによって、みずからの近代社会の矛盾を描き出そうとしてきたことに対して次のように述べる。

　　我々が近代化の悪夢を撃って、正気を取り戻そうとするのならば、ユートピアとしての「永遠の未開文化」を捏造したり、誤用したりせず、「未開人」を迂回せずに、近代化そのものに直接対峙し、批判すべきことになる。並置による寓意の作用を期待するのならば、せめて当事者の声と応答し、その自画像を尊重しつつコメンタリーを加えたり、自画像の積極的な紹介を伴うような形での表象を心がけるべきであろう。

　文化人類学者らが先住民族に対する植民地的なまなざしからの脱却を求めて苦闘している一方で、NGOも先住民族の周縁化に抗して社会運動を展開していた。1970年代からマルコス政権による開発独裁政策が進められた結果、先住民族の土地や資源管理をめぐる対立がルソン島北部のコルディリエラ地方や、南部のミンダナオ島などで先鋭化する。政府と外国資本によるダム開発、鉱山開発、森林伐採などに反対する先住民族による自治権を求める運動は各地で軍や警察によって弾圧され、暴力的な衝突を招いていたことから、先住民族は国内外のメディアやNGOから「開発の犠牲者」と呼ばれるようになる。先住民族が先祖伝来の土地や生業を追われ、移住を余儀なくされる現実を前に、NGOがアドボカシーの観点から主張してきた「犠牲者」の言説は、不当に権利を奪われてきた彼・彼女らの現実を一面では反映している。しかし、その一方で、先住民族の自己決定や主体性は否定され、政治的な運動の目的を達成するために、コミュニティ内部の多様な声が抹殺されていくこともあった。

　先住民族はこれまで政治家やメディア、研究者やNGOなどによって「彼らはこのような家に住んでいる」「彼らはこのような儀式をしている」「彼らはこ

のような問題を抱えている」(強調は筆者) といわれ、外部者から一方的に表象されてきた。そこでは、マイノリティは自己を語る言葉を持たず、自画像を描くことができず、マジョリティが社会の規範を作るなかで「普遍的な個人」として同化を強いられるか、「逸脱者」や「異常者」としてステレオタイプ化されてしまう。

　サイード［1993: 59］は皮肉を込めてこう言う。「もしオリエントがみずから表象できるものなら実際にそうしていることだろう。オリエントにはそれができないからこそ、表象という仕事が西洋のために、またやむをえず哀れな東洋(オリエント)のためになされるのだ」(強調は引用ママ)。このオリエントを「先住民族」にかえてみれば、その欺瞞性は明らかである。自己表象ができない先住民族にかわって、マジョリティが表象を通じた支配を行っているという論理は「文明化できない人々にかわって、支配を継続している」という植民地支配の論理に通じる。力のないものにかわって力のあるものが尊大に表象することによって歪められた承認が起きているとすれば、みずからを表象するための「声を持つこと」はマイノリティの対抗戦略であり、「書く人＝マジョリティ」、「書かれる人＝マイノリティ」という二項対立的構図に異議を申し立てることができる。そこで、主語を「彼ら」から「私たち」や「私」にかえて、自分自身を語ったり自画像を描くという営みを支援することで、彼・彼女らの存在を可視化する公共空間を作ることができればと筆者は考えた。

第3節　なぜ他者を助けるのか

　先住民族の自己表象を支援することで、消滅の言説や犠牲の言説にかわるオルタナティブな語りを生み出し、排除の言説から包摂の言説へと転換をはかり、「フィリピン人」であることの意味づけを多元化できるのではないか。多様な声を反映させることで、民族や宗教による差異を本質化したアイデンティティ政治による暴力に対抗できるのではないか。また、マイノリティをエンパワーすることで、彼・彼女らが政策決定のプロセスに参加することができるのではないか、と考え、マイノリティ自身による表象を奨励するようなプロジェクトを探し始めた。おりしもフィリピンでは1986年に民主化を達成した後に先住民族と政府との対話の場が開かれ、97年には先住民族権利法 (IPRA: Indigenous People Right Act）という先住民族の伝統的な土地所有権を認める法律が成立しており、先住民族運動も高まりを見せていた。

　ところで、先住民族のプロジェクトを求めて多島海を歩くうちに、民族のみならず階級やイデオロギーや宗教によって多層的に形成されている現地社会の内部の差異が見えるようになり、先住民族の周辺には、①（元）共産主義者、②キリスト教関係者、③イルストラド（有産階級）⁽⁶⁾の 3 種類の人々がいることがわかってきた。「現地の人々の視点から」といっても現地社会は多様である。もちろん、これらのグループ分けは理念型であり、（元）共産主義者は研究者やジャーナリストというかたちをとることもあれば、NGO や武装勢力というかたちをとることもあり、キリスト教関係者は研究者や学生ボランティアというかたちをとることもあり、イルストラドは研究者や NGO というかたちをとることもある。しかし、貧困撲滅であれ、先住民族支援であれ、平和構築であれ、「なぜ他者を助けるのか」という問いに対する答えは、単純化するならば、「階級闘争」、「貧者の救済」、「文明化」という三つの動機に基づくものであり、その知的潮流がフィリピンにおける社会的弱者とかかわるうえでのバックボーンを形成しているのではないかと考えられた。これは思想的な潮流としてはマルクス主義、キリスト教的救済、啓蒙主義と対応しており、多くの非西欧諸国がそうであるように、フィリピンにおける「近代」が西欧との遭遇において開始されたということを示している。当然、この三つの潮流は異なる前提と異なる処方箋によって問題の解決を図ろうとする。そして、これらの思想的潮流を担う人々はイデオロギー的な基盤は異なるものの、フィリピン政府以上に真剣に周縁化された人々のことを考え、社会変革にコミットしているのである。

　一方、日本の国際協力の思想的な基盤については、「国際社会における責任」や「国益」という言葉が飛び交うものの「なぜ他者を助けるのか？」あるいは「なぜアジアとかかわるのか？」という問いに対する社会的な共通認識はないのではないだろうか。筆者は、1988 〜 2004 年までアジアに対する国際協力を行う三つの政府および民間機関に所属したが、いずれも高度経済成長を経た 1970 年代に設立され、バブルの崩壊を経て、2000 年代にはアジア向けのプログラムを廃止あるいは縮小している。本章で紹介するプログラムも組織の方針転換により 2004 年に一方的に廃止が決定されたため、志半ばでとん挫したかた

ちになったことは今でも悔やまれる。

　グローバルな格差を解消し、他者の権利を擁護するための努力を行うことは、国内における民主主義や人権意識の高まりと無関係ではない。日本は戦後70年を経ても戦後補償を含めたアジアとの関係はこじれたままであり、解決の糸口すらみいだせず、国内のマイノリティに対するヘイトスピーチの規制も行われていない。国際政治の秩序が大きく変容し、日本国内の格差や貧困問題が深刻化する現在、「なぜアジアとかかわるのか？」という問いは現在においても大きな宿題であり続けている。

第4節　先住民族による文化の記録と継承――ミンドロ島のマンヤン

　次に具体的な先住民族のプロジェクトを紹介しよう。はじめに、ルソン島のすぐ南にあるミンドロ島で暮らす先住民族のマンヤンのプロジェクトをとりあげたい。

　2000年10月、早朝5時に首都マニラからバスに乗り、交通渋滞に巻き込まれながら、ルソン島を南下する。太陽がだいぶ高くなった頃、急に視界が開け、青い海が広がるバタンガスの港町に到着する。バタンガスはコーヒーの産地で、戦争中は日本軍の総司令部が置かれ、街のほとんどが焼き払われている。バタンガス港からフェリーに乗ると、1時間ほどでミンドロ島の州都であるカラパンに到着する。ミンドロ島は戦争中に作家の大岡昇平が駐留しており、先住民族のマンヤンは「マニヤニと呼ばれる附近の山地人（これは海岸地方に住む一般比島人よりも色の黒い異人種で、戦争に無関心である）」と『俘虜記』に記されている。そして、カラパンの港からアメリカ軍のジープを改造した乗り合い自動車のジプニーに乗り、市内に入ったところにマンヤン遺産センター（MHC: Mangyan Heritage Center）はある。

　マンヤンとはミンドロ島で暮らす7つの先住民族の総称であり、その中でも文化人類学者に最も研究されてきたのが、ハヌノオ・マンヤンと呼ばれる人々である。ハヌノオ・マンヤンはスペイン植民地支配以前の文字を持ち、竹に詩を刻んだり、アンバハンと呼ばれる歌垣の口承伝統を持っている。ミンドロ島でマンヤンを支援しているのはキリスト教関係者とイルストラドらである。マ

第6章 〈他者〉との共存を求めて

ンヤンのコミュニティには1960年代からキリスト教系の宣教師らが活動をしており、教育や医療を提供し、日曜日には村の教会でミサが行われている。その中のメンバーであったオランダ人のアントン・ポストマ氏はやがて宣教師であることを辞め、マンヤンの女性と結婚し、村に定住する。ポストマ氏は言語学と人類学に精通しており、マンヤン文化にかんする研究を長期にわたって行ってきたほか、世界中のマンヤン研究者と交流があり、資料を収集してきた。

　そのポストマ氏との出会いによってMHCを設立したのはマニラのイエズス会ボランティアや財団関係者、文化遺産保存の専門家らであり、彼らがMHCの理事となって、その活動を物理的・精神的な側面から支え、牽引している。そのため、筆者がミンドロ島に行くときにはマニラから理事の一人がかならずつきそってくれたが、フィリピン人である彼らとマンヤンとの距離は、外国人である筆者とマンヤンとの距離と比べてかならずしも近いわけではなかった。特にカラパンのMHCを後にし、ポストマ氏の住むミンドロ島南部のパナイタヤン村を目指すときには、都会で暮らす洗練されたフィリピン人たちと山の中の村で暮らす先住民族との距離が感じられた。

　カラパンから水田の広がるミンドロ島東部を150キロメートルほど南下し、ふもとの町のマンサライに到着する頃には夕方近くになっている。マンサライに車を残し、パナイタヤン村まで行ってくれるトライシクルを調達する。トライシクルとは、オートバイの横に2〜3名が座れる座席をつけた乗り物である。マンサライを出発した私たちのトライシクルにはバイクの後ろに青年が乗っていたので、親せきの青年でも乗せているのだろうと思っていた。ところが、マンサライを出てしばらくすると、道がなくなり、石ころだらけの河原のようなところを走り始めたそのとき、バイクの後ろに乗っていた青年が右に移動し、私たちの座席の外側に立つことで、トライシクルが転倒しないようにバランスをとり始めたのである。トライシクルは大きな石をよけながら、石の上を右に左に大きく揺られながら、まるでウィンドサーフィンのように突き進む。バイクはエンジンを何度もふかし、私たちは振り落とされないように必死につかまりながら、パナイタヤン村のふもとに到着した頃には日が暮れかかっていた。

　ふもとからはマンヤンの青年の案内で、山を登り始める。途中、道が険しく都会育ちのMHCの理事は息が上がってしまうが、マンヤンの住民たちは山で

暮らしているだけあって、さすがに身のこなしが軽い。パナイタヤン村へは幾度となく訪問しているが、同行しているMHCの理事は常にばてしまい、彼らが「低地民」と呼ばれることの意味が実感できた。

　山を登り始めた頃には、あたりはぐんぐんと暗くなり、歩いていてもほとんど足元が見えない。鬱蒼とした森の中には私たちの足音と荒い息遣いしか聞こえない。早朝にマニラを出発してからすでに12時間以上が経過していた。時折響き渡る野鳥の声を聞きながら、真っ暗な中、険しい山を歩き続けること1時間。どこまで続くとも果てない暗闇に、突然犬の声と美しい歌声が聞こえたかと思うと、忽然とまほろばのような村があらわれた。まるで、隠れ里のように下界からは隔絶したかのように見える世界で、マンヤンの人々は村の中心にある教会に集い、土曜日のミサをあげていた。子どもたちはひとなつこそうに笑い、大人たちは村のストアの前で薄明かりの中、談笑している。ふもとの町では炎天下で働いている子どもたちが大勢いたのに、ここは人々の心が安定した落ち着いた村のように見受けられた。

　このパナイタヤン村はハヌノオ・マンヤンにかんする著作もあるポストマ氏が家族と共に暮らしており、日本人人類学者も調査をした村である。ポストマ氏は研究者としてマンヤンに限らずフィリピンの言語や歴史について造詣が深いだけでなく、活動家としても、また、生活者としても大変魅力的な方である。マンヤンの人々からの信頼も厚く、プロジェクトを通じてすべてのマンヤンの人々が誇りを持つことが夢であると語る。

　日本におけるマイノリティに対する差別と同様、フィリピンにおいても先住民族に対する差別は日常の場面でも見られる。たとえば、子どもたちが学校で間違ったことや汚いことをすると、先生から「そんなことをするとマンヤンみたいだよ」と言われる。このことはオリエントが西洋から「矯正されるべき存在」として捉えられてきたというサイードの指摘を思い出させる［サイード 1993: 100-101］。また、マンヤンの若い世代は自己肯定感を持つことができず「僕はただのマンヤンだから」(強調は筆者) と言う。多くのポストコロニアル研究が指摘するように、ここにはマジョリティからのステレオタイプによって、みずからを「他者化」していくマイノリティの側の心理作用が見られる。しかし、あるとき、小学校でマンヤンの子どもが外部から来た先生に対して、「私はマンヤンだけれど、それは悪いことなの？」と言ったことで、先生もよ

うやく自分の持っている差別意識がマンヤンの子どもの心を傷つけていたことに気がついたという。

　さて、マンヤンのプロジェクトの第1段階は、パナイタヤン村にあるポストマ氏のマンヤンにかんする膨大な文献を複写し、州都カラパンのMHCに移し、分類して公開することであった。地方の特に山間部では、共産党の武装勢力である新人民軍とフィリピン国軍との緊張や対立があり、パナイタヤン村ではこれまで直接の戦闘行為はなかったものの、村の中心地に国軍が野営をしているときもあった。迷彩色の軍服に身を包み、長いライフルをかつぐ兵士たちの姿が平和な村の日常生活に入ってくるのは不似合いであり、村の平和がいつまで続くのか、衝突があったらどうなるのか、と不安になる。ポストマ氏も貴重な資料の安全性を考え、アクセスもよく、安心して保存できる州都のカラパンにMHCを設立することにした。

　しかし、前述のとおり山間の村から資料を運び出すのは大変な作業であり、地方ではコピーをとることも容易ではない。このようなことがどれほど大変かということは実際に現場に足を運んでみないと想像することはできない。海外の援助機関の多くがインフラの整った先進国の都市の事務所でプロジェクトの決定や予算の査定を行っているため、現場のニーズと乖離していることはよく指摘されることであり、開発コンサルタントが書いた計画に基づいて、現場を一度も見ずに行われるプロジェクトもある。2000年代前半の当時、すでにインターネットは普及していたが、村にはファックスはおろか、電話すらなく、緊急の連絡の際には誰かがふもとのマンサライの知人宅まで走る以外の連絡方法はなかった。

　そのような状況のなかで、MHCはマンヤンの研究を世界で最も包括的に網羅した資料センターとして設立され、資料はオンラインカタログで公開されている［Mangyan Heritage Center n.d.］。また、MHCはマンヤンの文化を紹介する展示を巡回開催するコミュニティ・ミュージアムでもあり、マンヤンの若者たちが自分たちの文化を学ぶラーニングセンターであり、マンヤンの手工芸品などの製作と販売を行っている生産組合であり、外部の研究者とマンヤンのコミュニティをつなぐ窓口でもある。

　さらに、重要なことは、外部の研究者らが先住民族コミュニティに入るための倫理規定を設けているということである。先住民族権利法の中の知的財産権

第2部　人権と援助

の規定にならい、外部者が先住民族コミュニティの調査を行う際にはコミュニティのリーダーからかならず事前の許可を求めること、MHCで事前のオリエンテーションを受けること、そして研究成果を出版する際にも事前のチェックを受けること、などが決められている。以前、文化人類学を専攻する学生が博士論文を執筆するための調査に訪れ、その時の調査データが先祖伝来の土地をめぐる裁判が争われた際に、先住民族にとって不利な証拠として利用されたことがあったと聞く。研究目的で知識を搾取し、それをコミュニティに還元しないばかりか、先住民族にとって不利になるようなかたちで悪用するケースがあるというのである。ここでも対象とどのようにかかわるのかという外部者の倫理と立ち位置が問われている。

　マンヤンのプロジェクトの第2段階は、ポストマ氏とマンヤンのリーダーによって、マンヤンの生誕から死までの民族誌的記録を行うというものである。パナイタヤン村のシャーマンであるウンボス氏とコミュニティリーダーであるライオン氏と絵が上手なジョニー氏がこのプロジェクトに参加することとなった。マンヤンの口承伝統の歌垣のアンバハンを取り入れつつ、人生のライフサイクルである誕生から死までのマンヤンの年中行事を記録し、挿絵をつけていく。パナイタヤン村にコンピュータと発電機を運び上げ、湿潤な気候と熱帯の生物多様性と格闘しながら、3年間かけてポストマ氏とマンヤンの人々の手による合計1500ページ、計4冊の本が完成した。『マンヤン文化』[Ed. Postma 2005]と題する本書には、結婚や妊娠、出産や青年時代、作付けや狩猟、病や死後などマンヤンの一生が描かれている。電力が安定しない地域での作業は本当に大変であり、支援の内容はこの間、畑仕事ができないマンヤンの生活保障であった。原稿執筆という慣れない仕事と格闘するウンボス氏とライオン氏の苦労は並大抵ではなく、特に、農繁期や家族の病気などの緊急事態の際には、原稿はどうしても滞りがちになった。

　本の原稿がほとんど完成した頃、ウンボス氏やライオン氏に自分たちの文化を記録することの意味について尋ねた。特にハヌノオ・マンヤンは海外の多くの研究者が研究対象にしてきたことから、これまでの人類学者による研究成果とマンヤン自身の手による記録では何が違うかを尋ねたところ、次のような答えであった。

これまでの文化人類学者による研究は部分的なものでしかなかった。自分たちの文化の一つの側面にだけ光を当てているような感じだった。でも、今回自分たちが手掛けたものはマンヤンの文化の全体を扱っており、これで子どもたちもマンヤン文化を学ぶことができる。

　このような文化の記録に対して、文化は変容するものであるにもかかわらず、ある時点で「これがマンヤン文化である」として記録に残すことは文化を本質化し、博物館化することであるという批判はあるだろう。失われていく「純粋な文化」[7]を記録することは、ポストモダニズムの立場からも批判されてきた。しかし、ここでは記録されたものが「純粋」であるかどうかは重要ではない。むしろ、海外や自国の研究者に「これがマンヤン文化である」と一方的に、そしてしばしば外国の言語で表象されることが多かった先住民族にとって、マンヤン自身が語りの主体となって自己表象を行い、社会からの承認を目指したことが重要なのである。

　そして、第3段階では、ウンボス氏やライオン氏の言葉どおり、子どもたちがマンヤン文化を学ぶことができるような授業がミンドロ島の学校で開始される。完成した1500ページの本を土台にして、小学生向けのテキストブックが作成され、地元の学校でマンヤン出身の教員を雇用し、文字や文化を教える授業が開始された。パナイタヤン村の隣のバイト村の小学校を訪問すると、子どもたちが黒板に自分たちの名前や簡単な文章をマンヤン文字で書いており、その後、青銅製の楽器であるゴングを鳴らしての音楽の授業も続いた。このようなことができるようになったのも、ポストマ氏が教育省にローカルな文化を反映したカリキュラムを認めるように交渉した成果である。国家の枠組みが植民地支配によって外在的に持ち込まれたフィリピンの地方では、中央による文化支配に対する反発もあり、地方の言語や文化に根ざしたローカルアイデンティティが強い。そのため、義務教育であっても多様化が図られているのである。

　マンヤン自身による自己表象プロジェクトは、長年、マンヤンと共に暮らし、マンヤンの文化を収集してきたポストマ氏と、マニラで暮らすMHCの理事の尽力と支援がなければ実現しなかった。ポストマ氏が元宣教師であったこと、パナイタヤン村の中心は教会であること、MHCがマンヤンミッションという教会の一角にあることを考えると、マンヤン文化に対するキリスト教の影

響を無視することはできない。また、「マンヤン文化」として文化の記述を行うことは、文化を静的に捉え、マンヤン・コミュニティの中の地域や階級やジェンダーによる多様性を隠ぺいし、文化を一枚岩的なものとして表象しているという批判もあるかもしれない。あるいは、マンヤン文化として記録されたものはあくまでも2000年代半ばに行われた一時的なベンチマークでしかないのかもしれない。

しかし、先住民族は「純粋な文化を保持している」という見方や「先住民族の文化保存は真正でなければならない」というのも外部の啓蒙主義者や開発主義者の勝手な思い込みなのである。語りは「誰がどのような立場で誰に向かって語るのか」という立ち位置の問題と無関係ではない。本プロジェクトはたとえポストマ氏のイニシアティヴによって開始されたものであったとしても、マンヤンの人々からの信頼と参画を得て行われている。そして、テキストは次世代のマンヤンにもマンヤン以外の人々にも開かれているのである。

異種混交であれ、本質主義であれ、マイノリティとして生きている若い世代が自分たちの文化の価値を再認識し、「僕はただのマンヤンだ」と言っていた少年が、「僕はマンヤンだ」と言えるようになること、すなわち尊厳を持ち他者から承認され、意志決定の場に参加していくことができるようになることがエンパワーメントではないだろうか。

第5節　先住民族による文化の創造――ミンダナオ島のルーマッド

先住民族による自己表象の二つ目のプロジェクトでは文化の創造を試みた。ルーマッドとは南部ミンダナオ島のさまざまな先住民族を総称する呼び名である。イスラーム教徒による分離独立運動が行われているミンダナオでは、ルーマッドはキリスト教徒とイスラーム教徒との紛争の影響を最も受けているにもかかわらず、政治的な発言力は弱く、不可視化されていた。そこで、アテネオ・デ・ダバオ大学のアルベルト・アレホ氏により、ルーマッドの若手の育成を目的とした研修が開催されることとなった。そこでとりあげられたテーマは創作文芸である。

アレホ氏は、文化人類学者であり神父であり詩人でもあり、才気にあふれた方である。アレホ氏は博士論文でミンダナオ島の霊山であるアポ山における地

熱発電所開発に反対する先住民族の抵抗運動をとりあげ、論文では自分が先住民族について記述したが、今度は彼・彼女らが自分たちの物語を書く番であると考え、先住民族の若手の育成を企画したという。

9.11の同時多発テロの1カ月後に開催された創作文芸ワークショップには20名ほどの先住民族の若者が参加し、ダバオ在住の作家やアーティストの指導を受けながら小説や詩を完成させていった。『マンヤン文化』が記録を重視した自己表象であったとすれば、ルーマッドの若者たちの作品は創作活動による自己表象であった。

しかし、ミンドロ島以上にミンダナオ島の先住民族が置かれている状況は厳しい。1990年代に中東の石油が値上がりしたことから、政府はミンダナオ島に地熱発電所の建設を決定する。しかし、そこは先住民族が代々暮らしてきた先祖伝来の土地であり、土地の所有権と環境破壊が大きな争点となり、対立が続いていた（Alejo［2000］参照）。

創作文芸ワークショップに参加した先住民族マノボのベティ氏は、マノボの文化復興運動のリーダーであり、フィリピン国立石油公社（PNOC）が推進している地熱発電所の建設反対運動の中心的なメンバーであった。本人から聞いた話によれば、ワークショップの4日前にベティ氏の夫がPNOCのフィエスタ（お祭り）に招かれ、殺害されたという。お昼頃に夫から「大丈夫だから」という連絡が入ったが、その電話の直後に撃ち殺された。犯人はPNOCが雇った民兵だと思われるが、明らかではない。お金も権力もなく他者化された先住民族は簡単に土地を奪われ、権利を奪われ、まるで虫けらのように殺されていく。しかし、ベティ氏は法律事務所で働いた経験があるため、直ちにこの件を訴える準備をした。「私たちは自分たちの土地に対する戦いを決して諦めない。私たちが闘争の過程で見たこと、経験したことはすべて私たちの詩に表される」[8]と発言し、筆者は思わず鳥肌がたった。ベティ氏にとって詩を書くということは生きることの根源そのものであり、周縁化された先住民族が詩を通じて声を持つことは政治闘争の一部なのである。

ワークショップに参加した先住民族マノボの青年は、アポ山の平和な暮らしが地熱発電所によって破壊され、かつての幸せな暮らしはもう夢の中でしか見られないことや、学校の先生が自分の父親の先住民族の名前を発音できなかったために名前を変えさせられてしまい、それが魂の喪失になったことを詩に詠

んだ。ホロ島から来ていたサマの女性は、さまざまな民族が助け合って暮らしていたかつての生活が戦争によってずたずたに破壊されていく様子を詩に詠んだ。

そして、ワークショップの数年後に完成した作品集 [Mindanawon Initiatives for Cultural Dialogue and the Individual Authors and Artists 2005] には、絵の才能のある障がいを持った青年が「文学は、弱く、傷つき、無力な戦士である私たちの魂に活力を与え、自由と正義と人種の平等に対する戦いを継続させてくれる」と力強い言葉を寄せている。開発による土地の収奪、貧困、環境破壊、民族浄化等、先住民族を取り巻く社会状況はあまりに暴力的であり、険しい。そのなかで、自己表象は彼・彼女らの表現力や創造性を育むだけでなく、社会的承認を求めるための「声」であり、先住民族の権利回復運動を推進するための対抗手段でもある。一方、先住民族らの「声」はそれを聴く「耳」がなければ社会に響くことはない。民族や宗教で分断された世界に対話の重要性をよみがえらせるためにも、彼らの言葉を聴く耳とその背後の状況を視る眼が求められている。

ところで、途上国の周縁化されている人々を支援する場合、その地域で暮らしていなければ、交通や通信手段、治安や言語などの問題から、その支援のあり方はある程度間接的にならざるをえない。ミンドロ島のマンヤンやミンダナオ島のルーマッドのように遠隔地や紛争地で暮らす先住民族の人々に直接アクセスをするのは容易ではないため、現地の知識層を「文化の翻訳者」として頼らざるをえない。その場合、文化の翻訳者がどのような立場でなぜ他者を助けるのか、ということを見極めることが重要であろう。支援したプロジェクトの中には、「文化の翻訳者」であると思っていたNGOがマイノリティを政治的に利用していたことが後からわかったケースもあり、マイノリティと支援者との関係は複雑である。私たちの存在は、からまりあった歴史の澱や何世代にも及ぶ権力関係などの時間と空間の中に位置づけられており、そこから自由になることは難しい。

ところで、誤解を招かないように付け加えると、筆者は先住民族以外は先住民族について語るべきではないとは思わない。仮に先住民族のことは先住民族にしか表象できないとすると、マンヤンとルーマッドでは社会的文脈がまったく異なるうえ、先住民族の内部も世代、階層、ジェンダーによって多様である

ことから、集団としての「声」を持つことができなくなってしまう。また、女性のことは女性にしか語れない、日本のことは日本人にしか語れない、といった場合の知的閉塞感は明らかであろう。表象の実践そのものは開かれているべきなのであり、支配者と被支配者が入れかわってもそこにある権力や暴力の問題が解決しないことは歴史が教えてくれている。

第6節　「小さな民」の正義とは

　グローバル化による国際競争力の激化とポスト産業化による産業構造の転換等により、国内外における貧富の格差は拡大しており、人種や民族、階級やジェンダーによる社会の亀裂はますます深まっているように思われる。大企業や一部の富裕層のみが利益を独占するグローバル資本主義に対する異議申し立ては活発化しており、「正義とは何か？」という本質的な問いが投げかけられている。

　ヤング［Young 1990］は、これまでの正義論の考え方においては、収入や資源や福祉政策の公正分配についての原則を論じる分配的正義の考え方が中心であったことを指摘する。それに対して、正義は単に物質的な（再）分配の問題ではなく、それを生み出す制度的な支配や抑圧を取り除くためには、集団としての差異を承認することが重要であることを主張する。公共空間においては誰もが個人として参加し、平等に扱われることを原則としているが、参加型民主主義を実現するためには、社会集団としての差異の承認が行われるべきであるというヤングの主張は、先住民族のように集団としての権利保障を求めている人々にとっては有効であると思われる。ヤングはあくまでも北アメリカという文脈で黒人やアメリカン・インディアン、女性を差異のある社会集団として捉え、物質的な（再）分配による正義ではなく、彼らのエンパワーメントのための差異の承認を主張する。それに対し、フレイザー［Fraser 2003］は、分配的正義と承認的正義はしばしば対立するものとして扱われることを指摘し、それを理論的に統合することを試みる。なぜならば、分配的正義は普遍的な市民を基盤としており、誰もが平等に扱われることを求めるのに対して、承認的正義は差異の社会的認知を求めるからである。

　筆者はマイノリティ集団の同化を強要しない承認的正義は、フィリピンの先

住民族を含めたマイノリティが同時代を生きる社会の構成員として認められるためには必要であるが、ヤングが対象としている北アメリカの文脈と比べた場合、フィリピンの先住民族をはじめとする多くの周縁化された人々には、分配的正義も必要であると考える。特に先住民族の場合、先祖伝来の土地をめぐる争いは彼らの生活基盤とアイデンティティの双方に深くかかわる問題であり、土地や資源の公正分配の問題と切り離して先住民族のアイデンティティを語ることはできない。同時に先住民族は社会集団として法的に承認されることなしには、先祖伝来の土地を獲得することはできないことから、分配的正義と承認的正義はフィリピンの文脈においては統合されなければならないと考える。

　実際、筆者が行った先住民族の自己表象のプロジェクトは承認のための第一歩であったが、それは公正な分配のための権利要求への第一歩でもあった。マンヤンの文化の記録が教育現場へと広がり、次世代のマンヤンの子どもたちに受け継がれていくことや、ルーマッドの若者たちによる自己表象が先祖伝来の土地を求める権利回復運動へと連結していることは、承認と分配が相互に関連していることを表している。そして、先住民族を含めたマイノリティの社会統合をいかに進めるかは、フィリピンのみならず日本においても大きな課題であり続けている。

おわりに

　冷戦構造が崩壊した後、時代状況は大きく変化し、日本とアジアとの関係や人々のリアリティの捉え方も大きく変容した。西欧中心主義はグローバリゼーションと名前を改め、新自由主義という新たなイデオロギー的配置が出現する。日本をめぐる状況も少子高齢化、3.11と福島の原発事故、歴史修正主義の急速な台頭という国内問題に加えて、アメリカのヘゲモニーの低下と中国の台頭により国際秩序も大きく変容しようとしている。そんななかで「小さな民」はもはや東南アジアの辺境だけでなく、ワーキングプアやシングルマザーや移民というかたちで、私たちの隣人として同じ街で暮らすようになってきた。

　多様な個人が尊厳を持って生きていくためには、自己表象を通じて民族や宗教や言語やジェンダーやセクシュアリティなどの差異が承認され、分配的正義についても議論ができるような公共空間が開かれていることが重要である。差異と平等、あるいは承認と分配を具体的な現場において統合するための方法と

第6章　〈他者〉との共存を求めて

して、マイノリティの自己表象は一つの可能性を提示してくれるものであり、自分とは異なる他者に対して寛容になり、対話の空間を開くことはフィリピン以上に日本でも求められている。

　ルーマッドのワークショップの最終日には、パナイ島からの詩人グループを迎えて、詩の朗読会が行われた。ルーマッドの参加者がワークショップで創作した詩の朗読を行うと、パナイ島からのグループやダバオの文学者たちも、キナラヤン語、ヒリガイノン語、スペイン語、ワライ語、セブアノ語、英語で自分の作品や自分が好きな詩の朗読を行った。多様な言語による詩は、陰影を帯びながら愛や夢、日常の幸せ、希望や悲しみ、社会矛盾や苦悩などをのせてそれぞれの参加者の人生を分有していく。抑揚を持った言霊たちは、風のように舞い、自在に往還し、参加者の心の襞に深く沈殿していく。それはまるで一つの島から別の島へと響き合うように交わされ、その言葉の波動は幾重にも渦を巻き、木霊し、参加者を包み込んでいった。一つの言語を特権化することなく、他の言語を圧殺する大きな声もなく、多様な言語が響き合うポリフォニーは、マイノリティの声を排除しない多元的な社会を想起させてくれた。異なる他者に対する不寛容が社会を覆うなか、オルタナティブを構想する力は、そのような多声的な他者との対話のなかにこそあるのではないだろうか。

【注】
⑴　国際協力についての語りも歴史的な変遷を遂げているが、それについては別稿を要する。
⑵　村井［1982］は、「小さな民」を富や権力を持たない一般の人々という意味で使っており、具体的には小売業や職人や漁民など地域で暮らす人々をイメージしている。
⑶　アンダーソンは、国民を構成している人々はお互いに知り合うことはないにもかかわらず、同じ共同体に属していると考えていることを指して「想像の共同体」と呼んだ。
⑷　アイヌもいずれ日本民族になる存在として捉えられていた［モーリス＝鈴木2000］。
⑸　イスラーム教徒女性の自己表象については小川［2008］参照。
⑹　スペイン植民地時代に西洋式の教育を受けた人々に由来しており、一般的には中流階級の知識層を指す。

(7)「純粋な文化」の再構築は長いあいだ人類学の理論的な前提となってきた［太田 1998: 第2章; Rosaldo 1989］。

(8) 原文は "We will never give up our struggle for our land. All the things that we witness, all the experiences during our struggle will come into our poems."

【参考文献】

アンダーソン，ベネディクト．1997.『増補・想像の共同体——ナショナリズムの起源と流行』白石さや・白石隆（訳），東京：NTT出版．（原著：Anderson, Benedict R. O' G. 1991. *Imagined Communities: Reflections on the Origin and Spread of Nationalism*. (Revised and Extended. ed.) London: Verso.）

太田好信．1998.『トランスポジションの思想——文化人類学の再創造』東京：世界思想社．

小川玲子．2008.「差異を超えて——語り始めたフィリピンのムスリム女性たち」『アジア女性研究』17: 133-139.

クリフォード，ジェームス；マーカス，ジョージ．1996.『文化を書く』春日直樹他（訳），東京：紀伊国屋書店．（原著：Clifford, James; and Marcus, George. 1986. E. *Writing Culture: The Poetics and Politics of Ethnography*. California: University of California Press.）

サイード，エドワード・W．1993.『オリエンタリズム（上）・（下）』板垣雄三他（訳），東京：平凡社ライブラリー．（原著：Said, Edward W. 1979. *Orientalism*. New York: Vintage Books (first published in 1978).）

ジョージ，スーザン．1984.『なぜ世界の半分は飢えるのか』小南祐一郎他（訳），東京：朝日選書．（原著：George, Susan. 1977. *How the Other Half Dies: The Real Reasons for World Hunger*. Montclair, N. J.: Allanheld, Osmun.）

清水展．2003.『噴火のこだま——ピナトゥボ・アエタの被災と新生をめぐる文化・開発・NGO』福岡：九州大学出版会．

———．1998.「植民地支配の歴史を越えて——未来への投企としてのフィリピン・ナショナリズム考」『アジアの多文化社会と国民国家』西川長夫他（編），148-171ページ．京都：人文書院．

鶴見和子；川田侃．1989.『内発的発展論』東京：東京大学出版会．

鶴見良行：1982.『バナナと日本人——フィリピン農園と食卓のあいだ』東京：岩波新書．

フレイザー，ナンシー．2003.『中断された正義——「ポスト社会主義的」条件をめぐる批判的省察』仲正昌樹（監訳），東京：御茶の水書房．（原著：Fraser,

Nancy. 1997. *Justice Interruptus: Critical Reflections on the "Postsocialist" Condition.* New York: Routledge.）

村井吉敬．1982．『小さな民からの発想──顔のない豊かさを問う』東京：時事通信社．

モーリス＝鈴木，テッサ．2000．『辺境から眺める──アイヌが経験する近代』大川正彦（訳），東京：みすず書房．

Alejo, Albert E. SJ. 2000. *Generating Energies in Mout Apo: Cultural Politics in a Contested Environment.* Manila: Ateneo de Manila Press.

Ed. Postma, Antoon (Tinipon ni BAPA). 2005. *Kultural Mangyan* Vol. 1-4, Talasalitaan (Vocabulary). Calapan: Mangyan Heritage Center.

Mindanawon Initiatives for Cultural Dialogue and the Individual Authors and Artists. 2005. *Sikami'n Lumad: Bagong Panitikan ng Katutubong Mindanaw.* Ateneo de Davao University Research and Publication Office for the Mindanawon Initiatives for Cultural Dialogue: Davao.

Rosaldo, Renato. 1989. *Culture and Truth: The Remaking of Social Analysis.* Boston: Beacon Press.

Young, Iris Marion. 1990. *Justice and the Politics of Difference.* Princeton and Oxford: Princeton University Press.

【インターネット資料】

Mangyan Heritage Center. n.d. Accessed on July 25, 2014. http://www.mangyan.org.

【推薦図書】

アンダーソン，ベネディクト．2009．『ヤシガラ椀の外へ』東京：NTT出版．

ホセ，フランシスコ・ショニール．1984．『仮面の群れ』山本まつよ（訳），東京：めこん．

石牟礼道子．2004．『苦界浄土』東京：講談社文庫．

徐京植．2005．『ディアスポラ紀行──追放されたもののまなざし』東京：岩波新書．

第7章 開発と紛争
―― インドネシア・アチェのODA事業による土地収用と住民の周縁化

佐伯　奈津子

はじめに

　マラッカ海峡沿いのスマトラ島北西端に位置し、アラブ、インド社会に開かれていたアチェは、独自の歴史と文化を営んできた。現在のインドネシア領域で最も古く、9世紀にはイスラームに改宗したといわれ、「セランビ・メッカ（メッカのベランダ）」と呼ばれている。15世紀には独立した王国「ナングロー・アチェ・ダルサラム」が存在し、スルタン・イスクンダル・ムダの時代（1607～36年）には、ジョホール、パハン、ケダ、ペラックを包括する王国として全盛期を迎えた。また16世紀以降、マラッカ海峡最大の国際貿易港として、コショウや金の貿易で栄えていた。

　しかし19世紀に入り、イギリスのスマトラ進出を警戒したオランダが、スマトラ東海岸への干渉を拡大し、1873年にアチェに対して宣戦布告する。以来、アチェは、オランダ植民地支配に対する戦争（アチェ戦争、インドネシア独立戦争）、インドネシア共和国成立後の反乱（ダルル・イスラーム運動）、そして自由アチェ運動（GAM: Gerakan Aceh Merdeka）によるインドネシアからの分離独立運動と、3世紀にまたがって抵抗運動を続けてきた。

　特に1976年以降の紛争下での軍事作戦や人権侵害の実態については、国際社会も含めアチェ内外のNGO・市民団体が詳細な調査を実施している。しかし、紛争の根源的原因だと指摘されるアチェの周縁化プロセス、つまり開発にともなう土地収用、環境破壊、地元でなく他地域からの技術者などの雇用、経済格差の増大、不平等な経済的分配などについては、具体的にはほとんど検証されてこなかった。

　これには三つの理由が考えられる。第一に、開発の恩恵にあずかれるのは一部にすぎず、地元の住民は開発の傍観者でしかないというのは、アチェだけで

なくインドネシアのNGO・市民団体、そして特に草の根の人びとにとって「常識」となっていることが挙げられる。第二に、住民にとっても、NGO・市民団体にとっても、深刻な人権侵害にどう対応するか、いかに生き延びるか、いかに紛争を終結させるのかが最大の関心事で、紛争の根源的原因に取り組む余裕がなかったからである。

そして第三に、軍事作戦が展開されているなか、開発による負の影響を受けた住民が、その被害状況を訴えることは、生命をも脅かす危険な行為であり、軍事作戦による人権侵害と比較して問題が顕在化しづらかった。2004年末のスマトラ沖地震・津波で甚大な被害を受けたことを契機に、これ以上住民に負担をかけられないと判断したGAMは独立要求を取り下げ、05年8月、インドネシア政府との和平合意が結ばれた。1970年代の開発による被害住民は、30数年を経てようやく、自身の権利回復を求めることができるようになった。

では、アチェで1970年代に始まる開発によって、住民はどのような影響を受けたのだろうか。本章は、日本の政府開発援助（ODA: Official Development Assistance）で実施された二つの開発事業を事例に、特に土地収用による住民の周縁化を明らかにすることを目的とする。第1節ではアルンLNG社、第2節ではアセアン・アチェ肥料（AAF: Asean Aceh Fertilizer）社建設にともなう土地収用プロセスについて、当時の文書や、1999年から2015年にかけての住民の聞き取り調査をもとにまとめる。第3節では土地収用関連の法規則を整理し、インドネシアの土地政策の問題を指摘する。

第1節　居住と生計を奪うアルン LNG 社

1　住民の周縁化を招いた天然ガス開発

アチェで天然ガスが発見されたのは1971年のことである。国営石油天然ガス鉱業会社（プルタミナ）の依頼を受けたモービル・オイル（現エクソン・モービル）[1]が、北アチェ県で探査を行い、採掘を開始した。70年代初頭といえば、石油危機に直面していた日本では、エネルギー価格が高騰し、代替エネルギー開発の必要性が認識されていた時期である。さらに高度経済成長とベトナム戦争特需の余剰資金で、日本企業は大型プラントの輸出に狂奔していた［鶴見1982: 188］。日本は、アチェの天然ガスの輸入を目指し、その開発に参加した。

第2部 人権と援助

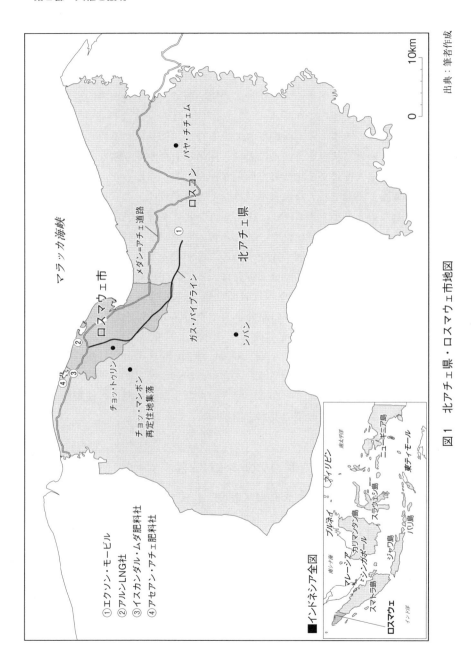

図1　北アチェ県・ロスマウェ市地図

表1　インドネシア向けLNG借款

援助形態		有償資金協力	
供与取極年月日（E/N署名日）		1974年3月16日	
L/A締結日		1974年9月20日	
相手国実施機関		国営石油天然ガス鉱業会社（プルタミナ）	
協力の内容		液化天然ガス（LNG）基地の関連インフラ整備	
供与額		560億円	バダックLNG開発事業　242億円
			アルンLNG開発事業　318億円
供与条件	金利	年3%	
	償還期間（うち据置）	25年（7年）	
備考		アンタイド	

出典：通商産業省通商政策局［1977: 376, 381］をもとに筆者作成

　日本からの液化天然ガス（LNG）開発借款が正式に決まったのは、1974年1月、田中角栄首相（当時）がインドネシアを訪問したときだ。ジャカルタでは、学生らが日本のインドネシアへの経済侵略に対して反日デモを展開、大規模な暴動にまで発展するマラリ事件が起きたのも、このときである。同年3月、318億円のLNG開発借款にかんする交換公文が締結され、日本は77年から20年間に年間750万トンのLNGを輸入することを決めた[2]。

　これと同時に日本輸出入銀行および市中16行（日本興業、三和、富士、三菱、住友、三井、大和、東海、東京、日本長期信用など、名称は当時）の協調融資として、日本インドネシア・エル・エヌ・ジー株式会社（JILCO: Japan Indonesia LNG Co., Ltd.）を通じて、プルタミナに対し8億9800万ドルが融資された。JILCOは、LNG輸入を予定している関西電力、中部電力、九州電力、新日本製鉄、大阪ガス、日商岩井、日本興業銀行などが設立した輸入会社で、LNG精製を行うアルンLNG社の株15％を所有している。日本にとって、インドネシアは最大のLNG供給国（1979年から2009年まで）であり、その輸入量は年々減っていったとはいえ、80年から88年には、日本は総輸入量の5割を超えるLNGをインドネシアに依存してきた［経済産業省 2014］。

　インドネシアにとっても、天然ガス開発は重要な意味を有している。たとえば、在インドネシア日本大使館による経済協力評価報告書［外務省経済協力局 1995: 260］では、アルンLNG開発借款について、①案件の維持・管理状況、②

案件の選定・形成の適正度、③当初目的の達成及び効果、④環境への影響の4点が評価され、「(インドネシアにとって)石油と並ぶ貴重な外貨獲得源となり、インドネシアの開発に貢献した」「LNG生産設備の2度にわたる増設の結果、現在では年産1200万トンまで能力が増強され、全量が日本、韓国向けに輸出され、世界のLNG供給の20％を占めるに至っている」と書かれている[3]。

1980年代半ば頃から、石油国際価格の暴落、産出量の頭打ちなどで、脱石油化・工業化が図られるようになったとはいえ、アチェのインドネシア経済への貢献は大きかった。スハルト時代、アチェは国家歳入の11％、もしくはLNG生産だけでも平均的に年26億米ドルを稼ぎ出していた[Sukma 2005: 14-15]ともいう。

このように、インドネシア経済発展に貢献したと評価されるアチェの天然ガス開発だが、では地元の住民にとってはどのような意味を持ったのだろうか。インドネシア戦略国際問題研究所（CSIS: Centre for Strategic and International Studies）のリザル・スクマは、次のように分析する。

> （天然資源開発は）小規模農民から適切な補償なしに土地を収用し、深刻な環境の悪化を引き起こすなど、望ましくない影響をもたらした。その豊富な天然資源にもかかわらず、アチェはインドネシアで最も貧しい州のひとつだった。その資源が属する人びとの福祉を無視したアチェの天然資源開発は、侮辱であり、アチェ人の文脈において、最も受け入れがたい行為だった[Sukma 2005: 14]。

同じCSISのインドラ・ピリアンは、アチェのすべての問題の根源が経済にあると述べる。

> アチェは最も豊かな州のひとつなのに、その大多数の人びとがみずからの村にいながら貧窮し、周縁化されている[Piliang 2004]。

天然ガスが発見されてから5年後の1976年、GAMが「ジャカルタの外国体制およびジャワ島の外国人のいかなる政治的コントロールから解放され、独立する」[Tiro 1984: 15]と宣言したことから考えても、開発によってアチェの人

びとが周縁化されていくプロセスと独立運動は無関係ではないだろう。

なお、前出の経済協力評価報告書では、「アルン地区周辺には……町があるため労働力供給の点で十分」「計画に際し十分な環境アセスメントが行われ、自然環境の保護を優先すると共に、周辺住民に対し悪影響が生じないよう配慮がなされている」〔外務省経済協力局 1995: 260〕と報告されており、アチェ周縁化についても、独立運動についてもまったく触れられていない。

2　再定住地問題と村の消滅

　アルンLNG社建設にともない、全体が土地収用の対象となったのは、北アチェ県ムアラ・ドゥア郡（現在はロスマウェ市ムアラ・サトゥ郡）の東ブラン・ランチャン村（98世帯）、西ブラン・ランチャン村（162世帯）、東ランチュン村（121世帯）、西ランチュン村（149世帯）である。土地収用された住民がまとめた文書によると、4カ村の住民は1974年、北アチェ県知事から、アルンLNG社建設のために土地が収用されるという説明を受けたという。土地の補償金額は、庭地は1平方メートル当たり160ルピア、畑地100ルピア、水田75ルピアで、プルタミナが支払うという説明だった[4]。さらに4カ村の住民は、アルンLNG社稼働後、未熟練労働者として雇用されることと、若者を海外に留学させるということも約束された。補償金の支払いは74年末から75年初めに、ムアラ・ドゥア郡庁で行われた。

　一方再定住地については、タナ・パシル郡、スヌドン郡、バクティア郡（いずれも北アチェ県東部）が候補として挙げられたが、対象となった4カ村のあるムアラ・ドゥア郡から離れていた。また住民の多くは漁民だったことから、内陸にあるこれらの候補地は、住民が生業を続けるには適切なものではなかった。住民は、ムアラ・ドゥア郡内での移転を望んでおり、チョッ・トゥリン村であれば湿地帯を開拓して、生計を立てられると考えていた。しかし、プルタミナや県政府は、アルンLNG社から4キロメートル以内の居住を禁じたため、住民の希望はかなえられなかった。

　天然ガスを採掘するモービル・オイルの操業地域については、バユ郡ンバン村に再定住地（家屋建設用の0.5ヘクタールと水田用地1ヘクタール）が準備された。1979年北アチェ県村落開発局の文書によれば、ムアラ・ドゥア郡を含めた7郡に対してンバン村の再定住地が準備されたことになっており、4カ村

の住民はなぜゼンバン村への移転が実現しなかったのか疑問に感じている。再定住地の準備ができたら移住する計画だったが、国軍兵士約20人によって強制的に土地は収用されたという。西ランチュン村出身のイスマイル・シャム[5]は、家の撤去を拒み、国軍兵士に銃床で胸を打たれ、妊娠8カ月の妻が兵士を制止しようとしたことを、いまも生々しく記憶している。結局4カ村は、再定住地が確保されないままに消滅し、住処を失った住民たちは、西のバンダ・アチェ市から東のランサ市まで分散したのである。

しかし、紛争中、土地を収用され、住む場所を失った住民たちが、みずからの権利を訴えることは困難だった。西ブラン・ランチャン村出身で、住民代表のシャ・M・インシャ[6]は語る。「紛争中、政府はライオン、治安部隊は狼、ただの民衆はヤギだった。財閥に損になるようなことは口にできなかった」。

2005年和平合意が結ばれて4年後の09年7月、4カ村出身の住民は、ようやく声を上げるようになる。アルンLNG社、ロスマウェ市政府に対し、35年前の約束の遵守を求めるデモを行ったのである。「大統領は再定住問題解決に乗り出して。血と涙と死が、いつもアチェの運命になるのを放置しないで」という横断幕が掲げられた。このデモは、ロスマウェ市警察の妨害を受け、強制的に解散させられたが、翌日、ロスマウェ市当局とプルタミナとの非公開会合が設けられ、プルタミナの所有するムアラ・サトゥ郡ウジョン・パチュ村の土地121.9ヘクタールが再定住地として準備されるという合意が、市とプルタミナとのあいだで交わされた。この約束も守られることはなかった。1年後の10年6月、4カ村出身の住民はアルンLNG社前で座り込みを開始する。この座り込みは、アチェ州知事が11年3月までに問題を解決すると約束した10年9月まで続けられた。しかし、11年3月という期限も反故にされた。再定住地建設用地にあてられたプルタミナ所有地の土地所有権をロスマウェ市に委譲する手続きが進まなかったためである。

2014年10月15日、アルンLNG社は4269回目、韓国向けのLNG12万5000立方メートルを出荷し、輸出基地としての操業を終了した。「アルンLNG社が閉鎖されれば、土地問題も棚上げされることになるのではないか」と焦った4カ村の元住民は再び、座り込みを開始した。10月21日には、約2000人がロスマウェ市庁舎で約束遵守を求めるデモを行う。しかし、ロスマウェ市長は面会を拒み、住民たちは市庁舎に入ることも許されなかった。住民たちは警察隊ともみ

合いになり、6人が重軽傷を負う事態となった。

　2010年に住民代表を務めていたシャ・M・インシャ亡きあと、代表を務める甥のスルタン・ジュフリ[7]は15年2月、もはや再定住地を求めてはいなかった。土地収用の際、墓地の一部は移転されないまま取り残されてしまったが、いまもって住民が参拝することはかなわない。スルタン・ジュフリは、「Googleマップの衛星写真で墓地のあるあたりをみて参拝しているよ」と笑いながらも、墓地問題が住民の感情を損ねるものだと強く批判し、収用された土地の返還を訴える。「アチェでは和平合意が結ばれたが、この問題が解決しないかぎり、平和にはならない」。

3　土地収用で困難になった漁

　土地収用が移転をともなわない場合でも、周辺住民への影響は小さくない。アルンLNG社の東に位置するロスマウェ市バンダ・サクティ郡ウジョン・ブラン村は、漁船を停泊させていた河口付近を、アルンLNG社港湾建設のため収用された。

　アチェの伝統的な踊りに、タリ・プカット（網の踊り）がある。地引き網をモチーフにした踊りだ。北アチェ県のほとんどの海岸線沿いは、エビやミルクフィッシュの養殖池が造成されているが、この地域は砂浜が続いている。早朝、海岸を訪れれば、この地引き網を見ることができる。長い丸太をくりぬいた漁船が浜に近づくと、十数人の男性がいっせいに海に走って行く。重い、重い網を引っ張る姿は圧巻である。網が浜にあがったときが、緊張の瞬間である。大漁であれば、漁船の所有者、乗組員、そして網を引っ張った男性たちで収益を分け合う。夕方には、獲れた魚を干したり、網をつくろったりする人びとの暮らしが垣間見られる。

　中東からの原油タンカーの通り道であることから、「日本の生命線」と呼ばれるマラッカ海峡に、ウジョン・ブラン村は面している。油濁にまみれた、どんよりと薄暗い海ではあるが、この地域に住む人びとにとっては、豊かな自然の恵みをもたらしてくれる海なのである。そんな漁村での生活を、アルンLNG社は人びとから奪うことになった。

　伝統的な漁民組合「パンリマ・ラオット」代表のイリアス・ブント[8]によれば、2013年8月時点で、ウジョン・ブラン村には3人乗りの漁船が約250隻、

第2部　人権と援助

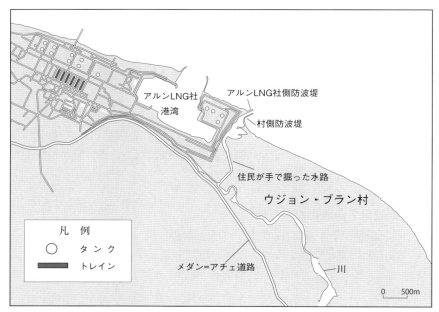

図2　アルンLNG社とウジョン・ブラン村
出典：筆者作成

30人乗りの漁船が約60隻あるという。のちにLNGタンカーが入ることのできる港湾になったことからも、水深の十分な自然の良港だったと想像される河口が収用されることは、漁に出られなくなることを意味していた。

　アルンLNG社は、漁船の出入りや水揚げができるように、住民に長さ1.6キロメートルの水路を掘らせた。1平方メートル当たり賃金30ルピアだったという。しかし重機もなく、住民の手で掘られ、さらに村側の防波壁も整備されなかった水路は、徐々に土砂が堆積し、満潮時でも水深１メートル程度しかない。漁民は、満潮時にしか漁に出られなくなった。村で水揚げできないときは、ロスマウェ市の中心、魚市場のあるプソン村で水揚げすることもある。住民指導者のムルダニ[9]は、「村で水揚げできれば、女性たちが魚を干して売ることができる。もっと深い水路があれば、村の経済は活性化されるのに」と嘆く。

　水路口に建設された防波堤も、漁の障害となっている。防波堤は当初、アル

ンLNG社側にしか建設されず、村の海岸沿いの土地は浸食が進んだ。地図からも、水路を隔てて、アルンLNG社と村の海岸線が明らかに違うことがわかる。漁民たちの要求によって、2000年代初め、ロスマウェ市は村側にも防波堤を建設した。しかし、ずさんな工事によって落石が相次いでいる。以前からあったアルンLNG社側の防波堤との間隔も短い（水路口が狭い）ため、高波のときに漁船が防波堤に衝突する事故も少なくない。漁船の修理費用は、漁民に重くのしかかる。

　漁民のイスカンダル・ハシム[10]は2013年9月、アルンLNG社に対する怒りから声を荒げて訴えていた。「テレビでも新聞でも、どこでも話す。自分の名前も顔写真も出してくれていい。ウジョン・ブラン村の人間は、アルンLNG社で雇われることもない。せいぜい雑草刈りに駆り出されるぐらいだ。これがアチェの経済格差だよ」。

　アチェには「川ワニは立ちつくし、入ってきたワニが儲ける（Buya Krueng Teudong-doeng, Buya Tamoeng Meuraseuki）」という有名なことわざがある。地元の人は傍観者にすぎず、よそ者が儲けるという意味である。アルンLNG社は、このことわざを象徴する存在だ。アチェの天然ガスが枯渇しつつあり、2014年には最後のLNG出荷を終えたことから、LNG貯蓄ターミナルや国軍の基地など、アルンLNG社閉鎖後の使途について検討され始めている。イスカンダル・ハシムは、アルンLNG社閉鎖前に、水路や防波堤問題が解決されることを強く願っていた。

第2節　住民を貧困に追い込むアセアン・アチェ肥料社

1　天然ガス枯渇と肥料工場の閉鎖

　北アチェ県では、アルンLNG社に続いて、天然ガスを原料とする尿素肥料工場、アセアン・アチェ肥料（AAF）社、イスカンダル・ムダ肥料社も建設された。AAF社にも、日本からアセアン工業プロジェクト支援が出されている。

　アセアン工業プロジェクトとは、アセアン域内資源を活用し、集団的輸入代替工業化に寄与する新規大規模プロジェクトを加盟国が分担して設立する事業である。1976年2月の第1回アセアン首脳会議、3月の第2回経済閣僚会議で

合意された。インドネシアとマレーシアで尿素肥料工場、フィリピンで過リン酸肥料工場、タイでソーダ灰工場、シンガポールでディーゼル・エンジン工場が建設される計画だった［外務省 1977］。

1977年8月、クアラルンプールで開かれた日・アセアン首脳会議に出席した福田赳夫首相（当時）は、地域機構として確立しているアセアンと連携していくことを表明し、アセアン工業プロジェクトに対する総額10億ドルの援助について考慮することを約束する［外務省 1978］。しかし、シンガポールのディーゼル・エンジン・プロジェクトは、国内産業の保護に終始する加盟国の合意が得られなかった。肥料プロジェクトも、価格競争力から域外への輸出が困難だとして実現せず、最終的には内需が期待できるインドネシアとマレーシアの尿素肥料工場のみが建設された。

このインドネシアで建設された尿素肥料工場が、AAF社である。1979年に330億円（金利2.5％、償還期間25年、据置期間7年）、80年に132億3000万円（金利2.5％、償還期間24年、据置期間6年）の借款契約が結ばれ、東洋エンジニアリング（83年生産開始）が建設を請け負った。

AAF社株は、インドネシア（スリウィジャヤ肥料社）60％、マレーシア13％、フィリピン13％、タイ13％、シンガポール1％の5カ国が所有し、アセアン諸国のほか東アジア、南アジアに肥料を輸出した。日産1725トンの生産能力を有していたが［東洋エンジニアリング n.d.］、アチェの天然ガス枯渇にともない原料供給がストップ、2003年8月には操業停止を迫られ、14年10月現在も閉鎖されている。

2　土地収用と移転のプロセス

AAF社が建設された北アチェ県デワンタラ郡は、AAF社のほかにイスカンダル・ムダ肥料（PIM: Pupuk Iskandar Muda）社、さらにはスマトラ島北部の物流の拠点であるクルン・ グク港を抱える賑やかな地域だ。

AAF社建設にともなう土地収用については、1980年に北アチェ県村落開発局が作成した「チョッ・マンボン再定住地実施・開発計画」に詳しい。「アセアン・アチェ肥料社は国家プロジェクトであるため、建設予定地となるデワンタラ郡5カ村の土地・作物を収用し、発展が見込まれる地域に住民を移動させねばならない」と記されている［Kepala Kantor Pembangunan Desa Kabupaten

Aceh Utara 1980]。当初の計画では、工場・港、緑地帯、従業員居住区のため土地265ヘクタールが収用され、その影響は395世帯（2035人）に及ぶとされた。この計画にしたがい、北アチェ県知事は79年4月末、アセアン・アチェ肥料再定住地調査チーム委員会を結成した。「住民は、開発のため、自身が所有する権利を自発的に喜んで手放したため、当然の補償と再定住地・耕作地を用意するのが適切だ」［Kepala Kantor Pembangunan Desa Kabupaten Aceh Utara 1980］と考えられたためである。

　調査チーム委員会の調査期間は、1979年5月4～10日と非常に短期間だった。調査チーム委員会はまず、建設予定地となったパシ・ティム村（工場建設で村が消失）、クデ・クルン・グク村、パロ・ラダ村（従業員居住区建設）、タンボン・バル村、タンボン・トゥノン村を訪れ、各村のムナサ（礼拝・集会施設）に集められた住民に対し、再定住地（移転先）候補を提示した。提示された選択肢は、ニサム郡チョッ・マンボンとバクティア郡パヤ・チチェムの二つだった。

　続いて5月6～7日、各村の住民代表が二つの候補地を見学した。当時より道路が整備されているはずの現在でも、チョッ・マンボンまでは車で30分かかる。パヤ・チチェムまでは2時間ぐらいだろうか。どちらも内陸で海沿いに住む人びとの希望とはかけ離れたものだったが、ほかの選択肢はない。見学後のアンケートでは、346世帯（1306人）がチョッ・マンボンを選択し、パヤ・チチェムを選択したのは46世帯（226人）にすぎなかった。

　この調査チーム委員会の報告を受け、5月15日、アチェ州知事、国立シャ・クアラ大学学長兼地方開発企画庁長官、関係各局長、AAF社が、北アチェ県議会で合同会議を開催、チョッ・マンボンに再定住地を建設することが合意されたのである。

　再定住地が建設される前のチョッ・マンボンは、アチェ語の「チョッ＝丘陵」が示すとおり、メダン＝アチェ道路クルン・グク交差点から約14キロメートル離れた森林地帯だった。再定住地内では3世帯15人、周辺では30世帯105人が、ココヤシ、ゴム、コーヒー、ビンロウ、バナナなどの作物を植えて、生計を立てていた。「実施・開発計画」からは、デワンタラ郡5カ村の住民を移転させることで、水田・畑・農園の開拓が期待されていたことがうかがえる

［Kepala Kantor Pembangunan Desa Kabupaten Aceh Utara 1980］。

一方の移転住民にとっては、基礎インフラの整備されていないチョッ・マンボンへの移転には不安が大きかった。住民は、村役場、村集会場、保健所、小学校、ムナサ、モスク、サッカー場、井戸、いちばなど、少なくとも現状（移転前）と同じインフラの整備を要求している。これに対し、5月15日に県議会で開催された合同会議では、次のような費用分担も合意された。
・AAF社：家屋400軒の建設、メダン＝アチェ道路から再定住地への道路14キロメートル建設・舗装、ボーリング井戸の建設
・中央政府：保健所、小学校、ムナサ、モスクの建設
・州政府：村役場、村集会場、サッカー場、いちばの建設、苗（丁字、コーヒー、ココヤシ、落花生など）の配布
・県政府：住民の移動、職業訓練

そして、各世帯には、家屋のほか、水田用地1ヘクタール、畑用地1ヘクタールが与えられる約束だった。
　「実施・開発計画」に記された再定住地建設費用は16億7976万700ルピア。23％はアセアン諸国、残りは日本の海外経済協力基金（OECF: Overseas Economic Cooperation Fund）が負担すると定められた［Kepala Kantor Pembangunan Desa Kabupaten Aceh Utara 1980］。
　住民の証言によると、1979年から土地の測量、補償金の支払い、移転が実施されたという。補償金額は、1平方メートル当たり湿地なら180ルピア、家屋や養殖池なら280ルピアだった。再定住地の家が完成していなくても、補償金支払いから3カ月以内に立ち退かなくてはならず、親戚や友人の家に居候しなくてはならなかった。実際に土地・家屋を収用されたのは、計画より多い500世帯に上ったが、再定住地が準備されたのは第1、2期移転組の415世帯にすぎず、第3期移転予定の85世帯は分散した（2010年に損害賠償を求めて提訴することになる、この85世帯については後述する）。

3　定住の地とならなかった再定住地

　移転後の生活は困難だった。「実施・開発計画」では、再定住地のほとんどが国有地だったと記されているが、実際には周辺村の住民の所有地だったため、約束された水田や畑が与えられなかった住民もいる。クデ・クルン・グク村のジャマリア[11]は、1979年に家屋への補償金147万ルピアを受け取り、81年

にチョッ・マンボン再定住地に移転したが、約束されていた水田と畑各1ヘクタールも、移転用の交通手段も、電気も準備されていなかった。

ジャマリアはお菓子をつくり、漁民だった夫は砕石の仕事に就いた。建設用に石を1立方メートル砕いて収入は3000ルピア[12]。3年間、石を砕いたが、4人の子どもを抱えて、生活は苦しかった。「コメを竹筒半分（0.75キログラム）買うので精いっぱいだったわ。このままでは飢えると思ったの」。

結局ジャマリア一家は、元のクデ・クルン・グク村に近いバンカ・ジャヤ村に戻らざるをえなかった。以来、地引き網の手伝いをして、5000〜1万ルピアを稼いでいる。5000ルピアで買えるのは、塩干魚、コメ竹筒半分、空心菜ぐらいだから、食べるのがやっとの暮らしである。

住民代表のイリアンシャ[13]は「海水に慣れているから、淡水に暮らすのはたいへんだった」と笑う。ほとんどが再定住地を離れ、元の村の周辺の海沿いに戻っていった。アダム・マリク副大統領（任期1978〜83年）が再定住地のオープニング・セレモニーで移転住民に土地証書を与えたときには、約65世帯しか残っていなかった。

いまもチョッ・マンボン再定住地で暮らしているのは、たったの15世帯だ。そのほとんどが、村全体が土地収用の対象となり、村自体が消滅したパシ・ティム村出身の住民である。この15世帯の現在の生活はどうなのだろうか。

パシ・ティム村出身のイブラヒム[14]は、1980年3月に再定住地に移転した。約束されていた水田1ヘクタールはなく、まだ森林のままの1ヘクタールだけが与えられた。3カ月かけて開拓し、自腹でクミリ（キャンドルナッツ）100本以上、アブラヤシ30本以上を植えたという。木が育つまで、そして現在も石を砕いたり、木を伐採したりして、生計を立てなければならない。元の村でも漁船を所有していない零細漁民だったが、「海のほうがいい。でも家がない」と嘆く。

M・ダウド[15]は、1957年にクデ・クルン・グク村の女性と結婚し、72年から同村で暮らしていた。80年頃、家屋（借地）とココヤシ50本（1本150ルピア）に対する補償金70万ルピアを受け取ったという。83年、デワンタラ郡長の準備した車で、再定住地に移転した。第2期移転組のひとりである。イブラヒム同様、与えられたのはまだ森林のままの1ヘクタールだけだった。カネがなかったので木を植えることもできず、この1ヘクタールは手放すしかなかった。日

雇い農業労働者として働いたが、その農園の所有者が土地を売ってしまったため、いまは仕事がない。ときどき他人の畑でトウガラシを植え、最大１万ルピアを得るほか、妻がビンロウの皮むき（１キログラム当たり500ルピア）をする。「ここの人たちはボ・ロム・ロム（団子にココナツをまぶしたアチェのお菓子）みたいだよ。ごろごろ転がされるだけ」。

ところで、チョッ・マンボン再定住地のあるニサム郡は、北アチェ県の中でも、最も人権侵害の被害が深刻だった地域の一つである。一般的に自由アチェ運動（GAM）は、内陸の森林地帯に潜伏、移動しながら、ゲリラ戦を展開しており、ニサム郡では国軍・警察による掃討作戦が連日実施されていた。1999年２月、初めてアチェを訪れた私が、最初に会った軍事作戦被害者は、90年に夫を特殊部隊に殺害されたのち、その遺体をチョッ・マンボンに棄てられたという女性である。人気(ひとけ)のない辺境の森林地帯で、国軍に殺害された遺体が棄てられる場所というのが、私のチョッ・マンボンにかんする情報だった。ちなみに、このときから2005年に和平合意が結ばれるまで、私はニサム郡を訪れることができなかった。

それほどまでに緊迫した状況と、移転住民が無関係でいられるわけがない。アチェが軍事作戦地域（DOM: Daerah Operasi Militer）に指定されていた1989～98年、イブラヒムは海へ森へと転々とせざるをえなかったという。2000年以降、再び軍事作戦が激しくなったときには、森に逃げ、再定住地に戻ることができなかった。クミリやアブラヤシを植えた農園は放置され、再び森に戻ってしまった。いまはクミリ20本、アブラヤシ30本しか残っていない。

イブラヒムの長男はGAMメンバーになり、2000年３月16日、カカオ農園で射殺されている。イブラヒム自身も03年、国軍兵士に右胸を蹴られ骨折したほか、足を縛られ、頭を下にして吊されるという暴行を受けたという。

2000年以降の軍事作戦中、再定住地で射殺されたのは約20人。GAMメンバーだったイブラヒムの長男以外は民間人である。

DOMの時期は、住民のことばを借りると「沈黙の時代」だった。住民は、土地収用にともなう問題を訴えることができなかった。1998年のスハルト退陣直後、アチェの人びとが軍事作戦下での人権侵害について声を上げたとき、土地収用された住民たちもAAF社に書簡を送っている。再定住地を準備された415世帯に対し、AAF社から600万ルピアの援助が出されたが、準備されなかっ

た85世帯の問題は棚上げされた。2000年以降、軍事作戦が激しくなり、再び「沈黙の時代」が訪れた。

　2005年8月の和平合意直後は、「カゴから放された鳥みたいなもので、どちらに行けばいいかわからない」状況だったが、30年前の土地収用について訴えられる環境が、5年経ってようやく実現した。85世帯は10年9月、AAF社、北アチェ県知事、アチェ州知事、デワンタラ郡長、北アチェ県土地局、AAF社土地収用委員会を相手どって、再定住地と1世帯当たり1億ルピアの損害賠償を求める訴訟を提起する。原告住民85世帯の中にはロスマウェ市住民もいること、北アチェ県の地方裁判所のあるロスコンは遠く、住民にとって交通費の捻出が厳しかったことから、ロスマウェ地方裁判所での提訴となった。しかし10年9月、ロスマウェ地方裁判所は、この訴訟がロスコン地方裁判所の管轄であるとして、内容の審査に入ることなく、原告の訴えを却下した。

　そもそも、AAF社自体が閉鎖され、清算人の管理下に置かれている状況で、当時の土地収用の責任主体もいまや明確ではない。和平合意後、アチェ自治政府が設立され、元GAMメンバーが州政府、県政府の首長となったが、30年前の土地収用問題への関心も、責任をとろうとする姿勢も見受けられない。住民の多くは、希望を失ってはならないとしながらも、「和平合意で地方政府が変わったけど、なにか変化があるのか。GAMにとっての変化でしかない。たしかに安全、自由になったが、食べること、働くことが厳しいのは同じだ」と冷ややかに受け止めている。

第3節　インドネシアの土地政策の変遷

1　住民に選択肢のない土地政策

　アルンLNG社事業では、約束された再定住地が準備されず、アセアン・アチェ肥料（AAF）社事業では、再定住地があっても約束された田畑はなく、移転住民は生活していくのが困難な状況に追い込まれた。どちらの事業でも、再定住地の候補が、住民の希望に基づいて決められたわけでもなかった。住民たちは、事業そのものや土地収用を拒否したり、再定住地や補償額について主張したりすることはできなかったのだろうか。当時の土地政策から検討する。

　オランダ植民地時代、独立後の移行期を経て、インドネシアの土地政策の基

第2部　人権と援助

本方針を定めたのは、「土地基本規則に関する1960年法律第5号（土地基本法）」である。同法では、慣習法に基づく共有地権（第2条第4項）や、所有権、事業権、建設権、使用権、借地権、開墾権、林産物採取権、その他の権利（第16条第1項）が認められているが、本章に関連して重要なのは、以下の条項だろう。

> 第2条第1項　憲法第33条第3項[16]、本法第1条が定めるとおり、土地、水、空およびこれらのなかに含まれる天然の富は、最上位において、全人民の権力機構としての国家がこれを支配する[17]。

> 第18条　民族および国家の利益や人民の共通の利益を含む公共の利益のために、土地への権利は、適切な補償かつ法律で定められる方法にしたがい、これを取り消すことができる。

取り消しについては、「土地および土地上の物への権利取り消しに関する1961年法律第20号」で規定されている。

> 第1条　民族および国家の利益や人民の共通の利益を含む公共の利益のために、かつ開発の利益のために、大統領は土地相、法相および関係閣僚からの聴取後、強制的に土地および土地上の物への権利を取り消すことができる。

> 逐条解説（4）a　（前略）公共の利益がたしかに権利の取り消しを要するかは、大統領が（地方機関、土地相、法相および関係閣僚からの聴取後）検討し定める。大統領こそが、その権利の取り消し実施を決定し、権利者に支払われるべき補償額を定める。権利者が、大統領によって定められた補償額が不当であると考え、受け取りを拒否した場合のみ、権利者は高等裁判所に異議申し立てをおこなうことができ、高等裁判所が補償額を定める。しかし、いかなる場合においても、権利の取り消し自体については、裁判所に異議申し立てされたり、その実施を妨害されたりしてはならない。本件について検討し決定するのは、大統領のみである。

b　一般的に、権利の取り消しは、国家（中央・地方政府）事業の必要性のために実施される。土地基本法第18条によれば、本件は公共の利益のためにのみ実施されうるからである。しかし、そうであっても、本法の規定は、例外として、たしかに公共の利益に資するもので、合意によって必要な土地を得ることが不可能な場合、民間事業実施のために権利の取り消しをおこなう可能性を退けない。（中略）公共の利益の例は、たとえば幹線道路、港湾、工業・鉱業建築物、宅地、公共衛生などである。（中略）所有者が、協議に基づいて当該土地を譲渡することを拒否した場合、その問題は公共の利益とみなされ、権利の取り消しを実施しうる。

上記の条項および逐条解説から、次のことが明らかである。
① 個人や法人の土地への諸権利よりも、国家のそれが上位にある。
② 国家（大統領）が公共の利益に資すると判断した場合は、個人や法人の土地への諸権利を取り消すことができる。
③ 土地への諸権利を有する個人や法人は、補償額について異議申し立てはできても、諸権利の取り消し自体を拒否することができない。

両事業実施とほぼ同時期に出された「土地収用規定に関する1975年内相規則第15号」では、土地収用が協議と現地の通常価格に基づいて行われること（第1条第3項）、補償額の算出・確定に際しては、土地および／ないし建築物・作物の現地の通常価格に基づき、権利者との協議をもつこと（第6条第1項）が定められている。しかし、諸権利の取り消し自体を拒否できないということは、両事業実施地域に暮らす人びとにとって、協議が補償額にかんする限定的なものでしかなかったことを意味する。

仮に、開発事業そのものや土地収用に対して反対していたとしても、移転住民が異議申し立てできる権利も手続きも定められておらず、住民には合意するという選択肢しか与えられていなかったのである[18]。

2　現在の土地政策

アルンLNG社、AAF社建設のための土地収用が、単なる過去の事例でしかないのか、現在まで続く問題なのかを理解する一助となると考えられるので、「公共の利益のための開発への用地調達に関する2012年法律第2号（用地調達

表2　2012年土地問題の内訳　　（件）

プランテーション開発	90
インフラ開発	60
鉱山開発	21
森林開発	20
養殖池・海岸線開発	5
海洋開発	2
計	198

出典：KPA［2012］をもとに筆者作成

法）」をめぐる議論についてもまとめておきたい。

　用地調達法は、用地調達計画、用地調達準備、補償額の評価や合意、供与を含む用地調達実施などを詳細に定めるものである。この法律で、用地調達の是非を決める権限は、1961年法律第20号で定められていた大統領から司法に委ねられることになり、権利者や影響を受ける住民の参加する公聴会や、1961年法律第20号にはなかった異議申し立て、訴訟の手続きについても規定された。しかし法整備は、住民の権利の範囲を限定的なものにしたともいえる。用地調達を是とする司法判断が下されれば、住民にとっては「合法的」に土地を奪われてしまうことになる。そして、司法関係者の汚職がしばしば指摘されるインドネシアの司法のもとでは、住民の権利が公正に保障されるとは限らないのだ。

　土地問題に取り組む土地改革コンソーシアム（KPA: Konsorsium Pembaruan Agraria）は、法律が企業寄りであり、強制撤去を増加させ、土地紛争を先鋭化させるとして、法案段階から用地調達法に反対してきた［KPA 2011］。しかし法案は2011年12月、国会を通過した。KPAを含む人権団体、環境団体などは12年5月、同法の違憲審査を請求したが、憲法裁判所は13年2月、この訴えを退けている。

　現在、インドネシアの土地問題は解決に向かうどころか、土地紛争はむしろ年々増加している。KPAによれば、2010年には106件、11年には163件、そして12年には198件の土地紛争が発生したという（表2）。2012年、紛争の起きている土地面積は96万3411.2ヘクタールにおよび、14万1915世帯を巻き込んでいる。また、この1年間で、農民156人が拘束され、55人が暴行を受けて負傷し、25人が撃たれ、3人が死亡した（加害者不明）［KPA 2012］。

　国土庁も、そのホームページで、インドネシアで4223件（2013年9月時点）もの土地問題が存在することを認めている。これは、2012年末までに未解決の1888件に、新たに起きた2335件を加えた数字だという。土地問題は現在でも、インドネシアにとって、最も重要な課題の一つである。

おわりに

　アチェの二つの開発事業は、地元住民がそれによって貧困状態に置かれるようになる現実を示していた。これまで国際組織や各国政府は、開発が貧困を削減し、構造的暴力のない状態（積極的平和）を実現する、さらに暴力の温床となる貧困を削減することで、紛争予防、平和構築に貢献すると謳ってきた［国連開発計画 2005］。しかし、アチェにおいては、開発が平和に資するものだったとは考えにくい。

　そして、世界各地に「アチェ」は存在する。インドネシア・パプアの銅鉱山開発、パプア・ニューギニアの銅鉱山開発、フィリピン・ミンダナオの農園開発、ナイジェリアの石油開発、コンゴ民主共和国のタンタル開発、エクアドルの石油開発、コロンビアの天然ガス開発……。開発によって住民が周縁化され、ときには虐げられた住民の抵抗運動が内戦にまで拡大していく事例は多く報告されてきた。

　これまでの経験から、開発にともなう環境と社会への影響に配慮する必要があるという認識は、国際的に広まっている[19]。1992年6月、ブラジルのリオ・デ・ジャネイロで開催された地球サミット（「環境と開発に関する国際連合会議」）では、21世紀に向け持続可能な開発を実現するために、各国および国際機関が実施する行動計画「アジェンダ21」が採択された。

　本章で事例としたODAの実施においても、経済協力開発機構（OECD: Organisation for Economic Co-operation and Development）が1985年、「開発援助プロジェクト及びプログラムに係る環境アセスメントに関する理事会勧告」を採択した。以来、世界銀行などの多国間援助機関や主要な二国間援助機関が環境配慮のガイドラインを作成し、運用するようになっている。日本の場合、国際協力銀行（JBIC: Japan Bank for International Cooperation）が2009年、「環境社会配慮確認のための国際協力銀行ガイドライン」、国際協力機構（JICA: Japan International Cooperation Agency）が10年、「環境社会配慮ガイドライン」を施行した。

　このような改善に向けた取組みは評価できるが、現実の運用ではどうなのだろうか。アジア最大級の石炭火力発電所（発電容量2000メガワット）を建設するという、中ジャワ州のバタン石炭火力発電事業（総額4000億円）を例に見てみたい。ODAではないが、公的資金が供与される可能性のある事業である。

この事業は、日本の電源開発（株）、伊藤忠商事（株）、インドネシアのアダロ・パワー社のコンソーシアムであるビマセナ・パワー・インドネシア社が実施主体となるもので、JBICおよび日本の民間銀行団が融資を検討している。2012年10月に着工、16年末に稼働開始予定だったが、14年10月現在、事業自体の見通しは立っていない。一部の住民が、肥沃で生産性の高い農地を手放すことを拒否、土地収用が頓挫したためである。住民は、インドネシアのほかの石炭火力発電所周辺の村々を視察した経験から、環境や健康への影響についての不安も抱いていたという［国際環境NGO・FoE Japan 2014］。

　2014年9月、反対住民の代表2人が来日し、JBICに対して融資の中止を求めた。2人はまた、事業に反対する住民の逮捕、企業が雇ったプレマン（やくざ）による脅迫や暴行、さらには治安部隊の発砲など、さまざまな暴力が行使されていることも訴えた。私も来日した住民に通訳として同行したが、一度は住民との面会を拒んだJBICは、住民の訴えに対しインドネシア政府や事業実施主体の意向を確認すると回答するのみだった。

　JBICは前出のガイドラインで、環境や地域社会に与える負の影響を回避または最小化すること、地域住民の参加の重要性に留意すること、適切な環境社会配慮が行われるよう事業実施主体に働きかけることを謳っている。しかし、少なくともバタン石炭火力発電事業において、ガイドラインは空文と化していた。

　アルンLNG開発への借款契約（1974年）から40年、アセアン・アチェ肥料（AAF）社建設への借款契約（1979年）から35年が経つ。バタン石炭火力発電事業は、土地収用と住民の周縁化の問題も、そして日本のインドネシアへのかかわりも、40年のあいだ変わることがなかったことを示している。アルンLNG社、AAF社の例からわかるように、住民の合意がないまま進められた事業は、数十年経っても未解決の問題を残すことになる。日本は同じ轍を踏み続けるのだろうか。

　2015年2月10日、日本政府はODA大綱にかわる「開発協力大綱」を閣議決定した。新大綱では、非軍事分野に限定されているとはいえ、これまで原則禁止されていた他国軍への支援が認められたほか、「国益の確保に貢献する」と明記され、国民総所得（GNI）が一定水準以上の国に対しての援助も可能になった。援助は、これまで以上に戦略的に利用されることになるだろう（詳し

第 7 章　開発と紛争

くは本書第 8 章を参照のこと）。

　誰のための援助なのか——。援助事業によって、土地や生計手段を失った住民は、私たちに対して重要な問いを突きつけている。

【注】
(1) モービルとエクソンが1999年11月30日に合併して、エクソン・モービルになる。
(2) 同時にバダックLNG開発に対して242億円が融資されている。年間750万トンは、アルン（アチェ）とバダック（東カリマンタン）の数字を合わせたもの。
(3) この報告では、アルンLNG社のみで世界のLNG供給の20％を占めたように読み取れるが、インドネシア全体の輸出量を意味していると思われる［EIA 2014］。
(4) 1974年の為替レートは 1 ドル＝292.082円＝415ルピア。
(5) 男性、65歳（当時）、2010年 8 月 1 日インタビュー。
(6) 男性、59歳（当時）、2010年 8 月 1 日インタビュー。
(7) 男性、34歳（当時）、2015年 2 月14日インタビュー。
(8) 男性、66歳（当時）、2013年 9 月 4 日インタビュー。
(9) 男性、38歳（当時）、2013年 9 月 4 日インタビュー。
(10) 男性、年齢不詳、2013年 9 月 5 日インタビュー。
(11) 女性、58歳（当時）、2011年 3 月 1 日インタビュー。
(12) 1980年の為替レートは 1 ドル＝226.741円＝626.99ルピア。
(13) 男性、39歳（当時）、2011年 3 月 1 日インタビュー。
(14) 男性、58歳（当時）、2011年 3 月11日インタビュー。
(15) 男性、75歳（当時）、2011年 3 月11日インタビュー。
(16) 1945年憲法第33条第 3 項「土地、水およびこれらに含まれる天然の富は、国家がこれを管理し、人民を最大限繁栄させるためにこれを利用する」。
(17) 条文のあとに続く逐条解説 A II (2) では、「（前略）本条項の「支配」は「所有」を意味するわけではないが、インドネシア民族の権力機構としての国家に権限を与えるという理解である（後略）」と説明されている。
(18) なお日本の土地収用法（1951年）では、収用委員会の裁決については国土交通大臣への審査請求、事業の認定については異議申立または審査請求という行政段階の不服申立ての手続きが定められているほか、訴訟という司法上の手続きも可能であり、インドネシアのような制限はない。
(19) 後述のJBIC、JICAガイドラインにおいて、環境社会配慮は「自然のみならず、非自発的住民移転や先住民族等他の社会面を含む環境に配慮すること」と

定義される［国際協力銀行 2009; 国際協力機構 2010］。

【参考文献】
外務省経済協力局．1995．『経済協力評価報告書 平成7年5月』東京：外務省経済協力局．
通商産業省通商政策局．1977．『経済協力の現状と問題点 1976年』東京：通商産業調査会．
鶴見良行．1982．『アジアはなぜ貧しいのか』東京：朝日新聞社．
Kepala Kantor Pembangunan Desa Kabupaten Aceh Utara. 1980. *Rencana Pelaksanaan dan Pengembangan Resettlement Cot Mambong Dewantara.* n.p.: n.pub.
KPA: Konsorsium Pembaruan Agraria. 2011. *Kertas Posis. KPA: Pembangunan Bisa Berbuah Sengketa jika RUU Pengadaan Tanah Disahkan.* n.p.: n.pub.
―――. 2012. *Laporan Akhir Tahun 2012: Terkuburnya Keadilan Agraria bagi Rakyat melalui Reforma Agraria.* n.p.: n.pub.
Piliang, Indra J. 2004. Aceh Separatist Movement Likely to Be Stronger after Martial Law. *Antara News.* May 13.
Sukma, Rizal. 2005. Ethnic Conflict in Indonesia: Causes and the Quest for Solution. In *Ethnic Conflicts in Southeast Asia,* edited by Kusuma, Snitwongse; and Thompson, W. Scott, pp. 1-41. Singapore: ISEAS.
Tiro, Hasan Muhammad. 1984. *The Price of Freedom: The Unfinished Diary of Tengku Hasan di Tiro.* n.p.: National Liberation Front of Acheh Sumatra.

【インターネット資料】
外務省．1977．「昭和52年版わが外交の近況」2015年5月11日アクセス．
　　http://www.mofa.go.jp/mofaj/gaiko/bluebook/1977_1/s52-contents-1.htm
―――．1978．「昭和53年版わが外交の近況」2015年5月11日アクセス．
　　http://www.mofa.go.jp/mofaj/gaiko/bluebook/1978/s53-contents.htm
国際環境NGO・FoE Japan．2014．「インドネシア・バタン石炭火力発電事業」2015年5月11日アクセス．
　　http://www.foejapan.org/aid/jbic02/batang/index.html
国際協力機構．2010．「環境社会配慮ガイドライン」2014年10月20日アクセス．
　　http://www.jica.go.jp/environment/guideline/
国際協力銀行．2009．「環境社会配慮確認のための国際協力銀行ガイドライン」2014年10月20日アクセス．
　　https://www.jbic.go.jp/ja/efforts/environment/confirm

国連開発計画. 2005.「人間開発報告書2005」2015年5月11日アクセス.
　　http://www.undp.or.jp/HDR_J/HDR_light_2005_Japanese_Version.pdf
経済産業省. 2014.「平成25年度エネルギーに関する年次報告（エネルギー白書2014）」2015年5月11日アクセス.
　　http://www.enecho.meti.go.jp/about/whitepaper/2014pdf/
東洋エンジニアリング. n.d. "List of Urea Plants: Utilizing TOYO Process." 2015年5月11日アクセス.
　　http://www.toyo-eng.com/jp/ja/products/petrochmical/urea/technical_paper/pdf/urea_data1306_2.pdf
EIA: Energy Information Administration. 2014. "Indonesia's share of global LNG supply declines due to global and domestic demand growth." Accessed on October 2, 2015.
　　http://www.eia.gov/todayinenergy/detail.cfm?id=15331

【推薦図書】
佐伯奈津子. 2005.『アチェの声——戦争・日常・津波』東京：コモンズ.
藤林泰；長瀬理英. 2002.『ODAをどう変えればいいのか』東京：コモンズ.

第8章 「普遍的価値」と「人間の安全保障」
―― ODA大綱の見直しをめぐって

長瀬　理英

はじめに

　2015年2月10日、「開発協力大綱―平和、繁栄、そして、一人ひとりのより良き未来のために―」が閣議決定された。これは2003年の「政府開発援助（ODA: Official Development Assistance）大綱」にかわるもので、「『開発協力』とは、『開発途上地域の開発を主たる目的とする政府及び政府関係機関による国際協力活動』を指し」、「また、狭義の『開発』のみならず、平和構築やガバナンス、基本的人権の推進、人道支援等も含め、『開発』を広くとらえることとする」と定義されている。

　この「ODA」から「開発協力」への名称変更には、経済協力開発機構（OECD: The Organisation for Economic Co-operation and Development）の開発援助委員会（DAC: Development Assistance Committee）が定めるODA供与対象国（一人当たり国民総所得（GNI: Gross National Income）が1万2,745ドル以下（2013年））から「卒業」した高所得国に対しても、戦略上重要な国に対しては供与できるようにしようという狙いがある。

　外務省によれば、ODA大綱とは政府の開発援助の理念や原則などを定めた政策枠組みにおける大方針である。米国や英国などで定められているような法律は制定されておらず、「『ODA基本法』については、ODAの透明性を確保し、国民の理解と支持を得る一つの方策であり、将来的に検討しうる課題」だが、「ODAの実施には、相手国との二国間関係を含む総合的な外交判断が必要であり、また機動的かつ柔軟な対応を必要とすることから慎重な検討が必要」と、外交手段とするうえで法律は制約となるため、ODAにかんする法律の制定には否定的であることを示唆している。

　実際、これまで国会に提出されたODA基本法案はことごとく廃案となって

第8章 「普遍的価値」と「人間の安全保障」

おり、その背景には外務省の大きな抵抗があった。ODAは軍事的手段を持たない日本にとって重要な外交カードゆえ、法律により手足を縛られるようなことは避けねばならず、法的拘束力のない大綱を定めることで、国会で盛り上がっていた基本法制定の動きに対し機先を制する意図があった。

こうした外交手段としての位置づけに加え、今回の大綱改定では国家安全保障および経済成長のための手段としても明確に位置づけられた。こうした変化は、日本の援助にどのような影響を及ぼすのだろうか。特に、国家安全保障とは異なる概念である人間の安全保障との関係に焦点をあてて考えてみたい。

第1節　開発協力大綱とシリア周辺地域の危機

開発協力大綱では、「発展の前提となる基盤であるとの考えから」（外務省）、「普遍的価値の共有、平和で安全な社会の実現」が重点課題として新たに加えられた。「普遍的価値」として「自由、民主主義、基本的人権の尊重、法の支配」が挙げられている。

他方、副題にある「一人ひとりのより良き未来」は、「一人ひとりの幸福と尊厳を大切にする人間の安全保障の考え方を指導理念としていることを明確に示す」ためである（外務省）。

ここでいう「普遍的価値」を共有しない国や地域の人びとは、「一人ひとり」のなかに入るのだろうか、または入らないのだろうか？　具体的に考えてみよう。

大綱閣議決定直前の2015年2月1日、「イスラーム国（Islamic State）」（IS）を名乗る組織が、1月24日の湯川遥菜さんに続き、後藤健二さんを殺害したとみられる動画を公開した。安倍晋三首相の中東歴訪中の1月20日に公開した動画で、ISは二人の命を救うためには2億ドルを支払うよう要求した。この額は、エジプト滞在中の首相が1月17日に発表した「イラク、シリアの難民・避難民支援、トルコ、レバノンへの支援をするのは、ISIL[1]がもたらす脅威を少しでも食い止めるためです。地道な人材開発、インフラ整備を含め、ISILと闘う周辺各国に、総額で2億ドル程度、支援をお約束します」との発言に対応したものであった。

外務省は「邦人殺害予告事案に対する日本からのメッセージ」の中で、「2

億ドルの支援は、人道支援やインフラ整備などの非軍事分野での支援」であることを強調した。つまり、軍事とは一線を画しており、ISILの直接的、軍事的な意味での敵ではないことを示したかったのではないかと思われる。

しかし、これとは異なる見方もある。

シリアからの難民が流入し続ければ、周辺の受け入れ国の政治・経済面の負荷が増し、ひいては安全保障面を短期的に不安定化する恐れがあり、また、長期的にみても、難民コミュニティの社会統合や再定住への投資が不足すれば、経済的・政治的に立場の弱い住民が増加し、政治的安定や安全保障に悪影響を及ぼす恐れがある。したがって、難民危機への資金調達確保は、地域の安定化と過激主義の食い止めにも重要であり、イスラーム国を壊滅させるための軍事攻撃と同じくらい重要とみるべきであるという［Berti 2015: 48-49］。

では、IS支配地域に留まらざるをえない市民や国内避難民に対する人道支援はどうなるのだろうか？　赤十字国際委員会（ICRC）は、ISの拠点であるシリア北部ラッカ（Raqqa）やイラク北部のモスル（Mosul）の病院などを支援している。これが可能となったのは、政治的、軍事的、戦略的に動く国家とは異なり、中立、公平かつ独立した人道支援を行うからで、シリア北部での支援物資の搬入路も政府側、反政府側と6カ月間交渉して確保したという［マウラー 2015］。

しかし、戦略的な観点からみると、IS支配地域の人道支援には問題もある。イラクのIS支配地域における人道支援にかんする調査によれば、支援物資につける支援機関のロゴマークや国際スタッフの関与は許されていない。その目的は、ISは武装闘争だけでなく、支配地域の人びとの必需品・サービスも提供しているというイメージ向上戦略があるという。実際、ISとの交渉により人道支援を拡大する余地があるにもかかわらず、人道支援機関が二の足を踏む理由には、身の安全や組織の評判だけではない。ISを利する影響のほか、ISをテロ組織として指定する諸国の多くが反テロ法を制定しており、IS支配地域に人道支援をしたり、そのための交渉をしただけでさえ、法的制裁を受けるリスクがあるからだという［Svoboda; and Redvers 2014: 3-5］。

その背景には、前述した味方への人道支援が戦略的意義を持つのと裏腹に、（たとえ本人の意志に反して留まらざるをえない民間人が対象でも）敵側への人道支援は利敵行為であるとみなしていることがあろう。しかし、戦争当事者

の軍事・安全保障上の利害と戦争にともなう苦痛の緩和とのバランスをはかろうとする国際人道法は、人道支援機関は支援を必要とする人びとにアクセスするため、関係者と交渉する必要性があり、そのことで交渉相手を正当化することにはならないとしている。反テロ法の導入により、軍事・戦略的利害へとバランスが傾いているので、武装組織だけなく、援助国・機関を含めて、反テロ法が人道支援に及ぼす悪影響について意識向上をはかる必要があるという［Svoboda; and Redvers 2014: 6 ］。

ペーター・マウラー（Peter Maurer）ICRC総裁も、「米国に対して『ISと戦争すべきではない』とは言いませんが、『戦争をするのであれば国際人道法を尊重するように』と言うのです」と述べている［マウラー 2015］。

このように、一口に人道支援、非軍事支援といっても、敵・味方が生じているような状況、特に国家の利益や安全保障にとって重大な武力紛争下では、国際人道法により保護されるべき敵方支配下の人びとの安全が損なわれる恐れがある。「普遍的価値」を共有しない国や集団に属す、または支配下にある人びとは、「一人ひとりの幸福と尊厳を大切にする人間の安全保障」の対象には入らない可能性がある。

しかし、コフィ・アナン（Kofi Annan）国連事務総長（当時）が主張[(2)]したように、「普遍的価値」を主張するのであれば、法の支配や基本的人権の尊重は敵およびその支配下にある人びとも対象となるのであり、自国の利益を損なうからといって国際人道法に違反することがあってはならないはずである。そして、人間の安全保障こそ、敵と味方とにかかわらず、「すべての」一人ひとりを対象としなければならないのではないだろうか。

このような問題意識から、以下では、新大綱が人間の安全保障に及ぼす影響を中心に考えてみたい。

第 2 節　開発協力大綱における普遍的価値と人間の安全保障

2003年 8 月に閣議決定されたODA大綱が新たに開発協力大綱へとかえられた背景の主な理由の一つには、先んじて閣議決定された「国家安全保障戦略」（2013年12月。以下「国家安保戦略」）と「日本再興戦略」（2013年 6 月）がある。特筆すべきは、両戦略が同じく閣議決定される開発協力大綱（以下「大

綱」）を規定すべく上位に位置づけられたことである。ODAは日本の外交手段としてだけでなく、防衛および経済成長のための手段としても明確に位置づけられた。

　国家安保戦略では、国益を①国家主権・独立および領域保全、国民の生命・身体・財産の安全の確保、文化・伝統の継承と自由・民主主義を基調とした平和と安全の維持とその存立の全う、②経済発展を通じた国家・国民の繁栄実現と平和と安全の強化、③普遍的価値やルールに基づく国際秩序の維持・擁護と定義している。大綱はこれをほぼ踏襲している。

　この国益の定義に従えば、外務省が2010年6月に発表した「開かれた国益の増進」との理念さえ排除する可能性がある。この「開かれた国益」とは、「世界の人々とともに生き、平和と繁栄をつくる」ことであり、途上国への援助は「世界の共同利益追求のための『手段』」としている。

　また、DACが実施した日本の援助にかんする審査（「対日援助審査」）での前ODA大綱の目的にかんする勧告および日本政府の対応とも矛盾する。すなわち、ODA大綱改定直後の2003年に実施された対日審査における「ODA大綱の実施にあたり、日本はODAの第一の目的は援助受取国の発展にあることを強調すべきであり、この目的よりも狭い国益を優先することのないよう担保すべきである」との勧告に対し、日本政府の対応は「日本は、開発協力は長期的に自国の利益になると考えている。『国際社会の平和と発展』に向けた憲法の約束に関連し、ODAを日本の幅広い外交政策の重要な要素とみなし」［OECD 2010: 85］、また、「他国との友好関係を築く重要な手段と考え」、「援助が中期的に日本経済に恩恵をもたらすことを望んでいる」［OECD 2010: 13］と、狭く短期的な国益を否定するものであった。

　この点にかんして外務省に質問したところ、日本と普遍的価値を共有する国とは、仮に紛争、意見の違いがあっても話しやすいという面があり、たとえば東南アジアに対する援助は民主主義、法の支配、人権尊重といった価値を推進し、また、日本との二国間関係を強化するという意味で、日本の安全保障にとって重要な意味があるとの回答があった[3]。

　要するに、日本政府にとって普遍的価値を共有する国は共同利益を追求する対象ということであり、普遍的価値を共有しない国はその対象とならないことになる。これは、DACからも戒められた「狭い国益を優先する」ことにほか

第8章 「普遍的価値」と「人間の安全保障」

ならないのではないだろうか。

　もう一つの大きな懸念は、軍事部門との関係の拡大および深化が提案されていることである。冒頭で述べたように、「普遍的価値の共有、平和で安全な社会の実現」が重点課題として新たに加わり、海上保安能力を含む法執行機関の能力強化、テロ対策などの安全保障分野が明確に含まれることになった。

　また、「軍事的用途及び国際紛争助長への使用の回避」という1992年にODA大綱が初めて閣議決定されてから維持されてきた原則に対し、「民生目的、災害救助等非軍事目的の開発協力に相手国の軍又は軍籍を有する者が関係する場合には、その実質的意義に着目し、個別具体的に検討する」との一文がつけ加えられた。

　これは民生・非軍事目的とはいえ、軍事部門に対する支援に道をひらくものである。車両など民生目的で供与した機材であっても、相手国が軍事目的として使用する、いわゆる軍事転用や権力の乱用によって人権侵害につながるリスクから、多くのNGOや市民、専門家などからも批判が出て、この一文の削除やリスクをなくすための担保、モニタリングなどによる透明性が求められた。また、道路や港湾などのインフラは民生目的であっても軍事目的に利用することも可能であり、明確に区別することは難しい。こうした指摘に対し、外務省は「二重、三重に歯止めをかける」[4]と回答していたが、大綱に反映されることはなかった。

　この動きは、外務省が旧大綱では果たせなかった課題を果たしたともいえる。内閣官房に設置された「国際平和協力懇談会」の報告書（2002年12月）によれば、軍事関連施設・機材の取り扱いを内容とする可能性のある案件にこれまでODAは供与されてこなかった。たとえば、アフガニスタンのカブール空港は、民間空港が軍隊に利用されているため、純粋に民生目的の旅客用の施設（例：ターミナル・ビル）についてはODAを供与できるが、軍用施設と共用されている部分（例：滑走路の整備、除雪車の供与）は対象にできないと区分けされている。

　新大綱では、こうした両方が使用している「グレーゾーン」についても、民生目的として判断でき、明らかに軍事的用途にならなければ、運用では慎重に検討するものの、グレーゾーンをODA供与可能とするほうへ広げる方針のようである[5]。

こうした軍事部門との関係の拡大および深化は、人間の安全保障にどのような影響を与えるのだろうか。紛争時の緊急支援や平和構築などでの人道支援を例にとろう。端的に言えば、敵味方が存在する場合、軍事部門の「人道」支援によって、人道支援原則、特に政治上の意見の違いなどで差別しない公平性、対立において一方の当事者に加担しない中立性、政治的、軍事的ないかなる立場にも左右されない独立性が守られない恐れがある。実際、国連経済社会理事会での人道支援にかんする事務総長報告は、人道支援対象者へのアクセスは力の行使を通じて行うべきでないとし、その理由として武装したアクターが人道支援活動に関与することで中立性が損なわれ、人道支援従事者の安全とアクセスを妨げる可能性を挙げている［UN ECOSOC 2013: 14］。また、国連人道問題調整事務所は政治的な影響を挙げ、人道支援と平和構築という政治性を帯びる活動との境界があいまいになることで中立性や公平性が危うくなる場合があると述べている。「厳密な人道活動に平和構築や国造りの目的が入ることはありえない。見かけは人道的であっても、ニーズに基づかなかったり、人道支援原則を守らなかったりする活動は人道的ではない」［UN OCHA 2011: 5-6］。

こうした問題の結果として、「敵」とみなされた側の人びとが支援を受けられなかったり、力の行使により被害を受けたりした場合、人間の安全保障を損なうことになる。国連人間の安全保障委員会も同じ問題点を指摘しており、人道支援原則遵守の重要性を強調している［UN Commission on Human Security 2003: 26-27, 33］。

したがって、上位に位置づけられた国家安保戦略が色濃く反映されている開発協力大綱は、軍事部門との関係の拡大および深化を通じ、敵・味方が存在する場合の「人道」支援において、人間の安全保障をみずから脅かす内部矛盾をかかえる。

第3節　集団的自衛権行使容認の具現化を支えるODAへ

では、軍事部門との関係の拡大および深化にかんし、安全保障分野への拡大はどのような意味を持つのだろうか。これは日米同盟の強化を補完するかたちで、「同盟国・友好国に対し行われるきわめて政治的・戦略的な援助」［越田 2011: 99］の性格を強く帯びてきている。

第8章　「普遍的価値」と「人間の安全保障」

　普遍的価値を共有するとされる東南アジア諸国に対しては、南シナ海領有権問題への対応として、すでに海上保安能力を強化するためのODAがフィリピンおよびベトナムに対し供与されることが決まっている。前者については2013年12月、「フィリピン沿岸警備隊海上安全対応能力強化事業」として187億3200万円の借款契約が結ばれた。この中には、多目的船（40メートル級）10隻が含まれる。

　フィリピン沿岸警備隊（Philippine Coast Guard）司令官ロドルフォ・D・アイソレナ（Rodolfo D. Isorena）少将によれば、多目的船10隻はフィリピンの西側に配属され、スカボロー礁（Scarborough Shoal）全域における中国公船の警備活動に対する監視に用いるという［参議院政府開発援助調査派遣団 2013: 301］。

　スカボロー礁をめぐっては、2012年4月に中国の海洋監視船とフィリピンのフリゲート艦が対峙する事件が発生しており、本格的な軍事衝突には至らなかったものの両国関係は緊張状態に陥った。これはフィリピン側がスカボロー礁付近で漁をしていた中国漁船を検査し、捕獲が禁止されている生物があったため検挙しようとしたところ、中国の監視船が現場にあらわれ妨害したことに端を発する。

　フィリピン沿岸警備隊は2013年5月、フィリピンと台湾双方が排他的経済水域を主張している水域で操業していた台湾漁船を銃撃、乗組員1人を死亡させた。沿岸警備隊8人が殺人罪で起訴された。

　日本政府はこうした経緯を知りながら多目的船の供与に踏み切ったわけだが、その本質は「法執行の問題に見せかけ、グレーゾーンの安全保障活動に援助を使用できるようにしたこと」［Pajon 2013］にあり、大綱の原則「国際紛争助長への使用を回避する」を犯すリスクが高まっている。

　南シナ海を焦点とした日・米・比3国間の安全保障協力といったより大きな枠組みで見るとどうか。まず、国家安保戦略で定義されたような国益の観点に立つと、日本にとっての南シナ海は、非常に重要な海上輸送路が通っており、また、東アジア・東南アジアの貿易および工業化、それゆえ日本企業の進出にとっても重要な意味を持つ海洋連結性の中心に位置し、さらには地域の勢力均衡が崩れる危機にあり、ゆくゆくは日本の東シナ海における権益が中国に脅かされる可能性や軍艦の通航、軍事演習、監視といった活動の場という意味で戦

略地政学的にきわめて重要な場所でもある［Pajon 2013］。

　2010年以降、南シナ海の領有権をめぐって中国とフィリピンの緊張が高まるとともに、日本はフィリピンをはじめとするASEAN諸国との防衛協力・交流を強化している。特に、日比両国の防衛相会談（13年6月）においてフィリピン領域内で自衛隊が合同軍事演習に参加できる地位協定締結の可能性を探る作業部会の設置をはじめとした防衛協力の推進、首脳会談（同年7月）では防衛当局間と海洋保安機関間での共同訓練をはじめとした実践的な協力の推進が合意された。12年以降、フィリピン軍と米軍との合同軍事演習の一環として行われる多国間机上演習に自衛隊も参加してきた［防衛省防衛研究所 2014: 140-141］。集団的自衛権行使容認の閣議決定後の14年10月、領有権問題の焦点の一つである南沙（スプラトリー、Spratly）諸島に近いパラワン（Palawan）島沖で行われた合同訓練では、オブザーバーとして初めて実戦訓練に参加した。

　フィリピン側は、中国との対抗上、日本との防衛協力推進と並行して同盟国である米国との軍事協力を強化している。具体的には、合同軍事演習に加え、フィリピンにおける米軍のプレゼンスを高める法的整備や受け入れ体制の整備を進めており、これに2014年7月に閣議決定された集団的自衛権の行使容認を踏まえて自衛隊も加わっていくという構図ができている。

　米国は、南シナ海に面しスカボロー礁にも近いスービック港に米海軍艦艇の寄港回数を増加させているほか、2014年度の対比軍事援助を前年度比で70％増額することを決めた［防衛省防衛研究所 2014: 139］。14年4月、米国とフィリピンとのあいだで防衛協力強化協定（Enhanced Defense Cooperation Agreement）が結ばれ、米軍はフィリピン軍の基地内において建設および改修といった運用権を含む施設の使用が認められ、軍隊、軍艦および戦闘機のローテーション（巡回）または一時的な駐留が可能となる。

　フィリピン側には、日本政府が集団的自衛権を使えるようになることで、南シナ海における日本のプレゼンスも高まり、「米軍と車の両輪のように、この地域に安定した軍事力をもたらす」（レナート・デカストロ（Renato De Castro）デラサール（De La Salle）大学国際学部教授）ことを期待する向きがあり、自衛隊との南シナ海合同パトロール、哨戒機による海上監視活動、人材能力向上、日本からの最新兵器提供に道をひらく可能性がある［佐々木 2014］。

　ヴォルテル・ガズミン（Voltaire Gazmin）国防相は上記日比防衛相会談

第8章　「普遍的価値」と「人間の安全保障」

後、中国の南シナ海におけるプレゼンス拡大に対抗するため、日米両国に対し軍事基地へのアクセス拡大を計画していることを明らかにした。同国防相は翌7月、AP通信に対し、資金が確保できしだい、スービック地区に主な空軍・海軍の軍営を移転させる計画があることを認めた。滑走路および関連施設を空軍基地にグレードアップするために必要な改修費用は少なくとも51億ペソ（約140億円。2015年2月26日為替レート1ペソ＝2.75円）と見積もられている［Associated Press 2013］。

新大綱のもとで、軍民共用という「グレーゾーン」に対し日本のODAが積極的に供与されることは十分に考えられる。スービック以外にも、フィリピン各地で米軍および自衛隊に提供される軍事基地に関連する軍民共用および／または周辺の民生施設やインフラに日本のODAが投入される可能性がある。

しかし、防衛研究所は「（フィリピンの）日米との一層の協力強化は、中国に対する抑止効果を期待できる一方、逆に中国を刺激し、対立が深まるリスクも同時に存在する」［防衛省防衛研究所 2014: 141］と警鐘を鳴らす。日本の国家安全保障からみた国益にかなう防衛協力の枠組みのもと、「普遍的価値の共有、平和で安全な社会の実現」の名目でODAを供与することは、大綱の「軍事的用途及び国際紛争助長への使用を回避する」原則を事実上なし崩しにしていく恐れがある。

第4節　軍事的用途に近づくODAと人間の安全保障

軍事的用途に近づくODAが人間の安全保障に及ぼす影響について、アフガニスタンの事例をもとに掘り下げて考えてみたい。

2002年9月12日、日・アフガニスタン首脳会談が開催され、日本は米国とともにカブール（Kabul）・カンダハル（Kandahar）間の幹線道路（リングロード、Ring Road）整備のための協力を決定した。民生目的が強調されたが、同時に軍事的な目的とも関連があった。

日本は緊急無償資金協力として、カンダハルを中心に北東のカブールに向かう①カンダハル・カブール間幹線道路整備計画（50キロメートル、1期30億円、2期3.7億円）、北西のヘラート（Herat）に向かう②カンダハル・ヘラート間幹線道路整備計画（114キロメートル、1期84億円、2期24億円）、③カン

第2部　人権と援助

ダハルおよびカンダハル近郊道路整備・建設計画（約10億円）に取り組んできた。さらにADB（アジア開発銀行、Asian Development Bank）は2002年10月、南東のスピンボルダック（Spin Boldak）に向かうカンダハル・スピンボルダック間（60キロメートル）道路修復に「貧困削減日本基金」から1500万ドルの無償供与を承認した。

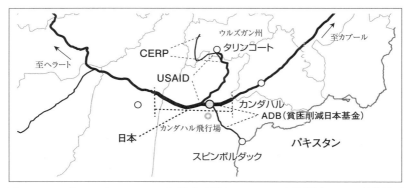

図1　リングロードにおける日本援助区間とUSAID・米軍援助による接続道路
出典：United States Government Accountability Office［2008］のFigures 6-8をもとに筆者作成

図1からわかるように、日本担当区間のある地点からウルズガン（Uruzgan）州都タリンコート（Tirin Kowt）までの支線道路がUSAID（米国国際開発庁、United States Agency for International Development）により整備され──ウルズガン州内はCERP（司令官緊急対応プログラム、Commander's Emergency Response Program）と重複──、さらにタリンコートからの州内地方道路は米国防省管轄下のCERPで整備されている。CERPに、米軍司令官が緊急人道支援の必要性を判断するもので民生目的を持つが、同時に治安の改善と反乱鎮圧作戦の実施にとって死活的に重要と位置づけられている。

ヘンリエッタ・フォア（Henrietta Fore）USAID長官（当時）は、アフガニスタンにおける米軍将校の話として、USAIDにより整備されるリングロードと州都とを接続する二次道路は、反乱鎮圧作戦の強化にとってきわめて重要であると述べている。なぜならば、当時は空爆に過度に頼っていたが、道路の完成は空軍力を補完し、緊急対応部隊の地上展開が可能になるからだという［Fore 2008: 19］。

第8章　「普遍的価値」と「人間の安全保障」

　実際、上記カンダハル・タリンコート間道路は最優先のプロジェクトとして米軍による警護のもとに実施され、カンダハル飛行場を基地とする大隊規模の機動部隊のウルズガン州への展開ルートとして、またカンダハル州におけるパトロールに役立ち［Melin 2011: 118］、「タリバン（Taliban）運動の心臓に一撃を加える潜在可能性を持つ」［Melin 2011: 112］と位置づけられていた。

　2008年に発表された国際人権NGOヒューマン・ライツ・ウォッチ（Human Rights Watch）の調査報告によれば、米軍は不朽の自由作戦（Operation Enduring Freedom）の遂行およびNATOが主導するISAF（国際治安支援部隊、International Security Assistance Force）の一員として、軽装地上部隊と空中機動力の組み合わせを中心にすえており、その結果として多数の民間人が殺害された。空爆による死亡が大多数であるが、事前に決めたターゲットに対する計画的な攻撃ではそれはめったに起こらず、敵に出会った地上部隊を支援するための無計画な「機会をとらえた」空爆によってほとんど常に犠牲者が出ているという［Human Rights Watch 2008: 2-4］。

　日本のODAにより改修した道路に接続した地域で民間人にどのくらいの被害が生じているかはわからない。しかし少なくとも、日本による道路修復がなければ思うような反乱鎮圧作戦が遂行できなかったという意味で米軍・ISAFに寄与しているのであり、それにより可能となった作戦で民間人犠牲者を生じる構造的リスクを高めているといえるのではないだろうか。

　国家安全保障からみれば、こうした民間人の犠牲者は「付髄的損害」（collateral damage）と呼ばれる巻き添え被害となる。付髄的損害は、民間人に対する故意によらない、または、偶発的な殺害や危害であって、軍事的効果に比例して過剰にならなければ国際人道法上違法とならない［Crawford 2013: 39］。つまり、得られる軍事的効果が一般市民の生命損失や財産の損害を上回れば法律上は問題ないということであり、こうした比較考量に基づき多少の犠牲はやむを得ないということになる。

　米軍および同盟軍による付随的損害の死者数は、アフガニスタンに侵攻した2001年後半から12年後半までにアフガニスタンおよびイラクで合計2万2000人に達し、パキスタンおよびイエメンを含めるとさらに1万6000人が加わる。繰り返される付随的損害は組織的・制度的なものであり、民間人の保護よりも兵士の保護を優先すること、具体的には地上部隊への航空支援（前述したような

敵に出会った地上部隊を支援するための無計画な空爆）にあった。付随的損害の増加により、家族や友人などを殺害された地元民間人がタリバンに加わるケースが増えるなどしたため、反乱鎮圧作戦にとって地元住民の支援が不可欠であることを再認識し、米国は作戦を変更し民間人の殺害を最小限に留めることに努めた。この結果、付随的損害が減少する一方、自軍および友軍の死者数が増加傾向に転じた［Crawford 2013: 23, 54-55］。

　人間の安全保障は「人間の自由と人間の可能性の実現を高めるようにしながら、すべての人間の生のかけがえのない中枢部分を守ること」[6]［UN Commission on Human Security 2003: 4］であり、比較考量に基づく「多少の犠牲はやむを得ない」[7]という立場はとらない。

　この考え方の理論的基礎となっているのがケイパビリティ・アプローチである。これは「良い生き方」とは何かに着目し、一人ひとりが価値を置く理由のある生き方をする自由（「〜になることができる」、「〜することができる」）が十分にあり、実際に達成可能かどうかに焦点を合わせる。経済成長で強調される所得といった生活のための手段よりも、一人ひとりの価値観に沿った生き方をする実際の機会があるかどうかに焦点を移す。各人が暮らしの中で抱くさまざまな望みを実現する機会や選択肢を十分に持てばケイパビリティが大きく、豊かとなる一方、最小限または基本的なケイパビリティが欠如している状態を「貧困」とみなし、不自由の主な原因を取り除くこと＝ケイパビリティの拡大を「開発」という。また、ここでいう自由には、健康に代表される生活の質の良さなど個人の良い状態（well-being、福祉）と個人が追求する価値があると考えれば何であっても促進するエイジェンシー（agency）がある。このエイジェンシーには、自分自身の福祉の追求ではなく、自分よりも他者の生活を向上させる利他益を目標とする場合が含まれる［セン 2011: 335-340, 367-370, 412-416］。

　人間の安全保障の文脈では、「生の中枢部分」は個人が「生に不可欠であり」「きわめて大切」と考える基本的な権利や自由であり、個人や社会によって多様な価値に基づきさまざまなかたちをとる。ただ大雑把にいえば、不安全（insecurity）すなわち生存・生活・尊厳（恐怖からの自由、欠乏からの自由、尊厳のある生）を危機にさらす脅威を回避したり十分に対処したりする機会または選択肢を実際に持っているかどうかが焦点となる。こうした選択肢は

第8章 「普遍的価値」と「人間の安全保障」

大別して個人やコミュニティが脅威に対処できるようにする「エンパワーメント（empowerment）」と個人やコミュニティでは力の及ばない場合に特に必要となる国家などによる「保護」から成る［UN Commission on Human Security 2003: 4, 10-12］。注意すべきは、特に国家による保護という場合でさえ、どんなやり方でもよいというのではなく、人間の自由、すなわちケイパビリティを拡大しエイジェンシーを高め、人間の可能性の実現に資するやり方が求められ、「人間の安全保障は、個人やコミュニティが十分に情報を得たうえで選択し、生活の多くの領域で大義や利益のために行動するケイパビリティの発展を目指さなければならない」［UN Commission on Human Security 2003: 4］という点である。

前述した付随的損害の例では、紛争という個人やコミュニティではどうにもならない状況において最優先されるべき民間人の保護よりも国家安全保障上の目的が優先されることで、十分な保護が受けられなかったことが重大な問題である（安全保障の逆説[8]）。親族や友人に付随的損害を受けた者の中には、（おそらく報復といった負の感情に基づいた）エイジェンシーの自由を追求してタリバンに加わる者が増えた（安全保障のジレンマ[9]）。他方、タリバンは攻勢を強めた2005年以来、敵の協力者とみなした民間人を組織的にターゲットとし始め、故意による殺害が増えたほか、基地を狙ったロケット弾や道路端の手製爆弾に巻き込まれた民間人も増加した［Crawford 2013: 109-110］。紛争当事者の一方として民間人保護の責務を負い、地域社会に浸透し安全共同体であるべきはずのタリバンからも民間人が危害を加えられるというとても憂慮すべき事態が生じた（安全保障の逆説）。

加害者がタリバンであれ、米軍その他であれ、被害者にとっては人生を一変させるような大変な出来事である。アミナ（Amina）というアフガニスタン人女性は次のように語っている。

> タリバン、ロシア人、ハザラ（Hazara）人の戦争［内戦］を通じて、とても多くの悪影響を被りました。家、夫、仕事、庭などあらゆるものを失いました。（中略－引用者）夫が亡くなってから、私と子どもたちは大変な時期を過ごしました。爆弾やロケット弾が繰り返し襲ってきました。パキスタンやイランへ避難するお金はありませんでした。結局、あらゆるもの

を失い、子どものほかは何も残りませんでした。神のご加護により、少なくとも子どもたちは生きています［Dossa 2014: 49］。

また、ミーナ（Meena）は、平和に暮らしていたときと比較して次のように語る。

> あらゆる機会を通して、家にはたくさんの訪問客がいました。サラーム（salaam、あいさつ）をするためだけでも立ち寄ったのです。彼ら［米国］は今、アフガニスタンは平和になったと言っています（怒った口調）。アフガニスタンの中央には平和があるとしても、国の四隅では戦争が続いています。誰が好んでホームレスになったり、混乱を来たしたりするでしょうか？　一体誰が？　あなたは祖国が好きではないですか？（泣く）［Dossa 2014: 71］。

このようなアフガニスタン人女性の語りには、アフガニスタンの破壊について語られていないこと、知られていないことを伝えるという側面もある。そしてそれは、米国がアフガニスタンに侵攻したのは、アフガン人、特に女性をタリバンの残虐さから解放するためだとする国際的に支配的な語りや、テロとの戦いにより世界は平和になるという語りへの対抗である［Dossa 2014: 70］。

このように、個人やコミュニティを脅威から保護する義務や責務を負う国家および安全共同体そのものが脅威となりうることを認識する必要がある。とりわけ、国家安全保障を支える軍事的用途に近づくODAの実施により、道義上の責任そして何よりも人間の安全保障の精神が根底から覆される恐れが生じるのではないだろうか。

そして、国際社会や外部からの介入者は、人権を推進しようとするのであれば、かならず相手の意思を確認するという原則を守り、普遍的価値だからといって一方的に決めつけることがかならずしも当事者の意向に沿うとは限らないことや、悪影響さえもたらす可能性についても自覚しなければならない。アミナは、国際援助関係者が往々にしてみなす「寡婦」というアイデンティティよりも、母親、賃金労働者、市民、活動家としてのアイデンティティを好んでいる。その理由として、たとえば女性の賃金労働は肯定的な意味を持ち、「ま

ず、夫を金銭的に支えることができ、次に世界で起こっているさまざまな出来事について知ることができ、さらに子どもたちの良き母になるのはもちろんのこと、社会や社会問題にかかわることができる」からだという［Dossa 2014: 55-56］。

おわりに――人間の安全保障を実現するODAに向けて

> 人が地域の中で衣食住をそれなりに満たし、それなりの文化的な活動をし、地域の自然環境と仲良く暮らす、このような発展（経済成長ではない！）のあり方を求める時代に来ている、というのが私たちの認識です。これは発展の新たなモデルであり、昔に戻れということとはまったく違います［村井 1994: 3］。

　日本が大綱で示す人間の安全保障の実施にあたって、最優先すべきことは何だろうか。それはさまざまな脅威に対し最も脆弱な立場にある（構造的リスクを負う）個人、集団およびコミュニティ、社会にとって、多様な価値に基づきさまざまなかたちをとりうる「尊厳ある人生」（「良い生き方」）とは何か、そしてどのような「不安全」があり、どんな「脅威」を感じているかについて当事者による発言（エイジェンシーの発揮）を通じて明らかにすることにある。
　つまり、「良い生き方」とは、引用した村井吉敬の発展モデルにおける「それなり」の言葉に集約されるように、他者が決めるものではなく、当事者であるそれぞれの個人、集団、コミュニティ、社会が決めることが基本である。
　ケイパビリティ・アプローチでは、社会を構成する個人の意思を基盤とする意思決定プロセスとして、民主的で理性的な議論を通じた集団的エイジェンシーの発揮により、社会的に保障すべきケイパビリティを決めることが期待されている（公共的討議）。「公共的討議を通して、人々が互いの窮状に対して関心を持ち、他者の生活をもっと理解する」［セン 2011: 486-487］ようになりながら、自分たちにとっての尊厳ある人生／良い生き方（ケイパビリティおよびその優先順位）、さまざまな問題（不安全／脅威）および解決策（保護／エンパワーメント）について論議し、自分たちの声を大きくし社会に広く知らせる機会が生じる。

こうした広い意味での民主主義プロセスは、また、異なる意見への寛容さや統治者への社会的圧力を通じ、人びとに安全をもたらすという意味で保護的力を持ち、人間の安全保障を促進する［セン 2011: 493-494］。

このプロセスは日本社会にもあてはまる。2012年9月に発表された「革新的エネルギー・環境戦略」は「国民的議論」に基づいたものであり、意見聴取会やパブリックコメントといった通常の手続きに加え、討論型世論調査（deliberate poll）が実施された。「日本の政策決定プロセスにおいて、討論型世論調査が初めて公式に位置づけられ、政策決定に利用されることは画期的なこと」であり、「公共的討議の場を形成する一手法として、討論型世論論査が政府によって認識されたことの意義は大きい」［エネルギー・環境の選択肢に関する討論型世論調査実行委員会 2012: 2］と位置づけられている。日本における「社会の縮図」となるように選ばれた参加者が、専門家が作成したバランスのとれた討論資料について学習し、そのうえで小グループに分かれて討論し、全体会議で専門家に質問を繰り返すことで、熟慮の結果として意見がどう変化するかを見ることに重点が置かれた。選択肢としては、2030年までに原発ゼロ、電力量の15％、20〜25％の3シナリオのうち、どれを支持するかが焦点となった。討論を通じ、自分と異なる意見に耳を傾ける態度が増すなか、複雑な問題に悩みながらも熟慮したうえで支持が増えたのはゼロシナリオであり、「国民は省エネをもっと行い、また、ライフスタイルも変え、コストが高くなっても再生エネルギーを推進し、国民も発想の転換をするということを引き受ける」ものと解された［エネルギー・環境の選択肢に関する討論型世論調査実行委員会 2012: 87］。

尊厳のある人生／良い生き方にかんし、司法の場ではこれまでにない新しい判断が示された。大飯原子力発電所3・4号機運転差止請求事件に対し福井地裁が2014年5月に下した判断は、個人の生命、身体、精神および生活にかんする利益の総体である人格権は、すべての法分野で最高の価値を持つとし、この根幹部分に対する具体的な侵害の危険があるとして、侵害行為である大飯原発の運転を差し止めるものであった。生命を守り生活を維持する利益は人格権の根幹部分を成す根源的な権利であるが、原子力発電所の稼働は経済活動の自由に属し、人格権の中核部分よりも劣位に置かれるべきものであり、きわめて多数の人の生存そのものにかかわる権利と電力供給の安定性、コストの低減、電

気代の高低といった問題とを並べて論じ、当否を判断すること自体が法的に許されないと論じた。

　この判断は、ドイツにおける脱原発へのエネルギー政策転換の基礎となった倫理委員会の報告にある「比較考量不能な絶対的リスク」に通じるものがある。つまり、便益とリスク（費用）を比較考量し、便益がリスクの期待値（損害規模×損害確率）を上回れば原発を正当化してきたアプローチの考量可能な限界の外部にあり、倫理的責任において絶対的判断をしなければならないリスクである。従来のアプローチでは、主として国民経済に寄与する便益は、ほとんど常にリスクの期待値を上回ることになる。なぜならば、事故による損害規模が大きく見積もられていても、ほとんど生起することはないと発生確率が過少に見積もられていたからである。しかし、福島第一原子力発電所事故が示すように、事故は現実に発生し、その甚大さは空間的、時間的、社会的に限定することが不能であり、便益とリスク（費用）を比較すること自体ができない［三島 2012］。

　これまで議論してきたように、「多少の犠牲はやむを得ない」とは、たとえば軍事的効果や経済的便益と費用としての生命損失・財産の損害や事故リスクの期待値と比較考量し、効果や便益が費用やリスクを上回れば、犠牲者や被害者を出すことを正当化する尺度といえる。しかし、福井地裁の判断は、生命や生活にかかわる根源的な権利は経済活動の権利よりも重要であるから比較考量することが不当であることを、そしてドイツの倫理員会は比較すること自体不能であることを示し、異なる尺度の存在が明確になった。

　したがって、これまでの主流の尺度とは異なる尺度も念頭に置きながら、より選択肢の多い、深みのある公共的討議や熟議をする機会が生まれている。そしていかなる犠牲や被害も出さないという前提を置くことで、人間の安全保障、すなわち人間の自由と人間の可能性の実現を高めるようにしながら、**すべての**人間一人ひとりのかけがえのない生の中枢が守られることを担保するスペースが広がる[10]。

　これとは対照的に、今回の大綱見直しで人間の安全保障が国家安全保障の下位に位置づけられたことで、両者の相互補完的な関係［UN Commission on Human Security 2003: 4-6］が明らかに損なわれ、人間の安全保障のスペースは狭まる。同じ支援を必要としている人に対し、普遍的価値を共有する国と共有し

ない国で分けて異なる対応をとったり、狭い国益を優先させたりすることは、人間の安全保障の実現に向けたスペースを縮小させることになる。

　では、援助する側と受け取る側の垣根を越えた公共的討議はどうあるべきだろうか。各地の公共的討議をつないだり、そうした機会をさまざまな場面で創り出したりしていくうえで、市民団体やNPO／NGO、社会運動、ソーシャルビジネス、メディアや研究者らが果たす役割は大きい。同時に、こうしたプロセスを経て明らかにされる人間の安全保障の基本に沿ってODAを実施し、人びとの脅威になったり、脅威を助長したりすることがないよう、私たち一人ひとりが一方の当事者として関心を持ち、監視し、討議し、発言していくこともますます大切となっている。

【注】
(1)　Islamic State in Iraq and the Levant の略称で、ISの別名。
(2)　「価値は、哲学者や神学者に資するためではなく、人びとが生活を営み、社会を築くのに役立つためにある。それゆえ国際レベルでは、普遍的価値を強く求めるのに十分強力だが、人びとがこうした価値を各自の個別的事情に合わせて実現できるよう十分柔軟な協力の仕組みが必要となっている。最終的な歴史による判断は、言ったことではなく、行ったことに基づくものである。自由、法の支配および法の下の平等といった特定の価値を最も声高に説く者は、自身の生活や社会においてこうした価値にしたがって生き、友人はもちろんのこと、敵とみなす者に対してもこうした価値にしたがって相対する特別の義務を負っている。自分の意見と同じであったり、自分が認める行動をとる者に対して寛容である必要はない。怒りを抱いているときこそ、謙虚さと相互尊重という私たちの宣言原則を適用することが最も必要となるのである」［Annan 2003: 4］。
(3)　「開発協力大綱案に関する公聴会」（東京、2014年11月15日）における筆者の質問に対する岡庭健国際協力局長補佐の発言。
(4)　たとえば東京公聴会における岡庭局長補佐の発言。
(5)　「曲がり角にある政府開発援助――『ODA大綱』見直しをめぐって」（上智大学グローバル・コンサーン研究所および国際開発学会社会連携委員会共催。2014年7月16日）における、筆者の質問に対する高杉優弘国際協力局政策課長の発言。
(6)　人間の安全保障委員会［2003］では「人間の生にとってかけがえのない中枢部分を守り、すべての人の自由と可能性を実現すること」と訳されている。し

かし、「すべての人間の生」の「すべて」が欠落し、また、(どんなやり方であっても) 守ることが優先され、それにより自由と可能性が実現するという誤った解釈を生みやすい。
(7) 村井吉敬は「多少の犠牲はやむを得ない」に対し次のように批判する。「ODA の全体益からすれば多少の犠牲はやむを得ない、とする『主流派』開発論者がたくさんいる。しかし、『多少の犠牲』というなかで、住まいを奪われ、生業を失い、ときには負傷し、命までを奪われた人びとは、たくさんいる。それでも仕方がないとしたら、人間としての対話は成り立たない」[村井 2006]。
(8) ここでの「安全保障の逆説」の概念は、武者小路 [2009] にしたがっている。
(9) 「安全保障のジレンマ」の概念も同様に、武者小路 [2009] にしたがっている。
(10) 国際人道法など国際法には限界がある一方で、「公共の良心」の重要性を強調している点を踏まえながら、ネタ・クロフォードは公共的討議を通じて、「モラル・エイジェンシー」を発揮し、「公共の(道義的)責任」を果たすことで、付随的損害をなくしていく道筋を示している [Crawford 2013: 444-474]。

【参考文献】

エネルギー・環境の選択肢に関する討論型世論調査実行委員会. 2012. 『エネルギー・環境の選択肢に関する討論型世論調査調査報告書』(改訂版) 2012年8月27日. 東京: 内閣官房.

越田清和. 2011. 「日本の軍事援助」『脱「国際協力」開発と平和構築を超えて』藤岡美恵子;越田清和;中野憲志(編), 71-101ページ. 東京: 新評論.

佐々木学. 2014. 「フィリピン　南シナ海で存在感期待」(集団的自衛権　海外識者の視点(下))『朝日新聞』2014年7月11日.

参議院政府開発援助調査派遣団. 2013. 『第10回参議院政府開発援助(ODA)調査派遣報告書』2013年12月. 東京: 参議院.

セン, アマルティア. 2011. 『正義のアイデア』池本幸生(訳). 東京: 明石書店.

防衛省防衛研究所. 2014. 『東アジア戦略概観2014』東京: 防衛研究所.

マウラー, ペーター. 2015. 「核といのちを考える――『人道』の旗を掲げて」(インタビュー　オピニオン)『朝日新聞』2015年2月20日.

三島憲一. 2012. 「原発利用に倫理的根拠はない――ドイツ『倫理委員会』の報告書より」『世界』825: 88-95.

武者小路公秀. 2009. 「羅針盤としての『人間の安全保障』」『人間の安全保障　国家中心主義をこえて』武者小路(編), 1-33ページ. 京都: ミネルヴァ書房.

村井吉敬. 1994. 「地域自立発展研究所(IACOD)設立にあたって」『イアコッド調査情報』0: 2-3.

―――. 2006.「はしがき――ODA50年の今」『徹底検証ニッポンのODA』村井吉敬（編），1-5ページ．東京：コモンズ．

Annan, Kofi. 2003. *Do We Still Have Universal Values?* Third Global Ethic Lecture at Tübingen University, Germany on 12 December, 2003.

Associated Press. 2013. AFP to Move Air force, Navy to Subic. *Philippine Daily Inquirer.* July 28, 2013.

Berti, Benedetta. 2015. The Syrian Refugee Crisis: Regional and Human Security Implications. *Strategic Assessment* 17(4) : 41-53.

Crawford, Neta C. 2013. *Accountability for Killing: Moral Responsibilities for Collateral Damage in America's Post- 9/11 Wars.* New York: Oxford University Press.

Dossa, Parin. 2014. *Afghanistan Remembers: Gendered Narrations of Violence and Culinary Practices.* Toronto: University of Toronto Press.

Fore, Henrietta H. 2008. Aligning "Soft" with "Hard" Power. *Parameters: The US Army War College Quarterly* 38(2) : 14-24.

Human Rights Watch. 2008. *"Troops in Contact" Airstrikes and Civilian Deaths in Afghanistan.* September 2008, New York: Human Rights Watch.

Melin, Nicholas O. 2011. *The Challenge of Access: Using Road Construction as a Tool in Counter Insurgency.* Kansas: U. S. Army Command & General Staff College.

OECD. 2010. *Japan: Development Assistance Committee (DAC) Peer Review.* Paris: OECD.

Svoboda, Eva; and Redvers Louise. 2014. *Aid and The Islamic State.* IRIN/ HPG Crisis Brief. Overseas Development Institute and IRIN News.

UN Commission on Human Security. 2003. *Human Security Now.* New York: Commission on Human Security.（人間の安全保障委員会．2003.『安全保障の今日的課題』人間の安全保障委員会事務局（訳），東京：朝日新聞社．）

UN ECOSOC. 2013. *Strengthening of the Coordinating of Emergency Humanitarian Assistance of the United Nations, Report of Secretary-General.* UN.

UN OCHA Policy Development and Studies Branch. 2011. *Peacebuilding and Linkages with Humanitarian Action.* UN OCHA.

United States Government Accountability Office. 2008. *Afghanistan Reconstruction:Progress Made in Constructing Roads, but Assessments for Determining Impact and a Sustainable Maintenance Program Are Needed.* July 2008, Washington, DC: US GAO.

【インターネット資料】

Pajon, Céline. 2013. "Japan's "Smart" Strategic Engagement in Southeast Asia." The ASEAN Forum. December 06, 2013. Accessed on August 12, 2014. http://www.theasanforum.org/japans-smart-strategic-engagement-in-southeast-asia

【推薦図書】

酒井啓子．2015.「悲しいことたち」『みすず』57(3): 6-15.

内藤直樹；山北輝裕（編）．2014.『社会的包摂／排除の人類学——開発・難民・福祉』京都：昭和堂.

中村研一．2010.『地球的問題の政治学』東京：岩波書店.

ジェンダーと人権
失われた女性：インドの性比問題

村山　真弓

　人間の出生時における自然な性比は、どの時代、地域においても、女性1に対して男性1.05〜1.06となる、というのが通説である。したがって平均値から大幅な乖離がみられる場合、性選別的な人工中絶や嬰児殺害といった介入的行為の存在を推測することができる。2014年現在、世界全体の出生時性比は1.07と推定されている［Central Intelligence Agency, World Fact Book. https://www.cia.gov/library/publications/the-world-factbook/fields/2018.html］。統計の得られた227カ国・地域のうち、世界平均の1.07よりも高い、すなわち男性が「不自然」に多く生まれている国は36カ国・地域しかない。しかし、この36カ国・地域の中に、中国（同数値1.11）、インド（同1.12）という世界1、2の人口大国が含まれていることは、注視すべきであろう（2014年の人口推定値は中国が13.6億人、インドが12.4億人）。ちなみに、日本の出生時性比は1.06である。「不自然」な性比が何を示しているのか、ここではインドを事例に考えてみよう。

　図1は、インドにおける長期的な性比（ここでは男性1000人に対する女性の比率）の変化を示している。インド内の特定地域における性比の低さ（女性人口の少なさ）については、1947年にインドが独立する以前の英領時代から指摘されていた。しかし、この問題の深刻さが強く認識されるようになるのは、国連が定めた国際女性年（1975年）に関連して、政府内に設置された「女性の地位に関する委員会」による報告書 "Towards Equality"（平等に向けて）の公表以後のことである。同報告書は、20世紀初頭から女性人口の割合が減り続けていることを大きくとりあげた。以来、性比問題は女性運動の重要な課題の一つとして位置づけられてきた。

　女性の数が少ないことについて、英領時代には人種の違いに原因を求める説や、国勢調査での女性の数え落としが理由ではないかといった説が一般的であった。しかしその後は、女性差別に基づく男女間の出生率および死亡率の差が、インドにおける性比問題の根本的な要因であるという見方が大勢を占めるようになる。では、なぜ男性の比率が高い、すなわち男性優遇がみられるのだろうか。そこにはインドの社会経済的な要因がはたらいている。特にインド国民の8割を占めるヒンドゥ教の影響もあ

column

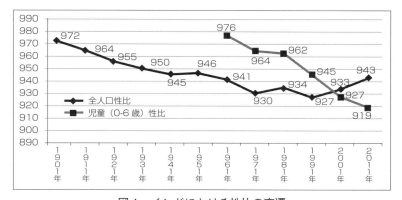

図1　インドにおける性比の変遷
出典：人口センサス各年度版より筆者作成

り、① 家産と家名の存続、② 年老いたときの経済的サポート、③ 祖先供養の継承、④ 結婚の際に新婦がもたらすダウリ（持参金）の獲得、等の理由から息子が必要と考えられてきた。逆に、娘は結婚で他家に嫁ぐ身であり、娘への教育投資はおろか、その存在そのものが負担とみなされることも多い。

とはいえ図1にみるように、人口全体の性比は、1991年を底として上昇に向かっている。それに対して低下の一途をたどっているのが0〜6歳児の性比である。いいかえれば0〜6歳児以外の女性の生存率には改善がみられる一方で、出生前後および幼児期の女児への差別は強まっているということである。私たちは、経済や教育水準が上がり、社会のグローバル化が進むと、上記に挙げたような男性偏重・女性差別は軽減されると考えがちである。ところが、実際にはその反対の現象がみられるのである。

生まれたばかりの嬰児の殺害は英領時代から報じられてきたが、児童性比の低下に弾みがかかったのは、実は近代技術の導入が契機となっている。1971年の妊娠医学的中絶法により人工中絶が合法化され、70年代半ば以後、超音波や羊水穿刺等、胎児の状態を観察する技術が全国に広まった。胎児の性別判定を目的とした技術の乱用を防止するために、94年には出生前診断技術（規制・乱用防止）法が制定されたが、実効を持つに至っていない。

地域別にみると、インドの中でも特に性比が低いのは、経済的には進んだ北インドの諸州である。また性選択的な人工中絶を受けているのは、経済的にも学歴の面でも比較的恵まれた女性が多いとの調査もある。娘をもつ親にとっての最大の負担と目さ

れるダウリの額は、消費生活の華美化とともに全国的に膨張しているとも報じられている。こうした傾向が、男子選好に拍車をかけていることは明らかであろう。女性の少なさが、結婚できない男性の増加を含め、どのような社会的影響を及ぼすことになるのか、将来的な懸念は大きい。

　女性が生涯に産む子どもの平均人数（合計特殊出生率）は、1960年の約5.9人から2013年には約2.5人にまで減少した［世界銀行データ http://databank.worldbank.org/data/home.aspx］。限られた数しか産まない子どもの性をコントロールできることは、女性個人の自己決定権、エンパワーメント、世帯の中での地位といった観点から、どう評価すべきなのか、現地の女性運動の中でも意見は分かれる。性比問題の複雑さ、解決の困難さは、ジェンダーと人権の問題を複合的に考える必要性を示唆しているといえる。

　2015年1月22日、インド政府は、女子の出生・生存と教育を改善するための『Beti Bachao, Beti Padhao（娘を救え、娘に教育を）』と称する新たな施策を発表した。その施策のもとで、意識改革のために大々的なキャンペーンを展開しつつ、児童性比の特に低い100県で多面的なプログラムが実施される。具体的には、妊娠の早期登録と病院での出産奨励、性比均衡に成功した村に対する1000万ルピー（約2000万円）の報奨金供与などが含まれている。また全国規模で、『Sukanya Samriddhi Account（女子の繁栄のための口座）』と命名された貯蓄スキームも導入された。女児が10歳に達する前にその子の名前で銀行口座を開設すれば、政府が高い貯蓄金利と所得税免除を保障するというものである。モディ首相は、女児胎児殺しを「精神的病」と批判して、考え方を根本的に変えるよう呼びかけたが、これらの施策がどれほどの効果を発揮するか、今後注目していこう。

第3部

モノからみる世界と日本

グローバル化と民衆交易

第9章 コーヒーから見える世界
―― 東ティモールのコーヒー生産者とフェアトレードを考える

伊藤　淳子

はじめに

　日々、私たちが手に取るもの、口にするものは、どこから来るのか、誰が作っているのか。そうした問題意識を持って身の回りを見回してみると、私たちの生活はたくさんのモノに囲まれているにもかかわらず、モノを通じたその先にある人びとについてはほとんど知らないことに気づかされる。しかしながら知りたいと思って探ってみると、思いもかけないほどたくさんのモノとそれを作る人びと、彼らの生活とのつながりの中に自分の暮らしがあることがわかる。

　フェアトレードは、モノを通じて作る人もそれを買う人も、共により良い社会を目指していこうとする取組みである。フェアトレードを語る際に用いられる「顔と顔の見える関係」、「買い物を通じて社会を変える」というフレーズは、社会に対して何かしたいけれど何をしたらいいかわからずにいる私たちに、やるべきことを具体的な行動として示してくれる。私は、世界で最も小規模な生産国に数えられる東ティモール民主共和国で、コーヒーを通じたフェアトレードに2002年から取り組んできた。東ティモールは02年に独立したばかりのアジアの小さな国で、独立後現在に至るまで、石油を除く輸出総額の90％以上をコーヒーに依存している［Ximenes *et al.* (eds.) 2014］。私は、東ティモールのコーヒー産業にフェアトレードを導入し発展させることで、東ティモールから世界に向けて新たな経済発展モデルを提示できるのではないか、という大義のもとにこの試みに取り組んできた。

　私のこうした考えの背景には、フェアトレードが東ティモールのコーヒー生産者により良い暮らしをもたらす実効的な試みになりうるとの確信があった。しかし実際に携わってみると、他者により良い暮らしをもたらすという理想

は、文字で表現するほどに単純なことではないことを知った。本章では、フェアトレードの課題を東ティモールでの私自身の取組みを通じて検証してみたい。

第1節　フェアトレードとは何か

1　フェアトレードの目的

　フェアトレードは、現行の貿易システムに対するオルタナティブな交易のかたちを模索する市民のあいだから発生した運動の総称である。フェアトレードを規定する世界共通の法律はなく、運動の広がりに応じて世界中で共通の定義や解釈をどのように定めていくかが議論されている。フェアトレードへの取組みの歴史が長いヨーロッパ諸国では、国際フェアトレード連盟（IFAT: International Fair Trade Association）や国際フェアトレードラベル機構（FLO: Fairtrade Labelling Organization International）といった団体が組織され、フェアトレード基準を設定し、それぞれの運動を消費者にわかりやすい基準で評価する認証制度を設けている。一方、日本のフェアトレードは、こうした団体に加盟して認証制度を利用するよりは、各団体がそれぞれに途上国の生産者とつながり、商品とその商品を作る人びとの暮らしや状況を日本の支援者に伝えていくというかたちで発展してきた。

　フェアトレードが必要とされる背景には、世界規模の貧困や地球規模の環境問題等の地球に生活する誰もが当事者となっている問題群がある。私たち先進国の暮らしと途上国の人びとの暮らしとは無関係ではない。この現実を踏まえて生まれた取組みがフェアトレードである［長坂 2008: 16-20］。

　フェアトレードには、「貿易構造改革」「消費者運動」「開発協力」の三つの目的がある。本来は各国の経済発展を促すはずの貿易が、経済のグローバル化により富める国や企業をますます富ませ、貧しい国や企業をますます貧しくする構造がある。「貿易構造改革」とは、こうした構造を改革し、市場を公正化することを指す。「消費者運動」は、消費者が消費することで生産活動や社会をより良いものに変えていこうとする運動である。そしてフェアトレードを実現するための生産者支援活動を、ここでは「開発協力」と呼んでいる。フェアトレードにおいては、それが生産者の自立のためにどれだけ有用であるのか、有効であるのかが問われる。そのためフェアトレードを推進する団体は直接途

上国の現場にかかわり、農民や生産者、貧しい労働者の組織化や組織支援を行う［長坂 2008: 33-39］。

2　フェアトレードが目指すビジネスモデル

　フェアトレードは、以下の13項目を現行貿易システムにかわる取引モデルとして掲げてきた。すなわち、「適正価格」「環境対応」「長期安定契約」「前払い」「割増金（プレミアム）の支払いと使途」「中間業者排除」「技術指導」「組織化（協働組合／NGO）」「民主的運営」「社会的側面への対応」「情報提供」「多角化の追求」「エンパワーメントの獲得と向上」である。「適正価格」とは、生産者の生活コストを考慮してFLOが品目ごとに設定する最低保証価格のことである。国際取引価格がこの価格を下回った場合、フェアトレードでの商品の購入者は国際価格よりも高い最低保証価格を支払わなければならない。「前払い」は、貧しい農民や生産者たちが生産物を出荷して現金収入を手に入れるまでのあいだ、生活を維持するためあるいは農作業のために高利貸しから借金をし、結局収入の多くを返済と金利に持っていかれてしまう状況を回避するためのものである。また「割増金（プレミアム）の支払いと使途」とは、取引価格に加えて地域の社会開発のために使われることを目的として支払われる割増金（ソーシャルプレミアム）のことで、生産者団体はこの資金の使途を民主的に話し合いで決定する［長坂 2008: 21-32］。

　これらの項目はフェアトレードに携わる団体が常に意識するものであるが、その実践内容は生産地域の状況や取り扱う産品の性格などによって多様である。以下にとりあげる東ティモールのコーヒー生産者協司組合と同組合に対する支援活動は、フェアトレードを通した「開発協力」の現場の一例である。

第2節　東ティモールのコーヒー産業概観

1　コーヒー産業の歴史的背景

　東ティモールは赤道の少し南側、オーストラリアの北西に浮かぶティモール島の東半分に位置する（西半分はインドネシア共和国冥ヌサトゥンガラ州西ティモール）。正式には「東ティモール民主共和国（Republic Democratic of Timor Leste）」と称される。面積はおよそ1万4900平方キロメートル、人口

は約120万人（2014年）の小さな国である。東ティモールは、460年にわたるポルトガル植民地支配、3年間の日本軍占領、24年間のインドネシア軍事支配を受け、2002年にようやく独立国として国際社会に認められた[1]。

東ティモールに初めてコーヒーノキ（*Coffea* spp.）が植えられたのは1815年、ポルトガル植民地時代のことである。ポルトガルがティモール島に関心を持ったのは、ここが香木の白檀の原産地であったからである。主に中国市場へ輸出するために白檀を伐採しつくした後、ポルトガルは、白檀にかわる輸出産品としてコーヒーを栽培した。しかし1890年代にさび病が蔓延し、ポルトガルが持ち込んだコーヒーノキは全滅する。さび病とは、サビキンの寄生によって起こる植物の病気で、コーヒーノキに致命的な影響を与える。その中を「ティモール・ハイブリッド」とのちに名づけられる自然交雑種が生き残った。この品種は、味の良いアラビカ種と耐病性の強いロブスタ種が掛け合わさったもので、アジアや中南米のコーヒー産出国で品種改良に利用されている。新品種「ティモール・ハイブリッド」を手に入れたポルトガル植民地政庁は、東ティモールの標高1000〜1200メートルの山地を9000ヘクタールにわたって切り開き、広大なコーヒー農園経営を始めた。しかし資金不足で経営は滞り、1936年、東ティモールの各農家に1世帯当たり600本のコーヒー苗の植付けを義務づける法令を出す。植民地支配の末期には、東ティモールのコーヒー総生産量の8割が小規模生産者によって生産されており、コーヒー栽培は一般の農家に広まっていた［DJSB 2000］。

コーヒー業界ではティモール・ハイブリッドの名はそれなりに通じる。しかし日常的にコーヒーを飲む私たち一般消費者のあいだでは、東ティモールの名はあまり知られていない。東ティモールのコーヒー輸出量は年間およそ1万5000トン［Ximenes *et al.* (eds.) 2014］で、世界のコーヒー輸出量の何万分の一にすぎない。この生産量の少なさが知名度の低さの第一の理由だろう。日本の2013年のコーヒー輸入量は50万2800トンである。日本は、アメリカ、ドイツ、イタリアに次ぐ世界第4位のコーヒー消費大国になっている［ICO 2015a］。主な輸入相手国は、ブラジル、コロンビア、インドネシアで、この三カ国だけで2004年の生豆総輸入量の62％を占めている［日本貿易振興機構 2005: 6］。一方で、13年に日本に輸入された東ティモールコーヒーはわずか200トンしかない。

独立後、アメリカや日本、ポルトガルからの二国間援助で東ティモールの

コーヒー産業への支援が行われるようになった。インドネシアによる軍事支配下（1975〜99年）の24年間、コーヒー産業はインドネシアの軍閥会社デノク社（PT Denok）が独占していた。この時代、生産されるコーヒーの品質は問われなかった。ポルトガル植民地時代にもたらされた栽培技術、収穫・加工技術は放棄された。唯一農薬や化学肥料が導入されなかったことは幸いであった。独立後の東ティモール政府は、このことを利点としコーヒーの有機栽培を農業政策の柱の一つとした。しかしながら老朽化したコーヒー畑の再生と収量改善、収穫から加工までの品質管理は、現在に至るまで課題として残されている。

2　独立当時のコーヒー産業——2001年の実態調査

　私は東ティモールがまだ国連東ティモール暫定行政機構（UNTAET: United Nations Transitional Administration in East Timor）統治下にあった2001年6月に、オルター・トレード・ジャパン（ATJ: Alter Trade Japan）社のインターンとして初めて東ティモールに来た[2]。日本で「民衆交易（本章でいうフェアトレード）」を牽引するATJ社は「アジアのコーヒー生産者とつながる」構想を持っていた。私は、ほとんど情報のなかった東ティモールのコーヒー産業について調査をするため、ATJ社により同国に9カ月間派遣されたのである。インドネシア・バリ島のングラライ国際空港から1時間半、飛行機の窓から東ティモールの島影を見つけ胸が高鳴ったこと、同時に見渡す限り禿山で、想像していたコーヒー園などどこにも見当たらず不安を覚えたことをいまも鮮明に思い出す。ディリ国際空港から市内までのわずか10分程度の道のりには、民兵によって焼かれた家々が並ぶ荒廃した景色が続いていたが、人びとの表情には希望に満ちた明るさがあり、そのコントラストがとても印象的だった。

　コーヒー産地は首都ディリから南あるいは南西に山を登った、標高600メートル以上の地域にあった。コーヒーの木は剪定されておらず細く伸び放題で、コーヒー園というよりは鬱蒼とした林といった有様だった。ポルトガル人が導入した「マードレ・カカオ」（和名モルッカネム、*A. falcataria*）という名の日陰樹が、枝を広げてコーヒーの木を南国の強い日差しから守る光景が遠目に美しかった。

第9章 コーヒーから見える世界

　調査に訪れた6月はちょうどコーヒー収穫期にあたった。東ティモールでは標高の低い地域で5月に始まる収穫が、徐々に標高の高い地域へと進み、9月頃まで続く。私はエルメラ県、アイレウ県、アイナロ県、マヌファヒ県と、コーヒーがあると聞けば訪ねて行って農民たちに会った。収穫後の工程では、木製の果肉除去機を用いる農家もあれば、家の庭先に小さな穴を掘り、その中にコーヒーの赤い実を入れて木の棒で搗く農家もあった（写真1）。果肉除去の後は、錆びたトタン板の上にコーヒーを干している農家もあれば、果肉ごと庭先に山のように積み上げている農家もあった。「大人の身長を優に超えるコーヒーの木のてっぺんにある実はどうやって摘むのか」という質問を受けて、棕櫚の葉脈で編んだボテという名の籠を肩から下げて、意気揚々とコーヒーの木に登ってくれる農家もあった（写真2）。

　驚いたことに、収穫したてのコーヒーの赤い実のほうが、農家が加工して乾燥させたコーヒー豆よりも高い値段で買い取られていた。コーヒーの赤い実はさくらんぼに似ていることから「チェリー」と呼ばれる。収穫したチェリーは果肉を

写真1　コーヒーの赤い実を穴に入れて搗く女性

写真2　コーヒーの木に登ってくれた男性とボテ
（写真1・2ともに2001年7月筆者撮影）

除去して種子を取り出し、種子についたぬめりを洗い流して乾燥させる[3]。ここまで最短でも1週間かかる。乾燥した状態を「パーチメント」と呼び、ここからさらに種子の薄皮をはがし、サイズ別選別や欠陥豆の除去を経て生豆（グリーンビーン）として輸出される。チェリーとパーチメントの重量比はおよそ

215

5対1である。しかし、東ティモールで農民が加工したパーチメントにはチェリーの5倍もの値段はついていなかった。理由は品質だ。農民一人ひとりを教育して安定した品質のコーヒーを生産できるようにするよりも、原料で買い取り、自前の工場に投資して集約的に加工したほうが断然効率良く品質が維持でき、高く売れるからであった。農家はコーヒーを摘んで手をかけて精製するほど損をしていた。

インドネシア占領下の1994年、アメリカの全国組合企業連合（NCBA: National Cooperative Business Association）は、東ティモールのコーヒー産業がインドネシア軍閥企業であるデノク社に独占されていると批判し、同産業に参入した。NCBAはインドネシア政府が東ティモールを含む全国の村単位に組織していた「村落組合（KUD: Koperasi Unit Desa）」の組織網を利用し、コーヒー産地の農民たちからチェリーを買い付けた[4]。やがて主要産地に1次加工場を建設し、処理能力1日30トンの機械を備えつけ、近隣のコーヒー農民を2週間交代の季節労働に雇用して加工作業を行うようになった。農民たちはコーヒーの実を摘んで売るだけで、加工に労力を費やすよりも割りのいい現金収入を得ることができた。さらには、2週間という限定された期間とはいえ就労の機会を得ることもできた。

しかし、農民たちは喜んではいなかった。2001年は国際コーヒー市場価格が暴落した時期で、東ティモールのコーヒー相場もチェリーでキロ当たり12アメリカ・セント（以下「セント」と表記）と安値だったことも、彼らが満足しなかった理由の一つではある（図1参照）。同時に、組合支援を標榜するNCBAが実態はコーヒーの買付け業者にすぎないこと、そのため組合員であるはずのコーヒー農民が意思決定に参加したり、コーヒー価格について透明性のある情報に接したりできないことに、農民たちは不信感を露にしていた。「コーヒーを所有している自分たちは貧しいのに、NCBAはトラックの台数を増やしている。たいそう羽振りがいい」、「NCBAの工場から流れ出る排水で生活に利用している川が汚染され、使えない」、とかいった苦情が至るところで聞かれた。

パーチメントは、当時キロ当たり2.9倍の35セントで、主に華人系業者が買い取っていた。その後いくつかのコーヒー業者が参入し、2013年まではNCBAを含む3社が年間3千トンずつの輸出量で台頭し、パーチメント価格のチェ

第9章　コーヒーから見える世界

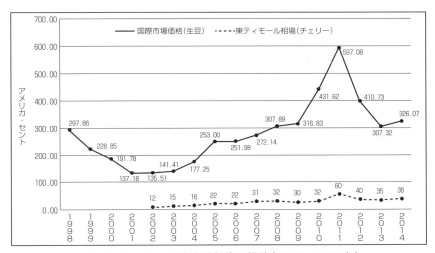

図1　コーヒー国際市場価格の推移（1998～2014年）
出典：国際コーヒー機関（International Coffee Organization）ウェブサイトのデータ［ICO 2015b］をもとに筆者作成

リー価格に対する比率は4.6倍まで上昇した。コーヒー業者は効率的に量を集めることで市場を拡大しているが、コーヒー農民の品質意識改善という効率性の悪い部分には着手せずにきている。

第3節　東ティモール・マウベシ郡でのコーヒー生産者グループ結成まで

1　コーヒー生産者の組織化を担う主体の欠如

　調査結果に基づき、ATJ社は、1999年から東ティモールに事務所を構えていたアジア太平洋資料センター（略称PARC）とのあいだで、東ティモールのコーヒー生産者が単なる収穫労働者ではなく、真に生産者として自立することで独立直後の東ティモールの経済自立につなげること、そしてそれをフェアトレードという関係で支援することを目指して、議論した。PARCのうちの東ティモールの民際協力部門は、2008年にNPOパルシック（PARCIC: PARC Interpeoples' Cooperation）として分離した。ATJ社がコーヒーの加工から出荷までの技術面を、PARC／パルシックが現地での農民の組織化を担うというかたちで、02年5月から、アイナロ県マウベシ郡でコーヒー生産者34世帯と

水洗式アラビカコーヒーの加工作業を試験的に始めることになった。私は02年から07年まではPARCの一員として、08年以降はパルシックの一員として、この取組みを現地で担当することになった。

マウベシ郡は首都ディリから南に75キロメートル、車で3時間ほどカーブの続く山道を登ったところに位置する。マウベシ郡には2500世帯ほどが暮らしている。標高1400メートルの高地で、日中の気温は27度ほどだが、日が沈むと15度まで下がり、体感温度では日本の晩秋か初冬を思わせるくらい寒くなる。私たちがマウベシ郡を活動地に選んだ理由の一つは、この地域で飲んだコーヒーが美味しかったからであったが、この朝晩と日中の気温差の大きさが美味しいコーヒーを育てる秘訣だということを後になって知った。

水洗式アラビカコーヒーの加工を始めるにあたっての課題は、生産側の主体は誰かということであった。当時東ティモールのコーヒー生産者組織は皆無に近かったが、唯一、前述のNCBAが支援する現地組織「ティモールコーヒー協同組合（CCT: Cooperativa Café Timor）」があった。しかし、農民から聞き取った話や、垣間見た彼らの活動から判断する限り、CCTは私たちが目指す「コーヒー生産者自身が自分たちの暮らしや地域の発展のために協力し合う」組織から程遠いという印象を受けた。

そこで、こうした農民の組織化を支援する現地NGOとの協力の可能性を探った。しかし私たちの構想は東ティモール全体の動きのなかでは時期尚早だった。2002年は、5月20日にUNTAETから東ティモール政府に主権が移譲され、東ティモールの政治リーダーたちが初めて表舞台に立った年である。24年にわたるインドネシア軍支配のもと、多くの東ティモール人が殺害され行方不明になった。この期間に起こった人権侵害を調査し重大犯罪の起訴、および軽犯罪の和解を試みる受容真実和解委員会（CAVR: Comissão de Acolhimento, Verdade e Reconciliação de Timor Leste）が組織され、具体的な調査が始まっていた。国連主導で実施されていた西ティモールへ逃れた東ティモール人難民の帰還意思表明が、そろそろ期限を迎える頃でもあった。帰還しない人びとの多くはインドネシア公務員として職を得た人や、1999年の住民投票前後にインドネシア併合派民兵として殺戮や破壊に加担した人びととその家族であった。

2002年は、独立したとはいえ、インドネシアの軍事侵略によって東ティモー

ル人のあいだに生じた政治的背景の相違と対立の傷跡を振り返り、国づくりの基盤を整えてゆかねばならない時期であった。現地NGOの関心もこれらの過程に向いており、独立後の経済をどのように立て直していくか、人口の8割が農村部に暮らす農業国として、地方から経済自立化の道筋をつけていくという課題は優先順位が低かった。

2　失敗からの始まり

　マウベシで調査をした際に協力してくれた東ティモール人権団体「HAK協会（Yayasan HAK: Hukum, Hak Asasi dan Keadilan、法律人権正義協会、現在はHAK Associationに改称）」に協力を依頼し、私たちはマウベシのある集落のコーヒー生産者たちに声をかけた。摘みとったチェリーの選別作業から脱肉、水洗、乾燥までの手順を自分たちでやってみようという呼びかけに、34世帯が関心を示して農民グループを結成した。加工に必要な機材や技術指導はATJ社が提供した。コーヒーの脱肉機だと思ってディリから運んだ機械が実はトウモロコシ用だったり、30キログラムだと思って使っていた秤の分銅が実は20キログラムだったり、私たちは初歩的なミスをたくさんした。しかし一番の誤りは、集まった34世帯のほとんどが、地元ではよく知られた元インドネシア併合派民兵マヒディ（MAHIDI: Mati Hidup Dengan Integrasi）[5]とその親族であることに気づいていなかったことであった。

　東ティモールの独立闘争の主体は、1983年以降、インドネシアの残虐な軍事支配に抵抗して森に潜んだ東ティモール民族解放戦線（FALINTIL: Forças Armadas de Libertação Nacional de Timor Leste）と、これを支える住民地下組織、そして東ティモール問題を国際社会に訴える外交部門に再編成され、勝利を収めた。マウベシ郡も東ティモールの他の地域と同様、FALINTIL兵士が潜伏する森に囲まれ、人びとは秘密裏に兵士に食糧を提供したり、病気の兵士を介抱したりして支えた。こうした行為をインドネシア軍は村々に監視ポストを置いたり、新インドネシア派の東ティモール人に通報させたり、疑わしい住民を拷問・虐殺することで押さえ込もうとした。99年5月に、東ティモールの将来を問う住民投票の実施が発表されると、インドネシアへの併合を支持する民兵集団が各地に組織され、独立派への襲撃を開始した。マヒディはマウベシ郡で活動した民兵組織であった。マヒディ民兵たちも99年の住民投票後西

ティモールへ逃れたが、幹部や重大犯罪に関与したものを除いては2002年までに地元に戻ってきていた。私たちの声かけに応じて結成された農民グループが、まさに彼らとその親族だったのである。

　この事実を最初に教えてくれたのは、このグループで計量や会計を担ったフランシスコさん（男性、当時29歳）だった。彼はマウベシ郡の農業高校を卒業し、1996年からインドネシア農水省の農業普及員となって病虫害対策を担当しながら、住民地下組織の金庫番をしていた。99年の住民投票後、民兵に捕まり数日間拘束を受けたのち釈放されて集落に戻ると、彼の自宅は燃やされていた。フランシスコさんのことを独立支持者だとマヒディに通報し自宅に火をつけたのは、この農民グループで代表に選ばれた陽気で働き者の男性だった。

　フランシスコさんは、「マウベシ中の人たちはパルシックが元民兵たちと農民グループを作ったと思っている。独立派の農民たちは仲間に入りたくても入れない」、と私たちに忠告してくれた。独立闘争によってもたらされた人間関係の複雑さを把握しきれない外部者が、現地で直接生産者を組織しようとする際に犯しがちな失敗であった。

　事態をよりよく把握するために、フランシスコさんに協力をしてもらいグループメンバーの血縁関係図を作った。元マヒディ民兵だったのが誰かも教えてもらった。かならずしも全員が民兵だったわけではないが、グループ代表の義父はマヒディ副司令官だった。

　こうした深刻な事態に直面しつつも、私たちが34世帯の農民たちと初めて加工を試みたコーヒーは6.5トンの生豆になった。私たちは麻袋に「東ティモール民主共和国」の名を印字して万感の思いでATJ社へ出荷した。試験的に送り出したこの生豆は、ATJ社を通じて「Café Rai Timor」という名で商品化され、日本のコーヒー焙煎業者や生活協同組合に紹介された。そして日本の消費者から「美味しい」という手ごたえのある評価を得ることができた[6]。

3　コーヒーの品質改善と「適正価格」

　試験的に加工、出荷したコーヒーが高い評価を得られたことを受け、2003年、パルシックはフランシスコさんの人脈を核に農民グループの組織化を一気に6集落、200世帯に拡大した。これには最初に組織された元民兵たちが参加するグループの存在を複数の中の一つというかたちに相対化させるねらいが

あった。また、地縁血縁で組織されがちな小規模農民グループを集落という客観的単位に整理し、マウベシ郡地域全体の発展を目的として共有する組織に育ててゆくことを目指した。

　ただ、現地協力団体HAK協会とはこの対応にあたって意見の相違があった。まず、始まったばかりの活動を一気に200世帯に拡大することにHAK協会は反対であった。東ティモールの農民たちが活動の意義を理解して自分たちのものとするには、少人数で時間をかけて取り組むべきというのがHAK協会の意見であった。また、最初に組織したグループが元民兵中心であることについては、独立前の政治的背景を問題にするべきではない、というのが彼らのスタンスだった。彼らのこの立場は、政治的に複雑に分断された東ティモールの人びとが、一つになって独立後の国づくりに参加するために身につけなければならない寛容さであると私たちにも理解できた。しかし、元民兵中心に始めたために活動が広がらないこともまた現実であった。

　この頃、私たちは「マウベシ・コーヒー生産者支援事業計画」という10カ年計画を練った。内容は、集落単位の農民グループから成るコーヒー生産者協同組合をマウベシ郡に組織し、1）その生産者協同組合がコーヒー輸出会社[7]と共同して、品質管理、2次加工、出荷までを担い、2）自立的に運営できる財政基盤を持ち、3）農業事業など農民の生活改善に具体的に結びつく事業の実施を目指すものであった。そして2003年から11年までの9年間、国際協力機構（JICA）の草の根技術協力事業パートナー型事業としてこの計画に着手した。

　実際の歩みは計画よりも時間がかかった。私たちは事業を運営しながら、東ティモールにはこうした計画を実行に移すための人材が不足しているという現実を認識することになった。最初の3年間（2003〜05年）は高品質のコーヒー生産に必要な技術を生産者たちが身につけることに注力しつつ、協同組合についての理解を促した。前述のとおり、東ティモールのコーヒー生産者が2002年当時に実践していた加工方法は、市場が品質を問わなかったこともありきわめて原始的なものであった。私たちはまず、各集落に共同のコーヒー加工場を建設し、各工程の管理責任者や担当者を決めた。顔写真つきの工程管理図を加工場に掲示し、問題が見つかれば担当者に確認するというようなやり方で、品質管理方法とそれに対する責任意識を身につけさせようとした。

　日々、集落での加工作業に立ち会うと、一杯のコーヒーを作るためにどれだ

けの手間がかかるかを実感する。家から急な山道を何キロメートルも行った先のコーヒー畑で朝から収穫し、夕方50キログラムほどのチェリーを馬の背に縛って加工場まで運ぶ。ようやく計量というところで未完熟な実を選り分けるために収穫したチェリーをビニールシートの上に広げ一粒ずつ選別する。チェリーを脱肉した後、日が傾くまで冷たい水に手を浸して除ききれていないチェリー果肉を除去する。手足が凍えるほどに冷え込むマウベシの夜に、乾燥中のパーチメントが盗まれないよう毛布に包まって交代で夜警をする。高品質のコーヒーは、言葉では表現しきれない重労働の賜物である。

　このコーヒー共同加工システムは、品質管理意識を身につけるという目的には適っていたが、課題もあった。個々の農民の理解と参加意欲には差があり、加工作業への参加度合いは均一でないにもかかわらず、労働への報酬は均等に分配することが要求された。そのため意識の高い農民やグループの代表者たちほど不平等感を募らせ、協同作業ではなく自分のコーヒーにのみ責任を持つ個人加工を望んだ。

　また、コーヒー価格は幾度にもわたる議論の末、マウベシ郡の9割以上のコーヒー農民が販売先としているティモールコーヒー協同組合（CCT）のチェリー価格を相場と決め、品質管理のために費やした労働への報酬をキロ当たり40セント、組合資金へキロ当たり20セントと加算することで合意した。重労働に対する対価としてキロ当たり40セントは少なすぎるという意見は常に農民から上がり、この対価が適正かどうか、正直私自身も疑問を拭いきれなかった。国際フェアトレード連盟（IFAT）が掲げるフェアトレードの基準の一つには、「生産者自身が望ましいと考える水準の生活を保てるだけの公正な対価を支払います」とある。マウベシの生産者たちが望ましいと考える生活水準がこの対価で保たれているかと問われれば、答えは否だった。しかしながら、マウベシ郡の200世帯にだけ東ティモールのコーヒー相場価格を無視した高値を提示することは、そのほかの4万3000世帯のコーヒー生産者との格差を生み出すことになり、私たちにはそれが正しいことだと思えなかった。合計で60セントの加算はこうした状況での私たちなりの答えであった。

　コーヒーのフェアトレードだけでは生産者の暮らしはよくならないという現実を前に、私たちは組合員の多様なニーズに応えられる協同組合運営が求められていることを強く認識するようになった。だが、協同組合運営という課題

は、コーヒーの品質改善という課題以上にマウベシのコーヒー農民にとって難しいことであった。

第4節　東ティモールコーヒー生産者組合の誕生と発展

1　東ティモールの協同組合運動

　協同組合は、「庶民が互いに協同し合うことによって自らの生活を改善するとともに、社会全体をよくしていこうと始めた活動」であり、「組合員一人ひとりの参加を重視した、民主的な経済組織」である［河野 2006: 23, 33］。東ティモールでは1974年、ポルトガルからの即時独立を目指した東ティモール独立革命戦線（FRETILIN: Revolucionária de Timor-Leste Independente）が協同組合運動を開始した。しかし75年12月のインドネシア軍の侵攻により、この運動は途絶えてしまった。

　2002年の東ティモール国憲法第6章第138条には、東ティモールの経済基盤として公共セクター、民間セクターと並んで協同組合および社会セクターが掲げられている。協同組合を規定する基本法が制定されたのは04年10月のことであった。私たちがマウベシ郡地域全体の発展を目的として共有するコーヒー生産者協同組合の組織化を目指したのは、その発展が東ティモール農村部の経済自立化モデルとなりうるのではないかと考えたためであった。

　しかし独立当時、東ティモールには協同組合運動は根づいておらず、一度に200世帯を組織するのは容易ではなかった。また、外部者である私たちには言葉の壁もあった。当時私はインドネシア語を使っていて、わかりにくい点はフランシスコさんが東ティモール山岳地帯の地方語であるマンバエ語で説明し直してくれていた[8]。たとえば、「協同組合」という単語をインドネシア語の"koperasi"で表現したとする。この単語を聞いて東ティモールの人びとが想像するのは、インドネシア時代に身近であった前述の「村落組合（KUD）」であった。KUDのマウベシ郡での活動は、コーヒーチェリーの買付けのほか、公務員ならば給与天引きのツケ買いが可能な生活必需品を揃えた雑貨店の運営であった。その雑貨店が、現地では"koperasi"と呼ばれていたのである。コーヒー生産者のための組合を作って良い品質のコーヒーを共同出荷しよう、と呼びかけるために私が"koperasi"と言うと、農民たちは自分たちがツケで米や

食料を買える雑貨屋ができることを想像するという具合だった。

　私たちは農民たちに、協同組合の理念と仕組みを図解も含めわかりやすく説明しようと心がけた。組合員は共通の問題解決のために集まり組合費を出資する、出資金額に応じて余剰金配当を受けることができる、組合員総会が最高決定機関である、などがその要点だった。コーヒーの共同加工作業を日本からの支援だと思って参加してきた農民たちに、出資という加入要件を理解させることが、協同組合設立の最初のハードルだった。さらに東ティモールの協同組合法では、組合員一人当たりの出資金は最低5アメリカ・ドル（以下、「ドル」と表記）、一つの組合の最低組合員数は15人、出資金は最低1000ドルなければならないと規定されている。私たちは組合員を世帯単位とすることとし、一世帯当たりの出資金を15ドルと決めた。

　こうして、共同資金に積み立ててきた金額を出資金とみなすことで、それまで6集落にまたがる農民グループのゆるやかな集合体だったものを2004年に「新生マウベシ・コーヒー生産者組合（COCAMAU: Cooperativa Moris Foun Unidade Kafe Nain Maubisse）」として再編成したのである[9]。

2　組合運営を担う人材の欠如

　COCAMAUの結成にはフランシスコさんの熱意によるところが大きかった。フランシスコさんは、共同出荷の経験のないコーヒー農民の集まりを協同組合というかたちにすることに大変意欲的で、半信半疑の農民たちを説得して回った。晴れて組合組織となったCOCAMAUは組合長、副組合長を選出し、フランシスコさんは実務を担う事務局長に選ばれた。集落単位のグループ代表を招集して意見や情報の交換を行う総代会が月例化された。あれが欲しい、これが必要、という要求に終始しがちな会議を、フランシスコさんは毎月頭を抱えながら運営した。組合員の理解が足りないと同時に、組合員を納得させるだけの事業規模も財政規模も当時のCOCAMAUにはなかった。組合員は本当にみな貧しく、2006年当時、組合員がコーヒーから得る現金収入は年間平均約300ドルにすぎなかった。一方、米一袋30キログラムが15ドルだった当時、夫婦と子ども8人の10人家族で1カ月の支出は平均35ドルほどであった。

　フランシスコさんは経理に卓越した才能を持っていた。マウベシ郡では2004年当時まだ電気が通っていなかったので、フランシスコさんは計量したコー

ヒーの記録や現金出納をすべて手書きで管理していた。コーヒー代金はピーク時には週に計1万ドル以上が支払われたが、現金合わせをして大きな間違いが起こったことがなかった。思慮深く誠実なフランシスコさんへの信頼は、私たちだけではなく組合員からも厚かった。しかし私たちにはフランシスコさんしかいなかった。グループの代表たちはグループ内でのもめ事の解決はできても、集落を越えた組合という単位で理念を共有し、COCAMAU全体の課題を議論するような強いリーダーシップを持っていなかった。

東ティモールにおける協同組合運営の課題は複数あるが、リーダーシップ、マネージメント能力といった、組織運営に欠かせない基本的能力を備えた人材の育成はとりわけ大きな課題であると思う。独立したばかりの国で人びとをまとめ上げるためには、理念を明確にわかりやすい言葉で伝え、対立する意見にも毅然と対処できる強いリーダーの存在が不可欠である。また、こうしたリーダーは、抑圧され続けた時代にある程度の教養を得る機会が与えられ、広く社会との接点を持ち得た社会的地位の高い人であった。

後に私たちがロブスタ種コーヒーのフェアトレード市場への出荷というかたちで協力関係を持つようになったエルメラ県の協同組合（KOHAR: Kooperativa Hamurik ho Ain Rasik）は、ポルトガル時代の大規模コーヒー農園開拓で土地を収用された人びとが、独立後、土地への権利回復を目的に立ち上げた組合である。組合長のアマロさんはこの地域でリウライ（諸侯）と呼ばれる階級の出で、自身は広大なコーヒー農園を持ち経済的に余裕がある。アマロさんは「ポルトガル植民地時代、東ティモール人に人頭税が課されるようになると、多くの貧しい農民たちは土地をリウライに差し出し人頭税を肩代わりしてもらった。こうして多くの土地がリウライを通じて大規模農園に収用された。独立した東ティモールは、これらを貧しい農民たちに返すべきだ」という理念に基づきKOHARを率いている。KOHARの44世帯の組合員のうち、大半は1ヘクタールに満たない畑にロブスタ種という国際コーヒー市場で最も値の低いコーヒーを植えており、コーヒーから得られる現金収入はCOCAMAU組合員の平均収入と変わらない。運営上の問題はCOCAMAUと共有できるものばかりであるが、KOHARはアマロさんの強いリーダーシップでまとまっている。

私たちはこうしたタイプのリーダーを、COCAMAUでも組合員の中から育てていこうとした。しかし残念ながら、アマロさんのように、経済的にある程

度の余裕があり、さまざまな利害対立に対しても共通の目的のために適切に取捨選択の判断を行い、かつその采配に多くの人びとが信頼を寄せるような人材がいなかった。フランシスコさんは人びとの意見に耳を傾け、意見を集約することが得意であったが、意見の対立があった場合、牽引してくれる強いリーダーを必要としていた。そして私は、このリーダーの不在を外部者である私たちが埋めているという事実の固定化に危機感を抱いていた。

3　外部者として協同組合支援にどうかかわるか

　協同組合法が制定されてから5年後の2009年12月、東ティモール通産省の協同組合局がCOCAMAUへ組合研修を実施した。私たちは協同組合局からの研修を通じてCOCAMAU組合員が協同組合の理念をよりよく理解することを期待した。他方COCAMAU組合員は、政府がCOCAMAUを認知してくれることで法人格取得へ一歩近づくことを期待していた。

　協同組合局職員は局長をはじめ、インドネシアの信用組合で信用事業の経験を積んだ人たちが大半であった。浪費はするが貯蓄しないという東ティモール人の習慣を、協同組合運動で変えるという信念を持っていた。年収300ドルのCOCAMAU組合員たちに対して、一人ひとりが毎日のたばこを1本（5セント）節約して月に1ドルでも貯金すれば組合全体では大きな資金になり、それを組合員に貸し付けて運用すればもっと増えると説いた。さらには、信用事業を行っていないCOCAMAUは協同組合ではないとも断言した。

　私は彼らに対して違和感を持った。信用事業が必要であることは認めるが、COCAMAUはコーヒーの共同出荷で得る売り上げの一部を事業運営費として毎年計上していた。資金がないことが問題ではなく、この運営資金を組合員の利益につながる事業にいかに活用するのか、また運営できる人材をいかに育成するのかが課題であるはずだった。

　しかしCOCAMAUは組合局の指導どおり、これまでの出資金に加えて毎月2ドルの預金を組合員に義務づけることを決定した。私は月35ドルの生活をしている彼らに毎月の預金など無理だろうと思っていた。ところが意外にも、たった2ドルのために片道3～4時間もかけて街までやってくる組合員が10人ほどいた。また、これまで少額ながら出していた組合長、副組合長への月々の報酬を廃止した。組合役員は、組合活動が余剰金を出した場合には一定の割

合で配当を受けることができるが、運営資金に役員報酬が含まれることなどあってはいけない、という組合局の指摘によるものだった。

　私たちにとって意外なこの展開が、なにを意味するのかを私は考えさせられた。このことを通じてようやく私自身が、COCAMAUを独自の意思決定機関を持つ存在として相対化することができた。COCAMAUが組合局と共に協同組合運営を模索していくことは、東ティモール人が独自の協同組合運動を担っていくために必要で、2002年の取組み開始から7年を経て、ようやくその基盤が固まったのである。

　COCAMAUは2014年現在、マウベシ郡の6村18集落に522世帯の組合員を擁している。目標だった年間100トンのコーヒー出荷量を上回る規模に成長し、年間運営資金は2万ドルを超える。出資金も組合員総会も定着し、12年からはソーシャルプレミアム資金も得て、各集落の生活水確保のための水道整備事業を実施している。また、08年から女性たちが蜂蜜やハーブティなどの生産を始め、コーヒー以外の収入の多様化にも取り組み始めた。

　一方、私たちはCOCAMAUと私たちのかかわり方を考え直す契機となる出来事を経験した。2011年5月、当時の組合役員に計4000ドルを組合員の了解なく渡したことで、フランシスコさんは事務局長を解任され、COCAMAUを去った。10年度決算において組合役員報酬額が一人当たり約30ドルであることがわかり、この金額を不満とする役員たちは月給160ドルのフランシスコさんに詰め寄って金庫の鍵を開けさせた。事務局は役員の監督のもとに組合運営を担う立場にあるという理由で、フランシスコさんはこれに従った。私たちは、10年間共にしてきた苦労とそこから学んだ経験がこのような結末に至ったことに落胆した。同時に、フランシスコさん一人に依存してきたCOCAMAUを、個々の組合員がその参加意義を認められる協同組合にするために、外部者である私たちがどのようにかかわるべきなのかをあらためて考え直したのである。

第5節　フェアトレードで変わったこと、変えられないこと

　「コーヒーのフェアトレードは、東ティモールの未来を担う新しい経済自立モデルになる」。壮大な理想を掲げてこの国にやってきた私は、10数年をCOCAMAUと共に歩み、現実の厳しさを知った。

第3部　モノからみる世界と日本

　コーヒーのフェアトレードは次の二点で経済自立化モデルを支えきれない。一つには、コーヒーが東ティモール経済の屋台骨を担っていくことは不可能であるという点である。2002年当時も現在も、東ティモールの非石油輸出作物の約9割をコーヒーが占めている。しかしこの国の経済は石油収入に圧倒的に依存している。かねてより東ティモールとオーストラリアとのあいだでは、両国間に広がるティモール海油田について、領海の解釈と油田の権利について激しく外交交渉が繰り広げられていた。当時政権を担っていたFRETILINは石油収益を債券運用に回し、そこから上がる利息の3％までしか国家歳入には組み込まないという堅実な石油基本法を制定した。同時に小さな政府を目指し歳出も抑え、しかしながら保健と教育へのアクセスはすべての国民に無料で保証するという国づくりを目指した。
　一方で、独立後の東ティモール経済はアメリカ・ドルを通貨に採用した。日用雑貨から建築資材、燃料、米、あらゆる物資は、インドネシアなど近隣国からの輸入に頼っている。国内の物価はインドネシア経済の一部に組み込まれていた時代と比べて2倍から3倍に上昇した。人びとの暮らしは苦しくなる一方で、その不満は2006年に爆発し、FRETILINを政権の座から引きずり下ろすクーデターにまで発展した。
　かわって政権を担った元FALINTIL司令官で独立闘争の英雄シャナナ・グスマォンは、石油基金から7％を国家歳入に組み込み、インフラ整備など目に見える開発を進めて人びとの不満を解消した。増え続ける就労人口を吸収する雇用がなく、イギリスやアイルランド、韓国に若者たちを出稼ぎに送りつつ、公務員の数も増やして給与水準も上げた。結果、東ティモールの国家予算は、2006年までは1億ドルに満たなかったが、12年には16億7400万ドルにまで膨らんだ。これは、コーヒーの年間輸出高の100倍以上になる。石油基金を使って公的セクターの支出を増やすことで、09年は12.2％の高度経済成長を記録し、首都ディリの経済活動は目に見えて活発になった。しかしティモール海の油田は26年には枯渇するといわれている。そして東ティモールのコーヒー生産量を今の100倍に増やすことも、100倍の値段で輸出するという選択肢もありえない。
　もう一つはコーヒーの国際市場価格の動きである。コーヒーは先物取引市場で価格が決まる。この価格の上下動によって世界中のコーヒー生産者は影響を受ける。東ティモールが独立した頃はコーヒーの国際市場価格がどん底だった

(図1参照)。その後2011年まで価格は上がり続け、その状況下で私たちも活動してきた。フェアトレードが最低保証価格を設けていることは先に述べた。この最低保証価格は、国際コーヒー市場価格が3.07ドルだった08年に2.75ドルに修正され、5.97ドルまで上がった11年に3.08ドルに修正された。フェアトレードが最低保証価格を設けていることのメリットが生産者に実感されないばかりか、「適正価格」、「前払い」、「割増金(プレミアム)の支払い」などをビジネスモデルに掲げるフェアトレードは、きわめて厳しい局面に立たされている。

コーヒー価格相場が上がれば私たちの買取り価格も上がる。結果、船積みする頃には大変高価なコーヒーとなる。フェアトレードだから高くても仕方がないのではなく、良い品質のものは高く買うということを前提にしてきたが、この価格の上昇はフェアトレード商品の市場拡大を困難なものにしている。

東ティモールでフェアトレードを開始したことでもたらされた変化もある。まず、東ティモールのコーヒー生産者が品質管理を意識するようになった。また生産者協同組合について市民団体、政府、そして生産者自身が考えるようになった。東ティモールのコーヒーとそれを作る人びとについて私たちは知ることができるようになり、生産者たちは日本の消費者と交流する機会を得られるようになった。こうした変化は私たちが直面している現実の前ではあまりに小さいが、私たち一人ひとりの働きがけが状況を変えるかもしれない、と十分に勇気づけてくれる。

おわりに——フェアトレードが目指す「公正」の意味を問う

本章では、フェアトレードの三つの目的のうち「開発協力」について、独立期の東ティモールにおけるコーヒー生産者の自立化支援という実践の経験に基づいて考察した。外部者である消費国の「私」が生産者組合を組織化から支援するということには限界がある。しかしながらそこに挑んだことで、東ティモールのコーヒー生産者と日本の消費者が顔と顔の見える関係を築くことができるようになった。

私は、フェアトレードは東ティモールの協同組合運動を勇気づけると考えている。にもかかわらず、フェアトレードという言葉を私はいまだにCOCA-MAUの組合員たちに確信を持って説明することができないでいる。この運動

が消費者である北側、つまり日本を含むいわゆる先進国の発想で始まっていることの本質的な傲慢さを、意識せずにはいられないからである。

　フェアを東ティモールで伝わる言葉に訳そうと思えば"*justu*"というポルトガル語になる。"*justu*"は公正や公平という前に正義という意味を含む。東ティモールのコーヒー生産者が求める正義の交易とはなにか。日々顔を合わせる日本人である私が、栄養満点の健康体で、四駆車に乗ってコンピューターやデジカメを携えて彼らの前にあらわれ、出されるふかしイモや乾燥トウモロコシの煮込みなどを美味しいと喜んで食べる。そして私たちは顔と顔の見える関係で、フェアトレードでつながっているのだと話す。私にはそれが独りよがりに思えてならない。コーヒー生産者たちはふかしイモやトウモロコシの煮込みではなく白飯や肉をお腹いっぱい食べたいと望んでいる。デジカメやコンピューターを普通に持って使いこなせるようになったらと憧れている。片道5時間もかかる山道を毎週市場まで馬を引いていくのではなく、四駆車とまではいわないけれどバイクくらいはあったらと思っている。そうした願いを未だにコーヒーから得られる収入で叶えることはできない。そんな物質主義は本当の豊かさや幸せとは違うのだという発想は、望めば何でも手に入る立場の人びとに対してのみ意味を持つ。

　東ティモールのコーヒー生産者と対等であろうとし、彼らの言語を習得し、10数年を共にして互いに言いたいことが言い合える関係になればなるほど、フェアトレードだけでは解消できない歴然とした経済格差が私たちのあいだにあることがより一層浮き彫りになってくる。フェアトレードは実践的で誰にとっても取り組みやすい運動である。しかしフェアトレードは、私たち消費者と生産者の関係をたちまちに対等にしてくれるわけではない。フェアトレードは、対等でない私たちの関係をより深く考えるきっかけを与えるのだと私は思っている。買い物をするときにフェアトレード商品を選ぶ。その行為は「困った貧しい南の国の生産者を救おう」という慈悲ではなく、共にこの世の中の不平等に向き合おうとする一歩であってほしい。東ティモールのコーヒー生産者の面前に世の中の不平等を体現する存在として身をさらしながら、フェアトレードを通じて変わるべきは私たちの側なのだという思いを強くしている。

第9章　コーヒーから見える世界

【注】
⑴　1975年から99年までのインドネシア占領期の軍の残虐行為や人びとの抵抗については、南風島［2000］、高橋；益岡；文珠［1999］が参考になる。
⑵　東ティモールでは1999年8月30日に、インドネシアの特別自治州となるか否かを問う住民投票が実施され、78.5％の圧倒的多数が「拒否」に投票したため独立が決まった。しかしこの開票結果公表直後、併合派民兵と呼ばれる東ティモール人たちによる放火、殺戮などが行われたため、99年9月20日、関係諸国の有志連合により多国籍軍、東ティモール国際軍（INTERFET: International Force for East Timor）が投入された。以降、2002年5月20日の主権委譲まで、東ティモールはUNTAETによって統治された［松野 2002］。
⑶　この工法を水洗式と呼ぶ。他にも脱肉せずに乾燥させてから果肉と薄皮とを一度に除去する乾燥式、脱肉後水洗いせずに乾燥させるパルプ・ド・ナチュラルなどの工法もある。
⑷　この組織は東ティモール独立後、後述する「ティモールコーヒー協同組合（CCT：Cooperativa Café Timor）」に名称を変更した。2002年には東ティモールで唯一FLOのフェアトレード認証を受ける団体となり、スターバックス社との取引契約を結んだ。ただし09年、認証は取り消された。
⑸　インドネシア語で「（インドネシア）併合に命を賭ける」の意。これと反対の「独立に命を賭ける」という東ティモールの共通語テトゥン語のフレーズ、"Mate ka moris, ukun rasik an"は、独立闘争のスローガンであった。
⑹　その後、ATJ社は独自に生産者支援をエルメラ県で開始した。2008年以降、マウベシ郡のコーヒーは日本のパルシックが輸入し、「Café Timor」として販売している。
⑺　コーヒーの輸出ライセンスを取得するため、パルシックが出資者となり2002年に輸出会社 "Peoples Trade Company" を東ティモールに設立した。将来的にはコーヒー生産者協同組合連合に輸出部門というかたちで一本化することを想定していたが、協同組合の発展速度に合わせ、2015年現在も別法人となっている。
⑻　東ティモールには、30以上の地方言語が存在するといわれている。キリスト教の布教に使われたテトゥン・プラザ（市場テトゥン）語がインドネシアへの抵抗闘争時に共通語として広がり、現在の共通語であるテトゥン語になった。しかしテトゥン語は文語としては未成熟であったため、独立後は旧宗主国語のポルトガル語も国語に指定された。公文書や学校教育ではポルトガル語を使用することが義務づけられた。しかし、独立時にポルトガル語を理解する人は人口全体の5％に満たなかった。こうした国語制定のプロセスが、東ティモール

の言語問題をより複雑にしている［青山ほか 2013］。
(9) COCAMAUは法人格を取得することに強い熱意を示していたが、協同組合法制定後も登記の制度化は遅れ、2007年に登記書類を法務省へ提出した。しかし煩雑な手続きやたび重なる手続き書類変更の過程でCOCAMAUの書類は紛失してしまった。2015年現在、COCAMAUは法人格を取得していない。

【参考文献】
青山森人ほか．2013．『東ティモールのことば――テトゥン語入門』東京：社会評論社
伊藤博．1997．『珈琲を科学する』東京：時事通信社．
河野直踐．2006．『協同組合入門――その仕組み・取り組み』東京：創森社．
後藤乾一．1999．『「東」ティモール国際関係史――1900-1945』東京：みすず書房．
高橋奈緒子；益岡賢；文珠幹夫．1999．『奪われた独立・自由への闘い』東京：明石書店．
松野明久．2002．『東ティモール独立史』東京：早稲田大学出版部．
長坂寿久．2008．『日本のフェアトレード――世界を変える希望の貿易』東京：明石書店．
日本貿易振興機構．2005．『商品別マーケティングガイド』千葉：日本貿易振興機構．
南風島渉．2000．『いつかロロサエの森で――東ティモール・ゼロからの出発(たびだち)』東京：コモンズ．
DJSB. 2000. *Coffee: A Principal Beverage of the World.* n.p.: n.pub.
Ximenes, Eduardo M. *et al.*, eds. 2014. *External Trade Statistics Annual Reports 2013.* Dili: The General Directorate of Statistics / Ministry of Finance.

【インターネット資料】
ICO: International Coffee Organization. 2015a. "Imports by Selected Importing Countries." Accessed on September 1, 2015.
http://www.ico.org/historical/1990%20onwards/PDF/2 b-imports.pdf
ICO: International Coffee Organization. 2015b. "ICO composite and group indicator prices (annual and monthly averages)." Accessed on September 1, 2015.
http://www.ico.org/historical/1990%20onwards/PDF/3 c-indicator-prices.pdf

【推薦図書】

松野明久．2002．『東ティモール独立史』東京：早稲田大学出版部．
箕曲在弘．2015．『フェアトレードの人類学——ラオス南部ボーラヴェーン高原におけるコーヒー栽培農村の生活と協同組合』．東京：めこん．

第10章 インドネシア・パプア州でのカカオ民衆交易
——共に生きる関係を目指して

津留 歴子

はじめに

　インドネシア最東端にあるパプア州に住むパプア人は、大半が1900年代前半まで森の中で狩猟採集の生活を営んできた。ここでのパプア人とは、主にパプアの先住民族を指す。1900年代に入ってからキリスト教の浸透、オランダの農業政策、そして続くインドネシアの統治下においてパプア人の定住化が進んだ。インドネシアに併合された1969年以降、パプアは、石油、鉱物、木材、天然ガスといった資源開発の最前線となり、パプア人の伝統的な暮らしの基盤は大きく揺らいでいる。インドネシア各地からパプアへ仕事のチャンスを求めて続々と流入してくる移民は瞬く間にパプアで経済的強者となり、パプア人たちは「みずからの土地で経済開発の傍観者になっている」と嘆いている。かれらは、狩猟採集を生活の根幹とし、生きていくのに必要な食糧や道具を自然の中で調達し、あるいは物々交換で手に入れてきた。そうした社会から一気に貨幣経済に取り込まれるようになったパプア人たちの戸惑いと、移民が自分たちを経済的社会的周縁に追いやっていることへの憤りは想像に難くない。

　私は、現在、パプアの人たちと共にカカオの民衆交易を行っている。この民衆交易は、このような状況に置かれているパプア人が将来にわたり、自然と共生した自給自足の暮らしを営む能力を維持しつつ、貨幣経済のなかでも尊厳を保つことができるような経済的自立を促す事業として始まった。本章では、そうしたパプアでのカカオ民衆交易の展開を跡づけ、この営みの未来に向けた可能性を考察していく。

第10章　インドネシア・パプア州でのカカオ民衆交易

第1節　パプアの概要

1　地理と人びと

　本章でとりあげる地域は、現インドネシア領のパプア州および西パプア州である。ここでは特にことわらない限り、二つの州を合わせて「パプア」と表記する。パプアは、グリーンランドに次いで世界で2番目に大きな島、ニューギニア島の西半分を占める。東半分は独立国パプア・ニューギニアである。ニューギニア島には太古の昔からメラネシア系先住民族が住む。かれらは、この土地で狩猟、採集、漁労、農耕などを営み、暮らしてきた。パプア州と西パプア州を合わせた面積は約44万2000平方キロメートルで、インドネシア国土面積の5分の1を占める。日本の国土37万7900平方キロメートルよりも広いその土地に住む人口は、2010年の統計によれば約362万人でしかなく、面積の大部分に人の手が入っていない雄大な自然が残っている［BPS 2014: 9-78］。

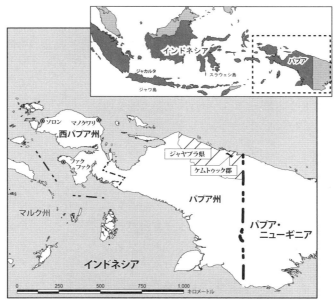

図1　パプアと関連地域
出典：筆者作成

第3部　モノからみる世界と日本

　パプアは、マレー語の「プア・プア（縮れ毛）」という言葉が基になっているといわれている。もともとニューギニア島に住む先住民族は、民族ごとに固有の言語を持ち、氏族グループを単位に生活共同体を形成していた。しかし、オランダの植民地支配下で、またインドネシアの統治下で、「村」を行政単位とする居住地に強制的に移住させられた。この島の先住民族はパプア人と総称されているが、かれら自身にとっては「パプア」という名は外部から一方的に与えられた名称でしかない。それでも、インドネシアに併合された島の西半分の先住民族は、自分たちと他のマレー系インドネシア人との違いをメラネシア系の身体的特徴の一つである「縮れ毛」にみいだし、パプアをあえて自分たちのアイデンティティとして認識するようになった。しかしそれは、長い歴史の中ではつい最近のことなのである。

　17世紀オランダはジャワを支配下に置いた後、マルク島など東部での香辛料貿易を独占した。1885年には、ニューギニア島西部をオランダ領東インド（現在のインドネシアにほぼ重なるオランダの植民地）に併合した。ただし、オランダの支配は限定的で、ホランディア（現ジャヤプラ）など数カ所に行政ポストを開設するにとどまった［UNIPA – ANU – UNCEN PapuaWeb Project 2002-2003］。

　パプアでは、中西部のファクファクやビントゥニなど一部地域を除いて、ほぼ全域にキリスト教が浸透している。とはいえ、パプアでのキリスト教信仰の歴史は、まだわずか160年ほどでしかない［Warta 2010］。パプア人の氏族のしきたりを基盤とする慣習法と、それに基づく価値観は、いまもかれらの行動規範の中で大きな位置を占めているように思われる［デッキー 2009］。

2　インドネシアへの併合過程

　1945年、日本が連合軍に降伏した2日後の8月17日、初代インドネシア共和国大統領となるスカルノはインドネシアの独立を宣言した。その後、独立を認めない旧宗主国オランダとインドネシア共和国とのあいだで、4年間にわたりインドネシア独立戦争が続いた。49年、オランダはついにインドネシアの独立を承認した。しかし、メラネシア系住民が住むニューギニア西部、当時の呼称で西イリアンは、マレー系民族が大多数を占めるインドネシアとは文化的にも異なるとして、西イリアンの移譲を拒否した。これに対しスカルノ大統領は、旧オランダ領東インドに含まれていた領域のすべてがインドネシアであるとし

第10章　インドネシア・パプア州でのカカオ民衆交易

て、49年のハーグ円卓会議でニューギニア西部はインドネシアに統合されるべきであると強く主張した。スカルノ大統領は、当時の植民地解放の世界的趨勢にも後押しされ、同地の帰属問題を「植民地支配からの解放」と呼び、国連を舞台にオランダと激しく対立した［大槻 n.d.］。

　他方でオランダは西イリアンに自治を与え、できるだけ早い時期に独立させようとした。1961年4月には独立準備のための評議会選挙が実施され、28議席中パプア人が22議席を獲得した。同年に「西パプア」という国名、国旗「明けの明星」、国歌「ハイ・タナ・ク・パプア」（インドネシア語で「パプア、私の土地」の意味）が制定された。12月1日には、西パプア国旗の掲揚式も行われた。こうして、パプア人のあいだでは独立の気運が高まっていた。次に見るように西イリアンは、69年にインドネシアに併合される。しかしその後も、パプア人あいだでは12月1日は幻となった独立記念日として記憶されており、明けの明星旗を揚げてインドネシア治安当局に弾圧される事件が頻発している［金武 n.d.］。

　インドネシアは、西パプア独立の動きを「西イリアン奪回作戦」という軍事行動で阻止しようとしたため、1961年、オランダとのあいだにパプア紛争が勃発した。インドネシアが共産主義諸国に接近することを恐れた米国の仲介で、62年5月、両国はニューヨーク合意により停戦した。ニューヨーク合意によって西イリアンはいったん国連の暫定統治下に置かれたが、63年からは、69年までに同地の帰属をパプア人自身が決定することを前提に、インドネシアの暫定統治下に置かれることになった。それは、独立を準備していたパプア人にとっては、外部者による理不尽な決定にほかならなかった［松野 2010; 大槻 n.d.］。

3　「自由選択行為」パプア自由運動

　1969年、西イリアンの帰属を住民投票で決めるという建前で、「自由選択行為（Act of Free Choice）」が国連監視下で実施された。しかしその実態は、インドネシア政府がパプア人抑圧体制下で任命した1025人の氏族の長が、パプアに住む80万人のパプア人を「代表」して投票に臨むという「住民投票」であった。それは、「選択肢のない行為（Act of No Choice）」と呼ぶのが相応しいものだった。しかも、この投票は秘密投票ではなく、インドネシア軍兵士が銃を構える前で、インドネシアへの併合に賛成か反対かを表明しなければなら

なかった。この「住民投票」の結果、圧倒的多数でインドネシアへの合併が決定されたのである。こうした詐欺的な「住民投票」であったにもかかわらず、国連はそれを自決権行使のプロセスとして容認した。国連において大きな影響力をアメリカが、インドネシアを反共陣営に取り込むために、国連にインドネシアよりの決定をとらせたのである［松野 2010］。

なお、「住民投票」前年の1968年には、親米・強権支配で30年以上も権力を掌握することになるスハルトが第2代大統領に就任している。インドネシアの26番目の州とされた西イリアンは、73年、そのスハルトにより「イリアン・ジャヤ州」（イリアンはパプアのビアック語で「東」、ジャヤはジャワ語で「偉大」）と改名された。この呼称は、しかし、2000年には「パプア州」に改称される。スハルト政権は1998年に崩壊する。その2年後、第4代大統領のアブドゥルラフマン・ワヒドが、パプア人の文化を尊重するとして、州名の変更を認めたのである。

これまで見たように、パプアでは、暴力的な手段と不当な手続きによってインドネシア政府の支配が始まった。その望まざる支配に抵抗するため、パプアでは1960年代半ば頃、「パプア自由運動（OPM: Organisasi Papua Merdeka）」が結成された。以後、OPMは、インドネシアの統治に抵抗するゲリラ闘争を展開していく。闘争はパプア住民から根強い支持を得た。OPMは軍監視所を襲撃するなどして、インドネシアによる支配に抵抗した。これに対しインドネシア軍は、パプア人すべてをOPMの支持者とみなし、OPM掃討作戦と銘打って村々を焼き討ちし、また一般の女性や子どもにも銃を向け、見せしめとして殺戮するなど、蛮行を繰り返した［松野 2010］。OPMはいま現在も散発的にインドネシア治安部隊を急襲したり、「国旗」を掲揚したりしながらパプアの独立を世界に訴えている。

4　移住政策

インドネシアではオランダ植民地時代から、ジャワ島など人口密集地の住民を過疎地に移住させる政策、トランスミグラシ（tramsmigrasi）政策が行われてきた。インドネシア政府は、1963年に西イリアンの統治権を掌握した後、この移住政策の一環として、ジャワや他の外島から大量の農民を西イリアンに移住させ始めた。移民に与えられた土地は、パプア人が慣習的に所有している土

地であったが、インドネシア政府はかれらの土地所有権を認めず、移住村の建設を強行した。移住政策は1980年代、世界銀行の財政支援も受けて実施され、数十万人の移民がパプアに移り住んだ。パプア人は当然のことながら、移民の流入により広大な土地が奪われることに激しく憤った［吉田 1997］。

　パプアでは資源開発が盛んで、就業の機会も多い。そのためジャワやスラウェシなどから自発的にパプアに流入する移民の数は年々増えている。近年パプア系住民と移民を主とする非パプア系住民の人口比率は拮抗している。都市部では人口の70％近くが非パプア系で占められるといわれている。歴史的人口増加率から推測した人口統計分析では、2020年までにパプア系人口と非パプア系人口の比率は、それぞれ28.99％、71.01％になると予測されている［Elemsilie 2010: 5-6］。近い将来、パプア人はみずからの土地で少数派になってしまうかもしれないのである。

第2節　カカオの民衆交易

1　民衆交易事業のはじまり

　筆者が所属しているオルター・トレード・ジャパン株式会社（ATJ: Alter Trade Japan, Inc.）は、1980年代後半、飢餓に瀕したフィリピン・ネグロス島のサトウキビ畑労働者の緊急支援を行う市民団体を母体として設立された。その基本姿勢は、「人びととの出会いがあって事業が始まる」である。主な事業は、生産者と生産地側の問題に寄り添う消費者との相互交流・関係性に重点を置く民衆交易である。ATJは民衆交易を、フィリピン（バナナ、マスコバト糖）、インドネシア（エビ）、東ティモール（コーヒー）、パレスチナ（オリーブオイル）などのアジアの国々を中心に展開している。そのATJの民衆交易商品のラインアップにパプアのカカオ（チョコレート）が新規に登場したのは、2012年のことだった。

　ATJがカカオの民衆交易を始めるきっかけになったのは、パプア人のNGOワーカー、デッキー・ルマロペン（Deky, Rumaropen）さんとの出会いであった。デッキーさんのNGOについては後に詳述する。デッキーさんは、NGO団体「インドネシア民主化支援ネットワーク」が2000年頃から約10年間ほぼ毎年、企画していたパプアでのエコ・ツアーの現地コーディネーターを務

めていた。このエコ・ツアーは、上智大学の教員だった村井吉敬さんが友人や学生と共にパプアをたびたび訪れていたことをきっかけとして組織された。筆者も村井さんのパプア行きに同行したことを契機として、ライフワークとしてパプアにかかわるようになった。

　デッキーさんは村井さんから「パプアでエコ・ツアーを行う意味はどこにあるのでしょうか」と問われたときの話を、次のように述懐した。「私はエコ・ツアーの目的は大きく二つあると思う、と言いました。一つは、異なった国と文化背景を持った人びとのあいだで友情を築くこと。もう一つは、パプアで起きている環境破壊や人権問題に日本の人たちにも目を向けてもらうこと、と。すると村井さんは、『そう、その通りです。国と国との関係ではなく、人びとが国境を越えてお互いの状況に心を寄せ合う関係が大切です』と私の考えを支持してくれました」。こうして村井さんと友人たちは「日本社会のあり方を問いつつ、パプアの未来を一緒に考えていく交流」を、デッキーさんをはじめとするパプアの人びとと共に20年近く続けた。そうしたパプアの未来を考える活動を通じて、必要であると思われたのが「パプア人が主体となる経済活動」だった。

　ATJは、デッキーさんらパプア人による、パプア人のための経済活動を行いたいという願いを受けとめ、パプアにおけるカカオの栽培とそのカカオを使ったチョコレートの民衆交易に取り組み始めた。ATJの株主である生活協同組合の組合員から寄せられた「児童労働と関係しないチョコレートを食べたい」という声も、その取組みを後押しした。

　チョコレートは世界中で愛されているお菓子である。その用途はチョコレート菓子、ケーキ、パンなど幅広い。しかし、原料であるカカオの生産地の状況に私たちが関心を向けることは、それまでほとんどなかった。2013年10月〜14年9月のカカオ豆の年間生産量（推計）をみると、コートジボワールが161万トン、ガーナが85万トン、インドネシアが43万トン、ナイジェリアが23万トンとなっており、西アフリカ諸国が全体の70％以上を占めていることがわかる〔ICCO 2015〕。これらの西アフリカ諸国では、児童の奴隷的労働がカカオ豆の大量生産を下支えしてきた。この事実は、ジャーナリストやNGOの調査によってここ数年間で、徐々に明らかにされてきた。結果、児童の奴隷的労働に支えられたチョコレート生産を問題視する消費者が増えてきた〔ACE 2015〕。

第10章　インドネシア・パプア州でのカカオ民衆交易

こうした背景を踏まえてATJは、「カカオ生産地の人びとが置かれた過酷な状況を知らずにいままでチョコレートを食べていた」という消費者の気づきに応えるかたちで、「顔の見えるチョコレート作り」を始めることにした。「顔の見えるチョコレート作り」とは、どこで、誰が、どのようにそれを生産しているのかを、食べる人が知り、同時に、自分たちの作ったものが、どのような製品になり、誰が食べているのかを、作る人も知る、そんな相互交流のあるチョコレート生産を意図している。その試みに、パプアの人びとと共に取り組むことにしたのである。

2　パプアにおけるカカオの歴史

パプアでのカカオ栽培の歴史はまだ浅い。それは1950年代半ば、オランダ人がパプアにカカオを持ち込み、パプア人にカカオ畑を作らせたことに始まる。

現在、筆者がかかわるパプアでのカカオ事業において関係しているカカオ生産者の多くは、1950年代に親の世代がオランダ人から指導されたときのカカオ栽培のやり方を引き継いでいる。カカオが育つ好条件は、赤道の南北緯度の20度以内、年間平均気温27度以上の熱帯雨林地域といわれている。北パプア沿岸部は、まさにこの条件に合致する地域である。オランダが導入したカカオは、いまでは北パプア低地熱帯林の広い範囲で栽培されている。

前述したように、パプア人はもともと狩猟採集をしながら生活拠点を移動させていた。しかし、キリスト教の教会やオランダ植民地政府は、近代化政策の一環として、パプア人の定住化を促進した。カカオはパプア人が定住化し、貨幣経済に統合されていく過程で重要な換金作物とみなされた。インドネシアに併合された後も、カカオ栽培推進政策は、パプアの開発政策のなかで常に実施されてきた。オランダはパプアをカカオの一大生産地にしようとした。しかし、1962年に、パプアの行政権をインドネシアに委譲したため、その試みはとん挫した。90年代に入り、インドネシア政府の主導でカカオ増産政策（ハイブリッド種や近代農法の導入）が開始されると、パプアにおけるカカオ栽培はようやく復活する。

カカオは外から持ち込まれた産物ではあるが、パプア人がオランダ植民地政府によって森から追い出され、初めて市場経済に巻き込まれたときから存在する換金作物である。しかし、森に自生する他の産物と異なり、カカオはパプア

人自身の食べ物にはならなかった。パプア人にとってカカオは食べ物ではなく、外から来る人が買っていく作物以外の何物でもない。

　パプア州北部では、パプア人の大多数が最低でも1ヘクタール程度のカカオ畑を所有している。にもかかわらず、生産者のほとんどはカカオの種が加工されチョコレートになることを知らない。そもそもチョコレートを口にしたことがない人のほうが多い。筆者が携わるカカオの民衆交易では、最終製品のチョコレートを産地に持って行き、原料のカカオ生産者にそのチョコを配り食べてもらっている。自分たちが収穫したカカオの種からできたチョコレートを初めて口にした生産者のほころんだ笑顔は印象深かった。

3　事業の現場と「私たちのカカオ」

　パプア現地でパートナーとなったのは、先に紹介したデッキーさんが率いるパプア農村発展財団（YPMD-Papua: Yayasan Pengembangan Masyarakat Desa Papua、以下YPMD）である。YPMDは1984年に設立された、パプア人を主体とするNGOである。設立当時、インドネシア政府は言論の自由を厳しく制限していた。しかし、YPMDは機関誌『村からの便り（Kabar dari Kampung）』を発行し、パプアの農村部で人びとが直面しているさまざまな問題をとりあげ、外部への発信を行った。ジャヤプラ県を拠点とした活動は、農村部の水道敷設プロジェクト、経済活動を支援するプログラムなど、パプア人の切実な問題に寄り添った取組みに発展した。こうしてYPMDはパプアを代表するNGOとなった。筆者は「日本インドネシアNGOネットワーク（JANNI: Japan NGO Network on Indonesia）」の事務局長をしていた1995年、その運営委員だった前述の村井吉敬さんからYPMDを紹介された。これをきっかけに、1999年から2003年の4年間、ボランティアとしてYPMDが行う農村発展プロジェクトの数々にかかわった。

　YPMDによるパプアでのカカオ生産・加工・輸出事業の構想は、2009年頃から本格的に検討されるようになった。2010年、YPMDは試験的に、カカオ栽培の基本的ノウハウにかんする指導を、パプア州ケムトゥック郡のカカオ生産者24人を対象に実施した。この研修指導には、米国のチョコレート企業マース（Mars）社がジャヤプラ近郊に運営するマース・カカオ開発センター（カカオ栽培の研修所）の指導員に委託された。研修指導では、カカオ樹木の剪定

と接木の方法の実習が5月から6月のあいだ数回に分けて実施された。7月〜12月には、YPMDの農業顧問によるモニタリングと指導、YPMDによる一次加工（発酵と乾燥）の実習が行われた。また、東ジャワ州の国立コーヒー・カカオ研究所によってケムトゥック郡産のカカオ豆の分析も行われた。分析結果では、同郡のカカオ豆は、発酵や乾燥が不十分であるが、比較的大きく、潜在的に良質な豆であることがわかった。

2011年から、ATJとYPMDはジャヤプラ県内でYPMDが関係する地域の農民からカカオの濡れ豆を購入し、それを発酵・乾燥させる作業を試験的に開始した。カカオ事業を推進する事業体としては、YPMD代表のデッキーさんを代表とするカカオ・キタ社（UD Kakao Kita）をYPMDとは別組織体として設置している。カカオ・キタはインドネシア語で「私たちのカカオ」を意味する。ここでの「私たち」には、パプアのカカオの生産者から消費者までのすべての人びとが含まれる。カカオ・キタ社は、その「私たちのカカオ」の民衆交易を行う会社なのである。

2011年は、カカオ豆の集荷・一次加工（発酵・乾燥）→半製品化委託加工（インドネシア国立コーヒー・カカオ研究所）→日本への輸出・最終製品化→販売という流れを確立することを目標とした。しかし、現地では、加工場地域の湿気で乾燥工程後の豆にカビが生えてしまう等の問題が発生、結局3.5トンの乾燥豆を地元業者に転売するという苦い経験をした。

2012年2月のカカオ収穫シーズンから、カカオを栽培している村出身の青年たちを中心に約10人がカカオの買付け、加工を本格的に行うようになり、連日その作業に取り組んだ。すべての作業工程をパプア人が担う、パプアでは非常に珍しい「オール・パプア」の取組みである。

カカオの一次加工は、発酵・乾燥という過程で行われる。口で言うのは簡単であるが、一日1トン以上のカカオ豆を発酵・乾燥する作業はなかなか大変であった。

カカオ豆の買付けは、夕方から夜にかけて行われる。日中は生産者が畑にカカオを収穫に行くからである。私たちはトラックで村までカカオ豆を買い付けに行く。その行程は片道2時間半から3時間くらいかかる。夕方、村に到着すると、ちょうど農民が畑から帰ってくる頃だ。パプア人は広大な土地を持っている。カカオを栽培している畑、というより森も、村から何時間も歩かなけれ

第3部　モノからみる世界と日本

カカオ豆を畑から運ぶ生産者
（筆者撮影）

ばならない場所にあることが多い。生産者は20キロから30キロのカカオを背負いながら往復数時間の道のりを歩く。私たちはカカオ豆を一人ひとりの生産者から買い付けるとき、まず豆の品質をチェックする。なかには腐りかけの豆、病害にやられた豆を混ぜて売ろうとする農民もいる。そのような農民には、「わたしたちは食べ物になるカカオが欲しいので、買うことはできない。これから畑の手入れをして品質を良くしてほしい」とはっきり言った。「豆の質が悪いから買わない」と言うと怒る生産者もいるので、こちらの希望を伝えるのは簡単ではない。

　パプアでカカオ生産が始まってからすでに50年以上が経つ。しかし、収穫されたカカオを、パプア人ではなく、ジャワやマカッサルの商人が買い付けるパターンはずっと変わっていない。カカオが生産者の元を離れたとたんに「パプア」の名前は消え、「インドネシア産」カカオとして海外に輸出されていく。こう言ってパプア人の生産者は悔しがっている。しかも外来の商人は、カカオの質にはこだわらず、すべてを同じ価格で買い付けている。そのためかれらのあいだには、カカオを生産する誇りも、より良いカカオを生産しようという動機も生まれない。

　このようななか、カカオ・キタ社では、「おいしいチョコレートを作るためのカカオ、そのための基準に沿った発酵、乾燥を行う」をモットーにチョコレートを作っている。日本で売られる最終製品には、「PAPUA」の文字がパッケージに表示され、「パプア産カカオ」であることが明示される。つまり、最終製品までパプアの名が残る。こうすることで、生産者は品質を高めようとする意識を持ち、また生産に喜びと誇りを感じ、カカオ畑の手入れに精を出すきっかけを得ることになると期待できるのである。

　加工場では、カカオ村の青年ら10人が寝食を共にしながら合宿形式で働く。夜中に買付トラックが戻ってくると、それを発酵箱に仕込む。日中は発酵が終

わった豆をひたすら乾燥させる。天気の良い日はジリジリ照りつける太陽熱で乾燥させ、雨の日は乾燥機で乾燥させる。ちょっと油断すると豆にカビが生えて売り物にならなくなる。そのため、カカオ豆の乾燥は良い品質の豆を作るための重要なプロセスとなる。

事業運営でまず苦労したのは、加工場のパプア人青年たちをいかに管理し、働かせるかということだった。

> 勤務時間を午前8時から午後5時までと決めたが、作業が連続して流れない。ちょっと目を離すと座り込んでタバコを吸ったり、携帯電話で音楽を聴いていたりする。「ほら、次はこれやれ、あれやれ!」と彼らの尻を叩き続けなければならない。「座っている時間は給料払わないからね!」と言っても彼らはポカンとしているのだ。労働と賃金の関係がピンとこないらしい。考えてみたらパプアの先住民族は数十年前までは豊かな資源に恵まれた森や海で自給自足の生活を営み、時間はすべて自分たちの必要に応じて、自由に使えたのだ。「自分が時間の主人公」——高度な資本主義経済、管理社会にがっちり組み込まれているわたしたち日本人には手にしたくてもできない贅沢を彼らは享受している。この自由さがインドネシア他地域から続々と流入してくる移民との経済競争に負け続けている理由でもある［津留 2013］。

2012年、13年は、カカオ・キタ社が生産者よりカカオの濡れ豆を買い付け、それを町の集荷倉庫で発酵と乾燥の一次加工を集約的に行う方法をとった。これを14年からは、生産者が一次加工処理した乾燥豆を買い付けるスキームに転換した。その理由は、集約加工作業の人員のコストを生産者に転嫁したほうが生産者により多くの現金が渡ることになるからであった。

4　恵まれた自然と換金作物栽培

パプアの人びとは決して貧しくはない、というのがパプアに20年以上かかわってきた筆者の率直な感想である。かれらは広大な森林、河川、海からの恵みと共に生きている。そこには、生きていくのに必要な食糧がいくらでもある。つまり狩猟採集の生活なのである。だから、人が自然に手を入れて作物を

栽培するという習慣がない。木は自然に実をつけ、草はぐんぐん繁茂する。人はそれらを採取するだけである。

　こうしたパプアの人びとの暮らしを理解するためのポイントは、採取するのは「必要な分だけ」という感覚である。この感覚は換金作物を栽培する人びとについてもあてはまる。政府の奨励策（苗木の無料配布）もあり、パプアにおけるカカオの作付面積は一世帯当たり平均2ヘクタールあるといわれている。しかし生産者の多くは、2ヘクタールのカカオ畑に成る実をすべて取り尽くさないようである。生産者は現金が必要なときにカカオを収穫に行き、必要な現金の分だけその実を採り、カカオ仲買人に売る。具体的にはこんな例がある。筆者がある村に買付けに行ったとき、カカオの濡れ豆を3キロ程度、現金にして20000ルピア程度（約200円）しか収穫してこなかった女性がいた。彼女は渡された現金を手にすると、「これで油を買えるわ」と言った。そうか、食用油が切れてしまったから、裏庭のカカオ畑で油を買える分くらいの量の実をもいで来るのだな、と妙に納得した。彼女たちでも、子どもの学費や家の改修費用などまとまった現金が必要なときには、頑張って何十キロものカカオを収穫してくるのだろう。

　カカオポッド（カカオの樹の果実）から取り出した濡れ豆は、たいへん重い。それを何キロも担いで山のカカオ畑から運び出すのは重労働である。したがって、ファームゲート価格（生産者からの原料買付価格）がその重労働に見合わないと生産者が判断すると、かれらはカカオ収穫を上めてしまう。一般の仲買人は、カカオ豆の市場価格によってファームゲート価格を変動させる。市場価格が暴落すると市場メカニズムの法則によって生産者からの買付価格も下げるが、パプア人にとってニューヨークの穀物取引で決められる市場価格は「自分たちの知ったことではない」。かれらは、市場価格の変動は買値の引き下げの理由として受け入れられないと言う。自分たちが必要とする商品（コメ、食用油、たばこなど）の価格が上がっているなかで、カカオ豆の買値だけ下がるのは納得がいかない、仲買人が騙しているのだと憤る。そして、低い価格でも妥協して泣く泣く売ることはせず、「それだったらカカオを収穫する必要はない」という結論に到達する。買付業者泣かせのパプア人である。かれらの誇り高さを見せつけられる。裏を返せば、パプア人はカカオに頼って生活しているわけではなく、生きる糧は他にいくらでもあるという恵まれた環境で生

きている人たちなのである。

5　集約型カカオ畑と粗放型カカオ畑

カカオ・キタ社が買付けをしている村の一つ、K村では1990年代半ば、インドネシア政府の指導のもと集約型のカカオ畑が村人に奨励された。村人は、村の各氏族が所有する1〜2ヘクタールの森を皆伐し、カカオ樹とシェードツリー（日陰樹）を植えた（図2）。かれらは、政府の農業指導員が宣伝した近代的カカオ栽培方法の「近代的（modern）」という言葉に魅かれた。「近代的」と名づけられた方法を採用すれば現金収入が増えると期待したのである。

K村は2000年代前半まで、カカオの一大産地として栄えた。このとき、カカオを売る協同組合も結成された。しかし、集約型のカカオ畑は、2000年後半から収量が減り、病気や害虫の発生に悩まされるようになる。カカオ畑の収量減少は土地が痩せることから起こる。それは、集約型では宿命的な現象といえる。原生林を皆伐しているために、自然の仕組みで土地に栄養を与えることができない。カカオを収穫するごとに土壌の栄養分が収奪されるので、常に肥料を与えることが必要になるのである。また、密集栽培なので病虫害の広がりが早い。インドネシア政府が推奨した近代的カカオ栽培は、肥料や農薬の投与といった土壌の疲弊や病虫害の蔓延への対処法が組み入れられて初めて成立する方法であった。しかし、パプアの人びとは自然の恵みをただ受け入れることが習慣だったので、外から何かモノを入れることには違和感を持ったと思われる。特に農薬や化学肥料は「人体に有害である」と警告されると、「そんな毒を畑に撒いたら、雨水が土壌を通して川に毒を流し、わたしたちの体に入り込む」と考えたようで、村人の多くは、政府がサンプルとして配布し

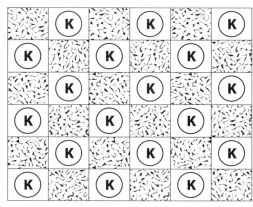

図2　集約型のカカオ畑（概念図）
注：Ⓚはカカオの樹木を指す。
出典：現地調査に基づき筆者作成

た化学肥料は移民に転売した、と言った。

　カカオの収量が下がったと嘆く集約型のカカオ畑の生産者は、それに比べて親の世代に植えたカカオ畑の木はいまでも一定の収量をあげているという。集約型のカカオ畑は、村から比較的近い場所にある森を切り開いてつくられていることが多い。一方、「オランダ時代の畑」、つまり森の中で生活していた親の世代がつくったカカオ畑は村から離れた山奥にある。村人は、日常的にそこを訪れることはない。下草狩りなどの手入れもしていない。にもかかわらず、いまでも季節になればカカオの実をつけるという。その森のカカオは比較的病虫害にも強い、というのが村人の理解である。

　筆者はカカオ生産者Sさんの案内で、彼の「古いカカオ畑」（オランダ時代に植樹したカカオの畑）を訪れたことがある。Sさんが住む村から森の中をかき分けて歩くこと約1時間で、私たちは「古い畑」に到達した。畑というのは地元の人が便宜上使っている言葉であり、実態としては原生林の中にカカオ樹が混在している感じであった。1950年代半ばに植樹されたカカオの木は幹も太く、高さも3〜4メートルに成長していた。剪定も接ぎ木もしていない、野生のカカオである。

　政府の農業指導者の説明では、オランダ時代のカカオ樹の植え方は「並列式システム」と呼ばれる、森の中に原生林とカカオの列を交互に植える方法であった（図3）。この方法では、カカオを植えている列だけ手入れすればよい。原生林の列はそのままで手を加える必要がない。原生林の落ち葉で腐葉土ができるので肥料投入の必要もなく、カカオ樹木は十分な栄養分を土から吸収するので、病気に対する抵抗力も強い。たとえ病気が発生しても、原生林ラインが緩衝帯になり、他のカカオ樹木の列への感染は遮られる。並列

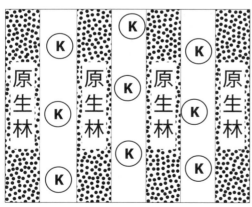

図3　並列式システムのカカオ畑（概念図）
　　注：Ⓚはカカオの樹木を指す。
　　出典：現地調査に基づき筆者作成

式システムはこれらの利点を備えている。しかし、収量は最盛期の集約型のそれに比べると少ない。そのため、このいわば「粗放的」な栽培方法は、近代化崇拝者である政府や企業からは非効率的とみなされてきた。

6　パプアに押し寄せるグローバル化の波

　パプアのカカオ栽培では、集約型、粗放型のいずれであっても単位面積当たりの収穫量は低い。しかし近年、こうしたマイペースな生産が許されない状況が生まれつつある。グローバルなカカオ産業の影響が、インドネシア最東端のパプアにもいよいよ及び始めたのである。

　まずカカオを取り巻く世界的状況を見てみよう。カカオ豆の需要は1970年からほぼ3倍に増えた。カカオ需要増加要因の一つに中国やインドなど新興国のチョコレート消費の伸びが挙げられる。供給側の問題は、拡大するカカオの病害、天候不順、そして生産者にとってより良い収入につながる作物への転換、などが挙げられる [Hafid; Neilson; Mount; and McKenzie 2013]。

　また、米国大手チョコレート製造企業マース社は、「マースは2020年に予想されるココア不足を回避するために産業界の協力を求める」と題したインターネットのプレス発表で次のように警鐘を鳴らした。

　　　世界のいたるところで高まるココア生産への経済的、環境的圧力のため、2020年までに世界のカカオ・セクターは100万トンの原料不足に陥るかもしれない。われわれの長期的事業の継続は、持続的な高品質カカオの供給に頼っている。将来にわたりカカオを確保するには、生産量を増やすこと、すなわち小規模生産者の収入を増やすことが必要であると信じる [Mars 2014]。

　世界のチョコレート消費に見合うカカオ豆の供給を確保する通常の手段は、肥料や農薬の投与、剪定・接ぎ木などによるカカオ樹の再生、作付面積の拡大の三つである。カカオ供給不足に直面しているグローバル企業は、世界各地のカカオ産地で生産量を増やすための投資を地元の政府やNGOと提携して展開している。インドネシアのスラウェシ島西部では、大手チョコレート企業、政府開発援助、NGOが一体となって大規模な生産者協同組合を組織し、小規模

カカオ生産者への支援を集中的に行い、生産量を飛躍的に上げることに成功した。ただしその生産量の増加の影には化学肥料、農薬の使用が顕著にみられる〔Hafid; Neilson; Mount; and McKenzie 2013〕。

7　カカオ増産計画スキーム

　スラウェシと同じようなスキームの増産戦略を、パプアのカカオ産地にも導入しようという計画が持ち上がっている。2014年12月、海外開発援助機関のコンサルタントとジャヤプラ県庁役人数名がK村にやってきて、同村に村落カカオ開発センター（CDC: Cocoa Development Center）の建設計画を県庁とのあいだで進めていると住民に説明した。CDCはもともと、先述のマース社が世界各地で展開している持続的カカオ開発プログラムの一環である。インドネシアで同社は西スラウェシにカカオ栽培の研修施設であるカカオ開発センターを開設し、ここにインドネシア各地からCDCの設置に関心を持つ政府、NGO、農民を招いてカカオ増産計画コンセプトを宣伝している。

　そのカカオ増産コンセプトは、「畑の手入れ、木の再生、作付面積拡大、適切な肥料（有機、化学）と農薬の使用」で生産高をいまの3倍にするという考え方である。それは、「生産性の低い『伝統型〔traditional、粗放型を指す。筆者注記〕』とは決別して、近代的な栽培方法で現金収入を増やし、明るい未来を築きましょう！」という触れ込みで、病虫害や収率の悪さでやる気を失いかけている生産者に訴えようとする戦略でもある。パプア人は化学肥料に抵抗感を持っているため、「パプアでは有機肥料を使う」と同プログラムに協力しているパプア側関係者は言う。しかし、この増産計画は、そもそも肥料会社や金融機関とのタイアップで進められている。CDCは、村単位のカカオ村落センター（CVC: Cocoa Village Center）を下部組織としていくつか設置する。CVCは畑の手入れ、肥料・農薬の使い方を村人に指導する「カカオ・ドクター」称号を授けられた人物（理想は村の篤農家的な人）がビジネスとして運営する事業である。村のカカオ・ドクターは銀行から融資を受けて肥料や農薬、農具を仕入れ、それを村人に販売して稼ぐ一方、接ぎ木や剪定の仕事を請け負って収入を得る。このようなビジネスで年収数千万ルピアあげたという西スラウェシでの成功物語がマース社のパンフレット「持続的なカカオ生産の提案——マース社のココア農場で収穫高を3倍にしよう（Sustainable Cocoa Initiative: Triple the Yield on Cocoa Farms by MARS)」で宣伝されている。

　化学肥料と農薬使用については、ガーナのカカオ生産現場からの興味深い報告がある。ガーナでは政府の管理下で病虫害対策を行っている。しかし、化学肥料と農薬の投入量が時とともに増加するなかで、カカオの生産量は低迷し、農家の実質収入も減少している。そのことは、研究データで裏付けられている［Afrane and Ntiamoah 2011］。にもかかわらず、他の農産物と同じくカカオも、化学肥料、殺虫剤、殺菌剤の使用なしに高い生産量は望めないというのがグローバル経済では通説になっている。化学肥料や農薬使用の功罪が指摘される風潮のなか、最近は化学物質の「限定的使用を推奨する」という慎重なアプローチが見受けられる。しかし、これには専門知識、継続的な指導管理体制が必要であり、無数の小規模農家で生産されるカカオで実践するのは難しい。

おわりに――パプアの未来を共に考える

　近代的農法を軸としたカカオ増産の圧力、森をパームオイル大規模農園に転換しようという圧力――どちらも大自然の中で大らかに生きてきたパプアの人びとのアイデンティティや文化にそぐわないグローバルな開発の流れである。パプア人は、将来、この流れにどのように立ち向かっていくのであろうか。カカオ・キタ社代表のデッキーさんは、パプアの人びとが直面しているこのような状況を次のように語った。

　　　パプアのカカオ生産者は豊かな天然資源と自然の中で、独自の慣習法と文化を持って自立的に生きてきました。しかし、開発と新しい生活様式をともなう変化が外部から押し寄せ、伝統的な先住民族の社会はそれに直面しながら生存し続ける道を模索しなければならなくなりました。

　デッキーさんは、パプアの人びとが潜在的に持っている「自立的に生きる力」が「援助というかたちでパプアの村々にもたらされる開発」により損なわれていくことを憂慮している。「援助のバラマキは、住民のファイティング・スピリット（頑張る力）を無力化すること」につながり、「自分たちの力で自立するという誇りを奪う」ことになる。だからこそ、パプアのカカオ生産者と日本の消費者がカカオの取引を通してお互いに交流し、学び合い、つながる関

係を大事にする民衆交易に希望を託す、とデッキーさんは語った。彼はその希望を、村井吉敬さんと語り合った「民衆に依拠した発展」と重ね合わせているのである。

パプアのカカオ生産者も畑の下草刈りをし、剪定・接ぎ木を行い、有機肥料をつくり、現在あるカカオの畑で病害虫に対する抵抗力の強いカカオ樹を育て、より質の高いカカオを生産する。いままで自生するものを採取するだけであった習慣を少し変える努力をする。他方で、美味しく、安心で、パプアの人びとと連帯できるチョコレートを購入し、支援する消費者の存在がカカオ・キタ社とATJのチョコレート事業を支える。消費者はチョコレートを買い続けることで、パプアの人びとの内発的発展の過程に伴走することができるのである。

森のエコシステムを守り、有機的な農業技術を向上させることでカカオの生産性や品質を上げ、生産者自身が豊かな自然を守る選択をし、自然から授かった恵みの範囲で充足する精神を大事にする。つまり、「カカオで大儲けすることを望むな。カカオは自然が育む産物の一つだという認識で、暮らしの豊かさを総合的に考えることが肝心だ」、とデッキーさんは説く。こうした取組みを支援するカカオの民衆交易は、グローバル市場の要請に応じない道を選択し、独自のシステムを民衆同士で築いていく連帯の実践にほかならない。

ある人は「パプアが最後にはこの地球を救う」と言った。私たちの住む社会では、近代化と高度資本主義化のため共同体が崩壊してしまった。すべてを金で買う超消費社会に住む私たちは、もはやみずからが自然の一部であることを実感する生き方ができない。高度な工業技術に囲まれてはいるが、みずからの力で生きる能力を削がれている。それに比べパプアの人びとは、自然に依拠して生きる力をまだ十分に兼ね備えている。人間の本来の姿を体現しているパプアの人びとの生き方こそ、資本主義のなれの果てにたどり着いた先進国の人びとの救いになるのだという。

「パプアの名前を掲げたチョコレートを作ろう」という掛け声が、パプアの人びとの目を輝かせるカカオ事業に結びついた。その意義に共鳴し、協働を表明する人びととの出会い、ネットワークは広がりつつある。先に「パプアの未来を考える」と記した。しかし、カカオの民衆交易を通して考えるのは、パプアの人びとの未来だけではなく、私たち皆の未来でもある。だからデッキーさんの会社の名前はカカオ・キタ──「私たちのカカオ」なのだ。

【参考文献】

津留歴子. 2013.「カカオ民衆交易奮闘記 4――パプア人の時間」『ハリーナ』2 (22): 10.

デッキー・ルマロペン. 2009.「特別自治後のインドネシア・パプア（第24回アジアセミナー）」『ワセダアジアレビュー』6: 72-74.

Afrane, George; and Ntiamoah, Augustine. 2011. Use of Pesticides in the Cocoa Industry and their Impact on the Environment and the Food Chain. In *Pesticides in the Modern World: Risks and Benefits,* edited by Stoytcheva, Margarita, pp. 51-68. Rijeka and Shanghai: InTech.

BPS: Badan Pusat Statistik Indonesia. 2014. *Statistik Indonesia 2014.* Jakarta: BPS.

Elmslie, Jim. 2010. *West Papuan Demographic Transition and the 2010 Indonesia Census: "Slow Motion Genocide" or not?* CPACS (Centre for Peace and Conflict Studies) Working Paper No.11/1. Sydney: CPACS, The University of Sydney.

【インターネット資料】

大槻重之. n.d.「Ｄ－６章国家分裂の危機」ウェブサイト『インドネシア専科』2015年4月30日アクセス．
　http://www.jttk.zaq.ne.jp/bachw308/page042.html#

金武島菜. n.d.「インドネシア・独立に動く多島社会　イリアンジャヤ・西パプア――天然資源の開発で踏みにじられる人権・メラネシア系先住民族の独立にかける思い」アジア文化社ウェブサイト『アジアウェーブ』2015年4月30日アクセス．
　http://www.asiawave.co.jp/ASIAPRESS.htm

松野明久. 2010.「パプア――国際関係の中で揺らぐ自決権の行使」(pdf)『プライム』32: 29-43. 2015年3月31日アクセス．
　http://repository.meijigakuin.ac.jp/dspace/bitstream/10723/1018/1/prime32_29-43.pdf

Ace. 2015.「しあわせへのチョコレート――チョコレートがつくる、もっとしあわせな未来へ」2015年3月31日アクセス．
　http://acejapan.org/choco

GlobalSecurity.org 2000-2015. "Free Papua Movement, Organisasi Papua Merdeka (OPM)." Accessed on March 31, 2015.
　http://www.globalsecurity.org/military/world/para/papua.htm

Hafid, Hiswaty; Neilson, Jeff; Mount, Tula; and McKenzie, Fiona. 2013. *Sustainability Impact Assessment of a Certification Scheme in the Indonesian Cocoa Industry:*

2012 Pilot Survey Results（PDF）. Discussion Paper, University of Sydney. Accessed on March 1, 2015.

http://www.geosci.usyd.edu.au/documents/cocoa2.pdf

ICCO: International Cocoa Organization. 2015. "Production of Cocoa Beans, Latest Figures from the Quarterly Bulletin of Cocoa Statistics". Accessed on May 1, 2015.

http://www.icco.org/about-us/international-cocoa-agreements/cat_view/30-related-documents/46-statistics-production.html

Mars. 2014. "Sustainability at Mars Chocolate."

http://www.marspresskit.com/pdfs/Mars%20-%20Sustainability%20Fact%20Sheet.pdf

Moss, Rachel. 2014.「チョコレートが絶滅の危機？ 2020年にはカカオが100万トン不足」The Huffington Post UK/ Japan.（日本語版：遠藤康子；合原弘子作成）2015年3月31日アクセス．

http://www.huffingtonpost.jp/2014/11/17/the-world-s-running-out-of-chocolate_n_6175474.html

UNIPA (The State University of Papua) ―ANU (The Australian National University) ―UNCEN (Cenderawasih State University) PapuaWeb Project. 2002-2003. "Chronology of Papua (Irian Jaya, West Papua, ...), West Papua Web." Accessed on March 31, 2015.

http://papuaweb.org/chrono/index.html

Warta, Christian. 2010. "Not to Be Neglected: The Religious Landscape in West Papua" (pdf). Oxford Transitional Justice Working Paper Series, Oxford Transitional Justice Research, Universiy of Oxford. Accessed on March 31, 2015.

http://www.csls.ox.ac.uk/documents/Warta-ReligioninWestPapua-final.pdf

【推薦図書】

オフ，キャロル．2007.『チョコレートの真実』北村陽子（訳），東京：英治出版．（原著：Off, Carol. 2006. *Bitter Chocolate: Investigating the Dark Side of the World's Most Seductive Sweet.* Toronto: Random House.）

オルター・トレード・ジャパン；特定非営利活動法人APLA．2012.『パプア・チョコレートの挑戦』東京：APLA．

村井吉敬．2013.『パプア――森と海と人びと』東京：めこん．

第11章 グローバル市場とフェアトレードの課題
―― 南米コロンビアの伝統的金採取業の挑戦と挫折

幡谷　則子

はじめに

　カリブ海と太平洋に接し、欧州世界と新大陸との遭遇の立役者であったコロンブスの名前を冠するコロンビアは、文字通り南米大陸の「入り口」である。スペイン人による征服は、金(ゴールド)をはじめとする鉱物資源の獲得を目指したものであった。19世紀の独立国家建設期以降、資源開発と輸出向け農作物生産を主軸とした経済発展が今日のコロンビア経済の基盤を築いた。コーヒー、エメラルド、石油、石炭、ニッケル鉄、そしてランやカーネーションなどの切花が現在の主要輸出品である。ラテンアメリカ諸国は、1970年代まで輸入代替工業化を推進してきたが、グローバル化の進展下、アジア、特に中国市場を照準に、再び石油エネルギーおよび鉱物、穀物栽培などの一次産品輸出型発展戦略にシフトしている。コロンビアも長年コーヒーモノカルチャーからの脱却を目指して農業多角化と工業化に取り組んできたにもかかわらず、石油・鉱物資源とアグリビジネス主体の発展モデルに傾倒している。

　南米コロンビアといえば日本からははるか遠く、私たちの生活とのかかわりは一見希薄であるように思われがちである。だが、世界第3位のコーヒー消費国である日本のコーヒー需要を支えているのは、ブラジルに続きコロンビアであり、母の日に市場に出回る輸入カーネーションのおよそ7割以上がコロンビア産である［藤本 2011］。そして日本企業が現在注目しているのがコロンビアの鉱物資源である。

　本章では、今日のコロンビアの貿易自由化路線と輸出型産業構造を踏まえて、鉱物資源埋蔵地域に暮らす人々の社会経済状況に着目する。アフロ系住民が集中するチョコ（Chocó）県をとりあげ、伝統的金鉱採掘地域に生きる人々が、グローバル市場における資源開発のなかで、どのような生活の変化を強い

られ、そのなかでどのような新しい選択肢を模索しているかを描く。以下ではまずコロンビアにおける鉱山業の発展過程と太平洋岸地域のアフロ系住民の歴史を考察する。伝統的金採掘地域の生活環境がいかに国家からは「不可視」の状況に放置され、行政サービスの提供が不足していたか、そしてそれゆえに近年紛争に巻き込まれてきたかを明らかにする。そうした状況において、経済自立化と独自の社会保障制度の確立を目指した金(ゴールド)のフェアトレードの試みを紹介し、鉱物資源という「商品」と国際認証制度という枠組みで見た場合のフェアトレードの持続可能性を問う。

第1節　コロンビアの経済発展と紛争の歴史

1　豊かな資源と社会格差

　コロンビアは資源に恵まれ、市場規模も大きく対外貿易の拡大可能性も高い国である。ラテンアメリカ域内で[1]、人口規模は3位、GDPも全体の4位から5位に位置する。1970年代までのコロンビア経済はコーヒー輸出に依存していたが、近年では石油と鉱物および関連する製造業部門が経済を牽引している。2014年の同国中央銀行の推計値では、外国直接投資に占める鉱業部門と石油部門は全体の39.5％であった［Banco de la República, República de Colombia 2015］。また、バイオ燃料の原料としての農作物生産へのグローバル市場における関心の高まりが、多国籍企業による投資拡大と土地買収を促進している。コロンビアでは特に油ヤシ生産の伸びが著しい。

　他方、コロンビアは都市と農村、および所得階層において格差の著しい社会でもある。ジニ係数[2]で測る所得不平等度はラテンアメリカ域内で常にワースト3に入り、2012年の世界銀行の推計値で0.54であった［The World Bank 2015］。今日の貧富の差は、スペイン植民地政府から独立したのちも、少数エリート支配体制の基盤であった大土地所有形態が、20世紀の農地改革の試みを経てなお温存されたことに起因する。

2　「盤石な」民主国家体制と半世紀以上続く国内紛争

　コロンビアは、ラテンアメリカ諸国の多くが軍政に移行した1960年代以降も安定した民主体制を維持し続けている数少ない国の一つである。しかしその一

方、半世紀以上も国内紛争をかかえる国でもある。この矛盾は、構造問題化した複雑な政治暴力の存在によって説明される。エリート二大政党体制によって政党政治の舞台から締め出された左派勢力が、60年代にゲリラ組織として国内農村部に活動基盤を形成したが、これに麻薬密売組織の武装化や右派の民兵組織（パラミリタリー）の形成などが加わり、国内和平合意形成を困難にしてきたのである。

　左翼ゲリラ組織には、多元的な民主国家の成立とその条件となる農地分配を求める農民運動や、フィデル・カストロ（Fidel Castro）が率いた1959年のキューバ革命路線を目指す社会主義運動など、個々に異なる思想的背景をもっていたが、冷戦後は、こうした思想的基盤も崩れた。90年代以降は主要ゲリラ組織の一部が麻薬密輸産業から生まれる資金をその軍事力基盤としていったことと、これに対抗するパラミリタリーが勢力を拡大していったために、農村地域では住民は多種多様な武装集団と共存せざるをえなくなった。紛争地にある農村（漁村、山村、鉱山村）コミュニティは行政サービス供給者としての国家の支援にほとんど頼ることができず、長年暴力による恐怖と貧困、そして公共サービスの欠乏にさいなまれてきた。

　こうしたなか、徹底的な軍事的解決による和平構築政策をとったウリベ（Álvaro Uribe Vélez）政権（2002～10年）は、非合法武装組織の集団的武装放棄を推進し、「安全保障の確保による経済発展」を対外的にアピールし、紛争後の経済開発を中心的政策課題に掲げた。実際、人口10万人当たりの殺人件数で測る暴力指数は2000年には66.5であったのが、ウリベ政権期末の2012年には30.8にまで低下し、治安は格段の改善を遂げたのである［UNODC 2013］。治安回復が対外的に認識されるにしたがって、油ヤシ栽培プランテーションの拡大を目指す企業による土地買収や、大規模な金鉱開発を目指す多国籍企業へのコンセッション（採掘権）の管轄省庁による譲渡がかつての紛争地域において進んでいる。その一方で、このような地域に住む農民や漁民は、資本家の土地買収によって生産手段を失い、その土地を離れて都市に難民として流出するか、あるいは土地にとどまりオルタナティブな経済自立化運動を目指すかの選択を迫られてきた。

第2節　今日の金鉱山開発ブームと開発戦略

1　鉱物資源埋蔵量と経済発展戦略での重点化

　コロンビアは石油や石炭をはじめ、鉱物資源を豊富に擁する資源国である。サンタンデール（Santander）県のバランカベルメッハ（Barrancabermeja）市に英国資本をもとに初の石油精製基地が建設された1930年代から、石油は同国のエネルギー資源開発の要となっていった。さらに70年代、大型の石炭埋蔵がカリブ海に面するグアヒラ（Guajira）県北部で発見されてから、同県とセサール（Cesar）県を中心に、炭田開発が国家経済を牽引する一大部門となった。グローバル市場、特に多国籍企業の視点からは、石油の高騰と化石燃料への需要が続く限り、コロンビアの石炭と石油は同国にとって資源立国として成り立ちうる競争力を約束する資源なのである。

　貴金属においては、金がグローバル市場において普遍的価値を維持している。世界有数の金生産国は2014年の推計で中国、オーストラリア、ロシア、米国の順であるが、ペルー、ブラジル、メキシコも上位にある［U.S. Geological Survey 2015］。コロンビアはこれらに続く。金もプラチナも、宝石のほか幅広い工業加工原料としての需要が高まっている。プラチナは金鉱脈の近くに埋蔵されることが多く、コロンビアでは金鉱山でさらに開発熱が高まっている。

　2000年代半ばまでは鉱物の総輸出額に占める割合は全体の20％にすぎず、対GDP比率でも鉱物生産は3％にも達していなかった。しかし、前ウリベ政権は鉱物資源開発を石油開発、アグリビジネスと並んで21世紀の同国の経済開発を牽引する重点部門と考え、2019年をめどに倍増目標を掲げた［Hataya 2010; 幡谷 2014b］。

　最近の統計によると、南米大陸において、石炭生産はコロンビアが牽引しており、域内のおよそ80％を産出している［British Geological Survey 2009］。金の産出も重要で、域内5位である。さらに、プラチナとのその他の貴金属においても秀でており、ニッケルとニッケル鉄では世界第一の産出量を誇る。今日コロンビアの鉱物資源はグローバル市場にとって魅力的な投資先なのである。

　一方、外国投資家にとって最大の悩みはコロンビアの治安問題であったが、前述の通りウリベ政権期に治安状況は格段に改善し、GDP成長率もマイナス成長から回復した。現サントス（Juan Manuel Santos）政権も公的に「ポス

ト・コンフリクト」(紛争後) の開発戦略を打ち出し、外国投資の呼び込みに余念がない。

　ラテンアメリカ諸国では、コロンビアに限らず、同様に資源エネルギー原料部門を重視した経済開発路線に傾いている。それは、天然資源開発、土地不動産市場の規制緩和によって多国籍企業の大型投資・開発を誘致しようとするものであり、コロンビアのように土地登記制度すら徹底されてこなかった国では、土地所有証書などの法的根拠をもたぬまま生活をしてきた自給自足型の開拓農民たちの生活圏はますます脅かされてゆく。しかも、紛争地の農村、漁村、鉱山村では、非合法武装組織 (左翼ゲリラ) が日常の生活圏に介入するために、住民は常に政府軍やパラミリタリー (右派民兵) からゲリラとの接触容疑による糾弾と迫害を受け、暴力の脅威にさらされてきた。彼らの大半は土地権利も鉱区における採掘権にかんする法的保障も獲得しないまま、伝統的生産様式によって「先祖代々の土地」と住民が認識する土地において生業を営んできた。インフォーマルな採掘業者は、鉱脈が枯渇してゆくと新しい鉱脈を求めて鉱山村を渡り歩き、また自給的農業と兼業することで生活を維持してきた。このようなインフォーマルな伝統的生業を維持してきた人々は、政府が推進する開発路線からは逸脱した存在とみなされ、そのため、適切な技術支援や社会サービスの対象とはなってこなかったのである。

2　2000年代の鉱業部門における制度改革

　2001年の新鉱業法 (法律第685号) は、もっぱら民間資本、特に多国籍企業の鉱業部門への投資と大型鉱山開発を促進し、鉱業部門生産高を上げることを目的にしていた。そのために、鉱物資源埋蔵が見込まれる土地に対する採掘権譲渡手続きの規制緩和も促進した。インフォーマルな鉱山開発に対しては「合法化」し国家政策枠組みに統合することを目指した。

　このため2006年に、「鉱区プログラム」が鉱業開発国家戦略の一つとして導入された。これは、全国32の指定がある鉱区に、インフォーマルな零細規模の鉱山採掘業者を統合し、鉱山・エネルギー省のもとで管理統制しながら、生産性の向上を目指す政策である。小・零細規模の鉱山採掘業者は、その資本力の低さから、技術水準が低いだけでなく、特に水銀などの不適切な使用により採掘業者自身を含むコミュニティ住民の生活圏において、深刻な身体的被害およ

び環境汚染をもたらしてきた。そのため、金の精製過程において投入される水銀や硫酸に対する適切な廃棄統制と使用過程における労働者の防護措置などの技術的改善が急務である。それには政府による生産様式の近代化を促す資金的援助も不可欠であり、鉱区プログラムはこうした政府の援助と統制を促進しつつ零細規模鉱山採掘業者の生産性の向上をはかることを目的とした。しかしその一方、大半の零細規模採掘業者はこれまで土地使用許可手続き（採掘権登録申請）さえも行ってこなかったという事実がある。

そこで政府は、2010年に法律第1382号を制定し、インフォーマルな鉱山採掘業の合法化プログラムを改訂し、こうした零細規模採掘業者の鉱区の合法化を促進した。一見、合法化プログラムは零細採掘業者にとってその経済活動の正当化と政府支援を保証するように理解される。しかし実際は、法が要請するように、合法性を証明する証拠書類をあまねく揃えること（過去10年にさかのぼって毎年の取引記録を揃えることなど）はきわめて困難であり、零細採掘業者がこの合法化プログラムを享受する可能性は大きく制限されている。さらに、たとえこの法的枠組みに応じて採掘権が与えられ、彼らの生業が合法化されたとしても、多国籍企業による大規模採掘開発プロジェクトの到来によって発生する土地買収の圧力に対し、零細採掘業者は土地権利においては脆弱であり、買収交渉に対して採掘権のみで戦えないため、生活圏の存続を保証するものではない。

では、結局のところ、インフォーマルな零細採掘業者は排除されてしまうのだろうか。大規模開発によって土地収用が求められた場合、弱い立場にある伝統的零細採掘業者にとって唯一のオルタナティブは「特別保有地域」（ARE: Area de Reserva Especial）宣言を行い、これに対して国家の認証を得ることである。国家が定める条件（環境保全に必要な技術水準）を満たすと承認される場合には、伝統的、インフォーマルな鉱山採掘に対し、ARE認証が与えられる。国家はARE認証を受けたコミュニティに対し、採掘権申請時に環境省にその提出が義務づけられている「環境影響評価」[3]を作成するための支援（技術的援助、指導）を付与する義務を負うことが法律で定められている。また、当該コミュニティ自身がARE内で採掘業を行うことができるように、政府は採掘権を与えなければならない。

これはある意味国家とコミュニティとのあいだの妥協の産物であり、ARE

第11章　グローバル市場とフェアトレードの課題

認証を得ることが、唯一伝統的鉱山採掘業者が従来活動を行ってきた鉱山村にとどまり、生業を維持する方法であると考えられる。しかし現実は法制度が目指すところと乖離している。認証手続きには担当省庁内のさまざまな書類手続きを経るため長い時間がかかり、また、首尾よくARE認定を受けても、その周辺地域はすでに企業に採掘権が譲渡されている状況にあっては、かならずしも当該採掘業者が平安のうちに生活圏を守ることが保証されているとは限らないのが現状である。

第3節　アフロ系コミュニティと金鉱山開発の歴史

1　アフロ系コミュニティの歴史

　チョコ県はコロンビアの西部、太平洋岸に位置する、同国では経済的には最も貧しい地域である。バジェ（Valle del Cauca）県とアンティオキア（Antioquia）県という豊かな行政県と隣接し、北部はパナマとの国境と接している（図1参照）。465万3900ヘクタールの領土に42万3098人（2004年推計）を擁するが、そのうち85％はアフリカ（アフロ）系コロンビア人である［IGAC 2006］[(4)]。熱帯雨林気候帯にあるチョコ県の主流であるアトラト（Atrato）川はその水量で国内最大規模の水量を誇る。同県は年間最大の雨量と豊かな熱帯雨林によってコロンビアの「肺」（酸素の供給源）とたとえられ、生物多様性の宝庫でもある。県内の市町村を結ぶ道路整備状況は劣悪で、降雨量の多いこの地域での陸路での交通ルートはきわめて限られ、河川網を活用した水路が人々の交通手段である。

　チョコ県一帯の集住の歴史は、スペイン植民地時代の奴隷貿易に始まる。16世紀、チョコ、クナ（Cuna）、シタラ（Citarra）などの先住民族が植民地政府の鉱山で働くようになった[(5)]。この地はのちに集住したアフロ系共同体のほかに、本来さまざまな先住民族集団が共存してきた土地であった。18世紀まで、スペイン植民者の関心事はなんといっても金であり、そのため大量のアフリカ人奴隷が太平洋沿岸地域に投入された。奴隷貿易は1780年代にその最盛期に達した［Flórez; y Millán 2007: 81］。黒人奴隷は、欧州から持ち込まれた病原菌への抵抗力を持たず、また加重な労役に耐えられずに激減していた先住民労働力を補うために導入された。18世紀半ば、チョコ県にはすでに63鉱山が創業

していた。最も生産性の高い鉱山はアトラト川、イチョ（Ichó）川、そしてサン・ファン（San Juan）川流域に広がっていた。

今日のタドー（Tadó）市における鉱山地域の由来もこのスペイン植民地時代にさかのぼる。植民地期には目を見張るような人口増加の兆候はなかったが、19世紀半ば、黒人人口の地理的分布の特徴が変化し始める。独立後、1851年に共和国政府によって奴隷解放令が公布されても、彼らは同じ土地にとどまるほか選択肢がなかったが、土地所有権の譲渡はなかった。こうして太平洋とカリブ海沿岸にアフロ系住民が集中したのである。彼らは奴隷として連れてこられた鉱山からは離れてゆくが、いずれも近隣の、より平坦な地域に生業を求めて集住するようになる。主に狩猟採集やゴム、マングローブ、コルクの採取などに従事するようになった。多くは川沿いに集住し、機会さえあれば長年培ってきた流水を用いた伝統的採取方法で、金鉱掘にも携わった。漁労はもう一つの基本的生業であり、食糧確保の手段であった。のちに、彼らは米やメイズ（トウモロコシ）の栽培も手がけるようになる。こうして工芸的手法による金採取、森林やその他の資源の熱帯雨林からの採取、そして農耕を組み合わせて自給自足的生産活動を続けていったのである［Flórez; y Millán 2007］。

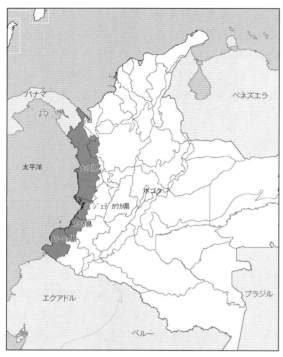

図1　アフロ系住民が集中する地域
出典：筆者作成

2　今日のチョコ県の社会経済的特徴

　チョコ県は教育、保健ほか公的社会サービスの供給が甚だしく不足している。マラリアをはじめ、伝染性の高い熱帯特有の疾病の撲滅が県の大きな課題となっている。いくつかの社会的指標によって同県が文字通りコロンビアで最貧県であることは明らかである。県人口の貧困線以下の所得層は全人口の78.5％であったが（2005年）、これは全国平均の49.7％をはるかに上回った。これを極貧人口比率で比較すると全国平均とチョコ県との差はさらに著しいものとなる（表1）。1000人当たりの乳児（1歳未満）死亡率は32.8で、幼児5歳未満だと43.2となり、他方10万人当たりの妊産婦死亡率でも250.9を記録し、すべてにおいて全国平均を上回った［CONPES 2008］。

　また地域産業と呼べる産業が育成されておらず、県全体の生産構造で最も比率の高いのは行政ほかサービス（41％）で、これに次ぐのが農牧業の22％であった。すなわち、他に雇用創出源となりうる地場産業が育っていないため、地方公務員がこの地域では最も安定的収入を得ることのできる就職先となっている。この結果、行政職にあるものが地域の政治経済権力を掌握しがちであり、違法業者も賄賂を払えば開発許可が得られるなど、汚職が助長されると同時に、開発許可における法制度が遵守されないことが多い。

表1　貧困人口・極貧人口比率の比較　　（％）

年	チョコ県		コロンビア全国平均	
	極貧線以下	貧困線以下	極貧線以下	貧困線以下
2002	31.0	63.5	21.7	56.3
2003	36.7	71.2	18.4	53.9
2004	40.8	72.9	18.6	53.5
2005(*)	48.7	78.5	15.6	49.7

出典：CONPES［2008: 20］に基づき筆者作成。（*）は推計値。

第4節　アフロ系住民の土地と生業を守る運動

1　集団的土地所有権を求める運動

　コロンビアにおけるアフロ系住民による社会運動は、1980年代より、先祖代々の集団的土地権利の回復を求める運動として発展してきた。これは、同国における先住民の権利回復運動が20世紀初頭から始まり、現在もその主導的存在であるカウカ（Cauca）県を中心とする地域先住民組織[6]が71年には創設さ

れていたことと比べると、かなり遅いスタートである。そもそも奴隷および逃亡奴隷の出自を持つがゆえに、国家のサービス供給の対象外にあり続け、また産業が発展しなかったことから労働組合も存在しなかった。さらに、植民地期に由来する散村形態が共同体間のコミュニケーションを乏しくし、その結果権利を求める社会運動の高揚は遅れた。

聖クラレティアン宣教会が1913年にチョコ県の首府キブドー（Quibdó）市に伝道に訪れてから100年余りの歳月が経った。彼らは地域のアフロ系住民共同体に初めて権利の覚醒を促した人々であった。宣教師たちがコミュニティに寄り添い、伝道とともに基本的人権にかんする啓発活動を行った結果、太平洋岸地域でのアフロ系住民のコミュニティ組織、コミュニティ審議会（consejo comunitario）が生まれていった。のちに、これらを地域ごとに束ねる上部組織（コミュニティ大審議会、consejo coumnitario mayor）が形成されるようになる。キブドーに拠点を持つ「アトラト川の統合的農民協会のコミュニティ大審議会」（COCOMACIA: Consejo Comunitario Mayor de la Asociación Campesina Integral del Atrato）は、アトラト川中流域のアフロ系住民のコミュニティ審議会を束ねる地域レベルの上部組織である。当初、コミュニティ審議会は、簡易上下水道の整備、最低限の保健サービスの確保や食糧保障、小学校建設整備にむけてコミュニティ基盤で互助的活動を起こすとともに、地方行政にも働きかけを行った。のちに活動の中心は集団的土地所有権の要求に収斂してゆく。

1990年の制憲議会で新憲法が起草されるなか、アフロ系住民は、先住民運動の土地権利回復条項を盛り込む運動に触発され、にわかに先祖伝来の土地を共同体全体で管理するという意味での集団的所有権を求める運動を起こした。こうして憲法には暫定第55条が追加され、これがのちの1993年法律第70号制定につながった。同法はアフロ系住民共同体に集団的土地所有権[7]を与えるものである[8]。その44条で、アフロ系共同体が集団的に管理する土地におけるいかなる開発プロジェクトについても、その策定と実施、環境・社会経済・文化的インパクトの評価に参加する権利を定めている。なお今日アフロ系住民の土地および社会・文化的権利全般を管轄するのは、内務・法務省である。

1995年の大統領令（デクレト）1745号は「アフロ系共同体の集団的土地所有権」の認定手続きについて取り決めている。同法令によって、まず共同体は「コミュニティ審議会」を組織する必要があり、これが当該共同体の集団的土

地管理のための最高決定機関となる。日常の活動の運営にはコミュニティ審議会の代表メンバーで構成される代表委員会があたるが、共同体全体にかかわる決議は全体集会でコンセンサスをとらなければならない。コミュニティ審議会は集団的土地所有権の取得のために不可欠な組織となり、チョコ県全体に組織されるようになった。コミュニティ審議会を地域レベルで束ねる組織も形成されていった。キブドーのCOCOMACIAと同様、サン・ファン上流地域では「サン・ファン川上流地域農民協会」（ASOCASAN: Asociación Campesina de Alto San Juan）が形成され、サン・ファン川流域の300のコミュニティ審議会を束ねている。

政府は1996～2000年の4カ年に計560万ヘクタールを集団的土地所有権の認定によってアフロ系共同体に移譲することを目標とした［CONPES 2004］。農村開発庁（INCODER: Instituto Colombiano de Desarrollo Rural）によると、同上の4年間に149件の集団的土地所有権申請に対して、あわせて512万8830ヘクタールが移譲された。これによって6万418世帯がその恩恵にあずかった［Flórez; y Millán 2007: 91］。

2　武力紛争の激化と強制移住の増大

チョコ県サン・ファン川上流地域における流水による砂金採取は、スペイン植民地時代から踏襲された伝統的方法である。すでにこの方法による生産力の低下は明らかになっていたうえに、1990年代以降は太平洋岸地域一帯の武装紛争、特にコロンビア革命軍（FARC: Fuerzas Armadas de Revolución de Colombia）の勢力拡大によって砂金採取地域は大きな打撃を受けた。当時FARCに対する政府の軍事作戦が激化し、国内紛争の戦線が太平洋沿岸地域とエクアドル国境地域へ、すなわち西と南に押し下げられていったためである。

1990年代半ばの人権侵害の増大に直面し、アフロ系共同体による社会運動は集団的土地所有権を求める運動から、住民の命を守る戦いにシフトしていった。サン・ファン川上流地域も、アトラト川中流域の村落共同体もおしなべて1997年から2005年にかけて人権侵害をともなう暴力が増大し、村びと全員が村を放棄せざるをえない状況に陥った。08年の1月から8月にチョコ県から転出した「強制移住者」（IDP: Internally Displaced Person）は14万3852人に上ったが、これは同じ時期の全国のIDPの5.4％に相当する［CONPES 2008］。この

うち村落全体が移住するような集団的移住をした人々は全体の54％にも上った。筆者が2009年以後フィールド調査に訪れたときはすでに住民の帰還が進み、落ち着きを取り戻していたが、それでも人々の生活は元通りにはならなかった。なぜなら、今度はパワーショベルなどの重機導入による違法金採掘業者が次々と訪れ、伝統的砂金掘りの場を圧迫しているからである。また、浚渫船（川底をさらう装備のついた船）[9]によるアトラト川床の金鉱脈採掘は川の生態を破壊し、彼らの自給的漁猟にも大きな打撃を与えた。

3　グローバル開発の戦略的地域としての太平洋岸地域

中央政府が太平洋沿岸地域に注目したのは1980年代で、当時の政策目的はその生物多様性と天然資源の保護に置かれていた。90年代以降は、貿易における規制緩和政策の影響を受けて、環太平洋地域は貿易自由化の基盤整備対象地域となった。これにより経済的に「豊かな」内陸部と太平洋沿岸部とを結ぶ交通網の開発促進への期待が高まった。これはあくまでもアジア地域を見据えた環太平洋自由貿易構想につながるもので、港湾施設建設などへの関心が高まった。

もう一つの太平洋地域への政府の関心は、観光資源の開発に置かれ、バイア・ソラーノ（Bahía Solano）市など有数の生物多様性を擁する海岸地域のリゾート開発とそのための交通網整備を促進した。

すでにみたように、ウリベ政権期には、国家開発計画の中心に鉱業部門がすえられ、太平洋地域にその埋蔵量が確認されている鉱山開発への外国直接投資の促進と、多国籍企業の進出がはかられた。同時に伝統的手工業開発を行ってきた生産性の低いインフォーマルな鉱物採掘業者の合法化もはかられたが、アフロ系住民がこれまで従事してきた伝統的金採取法においても、いかに近代的技

写真1　重機による金の違法採掘（2009年8月筆者撮影）

第11章　グローバル市場とフェアトレードの課題

術を導入するかが今日の課題となった。

　1990年代初頭は、アフロ系住民共同体への集団的土地所有権の譲渡が加速化された時期であった。同時に、金とプラチナの採掘を目指す不法採掘業者がこの地域に侵入を始めた時期でもあった。彼らの多くはパワーショベルを用い、浚渫船を導入し、アトラト川の川床をさらい、水銀による水質汚染に対して何の配慮も行わずに採掘作業を行い、掘り起こしたのちは原状復帰をせずに採掘作業地を移動する、という類の開発行為を繰り返した。現地のコミュニティ審議会は不法採掘業者の参入を阻もうとしたが、その勢いを止めることはできず、環境破壊はいっそう進んでいる（写真1）。

4　アフロ系コミュニティによる特別鉱区の取り扱い

　その一方、1990年代後半になるとアフロ系住民による土地所有権を求める運動はようやく成果を上げだした。しかし伝統的金採取を生業とするものにとって、問題は彼らが集団で管理する土地における天然資源の開発とその規制にある。コロンビアでは、土地にかんする基本法は1936年の法律第200号にさかのぼる。同法はいまだに有効で、地下資源は国家に帰属するとの規定がある。今日石油を除く資源開発は鉱山エネルギー省の監督下に置かれている。鉱物資源開発の環境影響調査の結果が環境省によって承認されれば、鉱山エネルギー省からコンセッションが譲渡される。

　アフロ系コミュニティには、マイノリティ・グループならではの国家に対する戦略がある。アフロ系住民集住地域における集団的土地所有権の認定と、その制度に則った鉱山法解釈である。

　集団的土地所有権が認められても、1990年代以降に激化した太平洋岸地帯における非合法武装組織の拡大や、大規模土地収用を要する開発の進展によって、住民に対する土地強制移住のリスクはさらに高まった。地下資源は基本的に国家の所有物であり、彼らの土地にその埋蔵が認められたとしても天然資源の採掘権は別途取得しなければならない。集団的土地所有権は地下資源の採掘権を保証するものではないからである。

　では、アフロ系住民が「アフロ系コミュニティの特別鉱山地域」として鉱山村と採掘業を存続するにはどのような手立てや制度があるのだろうか。アフロ系コミュニティによる鉱山地帯での採掘活動に対する許可申請過程は、通常の

プロセスとは異なる。かつては当該市行政から伝統的手法による採掘活動に対する証明書を発行してもらうことによって、インフォーマルな採掘活動として容認されてきた。しかしながら、今日の鉱業法が定めるコンセッション体制のもとでは、非合法活動とみなされる。現在コロンビア政府はすべての非合法的採掘活動を合法化する政策方針にある。2010年に制定された新合法化プログラムによって、伝統的採掘活動も同合法化プログラムに申請することが可能となった。しかし、すでに述べたように、同法の規定に即した証拠書類を揃えることはきわめて難しい。

他方、申請中のコンセッションがアフロ系住民の集団的土地所有権を有する領土内に該当する場合、事前に住民に情報を提供し、折衝しなければならない。該当共同体がアフロ系住民のようなマイノリティ・グループである場合、彼らが望めば、その「鉱区」において優先的開発権が与えられる。つまり、「優先開発交渉権」による保護と土地保障が与えられているのだ。しかし、この権利の行使には、定められた期間（通常60日）に開発にかかわる調査（環境に与えるインパクトにかんする調査も含む）結果の提出が求められている。アフロ系住民の伝統的金採取業者には、通常このような技術的知識も、またそれを可能にする経済力もないため、（法律ではその技術的支援を行うのは政府の役割であるとしているにもかかわらず）現実にはこの要件を満たすことがほぼ不可能に近い。あるいは意思があっても技術的に劣ってしまうため、権利を行使することができず、第三者による開発プロジェクトが結果的には優先され、伝統的生業を維持しようとするアフロ系共同体は土地を侵害されることになる。

第5節　「グリーン・ゴールド」[10]との出会い

1　グリーン・ゴールド・プログラムとは

グリーン・ゴールド（スペイン語でOro Verde）プログラムは、環境に配慮し、水銀などの化学物質を用いない、伝統的な採取法による金に対するフェアトレードのしくみである。このプログラムはチョコ県のサン・ファン上流地域のタドー市とコンドト（Condoto）市のアフロ系住民の共同体組織ASO-CASANと「コンドトとイロ川地域コミュニティ大審議会」（COCOMA-

COIRO: Consejo Comunitario Mayor de Condoto y Río Iró)[11] およびそれらを支援する「チョコ県の友人基金」(AMICHOCO: Fundación Amigos del Chocó)ほか複数のNGOとの連携によって2004年に発足した。

2009年筆者がタドー市を訪れた当時は、600世帯余り存在する金採取世帯のうち194世帯

写真2 流水による伝統的な金採取様式
(2009年8月筆者撮影)

がグリーン・ゴールド・プログラムに加入していた。金採取の伝統的方法は、アフロ系住民のあいだに世代を超えて受け継がれてきた。彼らは、機械による採掘では不純物を除去するために一般的に注入される水銀や毒性の強いシアン化水素(青酸カリ)をまったく用いない。金の伝統的採取は、地表を掘り起こし流水で砂金を含む土塊とそれ以外を分別すると同時に不要な石や土砂を排水路に流し込まず、盛り土を造ってゆく(写真2)。この方法は採掘後の緑地再生や土壌回復を促進し、環境保全の点においても優れている。このほか潜水によって川床から人力で金鉱石を採掘する方法など、いくつか種類があるが、どれも水圧ポンプ以外は重機を用いず、金鉱石の識別と金粒の採取は肉体労働に依存したきわめて労働集約的な作業である。実際、2007年の同プログラム下での年間採掘量は年間で純度85％の金が24.4キログラム、純度84％のプラチナが6.7キログラムにすぎなかった[12]。

本プログラムは1999年にAMICHOCO、COCOMACOIRO、ASOCASANおよびコンドト市でアフロ系コミュニティの経済自立化のための活動を行っていたモハーラ基金(Fundamojarras)とキブドー市に拠点を持つ民間研究所、太平洋環境調査研究所(IIAP: Instituto de Investigación Medioambiente del Pacífico)との連携によって2008年4月に発足した。金採取にフェアトレードのしくみを導入するプロジェクトであった。すなわち、環境にやさしいオルタナティブな金の採取方法に「プレミアム」を与え、この方法に則り採取された純度の高い金に対して国際市場価格に上乗せ金をつけた価格で売買することが

「公正取引」(フェアトレード)と考えられた。太平洋沿岸地域が、環境基準を満たさない非合法な鉱山開発の到来によって、水質汚染を筆頭に環境破壊が顕在化していたことへの警鐘でもあった。当時のチョコ県の社会経済事情においては、伝統的金鉱採掘・採取を環境に配慮した生産様式と認定することで、持続可能な地域産業振興の可能性を示すものとして期待された。

2　フェアトレードの枠組みと伝統的金採取社会へのインパクト

グリーン・ゴールド・プログラムでは、加入金採取者からコミュニティ委員会を通じて金の買付けを行う。これを支援するAMICHOCOやモハーラ基金は内部監査、環境に配慮した採取が行われているかの現場視察、金の純度の検査などを行い、認証の基準を満たしているかを管理してきた。これによって「グリーン・ゴールド認証（Green Gold certified metals® brand）」のもとに金はAMICHOCOを通して国内外のジュエリーショップや買付け業者に売買された。欧米のジュエリーショップからは、環境に配慮し、社会的にも健全であることから「倫理的なジュエリー」（エシカル・ジュエリー）と評価を受けた。「グリーン・ゴールド認証」を積極的に評価する仲介人は国際価格に上乗せ（金は10％、プラチナは5％）して買い取るのが一般的であったが、チョコ県では、財政的持続可能性を考慮し、プレミアム価格を金の場合もプラチナの場合も同率で、国際相場の15％上乗せと決めた。こうして国際フェアトレードラベル機構（FLO: Fairtrade Labelling Organizations International）が定めるフェアトレード基準と同様の国際市場価格に対する15％増のプレミアム価格で取引が開始された。15％の使途については共同体の裁量に任されたが、グリーン・ゴールド・プログラム加入者が採取した金の買取資金としてプールしておくほかは、社会投資基金や共同体の健康保険資金や加入者が伝統的金採取業を引退した後の年金相当の積立資金などにあてられた（表2参照）。

表2　グリーン・ゴールド・プログラムにおける
　　　プレミアム価格（15％）の使途内訳

プログラム加入生産者への分配	2％
プログラム加入者からの金買付け基金	3％
加入者の年金用貯金	5％
緊急医療サービス支出用基金	1％
社会投資基金（共同使用）	1％
その他運転資金など準備金	3％

出典：グリーン・ゴールド・プログラム加入リーダーへの筆者インタビュー（2009年8月実施）

さらに2012年にFLOの監査団をヨーロッパから招聘し、FLOの認証も一時受けたが、この経費が高額で、プログラムの財政支援を行っていたAMICHOCO自体の財政が危機に陥った。

3 「グリーン・ゴールド」の挫折と課題

現在私たちの身近に流通しつつあるフェアトレード商品は、チョコレートやバナナ、コーヒーといった農業部門の換金作物や手工業部門の工芸品などが一般的である。フェアトレードは、こうした商品の流通において、「南」の生産者と「北」の消費者とを互助・連帯の精神のもとに、オルタナティブでかつ公正な取引を成立させる運動として発展してきた［ニコルズ；オパル 2009］。同じ枠組みを鉱物においても生産者（採掘業者）と消費者（金の加工業者）とのあいだに適用させるという点で、グリーン・ゴールド・プログラムは斬新な試みであった。だが農牧業産品との違いは、産品が再生不可能な鉱物資源であり、鉱脈が枯渇すれば、生産供給には限界があるという点であった。また、フェアトレードで取引される商品に「環境に配慮した」要素が加えられる傾向にあるが、この条件を充たす鉱物採掘の伝統的様式は労働生産性がきわめて低い。特にサン・ファン川上流地域では、上部の鉱脈は採掘しつくされ、水流と人力のみで金を採取する方法では生産量を伸ばすことができない。また、可能性のある金鉱脈一帯には重機を用いる違法採掘業者が侵入を拡大し続けており、伝統的採掘・採取業者の活動領域が日々減少しているのである。これが、作付面積を拡大して供給を増やすことによって成功しうる農作物によるフェアトレードとの根本的違いである。当初から事業としての採算には不安があったことは否定できない。

果たして2014年9月に再訪した現地で、筆者はグリーン・ゴールド・プログラムの解散を知らされることになった。理由の一つは、FLOからフェアトレード認証を受けるための鑑定費用を支払い続けるだけの財政基盤が支援組織AMICHOCOに不足したためであり、AMICHOCO自体が解散前の清算過程にあった。もう一つは、欧州のエシカル・ジュエリー・ブームに見合うだけのグリーン・ゴールド認定規格の金を生産者側が供給できず、取引そのものを維持できなくなったからである。

加えて、若者の鉱山村離れも深刻で、伝統的採取活動の推進者が育っていな

いのである。

AMICHOCOを傍らで支えてきた「責任ある鉱山採掘のための同盟」（ARM: Alianzapor la Mineria Responsible）は、現在は金鉱脈から直接金鉱石を取り出すことが可能な地域において環境に配慮した金採掘業を支援している。これは、取引を成立させるためには最低限の受給バランスが必要であるとの判断から、流水による砂金採取という伝統的方法では生産量に限界があるため、一定量の生産量が見込める方法で金採掘を行う生産者とパートナーを組む方針に立つためである。

おわりに――フェアトレードをめぐる持続可能性の課題

ASOCASANのようなコミュニティ組織と伝統的生業に基づくオルタナティブの模索は、住民の生活を脅かす暴力とアグレッシブな経済開発への抵抗であり、生存のための忍耐強い生活者としての運動である。アフロ系コミュニティとしての集団的土地所有権を求める運動は、地域社会に押し寄せてきた紛争と開発による環境破壊の前に、命を守るための運動となった。奴隷としてアフリカ大陸から南米大陸にわたり、その末裔は自由と同時に生活空間を与えられたが、所有権という制度的保障は与えられなかった。自給的作物栽培や漁労、採取活動との組み合わせによる生存戦略の中に、奴隷時代の肉体労働であった伝統的金採取方法も受け継がれた。そしてそれは無尽蔵な環境破壊をともなう非合法採掘の影で黙々と営まれてきたのである。

21世紀になり、「エシカル・ジュエリー」や「フェアトレード」、グリーン・ゴールド認証」のもとにチョコ県サン・ファン川上流地域のグリーン・ゴールド・プログラムは一時欧州で脚光を浴びた。筆者も2009年にこの取組みに出会ったとき、金採取者と欧米、日本のジュエリーショップが「フェアトレード」の枠組みでつながる事実に驚かされたとともに、新鮮な可能性をみいだした思いがした。しかし同時に、伝統的金採取の現場を訪れ、その肉体的に過酷な作業を知るにつれ、若い世代がどこまでこうした「きつい労働」に耐えうるのか、また生産量の少なさに不安を感じたことも事実である。結果はすぐにあらわれ、5年後にこのプログラムは財政的に支えきれなくなり、解散となった。

グリーン・ゴールド・プログラムの最大の評価は、環境への配慮にあったが、筆者の目からは、社会保障制度（年金貯金）への加入の可能性が閉ざされてき

たアフロ系コミュニティの人々が、オルタナティブな社会保障制度の枠組みをみずからつくろうとしたことこそが最大のメリットであった。しかし、それも「最低限の」取引が成立する供給量が確保されなければ成り立たない。結局は生産性の低さ、「手作業と水路」にのみ頼る伝統的用法の技術的敗北なのだろうか。タドー市でASOCASANの幹部は、認証の担保がなくなった今でもグリーン・ゴールド・プログラムを自前で復活させたいという希望を語った。「水銀や青酸を使用せずに、金の水流による抽出において、より効率性の高い機械動力を導入して生産性をあげる」というのが代案であるが、果たしてこの適正技術の可能性はあるのだろうか。技術、資金面での新しいパートナーの開拓が必須である。これは彼ら自身がその生活圏を守り、生業の場を確保するために奔走しなければならないという問題ではなく、日々の収入源の確保を優先するあまり、違法開業者による環境破壊の拡大を看過してきた地域住民と、地場産業の振興による雇用創出努力を怠ってきた行政の責任でもある。

　取引市場におけるオルタナティブの模索という点でグリーン・ゴールド・プログラムの挫折から得られる教訓は、一定の供給が期待される市場を前提とした時点でフェアトレードには制約がかかるという点であろう。グリーン・ゴールド・プログラムのように、供給拡大に限界があると、フェアトレードは行き詰まることになる。フェアトレード認証に拘泥せず、ローカル、ナショナルな市場において環境に配慮した商品にプレミアムを認めてゆくことが国内の社会格差を是正することにつながるという意識を国内流通において広めるべきであろう。消費者だけでなく、国内の加工業者やデザイナーなどとの連帯も模索できないだろうか。そして、コロンビアでも、また日本社会でも倫理的消費行動を育んでゆくことが必要ではないだろうか。

【注】
(1) 本章でラテンアメリカ諸国またはラテンアメリカ域内という場合は、15世紀末から19世紀初頭にかけてスペインおよびポルトガル植民地であった、メキシコおよび中南米大陸にある計33の独立国を主に指す。
(2) ジニ係数は、社会の所得分配の不平等度を測る指標で、完全平等を意味する0から完全不平等（社会の全所得を1人が独占するような場合）を意味する1までの値をとる。

(3) Estudios de Impacto Ambiental。鉱山開発の結果与えうる環境破壊調査とそれへの対応計画。
(4) 7％が先住民人口とされ、そのほかは混血（メスティーソ）である。
(5) 今日、これらの先住民族グループはほぼ絶滅したと考えられるが、エンベーラ（Embera）族、ワウナナ（Waunana）族とカティオ（Katios）族が先住民の権利要求運動において活動を続けている。
(6) カウカ先住民地域審議会（CRIC: Consejo Regional Indígena del Cauca）。
(7) 「集団的権利」は、土地権利の譲渡が個人を単位としてではなく、アフロ系住民共同体を単位として行われるという認識に基づき、彼らの伝統的生活と慣習を守るために共同体を代表する組織によって土地が管理される権利を意味する。
(8) アフロ系共同体への政府による集団的土地所有権の譲渡は、現在はコロンビア農村開発庁（INCODER: Instituto Nacional Colombiano de Desarrollo Rural）が対応している。
(9) 浚渫船（dredger vessel, *draga*）は本来港湾や河川の底面の土砂などを取り去る土木工事作業のために用いられるが、近年は鉱山における露天掘りの一形態として用いられており、その大半が環境保全制度上違法採掘とみなされる。
(10) 以下の記述はHataya［2010］、幡谷［2014a］および2014年の筆者による追跡調査に依拠する。
(11) ASOCASANはサン・ファン川上流地域一帯のアフロ系コミュニティ組織を中心とする上部組織をさらに束ねる組織の一つであり、COCOMACOIROは、コンドト市とイロ川市一帯のコミュニティ審議会の上部組織である。
(12) グリーン・ゴールド・プログラムに加入する金採取者一人当たり生産高で年間0.125キログラムに相当する。2012年のチョコ県における零細金採掘鉱場は約350で、ここに従事するインフォーマルな労働者は推計3万5000人に上る［García, Jorge Iván. 2012］。2012年のチョコ県の金生産量は「コロンビア鉱業情報システム」（SIMCO: Sistema de Información Minero Colombiano）によると、24トン438キログラムであった。チョコ県内の鉱区の大半が零細規模であると仮定すると、採掘者一人当たりの生産高は平均0.69キログラムとなる［SIMCO 2013］。

【参考文献】
ニコルズ，A；オパル，C．（編）．2009．『フェアトレード――倫理的な消費が経済を変える』北澤肯（訳），東京：岩波書店．（原著: Nicholls, Alex and Charlotte Opal. 2005. *Fair Trade: Market-Driven Ethical Consumption*. London: Sage.）
幡谷則子. 2014a.「紛争と開発をめぐる地域研究のアプローチ」『地域研究』14（1）:

84-105.

―――. 2014b.「コロンビア―――技術革新戦略として期待される太平洋同盟」『ラテンアメリカ・レポート』31(1): 37-52.

藤本雅之. 2011.「遠くて近いコロンビア」『アジ研ワールド・トレンド』192: 26-29.

British Geological Survey. 2009. *World Mineral Production 2003-2007*. London: British Geological Survey.

CONPES: Consejo Nacional de Política Económica y Social. 2004. "Política de acción afirmativa para la población negra o afrocolombiana." Documento Conpes No. 3310.

―――. 2008. "Política de promoción social y económica para el departamento de Chocó." Documento Conpes No.3553.

Flórez López, Jesús Alfonso; y Constanza Millán Echeverría. 2007. *Derecho a la alimentación y al territorio en el Pacífico colombiano*. Quibdó: Fundación Podion & la Diócesis de Quibdó.

Hataya, Noriko. 2010. "National Strategies for Global Economic Development vs. Local Initiatives for Subsistence and Peace in Colombia." Paper presented for International Seminar on "Globalization: Past, Present and Future", Graz, January 29-30, 2010.

IGAC: Instituto Geográfico Agustín Codazzi. 2006. *Chocó: Características geográficas*. Bogotá: IGAC.

【インターネット資料】

Banco de la República, República de Colombia. 2015. "Flujos de inversión extranjera directa en Colombia según actividad económica, anual desde 1994 y trimestral desde 1996". Accessed on June 20, 2015.
http://www.banrep.gov.co/inversion-directa.

García, Jorge Iván. 2012. "Mineros artesanales temen desaparecer". *El Tiempo*. Noviembre 29, 2012. Accessed on June 15, 2015.
http://www.eltiempo.com/Multimedia/especiales/fiebredeloro/ARTICULO-WEB-NOTA_INTERIOR_MULTIMEDIA-12408378.html

SIMCO: Sistema de Información Minero Colombiano. 2013. "Producción de oro por departamento". Accessed on June 15, 2015.
http://www.upme.gov.co/generadorconsultas/Consulta_Series.aspx?idModulo=4&tipoSerie=116&grupo=356&Fechainicial=31/12/1990&Fechafi-

nal=31/12/2014.

The World Bank. 2015. "Gini Index (World Bank estimate)". Accessed on June 15, 2015.

http://data.worldbank.org/indicator/SI.POV.GINI

UNDOC: United Nations Office on Drugs and Crime. 2013. *Global Study on Homicide*. Vienna: United Nations Office on Drugs and Crime. Accessed on June 10, 2015.

http://www.unodc.org/documents/gsh/pdfs/2014_GLOBAL_HOMICIDE_BOOK_web.pdf

U.S. Geological Survey. 2015. *Mineral Cmmodity Summaries 2015*. Accessed on June 15, 2015.

http://minerals.usgs.gov/minerals/pubs/mcs/2015/mcs2015.pdf

【推薦図書】

ラトゥーシュ，セルジュ．2010．『経済成長なき社会発展は可能か？――〈脱成長〉と〈ポスト開発〉の経済学』中野佳裕（訳），東京：作品社．（原著：Latouche, Serge. 2004. *Survivre au développemen: De la décolonisation de l'imaginaireéconomique à la construction d'unesociété alternative.* Paris: Mille et UneNuits. および 2007. *Petit traité de la décroissancesereine.* Paris: Mille et UneNuits.）

Bebbington, Anthony. 2013. *Social Conflict, Economic Development and Extractive Industry: Evidence from South America.* London: Routledge.

モノから小さな民に思いを馳せるということ

堀　芳枝

　「モノ学」という言葉はないけれども、あるとするならば、鶴見良行『バナナと日本人』[岩波新書、1982年]と村井吉敬『エビと日本人』[岩波新書、1988年]が、その出発点であることについては、誰も異論はないだろう。1970年代にアジア太平洋資料センター（PARC）の設立にもかかわった鶴見は、PARCで市民による共同研究を市民運動につなげてゆきたいと考えていたようだ［鶴見良行著作集（6）『バナナ』みすず書房、1998年、300-301ページ］。鶴見に続き、PARCでエビ研究会を率いた村井もエビの研究を学問領域とし確立しようとしたわけではなかった。私たちの暮らしに身近にあるモノ、感情移入しやすいモノを研究対象に、アカデミズムが手がけることのできなかった研究を市民と共に歩いてやり遂げ、日本の市民に訴えかけるスタイルを「あえて」選択したと思われる。これは簡単なことのようだが、誰にでもできることではない。冷戦という国際社会のもと、「官」主導で日本の経済が右肩上がりで成長し、その恩恵を誰もが享受しているなかにあって消費主義を批判し、アジアの小さな民と連帯する市民社会をつくろうとする運動を喚起することに対して、アカデミズムの世界からは批判や皮肉の声もきかれたはずだ。しかし、それでもなおアジアの小さな民に誠実に向き合おうとする2人の姿勢と研究に、多くの学生や市民が魅了され、彼らを師と仰いだ。鶴見のバナナ研究、エビ研究、ヤシ研究に参加していた大学院生たちの中には、現在アカデミズムの世界で教壇に立っている者もいる［宮内泰介・藤林泰『かつお節と日本人』岩波新書、2013年；赤嶺淳『ナマコを歩く――現場から考える生物多様性と文化多様性』新泉社、2010年など］。

　さて、僭越ではあるが、この研究の意義を三つほど挙げてみたい。第一に、アジアの「小さな民」に着目したことである。この「小さな民」という言葉は何を指しているか。この言葉はややもすると、庶民の狡猾さやしたたかさを覆い隠し、理想化してしまう。筆者は学生の頃はわからなかったが、今では次のように考えている。すなわち、「小さな民」とはバナナ農園で働く農業労働者、エビの養殖池で働く労働者に代表される、一人で家族を養えるほどの十分な賃金はもらえず、雇用も不安定な「不自由な賃金労働者」である。また、その家計を補うために、市場で野菜を売り、他人の

家庭で家事労働をする母親、そして、その子どもたちの面倒をみる祖父母たち家族とそれを取り巻く人々のことである。こうした肩を寄せ合っている小さな民の暮らしと文化の背景には、国家や植民地支配の歴史が複雑に絡み合っている。

「小さな民」は、経済学でいう「合理的経済人」ではない。また、世銀や国家が経済成長を目標に掲げて、それに成功したとしても、実は「小さな民」は妻と子ども2人を十分に養えるホワイトカラーの「自由な賃金労働者」になれる可能性はあまりない。1970～80年代の東南アジアは、今よりもこの「小さな民」が圧倒的に多かった。村井や鶴見がアジアを歩き、モノを通して「小さな民」を研究の俎上にあげたことで、国家や市場経済を中心にすえる学問体系を相対化させたインパクトは非常に大きかった。

第二に、「モノ学」は「小さな民」が圧倒的な資本の力に翻弄されているだけでなく、私たちの消費を支えている構造をわかりやすく明示した点に意義がある。そして、私たちは、自分が生きている社会が何らかの権力関係を再生産し、また特定の秩序の恩恵を受けることは、一つの利害関係を承認することになることに敏感であるべきことをやんわりと諭している。バナナ、エビ、ナマコ、かつお節、コーヒー、そして100円ショップ……モノはそれぞれ違うが、生産者ー消費者とそれをつなぐ大資本の構造、私たちがこの世に生まれて社会に暮らすということ自体に内在する矛盾には普遍性があり、その時代を象徴するモノーファストファッションやダイヤモンドーがその後も分析対象としてとりあげられ続けるのである。

第三に、「モノ学」は多国籍企業中心の経済構造を変革するための市民の実践を促している点である。特に村井は「民衆交易」に関心を持ち、その窓口となるオルター・トレード・ジャパン社（ATJ）を設立時から支えていた。現在ATJはバナナやエビのほかに、チョコレート、オリーブオイルなどを日本の生活協同組合や消費者に卸し、生産者の生活を支えている。したがって、「モノ学」はアジアと日本の市民によるオルタナティブな空間の形成にも貢献したといえよう。

ところで、日本でも1990年代前半にバブル経済が崩壊し、経済のグローバリゼーションや新自由主義の波が押し寄せるなかで、終身雇用と右肩上がりの給与体系も崩壊した。今日アジアの「小さな民」に思いを馳せるということは、彼らの労働と暮らしだけでなく、私たちの労働と暮らしも考えることになる。大資本の力に個人で抗うなど不可能である。では、どのような新たなネットワークを築いたらよいのか。これが今後の私たちの研究と実践の課題ではないだろうか。

第4部

海の民の豊かな世界

国家と国境の向こうへ

第4部　海の民の豊かな世界

第12章　海民の社会空間
—— 東南アジアにみる混淆と共生のかたち

長津　一史

はじめに

　東南アジア研究では、海を媒介として密接に関係しあう東南アジアの社会文化生態圏を東南アジア海域世界と呼ぶ。その範囲には、東南アジアの島嶼部と、南シナ海からシャム湾、アンダマン海までの大陸部沿岸域が含まれる（図1）。定義についてはさまざまな議論がある。しかし、海民の移動と移住が島々を結びつけ、この海域に独自の歴史地理空間を生成させてきたことは間違いない。海民概念については後に詳しくみる。ここではさしあたり、東南アジア海域世界の生態環境を基盤として生成したプロトタイプ（祖型的または原型的）な集団と定義しておく。立本成文［1996: 第8章］は、そうした海民のプロトタイプな性向として離散移住傾向の強さ、商業志向の卓越、ネットワークの中心性の三つを指摘している。

　東南アジア海域世界にかんする研究は、1980年代後半以降、人文社会科学の諸領域に国民国家の位置づけを相対化する視点を広めてきた。同時に、移動やネットワークといったそれまで看過されがちだった社会の組織原理を明らかにしてきた。本章では、それらの先行研究の軌跡と成果を踏まえつつ、東南アジアの海民がつくりあげてきた社会空間の特徴を、混淆（syncretism）と自生的な共生（symbiosis）に留意して理解することを試みる。具体的な目的は、上に記した東南アジア海民の三つのプロトタイプな性向と、かれらの社会空間のあり方、特にそこにみられる混淆や共生といった要素がいかに相関しているのかを、臨地調査（フィールドワーク）と文献に基づいて示すことにある。

　ここで用語を整理しておこう。社会空間とは、異なる属性を持つ個人や集団が恒常的に接触しており、その相互関係のあり方が、物理的環境と共有された価値認識にしたがってある程度、方向づけられているときの、その空間を指す[1]。

第12章　海民の社会空間

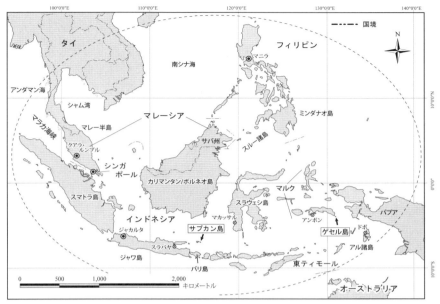

図1　東南アジア海域世界と本章に関連する地名
出典：筆者作成

　混淆と共生は、いずれも民族（ethnic group）間の関係をめぐる社会現象を示すための概念として用いている。混淆は、異なる民族出自を持つ人々が通婚または共住し、新たな、または組み直された混合的な文化属性や民族アイデンティティを獲得しているような状況・状態を指す[2]。共生の語は、現在、きわめて多様に使われる。立本は、生物学の共生概念を踏まえて共生を「異なる二つ以上の人間集団、特に民族集団間の相互に利益となる関係を指す語」として用いている［Tachimoto 1997: 1］。本章ではこの理解にならいつつ、相利的な民族間の共生の中でも、制度的な画一化によることなく、その場・土地のさまざまな文脈のもと自然に生じた、つまり自生的な民族間の共生に特に注意を払っていく。民族については、何らかの客観的な属性（言語、慣習など）を基準に共属意識を持つとその成員みずからが信じ、また他者もそうみなす、歴史のある時点で実体化した社会カテゴリーと定義しておく（立本［1996: 145-146］を参照）。民族を、生成・再編・消失する歴史的存在とみる立場をとって

281

いることはいうまでもない。
　具体的な考察の対象は、東インドネシアの二つの島、すなわちマルク州のゲセル（Geser）島と東ジャワ州のサプカン（Sapekan）島の海民社会である。前者にかんする記述では、隣接する島々の海民社会にも言及する。時間的には、19世紀後半から現在までを主に視野に入れる。
　二つの海民社会にかんする記述は、臨地調査と植民地資料、文献に基づいている。ゲセル島および周辺地域では、1週間程度の臨地調査を2010年と11年に行ったのみである。それゆえ、ゲセル島地域にかんする記述のかなりの部分は、資料と文献によって補われる。サプカン島では、2010年と11年にのべ約2カ月間の臨地調査を行った。短期の調査は、06年から現在まで続けている。その他、私は1995年から現在までに、パプア（ニューギニア）島を除く東インドネシアのすべての州の沿岸・島嶼地域において、断続的に臨地調査を実施してきた[3]。本章ではそれらの調査データも適宜、参照する。
　以下、第1節では、先行研究に触れながら、東南アジア海域世界研究のおおよその流れと意義を整理する。あわせて同研究における海民の概念、ならびに東南アジアの海民のプロトタイプな性向について説明する。第2節と第3節では、ゲセル島とサプカン島それぞれにおける海民の社会空間のあり方を、民族間の関係に注意を払いながら描写する。第4節では、前節までにみた海民の社会空間の諸特徴を整理しつつ、それらと海民のプロトタイプな性向とのかかわりについて検討し、考察とする。

第1節　東南アジア海域世界研究と海民論

1　研究の流れと意義

　東南アジアの海域は熱帯多雨林が卓越する多島海である。この生態環境面での特徴は、人々の社会や文化のあり方と深くかかわりあってきた。にもかかわらず、東南アジア研究が海域世界とそのアクター（行為主体）としての海民に着目するようになるのは、それほど古いことではない。西洋や日本の歴史認識を規定してきた定着農耕、土地所有、水利、そしてそれらを基盤とする王権などの陸地中心のテーマが、東南アジア研究においても主流を占め、結果、研究者の関心も、ジャワ島などの水田稲作農耕民の社会に集中してきたためであ

る。水田稲作農耕は、東南アジアの海域ではかならずしも一般的な生業類型とはいえない。

こうした研究パラダイムが変わり始めたのは、1980年代に入ってからのことである[4]。東南アジアの一定の海域の政治経済圏を対象にその構造と形成過程を緻密に分析したJ・ウォレン［Warren 1981］らの研究や、東南アジア全体を視野に入れ、商業の時代（The Age of Commerce）や港市国家（Port Polity）群の歴史過程を跡づけたA・リードらの研究［Reid 1989; Kathirithamby-Wells; and Villiers (eds.) 1990］の展開にともなって、多くの研究者が海域世界としての東南アジアを論じるようになった。それらの研究は、地域形成の経済基盤として、農業よりもむしろ商業や交易に光を当てた。また、生活様式を特徴づける要因として、定着よりむしろ移動に目を向けた。地域的には、ジャワ島とバリ島以外のいわゆるインドネシア外島地域や他の島嶼地域も考察の対象とするようになった。

日本でも同時期から、京都大学東南アジア研究センターの研究者らが、東南アジア海域世界を分析枠組みとして設定し、フロンティア社会、移動農民、通過型土地利用などの独自概念を用いて、その社会・文化・生業の個性を描き出すようになった［古川 1992; 田中 1993; 立本 1996］。

鶴見良行や村井吉敬ら市民運動と深いかかわりを持つ東南アジア研究者も、1980年代以降、日本と東南アジアを結びつけていたモノやカネ、たとえばバナナやエビ、ODAのような独自の調査テーマを媒介に、東南アジアの海域世界を論じるようになった（たとえば鶴見［1981, 1990］、村井［1987］）[5]。かれらの研究は、1980年代、バブル経済に向かいつつあった日本の政府や社会を批判する市民運動としての側面もあった。しかし同時に、従来のアカデミズムにおける歴史観や国家認識を、海域世界や海民の視点から脱構築しようとする知的試みでもあった。鶴見や村井らの視点は、日本の歴史を海から、あるいは漁民や商人などの非農耕民の視点から再考しようとする、網野善彦ら同時代の日本史研究者のそれと共通していた（たとえば網野［1992］）。

このように1980年代以降、東南アジアの海域世界に関心が集まるようになった理由としては、学術的には、フェルナン・ブローデル（Fernand Braudel）の『地中海』に端を発する社会史研究の潮流が東南アジア研究にも及んだことや、日本の場合は、上記の網野らによる日本中世史研究が東南アジア研究に影

響を与えたことなどが考えられる。と同時に、次のような時代状況がその背景になっていたことにも留意しなければならない。

　1980年代までに東南アジアの国々は、経済的な自立と国民統合をある程度までなしとげた。しかし反面、「開発独裁」とも称された東南アジア各国の権威主義的な政治体制は、80年代以降、内的要因としては汚職やさまざまな集団間の格差のために、外的要因としては東西冷戦の終結、経済グローバル化の進展、世界的な民主化運動の波及などをうけて破綻をきたしていった。そうした政治レジームの変動を背景に、アカデミアの一部は分析枠組みとしての国民国家を批判的に再検討するようになっていた——こうした時代状況である。

　海域世界研究は原初的に、人とモノのネットワークを存立基盤として複数の国家や地域に跨がる圏的空間（境界があいまいな地理空間）を思考の基本単位とする。それゆえ、いま述べたような時代状況のもと、おのずと国民国家という分析枠組みを脱構築、相対化することに結びついたのである。

　さらに東南アジア海域世界研究は、対象地域における政治的まとまりのなさを柔軟な社会のあり方として評価する見方や、移動性、ネットワーク性、商業性を在地の（地域に根ざした）共生論理の基盤として見直すような新しい視点を導いた［鶴見 1990; 古川 1992; 田中 1993; 立本 1996］。それらの研究は、社会の組織原理の諸要素にかんして、西洋起源の人文社会科学が長らく基本とみなしてきた「まとまり」「定着」「持続」を相対化し、他方で「分散」「移動」「うつろい」を正面にすえたといえるだろう。このように東南アジア海域世界研究は、国民国家を相対化する視点と移動やネットワークをはじめとする新たな分析概念を人文社会科学にもたらした。同研究はこの点で、独自の意義を有している。

2　東南アジアの海域世界と海民

　いま述べた東南アジア海域世界研究は、どのような地理空間を対象としているのだろうか。冒頭に記したように、東南アジア海域世界には島嶼部東南アジアと周辺の沿岸域が含まれる。強調しておきたいのは、領域国家とは異なり、その対象範囲には明確な境界線がないことである。東南アジア海域世界はグラデーションを描きながら、たとえば東アジア海域世界やオセアニア海域世界に移っていく。そうした圏的な地理空間で、社会文化的に共通する特徴が歴史的

に人々のあいだでみいだされ、かつその基盤をなす生態環境、つまり熱帯多雨林が卓越する多島海が連続している地理空間を東南アジア海域世界と呼んでいる。

この海域世界の主要なアクターは広義の海民である。狭義には海民は、海を生業の基盤とする人たち、たとえば漁民や海洋交易者などを表す。これに対し広義の海民は、特定の生業に従事する人々ではなく、東南アジア海域世界に通底するプロトタイプな社会的、文化的な特徴を備えた人々を指す。インドネシア諸島域についていえば、スラウェシ島を拠点とするブギス（Bugis）人、マカッサル（Makassar）人、マンダル（Mandar）人、ブトン（Buton）人、マレー半島とスマトラ島南西を拠点とするマレー（Malay）人が、広義の海民の典型といえる［立本 1996: 第8章］。

いま述べた諸民族は、いずれも海洋志向の強い集団として知られるが、海にかかわる生業に従事する人がかならずしも人口の多数を占めるわけではない。ブギス人は、ピニシ（pinisi）と呼ばれる大型の木造船を操って東南アジアの島々を往来し、また海を越えた各地に移住拠点を築いてきたことから海民としてのイメージが強い。しかし、本拠地のスラウェシ島南部では、稲作や都市での商売など直接、海にかかわらない経済活動に従事するブギス人のほうが多い［立本 1996: 191-192］。

広義の海民は、生業形態を基準とする人間集団のカテゴリーではなく、東南アジア海域世界の生態基盤、つまり熱帯多雨林が卓越する多島海に発達した典型的な生活様式を措定して、それにあてはまる人々を指示するためのカテゴリーなのである。既述のように立本［1996: 第8章］は、そうした東南アジアの海民のプロトタイプな性向として、離散移住傾向の強さ、商業志向の卓越、ネットワークの中心性の三つを挙げている。それぞれについて説明を加えておこう。

（1）　離散移住傾向の強さ

東南アジア海域世界の生態環境は、ジャワ島、バリ島、スラウェシ島南部、ルソン島中部などの一部地域を例外として、定着的な稲作農耕には適していない。この海域では、おそらくは人類が住み始めたときから、人々は自然資源を求めて動き回る生活を営んできた［小野 2011］。人々はいまも自然資源を求め

て、あるいはその集散地や交易拠点を目指して、移動・移住を繰り返している。そのため集落の生成・消失が頻繁に生じる。かれらは、新たな土地に移ること、他の生業に移ることを厭わない。図2は、先に述べた広義の海民のスラウェシ島周辺における分布を示している。この図から、かれらの居住地がいかに広域に分散しているのかがわかる。離散移住傾向の強さとは、居住様式にみる海民のこうした性向を指す。

（2）　商業志向の卓越

東南アジア海域世界において人間は、海のきわ、河口、河川の合流点を生活の場とすることが多かった。それらの土地は稲作農耕には適していない。人々がそうした土地に住むのは、商品価値の高い森林資源や海産資源の獲得を生業において優先してきたからである。人々は遅くとも6、7世紀頃までに、白檀、香料、真珠、ベッコウを獲ることを主目的としてジャワ島より東の島々に拡散していった。それらの自然産物はもっぱら中国やインドに輸出された。この海域の人々の多くは、農産物や他の必要物資を交換・交易によって手に入れることを生活の前提としてきたし、いまもそうしている。商業志向の卓越とは、経済生活面での海民のこうした性向を意味する。

（3）　ネットワークの中心性

東南アジア海域世界では、日本や中国のように、血縁や地縁に基づく固定的な集団内の関係、あるいはそうした集団どうしの関係は、社会関係において特別な位置を占めていない。ここでは、個人の二者関係の連鎖が、境界線があいまいで流動的な圏的集団としてあらわれる。そうした関係の連鎖が「見つけ出されることによって関係があることが確認され、その関係にふさわしい行為形式がとられる」［立本 1996: 205］ような柔軟なネットワークを形づくるのである。二者関係は、たいてい非拘束的であるため容易に解消される。同様に、新たな二者関係の生成とその関係に基づく新たなネットワークへの接合も日常的に生じうる。東南アジアの海民は、こうした柔軟で流動的なネットワークを社会関係の中心におく傾向が強い。そのことをネットワークの中心性と呼んでいる。

第12章　海民の社会空間

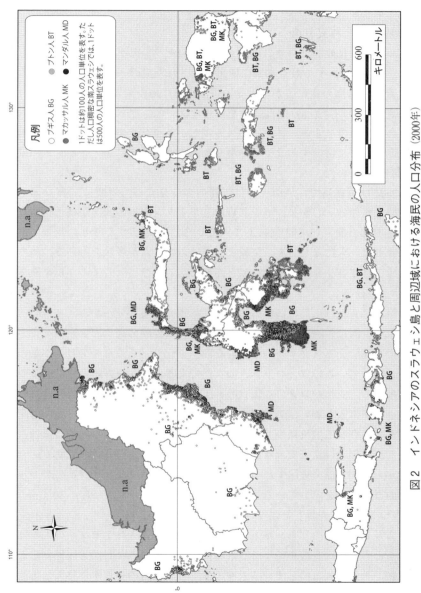

図2　インドネシアのスラウェシ島と周辺海域における海民の人口分布（2000年）
出典：2000年のインドネシア中央統計局の電子版センサスに基づき筆者作成

第2節　ゲセル島とその周辺——辺境のコスモポリス

1　境界の島と移民社会

　ゲセル島は、行政的に一つの郡、マルク州東セラム県ゲセル島郡を構成している[6]。インドネシアで最も初期に植民地化された島の一つ、アンボン島の東方に位置し、同島の北に広がるセラム（Seram）島の東に隣接する（図3）。ゲセル島からアル（Aru）諸島に連なる島々は、インドネシア中部地域とパプア島との境界に位置する。1963年にスカルノがオランダ領だったパプア島西部をインドネシアに併合するまでは、ゲセル島の東北沖合にインドネシアの東の国境が引かれていた。

　ゲセル島は環礁島で、地図上では馬蹄の形に見える。周囲は2.5キロメートルほどでしかない。しかし、港を基点にしてトタン屋根の商店が格子状に並ぶ島の中心部は、驚くほど活気にあふれている。2000年の人口センサス（電子版）によれば、人口は4241人。宗教人口ではムスリムが多数を占める。島の経済基盤は、さまざまなレベルの交易と商業である。他に、若干の小規模漁業が行われている。

　聞き取りによれば、島には次のような民族別の生業区分がある。在地のゲセル人とセラム人は、漁業に従事するか、あるいは周囲の島々で農産物を買い付けてゲセル島で売るスタイルの小規模な商売を営む。常設市場で野菜や魚の小売業を仕切っているのは、ブトン人の女性である。ブトン人の男性は漁業や船運業に携わる。衣類やコメ、加工食品、工業製品などを扱う商店を経営しているのは、ブギス人あるいはアラブ系のゲセル人である。ナマコ等の稀少海産物や香辛料のような広域流通商品の交易は、福建系と広東系の華人がほぼ独占している。島民の人口比率でみれば、ゲセル人とブトン人が多数派である。しかし、港から広がる商業地区では、華人、ブギス人、およびアラブ系のゲセル人が圧倒的な存在感を示している[7]。その中心部は、カンポン・チナ（Kampong Cina)、つまり「華人村」と名づけられている。

　いま言及した民族のうち、華人、ブギス人、ブトン人、アラブ系の人々は、域外にもともとの出身地を持つことが明白な移民である。しかし後述するように、現在、ゲセル人と称している人々の多くも、周辺の各地から移入してきた移民の子孫と考えられている。

第12章　海民の社会空間

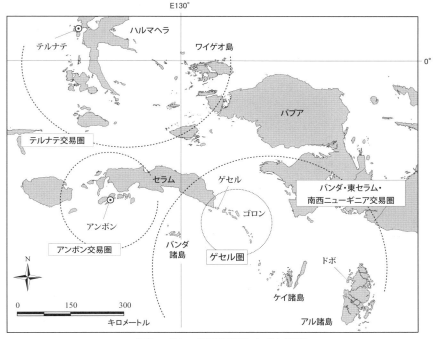

図3　ゲセル島周辺図および交易圏
出典：Ellen［2003］をもとに筆者作成。テルナテ、アンボンの交易圏名は簡略化した。

　こうしたゲセル島の民族状況は、オランダが近代国家制度を持ち込む以前からの歴史的持続性を有している。イギリスの博物学者A・R・ウォーレスは、1860年、ゲセル島と東に隣接するゴロン（Gorong、引用文献ではゴラム Goram）島を訪れ、次のように記している。なおゲセル島は、島内の居住地区の地名であるキルワル（Kilwaru、引用文献の日本語表記ではキリワル）の名で記されている。

　　2日目に……海上の田舎のベニスといった風情のキリワルの小さな街並みが見えてきた。これは本当に尋常ならざる光景で、一片の地面も植物も見えず、ただ大きな村が海上に、まるで水面に浮かんでいるようにつづいているのである。……ここは交易の要所で、東方海域の物産の集散地であ

289

り、ブギス人やセラム人の交易商がたくさん住んでいる［ウォーレス 1996: 94-95］。

　ゴラム島の人々……は、交易商の人種である。毎年、彼らはタニンバル、ケイ、アルーの島々、およびニューギニア北西岸……を訪れている。またティドレ、テルナテ、そしてバンダやアンボイナ〔アンボン——以下の亀甲カッコは筆者による注記〕にも航海している。……主要な交易品はトリパン〔干しナマコ〕、薬用のマッソイ樹皮、野生のナツメグ、そして鼈甲であり、それらをセラム・ラウトかアルーでブギス人の交易商に売〔っている〕［ウォーレス 1996: 106-107］。

　沖合から見た現在のゲセル島の町並みも、ウォーレスが描いたキリワルの姿と変わらない。地元の人は、ゲセル島を「海に浮かぶ島」と呼ぶ。住民の多くは、いまも「交易商の人種」である。カンポン・チナでは、輸出用産物のナマコ、フカヒレ、ナツメグが路上を覆うように干されている。
　ゲセル島は、現在のインドネシア国家の行政枠組みの中では「辺境」の小島にすぎない。にもかかわらず、コスモポリタンな社会空間が古くから維持されてきた。それは、ゲセル島を拠点にこの海域を往来する多様な海民がつくりあげてきた混淆の社会空間といえるだろう。

2　商業と地域システム——交易圏、ネットワーク、フロンティア

　ウォーレスの記述からは、当時から商業がいま述べた社会空間の重要な要素であったこともわかる。「交易商の人種」は、商業を通してこの島にひきつけられ、移住し、先住者と混淆してきたのである。
　カンポン・チナに住む華人商人リドワンさん（男性）の話を例に、島の商業の内容とそこにみられる社会関係の一部を紹介しよう[8]。リドワンさんは福建華人で、1977年にゲセル島で生まれた。父はスラウェシ島南部の都市、マカッサルに生まれた。父方の祖父母はともに福建省の出身である。その父方の祖父は1910年代にアンボン経由でこの島に移り住んだ。

　祖父の時代は、海産物のほか、セラム島から切り出される鉄木が主要な

交易品であったらしい。海産物の中では、昔からベッコウが重要な産物であった。私が子どもの頃から、漁民はパプア島やアル諸島で、ウミガメ〔タイマイ〕を捕えてこの島に持ってきた。ブトン人はその漁に特に長けていた。この島にはブトン人が多く住むが、大半はかつてウミガメ漁師だったのではないか。ゲセル島やパプア島の南岸では、「黄金のベッコウ（kulit emas）」がとれる。それを目当てにこの島に来る漁民も少なくない。ベッコウの買値は、100グラムで10〜20万ルピア〔100ルピア＝約1円、つまり約1000〜2000円〕。マカッサルでは倍で売れる。「黄金のベッコウ」はさらにその1.5倍から2倍の値段になる。商品は定期船か、親族の船でマカッサルかスラバヤに運ぶ。ここでは華人とプリブミ〔pribumi、インドネシアの在地の人々〕との関係は悪くない。私たちもかれらも元は移民であり、互いに敬意を払ってきた。何より、相手の商売ネットワーク（jaringan dagang）が自分に欠かせないことを互いに知っている。

交易はまた、島と地域、島と外部世界を結んできた。リドワンさんの商店ともう一軒の華人商店の倉庫には、表1に示したような天然産物が保管されていた。

表1　ゲセル島の華人商店で見られた天然産物一覧

類型	最終輸出先	品目
装飾品	中国・日本・オーストラリア等	真珠、ベッコウ、極楽鳥の剝製、ホラ貝、シロチョウ貝、ヤコウ貝、サラサバテイ（後三者は貝殻をボタン材として利用）
食材	主に中国・華人地域	フカヒレ、乾燥ナマコ、ツバメの巣、鹿の角（漢方薬の材料）
香辛料・調味料	主に国内の主要都市	チョウジ、ナツメグ（香辛料）、キャンドルナッツ（インドネシア語でクミリ kemiri、油料作物）
食材	島内・近隣地域	アオウミガメの肉、鹿の干し肉
その他	国内・海外	生きたオウム（ペット用）、アガル・アガル（キリンサイ科の海藻、寒天・練り粉の材料などになる）

出典：臨地調査をもとに筆者作成

第4部　海の民の豊かな世界

　産物の多くが域外の市場に向けたものであることがよくわかる。特に海産物は、すべて中国やシンガポールなどの華人市場に向けて輸出される。華人を除く在地の住民が、これらを食材とすることはない。ゲセル島や周辺の島に住む人々は、こうした域外向けの資源を獲り、またそれらを商うことを主要な生業としてきたのである。

　ややマクロな地理の枠組みでみると、ゲセル島を含むマルク諸島はナツメグとチョウジの原産地である。マルクのこれらの香辛料は、紀元前から東は中国、西は中東までの広い範囲で知られていた。西洋諸国による「大航海時代」（15〜17世紀半ば）が、その香辛料の確保を目的の一つとして始まったことは、周知のとおりである。オランダ東インド会社は17世紀前半に、マルクを起点とする香辛料交易の独占に成功した。しかし、交易の管理は決して完全ではなかった。マルクには、オランダによる管理を逃れて、独自に交易を続けた在地交易圏が各地に存在した。

　歴史人類学者のロイ・エレンによれば、17世紀までにマルクの在地交易圏は、香辛料の生産および交易に特化したいくつかの「中心」と、交易用の自然産物や住民の主食であるサゴヤシを供給する島々からなる「周辺」によって構成されるようになった。在地交易圏の交易システムは、その周辺から中心への自然産物やサゴヤシの供給と、域外から輸入された綿布、コメ、奢侈品などの中心から周辺への再分配を基本構造としてきた。こうした在地交易圏が、物流や交易者の移動を通じて結びつくことで、マルク全体が独自の交易圏として機能した。このマルク交易圏は、ジャワ島などとつながる地域的な交易ネットワーク、さらには中国やインドとつながる超地域的な交易ネットワークとも常につながってきた［Ellen 2003: 10-13］。

　ゲセルの町は、こうした複合的でグローバルな交易ネットワークに連なるローカルな結節点の一つとして生成し、近代国家による支配と管理をかいくぐりながら、現在に至るまでその位置づけを保ってきたのである。

　エレンは、ゲセル島からアル諸島に至る島々からなるマルク南東の中間レベルの交易圏を「バンダ・東セラム・南西ニューギニア」交易圏と呼んでいる［Ellen 2003: 10］。植民地期から現在に至るまで、この交易圏は、マルクの他の中間的交易圏、つまりテルナテ圏やアンボン圏に比べ、政治的により周辺に位置してきた（図3）。マルク南東には、テルナテやアンボンのような行政上

の拠点都市は形成されなかった。にもかかわらず、上記の島々が独自の交易圏を構成しえた理由は、自然産物に恵まれていたことに加え、マルク南東がインドネシア中部地域・文化圏とパプア地域・文化圏とをつなぐ海の境界域、つまり海域フロンティアに位置するという地理条件によると考えられる。あるいは見方を変えれば、拠点都市が作られなかったからこそ、上記の地理条件のもと、近代国家に管理されない独自の交易圏がマルク南東に形成されたといえるかもしれない。ともあれこの交易圏は、極楽鳥や古くは奴隷などのパプア島の「産物」と、西からもたらされる工業製品や奢侈品、そして在地の香辛料や海産物が行き交う諸物産の一大集散地であった。

3　商業がつくる秩序――混淆的海民の社会空間

　海域フロンティアに位置する交易拠点であることは、ゲセル島が異なる出自の人々が恒常的に交雑する空間であることも意味する。古くからこの島には、隣接するセラム島やパプア島の人々、インドネシア各地の島々を故地とするブギス人、ブトン人、ジャワ（Jawa）人、マレー人、中国の福建や広東出身の華人、中東のハドラマウト（Hadramaut）出身のアラブ人などが移り住んできた。マルク全体でみれば、こうした移住の歴史は、遅くとも16世紀初頭から確認することができる。現在、ゲセル人と称している人々は、その頃から継続的に流入してきたこれらの移民と在地の人々の混淆的子孫であると考えられている［Ellen 2003: 245-248］。

　「バンダ・東セラム・南西ニューギニア」交易圏の拠点の一つ、アル諸島のドボでも、同様に多民族の混住が古くからみられた。再度、ウォーレスの記述を引用しよう。

　　いまやドボの人口はおそらく500人ほどとなり、さまざまな人種が……それぞれ「幸運を探すために」出会う。なしうるなんらかのやりかたで金を稼ぐということだ。……道徳のあらゆる点で世評の最悪な人々――中国人、ブギス人、セラム人、ヨーロッパ人との混血のジャワ人……なかば野生のパプア人……が、政府の影さえ見えず、警察も裁判所もなく弁護士もいないままに暮らしている［ウォーレス 1996: 205-206］。

マレー語の「幸運を探す（cari rezeki）」という表現は、語感からは「一攫千金」と訳すこともできる。それは、東南アジアの海民が移動・移住の理由として語る典型的な言説である。この「一攫千金」を求める人々が自発的に秩序を維持している。そうした状況に驚きながらウォーレスは、「商業の精神」こそが「法律も政府もない」この島に秩序を与えているのだろうと推論している。

私は2010年にドボを訪れた。そのときもこの島では同様の光景が見られた。町では、やはり華人が稀少海産物を商い、ブギス人やブトン人が雑貨商や商業的な漁業（主にフカヒレ漁）を営んでいる。周囲の島々に住む人々は、自給用のサゴヤシやタロイモを栽培する一方で、現金収入の必要に応じてナマコやツバメの巣をドボの町で売る。かれら在地のアル人と、外来者である華人、ブギス人、ブトン人らとのあいだには、明らかに社会的な距離がみられる。しかし、その境界線は通婚等を通じて容易に流動化する。また、相手の存在はみずからに利益をもたらすため、それぞれのあいだには社会的な共生関係が築かれている。こうした人々が往来するドボの町は、いまもコスモポリタンであり、「商業の精神」に根ざした独自の秩序が維持されているように思われた。

第3節　サプカン島——海道の結節点とバジャウ人の生成

1　バジャウ人の島

サプカン島は、ジャワ島の東北沖合、カンゲアン諸島の東に連なる小島である。行政的には東ジャワ州スムヌプ県に属する。ゲセル同様、現在のインドネシア国家の枠組みでみれば「周辺」に位置する。島の面積は1平方キロメートルに満たない。にもかかわらず、2000年の人口は1万1754人を数える。住民の多くは東のスラウェシ島などからの移民である。かれらの祖先は、島を拠点とする漁業、商業、交易に参入するためサプカン島に移住してきた。

サプカン島で人口の多数を占めているのはバジャウ人である。バジャウ人は東南アジアを代表する海民集団の一つで、東南アジア海域の広い範囲に拡散居住している（図4）。多くの地域においてバジャウ人は、政治経済の面で周縁的地位に置かれてきた。それゆえバジャウ人は、しばしば政治的に優位な集団の文化要素を取り入れ、同時に通婚などを通じてその優位集団に同化してきた［Sopher 1977: 146-154］。

第12章　海民の社会空間

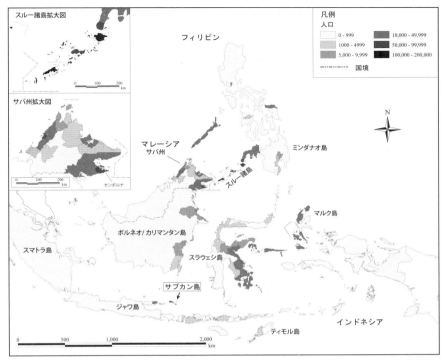

図4　島嶼部東南アジアにおけるバジャウ人の人口分布（2000年）
＊フィリピンは州（province）、マレーシア・サバ州は郡（daerah）、インドネシアは県（kabupaten）を単位とする。
出典：各国の2000年センサスおよびインドネシア中央統計局における電子版センサス、海図等の調査に基づき筆者作成

　一方で、他の民族を出自とする人がバジャウ語を日常言語化し、みずからをバジャウ人とみなすようになった、つまり「バジャウ人になった」と考えられる例もいくつかの地域でみられる。このバジャウ人の生成ともいうべき現象が特に顕著であると思われたのが、サプカン島である。バジャウ人の生成については後に詳述する。

2　交易と海の道

　サプカン島は、遅くとも20世紀初めまでに海産物の集散地として栄えるよう

295

になっていた。島民はもっぱら交易、漁業、造船を生業としており、米などの農産物はすべて交易で手に入れていた。また島民や周囲の海民は、東インドネシアとシンガポールを結ぶ航路を扼するこの島を「密貿易」の拠点としても利用した。20世紀前半には、塩やコプラがその主要品目であった。島民の航海を制御することができなかったオランダ領東インド政庁は、かれらをインドネシア諸島域で「最もやっかいな航海者」と呼んだ［Encyclopædie van Nederlandsch-Indië 1919: 750］。

1980年代までは、塩干ムロアジ、干ナマコ、ベッコウが島の主要な海産物であった。90年代以降は、それらに加えてハタ科の活魚も重要な海産物になっている。ムロアジ漁は、古くから島の主要産業の一つである。かつてはパヤウ（浮魚礁）の周囲に網を張り巡らせてムロアジを獲った。80年代後半からは、5トン前後の母船と丸木舟を組み合わせた夜間の巻網漁でこの魚を獲るようになっている。ムロアジは塩干加工され、もっぱらジャワ島とバリ島に運ばれる。サプカン島でムロアジ漁業が繁栄し続けてきたのは、巨大市場であるジャワ島とバリ島に島が近接していることによっている。

他方、干ナマコ、ベッコウ、ハタなどの稀少海産物は、すべてスラバヤなどの都市を経由して香港や他の華人経済圏に輸出される。稀少海産物の採捕と交易がサプカン島で広まった理由としては、この島がマカッサル、スラバヤ、デンパサルという東インドネシアにおける華人の交易拠点のいずれとも自前の海上ルートで結びついていること、そして島が稀少海産資源の豊富な生態環境、つまり広大なサンゴ礁が点在する多島海に囲まれていることが挙げられる。

海産物交易を基盤としつつ、島では他の商業活動も繁栄し続けてきた。港を基点する地区には、ジャワ島などから輸入された衣類、食品、雑貨等を販売する商店がひしめきあっている。狭い通路には、質屋を兼ねた金細工店までもが並ぶ。

サプカン島は、歴史的にジャワ東部からマドゥラ島にかけてのジャワ・マドゥラ人を主体とする政治文化圏と、南スラウェシのブギス・マカッサル人を主体とする政治文化圏のはざまに位置してきた。現在も、行政の中心都市からは遠く離れている。また、国家が管理する公的な交通網からは明らかに外れている。しかし、ジャワ海、マカッサル海峡、フロレス海を結ぶローカルな海道と、そこを往来する海民や華人商人の自前のネットワークを視野に入れたと

き、この島はそれらの要衝、結節点に位置していることがわかる。こうした地理条件を備えていることと、豊かな海洋環境に囲まれていること、市場となる人口稠密地に近接していることの3点が、サプカン島に交易拠点としての特別な位置づけを与えてきたといえる。島民は、この3点を理由にサプカン島に住み始めたとも考えられる。

3 混淆する民族——あるいはバジャウ人の生成について

2000年センサスによれば、島を主な行政区域とするサプカン村（desa）の人口は1万1754人。うちバジャウ人が5526人、マドゥラ（Madura）人が4296人で、それぞれ総人口の47％と37％を占めている。村で文化的、政治経済的な優位集団になっているのはバジャウ人であり、サプカン島と周囲の島々の共通言語もバジャウ語である。宗教面では、ほぼすべての住民がイスラームに従っている。村の中心的なモスクにおけるフトバ（金曜礼拝時の説教）は、主にインドネシア語とアラビア語で行われるが、バジャウ語で行われることもある。

このようにサプカン村では、住民の多数がバジャウを名乗り、日常的にバジャウ語で会話をしている。しかしながら、村のバジャウ人のあいだでは、バジャウ人としての自己定位（みずからの民族としての位置づけ）、あるいはバジャウ語使用が過去数世代にさかのぼることは稀である。両親がともにバジャウ人でもバジャウ語話者でもないという「バジャウ人」さえいる。そうした人たちが親の民族属性として言及したのは、マンダル人、マカッサル人、ブギス人、マドゥラ人、ジャワ人、あるいは華人であった。前三者は、スラウェシを出身地とする民族、マドゥラ人は西に隣接するマドゥラ島で人口の多数を占める民族である。三つの事例を挙げよう[9]。

＜事例1　ハジ・ディリさん＞

ディリさんは、1952年に南スラウェシの中心都市、マカッサル市の沖合のバランロンポ（Barrang Lompo）島で生まれた。父方、母方双方とも、祖父は福建華人、祖母はマンダル人である。ディリさんは移民3世になる。両親はマカッサル市に住み雑貨商を営んでいたが、1952年にカハル・ムザカル（Kahar Muzakkar）を首謀者とする反政府闘争に巻き込まれ、親族が住むバランロンポ島に逃げた。移住後、母はディリさんを生むが、ほどなくして

病気のために亡くなった。数年後、父とともに「幸運を探して」サプカン島に移住した。バランロンポとのあいだの往来が盛んで、海産資源が豊富だと聞いたからである。当初はサプカン島を拠点に各地でサメやナマコを獲り、マカッサルに運んで売った。83年、ディリさんは独立して海産物の仲買を行うようになった。この頃、バランロンポ出身の女性と結婚した。妻も華人とマンダル人を祖先とする。91年にはハタ科の活魚の仲買人を始め、大きな利益を得た。モスクを建築して寄進するなど、宗教的な慈善活動も熱心に行った。こうして信望を得て、2001年には村長に選ばれた。

　私が最初に村を訪問した際、寝場所を提供してくれたのがディリさんである。彼は、「バジャウ文化を知りたいなら私に聞きなさい」と、たびたび私に語りかけた。ただ、実際には、彼が多忙であったためそうした時間はとれなかった。ディリさんはハタの売買などの商売上のネットワークでは、バリやスラバヤの華人とつながっていた。華人の出自を持つことが、の商売相手の信用を得やすいことも理解していた。ただし中国語はできない。日常生活ではバジャウ語を第一言語とし、民族属性を尋ねるとバジャウ人であると答えた。彼は2008年に死去した。商売は2番目の息子が継いでいる。その息子は、生まれたときからバジャウ語を第一言語として育ってきた。彼はみずからを「生粋のバジャウ人（asli orang Bajo）」とみなしている。

＜事例2　ハジ・マディニさん＞

　マディニさんは、1977年にサプカン島で生まれた。父母双方の祖父母は、現在、西スラウェシ州になっているマジュネ市沖合のパンバウアン（Pambauan）島で生まれた。祖父母は漁獲を求めてサプカン島に移住した。先に移住していたイスラーム指導者との関係を頼ってのことである。サプカン島民には、パンバウアン島を祖先の地とする人が多い。父はサプカン島で生まれた。高校まで進み、教師になった。イスラームの指導者でもある。マディニさんは父の影響を受け、島のイスラーム高等学校、東ジャワ州のイスラーム師範学校を修了した。さらに、パキスタンの国際イスラーム大学大学院に留学し、国際関係の修士号を得た。在学中にはマッカ巡礼も果たした。現在は、バリ島のレギャンで土産物店を経営している。バリ島では同時に、ムスリム・コミュニティの指導者としての役割を担っている。

マディニさんは、強いバジャウ人意識を有しており、『バジャウ語辞書』やバジャウ人を主とする『サプカンの歴史』をまとめようとしている。マディニさんは、「私や多くのサプカン島民の祖先は確かにマンダル人である。そうであっても、みずからをバジャウと考え、バジャウ語を話し、イスラームを信仰するかぎり、私たちはバジャウである」と語る。高等教育を修めた彼は、近年の文化人類学において、民族アイデンティティが所与のものではなく、構築された意識として理解されていることを知っている。その理解に基づいて、上記のように語っているのである。

＜事例3　ハジ・ヒジャウさん＞

ヒジャウさんは、1974年にサプカン島に生まれた。サプカン島で、最も成功したハタ科の活魚の仲買人の一人である。

初めて知り合ったとき、ヒジャウさんはみずからを「バジャウ・スラウェシ」、つまりスラウェシ出身のバジャウ人であると名乗った。しかし、後に経歴を聞くと、生まれ、育ちともにサプカン島であるという。なぜ「バジャウ・スラウェシ」なのかを尋ねると、父が「スラウェシ出身のバジャウ人であるから」と答えた。ところが、後にヒジャウさんの父に聞くと、彼はスラウェシ出身ではあるが、民族出自の面ではマンダル人であることがわかった。結果的にヒジャウさんが出自の面でバジャウ人と結びついたのは、母方の祖母がサプカン島民であり、「バジャウ人の子孫であったらしい」という点だけであった。母方の祖父はマンダル人である。それでも彼にとっては、みずからがバジャウ人であることは自明のことのようである。彼の妻は華人を父、マドゥラ人を母として隣接するカンゲアン島で生まれた。現在はバジャウ語を第一言語としてヒジャウさんと暮らしている。夫婦によれば、かれらの2人の子どもは「当然、生粋のバジャウ人」なのだという。

以上の事例は決して例外的なものではない。サプカン島では、多くの住民が出自にかかわらずバジャウ語を日常言語化し、またみずからをバジャウ人とみなしている。マディニさん、ヒジャウさん、その他何人かの村びとは、しばしば「バジャウ語を話す人はバジャウ人である」と述べる。その語りは、サプカン島のバジャウ人の自己定位の様式では、血縁面での出自や出身地ではなく、

バジャウ語が指標として卓越することを端的に示している。

　サプカン島におけるバジャウ人の生成を、やや長い歴史的スパンでみてみよう。1930年に蘭領東インド政庁が実施したセンサスをはじめとする史料によれば、サプカン島では南スラウェシ出身者が人口の多数を占めていた。しかしそれらの史料に、バジャウ人はほとんど登場しない［*Encyclopædie van Nederlandsch-Indië* 1919: 750; Department van Ekonomische Zaken, Nederlandch-Indie 1934: 151］。他方、2000年のセンサス（電子版）によれば、サプカン島のバジャウ人人口は5526人で、全人口の約半数を占めるまでになっている。

　これらの史資料に従えば、カンゲアン諸島のバジャウ人の人口は、1930年以降に大幅に増加したことになる。人口の極端な増加は、バジャウ人が移住してきたことと、同時にもともとの住民やバジャウ人以外の移住者がバジャウ人に「なった」ことによって生じたといえる。上記の三つの事例が示すように、おそらくは後者のパターンのほうが多かった。つまり、ここではさまざまな出自を持つ在地住民と多数の移民が、もともとは少数派にすぎなかったバジャウ人の言語を日常言語化し、またみずからをバジャウ人とみなすようになったと推測できる。移民の多くは、海に生活の糧を求めてサプカンに移ってきた人々である。これらの点を踏まえていえば、いま述べた「バジャウ化」の過程は、バジャウ人がまさに異種混淆の海民集団として生成してきた過程でもあった。

第4節　海民の社会空間にみる混淆と共生

　ここまで東インドネシアの二つの地域をとりあげ、海民の社会空間について記してきた。いずれの地域の社会空間においても、異なる出自の人々が交易や商業の機会を求めて恒常的に交雑し、共生的な関係を築きつつ、しばしばクレオールな集団を生成することが特徴的にみられた。ここでのクレオールは、集団や文化要素が出自の異なる外来の集団の混淆によって生じているときの、その状態ないし現象を示す語として用いている[10]。では、そうした社会空間のあり方は、第1節で述べた海民のプロトタイプな性向といかに相関しているのだろうか。

　両地域の社会空間のあり方からまずわかることは、集団どうしの関係において在地住民の地位が特権化していないこと、また言語をはじめとする在地の文

化要素が特別な位置づけをなされていないことである。社会経済的な関係においては、むしろ移民が中心的な地位を占めている。何より住民の移住・移動と、それにともなう民族間の通婚が常態化しているため、在地性または先住性の概念自体が有効性を持っていないように思われた。このように、海民のプロトタイプな性向として最初に挙げた離散移住傾向の強さは、両地域の海民の社会空間において民族間の混淆が展開し、継続する基本条件になってきたと考えてよいだろう。

　2番目に挙げた商業志向の卓越は、ゲセル島とサプカン島のいずれの社会空間においても、中心的な組織原理として機能していることが明らかであった。二つの島では、農耕は行われていない。そうした土地に多種多様な集団が集まってきたのは、域外の市場で高い価値を持つ自然産物を獲得するため、あるいはその取引に参入するためであった。中国を主とする域外市場からの自然産物に対する需要が、これらの島々に混淆的な海民の社会空間を生成、持続させてきたといいかえることもできる。

　3番目のネットワークの中心性は、サプカン島の民族間関係の中で確認された。同島において人々が出自に規定されず、「現在の」獲得された諸属性を参照点として混淆的な民族を形成してきたことは、かれらがネットワークで多方向に結ばれる二者関係を社会関係の軸としてきたことを明示してもいる。もともと移民であるかれらは、先に移住してきた人、あるいは先住者との二者関係の連鎖の中で、民族間の社会的境界を容易に超える。この島では民族は、固定的かつ永続的な帰属の準拠枠組みではないのである。ゲセル島では民族の輪郭がサプカン島よりは明確に維持されていた。それでも華人を除く民族間の関係でみれば、サプカン島同様に、二者関係の連鎖の中で民族の境界があいまい化していた。

　ところで二つの島における民族間の混淆は、対象地域に独自の地理条件、つまり政治文化圏の境域（はざま）に位置することと深く関係していた。そのため、本章でみた混淆と共生は、東南アジア海域世界の例外的な現象であったと思われるかもしれない。しかし近代以前の東南アジア海域世界では、歴史を通じて極端な権力の集中は生じなかった。ここでは、多数の政治文化圏が拡散分布しているのが一般的であった。現在の東南アジア海域世界は、国民国家で括られるようになっている。しかし、内部の状況はいまも大きくは変わっていな

い。境域とは、そうした政治文化圏のはざまに生成する社会空間である。こう考えるとき、東南アジア海域世界において境域は決して例外的な空間ではないことが理解されるだろう。

おわりに

　立本は、明確な核と枠組みを備えた中国のような社会を「中心社会」とし、これと対照的な、核が流動的で、輪郭があいまいな、個人どうしのネットワークの連鎖を社会関係の基盤とする東南アジアの海民の社会を「ネットワーク社会」と呼んでいる。この類型化を踏まえて、中心社会では周辺を下層として中心から排除する階層化が進行するが、ネットワーク社会においては「多様な文化相があっても厳しい上下関係が少ないモザイク型の共生」が維持されてきたと述べている［立本 1996: 208］。ゲセル島やサプカン島の海民が築いてきたのは、こうしたネットワークを基盤とする共生の社会空間だったともいえる。とするならば、これまでにみた混淆性を特徴とする海民の社会空間は、東南アジアのプロトタイプな社会空間の一つとみなすこともできるのではないか。

　本章でとりあげた島々は、もちろんユートピアではない。1998年にスハルト政権が崩壊した後の「宗教・民族間紛争」は、ゲセル島やアル諸島でも生じた。宗教施設の一部は焼き討ちされ、死者や避難者も出ている[11]。それでも、宗教、言語、民族的出自の異なる人々が何世紀にもわたって、同じ島々を生活の拠点とし、交易・商業のネットワークをつくり、通婚をかさね、時にクレオールな集団を生成させてきたことは確かである。その「共生」は、近代国家が主導する人工的でしばしばいびつな「多文化共生」、たとえば日本を含む世界各国でみられるような、みずからに不要な他者を排除したうえで労働力人口等を調整するために政策で謳われる「共生」とは異なる。それは、熱帯の多島海に生きる海民が身体化してきた生き様、つまりハビトゥスとしての共生である。そうした自生的な共生のあり方に、私たちはもっと目を向けてよい。

　すでにみたように東南アジア海域世界研究は、国民国家を相対化する視点を浸透させ、また陸地中心の社会の見方に再考を迫る分析概念を提示することにより、アカデミアに大きく寄与してきた。本章でみたような自生的な海民の共生のあり方を学び、その仕組みを発信していくことは、国家や国際資本を主体とするグローバル社会とは異なる、もう一つのグローバル社会を展望すること

第12章　海民の社会空間

を可能にする。21世紀の東南アジア海域世界研究は、そうした作業において新たな役割を担っていくにちがいない。

【注】
(1) 人類学を主とする人文社会科学における「社会空間」の定義や議論については西井；田辺（編）［2006］を参照されたい。本章では、その中の平井［2006］の定義づけを参考にしている。
(2) ただし、混淆以前の存在として「純粋な民族」を措定しているわけではもちろんない。東南アジア海域世界では、民族や文化の混淆は、程度の差はあれ、地域や時代にかかわらずみられる現象である。
(3) これらの調査は、主に次の科研費プロジェクトにより可能になった（カッコ内は代表者と実施時の所属）。課題番号：14251006（加藤剛・京都大学）、18710210、21510271、24651278、25300017（長津一史）、19251010（鏡味治也・金沢大学）、23251004（山田勇・京都大学）、22310157（赤嶺淳・名古屋市立大学）。また、資料調査の一部は、京都大学東南アジア研究所共同研究（長津一史・2009〜10年度）、東洋大学井上円了記念共同研究（松本誠一・2013年度、長津一史・2014年度）により実施された。
(4) もちろん、それ以前にも東南アジアの海域社会にかんする研究がなかったわけではない。そうした研究が主流化することはなかったということである。
(5) 鶴見は独自の文体で東南アジア海域世界を論じた。最初の著作は、1981年に出版された『マラッカ物語』である［鶴見 1981］。同書の基になった雑誌論文群は1970年代後半に記されている。学術書のスタイルをとっていないとはいえ、鶴見がきわめて早い時期から、東南アジア海域世界研究の意義と課題を明示していたことはもっと高く評価されてよい。
(6) この項は長津［2013］に大幅な修正を加えたものである。ゲセル島の調査は、村井吉敬さん（早稲田大学）、内海愛子さん（大阪経法大学）たちとともに行った。本項のアイディアは、村井さんたちとのフィールドでの会話を通じて生まれたものである。故人となった村井さんを含め、同行者すべてに感謝したい。
(7) 華人は中国人移民または中国人移民と在地住民のあいだの子どもの子孫を、アラブ系はアラブ人移民と在地住民のあいだの子どもの子孫を指す。いずれの子孫も、たいていはインドネシア国籍を有している。
(8) 以下の調査協力者の名前はすべて仮名である。
(9) サプカン島における多民族の混淆とバジャウ人の生成については、長津［2012］でも論じている。

303

⑽　クレオールは、もともとは言語学の概念である。16世紀以降、中米カリブ海域の西洋列強の植民地では、出自の異なるアフリカ人奴隷が宗主国の言語をコミュニケーション言語として用い、世代を経るうちに、その言語にさまざまな改変を加え母語化した。そうした言語を指す概念がクレオールで、それがしだいに混成的な文化要素や民族集団を示す語として用いられるようになった［今福 1991: 第10章］。

⑾　紛争は、主にキリスト教徒とムスリムのあいだで生じたが、根本的な原因や被害者数はいまも明らかになっていない。インドネシア国軍が紛争を誘導したともいわれている。

【参考文献】

網野善彦．1992．『海と列島の中世』東京：日本エディタースクール出版部．

今福龍太．1991．『クレオール主義』東京：青土社．

ウォーレス，A. R. 1996．『マレー諸島（下）――オランウータンと極楽鳥の土地』新妻昭夫（訳），東京：筑摩書房．（原著：Wallace, A. F. 1869. *Malay Archipelago: The Land of the Orang-Utan and the Bird of Paradise.* London: Macmillan & Co.）

小野林太郎．2011．『海域世界の地域研究――海民と漁撈の民族学』京都：京都大学学術出版会．

田中耕司．1993．「フロンティア社会の変容」『地域研究と「発展」の論理』矢野暢（編），117-140ページ．東京：弘文堂．

立本成文．1996．『地域研究の問題と方法――社会文化生態力学の試み』京都：京都大学学術出版会．

鶴見良行．1981．『マラッカ物語』東京：時事通信社．

―――．1990．『ナマコの眼』東京：筑摩書房．

長津一史．2012．「異種混淆性のジェネオロジー――スラウェシ周辺海域におけるバジョ人の生成過程とその文脈」『民族大国インドネシア――文化継承とアイデンティティ』鏡味治也（編），249-284ページ．東京：木犀社．

―――．2013．「東インドネシア、海民の社会空間――ケセル島で村井さんと考えたこと」『ワセダアジアレビュー』14: 31-34．

西井涼子；田辺繁治（編）．2006．『社会空間の人類学――マテリアリティ・主体・モダニティ』京都：世界思想社．

平井京之介．2006．「都市をつくる社会空間――北タイ女性工場労働者のロマンチックな物語」『社会空間の人類学――マテリアリティ・主体・モダニティ』西井涼子；田辺繁治（編），395-416ページ．京都：世界思想社．

古川久雄. 1992. 『インドネシアの低湿地』東京：勁草書房.
村井吉敬. 1987. 『スラウェシの海辺から――もうひとつのアジア・太平洋』東京：同文舘.
Department van Ekonomische Zaken, Nederlandch-Indie. 1934. *Volkstelling 1930, deel III: Inheemsche Bevolking van Oost-Java.* Landsdrukkerij: Batavia.
Ellen, R. F. 2003. *On the Edge of the Banda Zone: Past and Present in the Social Organization of a Moluccan Trading Network.* Honolulu: University of Hawai'i Press.
Encyclopædie van Nederlandsch-Indië. 1919. *Encyclopædie van Nederlandsch-Indië, Derde Deel.* 's-Gravenhage: Martinus Nijhoff. (tweede druk)
Kathirithamby-Wells, J.; and Villiers, John, eds. 1990. *The Southeast Asian Port and Polity: Rise and Demise.* Singapore: Singapore University Press.
Reid, Anthony. 1988. *Southeast Asia in the Age of Commerce, 1450-1680.* New Haven: Yale University Press.
Sopher, David E. 1977. *The Sea Nomads: A Study of the Maritime Boat People of Southeast Asia.* Singapore: National Museum of Singapore.
Tachimoto, Narifumi-Maeda. 1997. Symbiotic Dynamics of an Insular Community in the Melaka Strait. *Regional Views*『地域学研究』11: 1 –21.
Warren, James F. 1981. *The Sulu Zone 1768-1898: The Dynamics of External Trade, Slavery, and Ethnicity in the Transformation of a Southeast Asian Maritime State.* Singapore: Singapore University Press.

【推薦図書】
網野善彦. 1992. 『海と列島の中世』東京：日本エディタースクール出版部.
立本成文. 2001. 『共生のシステムを求めて――ヌサンタラ世界からの提言』東京：弘文堂.
村井吉敬. 1987. 『スラウェシの海辺から――もうひとつのアジア・太平洋』東京：同文舘.

第4部　海の民の豊かな世界

第13章　ひとはいかに海を利用してきたか
──海域東南アジアの海民社会から考える

北窓　時男

はじめに

　私はこれまで世界各地の漁業の現場を歩いてきた。アジアやアフリカの国々で、ボランティアとして、バックパッカーとして、民間会社のマネージャーとして、あるいは国際開発コンサルタントとして、海にかかわって生きる人びとの生活やなりわいとしての漁業、そこに暮らす人びとの社会を学び、持続的な生活のあり方をその地に暮らす人びととともに考えたいと願ってきた。

　そのなかで、多くの国と地域において、沿岸資源の枯渇による漁獲量の低下が、漁業やその関連産業で生活している人びとの生活を圧迫し、沿岸コミュニティの疲弊をもたらしている現実に直面した。それらの国や地域では、多くの場合、海は国家のものであり、沿岸水産資源は国民の共有財産という名目の無主物である。海とその資源は、国民であれば誰もが利用できる。そのため、資金力のある者がより大型の漁船を建造し、より規模の大きな漁具や漁業機械をその船に搭載して、地先の海から隣人の海へ、さらにより遠隔の海へと漁場を拡大し、先取権を行使してきた。その歴史の帰結が、現在の沿岸コミュニティの疲弊をもたらしたと私は考える。

　その認識に立てば、こうした国や地域の沿岸コミュニティが活性化する一つの方策は、一つの地域に暮らす人びととその社会が、その海と資源の持続性に対して権利を行使しながら、必要な義務を負うシステムを導入することではないだろうか。その地に暮らす人びととその社会は、生計の場として利用する地先の海とそこにある資源に対して、将来の与件として利用する世代に責任を負わねばならないからである。日本の漁業権制度は、そうしたシステムの一つといってよい[1]。それは日本の歴史的経緯の所産として生まれ、育まれてきたものである。

第13章　ひとはいかに海を利用してきたか

　本章では、はじめに日本の漁業権制度の歴史的な成立過程を簡単に振り返る。そのうえで、日本の対照として、海域東南アジアの海の生態的特徴、その社会に埋め込まれた海を利用する慣習や制度、およびその慣習や制度のもとで海にかかわって生きてきた人びとの生業活動と社会のあり方を明らかにしていく。海域東南アジアにかんする記述・考察では、その大分を占めるインドネシアを特に対象とする。海域東南アジアに暮らす人びとが、海とそこにある資源に権利を行使し、必要な義務を負うシステムとはどのようなものだろうか。本章では、その回答への道標を得るための考え方を整理したい。

　まずは、日本と海域東南アジアの海に生きる人びととその社会を「海民」というキーワードで読み解くことから始めよう。海民が活動する社会とはどのようなものなのだろうか。

第1節　日本列島の海民と海の利用

1　海民とはどのような人びとなのか

　現代の日本では、「海民」という言葉にはあまりなじみがない。海民と聞いても、いったいどんな人たちなのか、イメージがわかない。漁民や漁業者といえば、海や川で魚介類を獲って生計を営む人だとわかる。そうして漁獲された水産物をかつお節やかまぼこなどに加工する人たちは水産物加工業者と呼ばれ、港から離島へ人や荷物を運ぶ人たちは海運業者と呼ばれる。それは現代の日本において、それぞれの職能が分化しているからだ。

　日本において、こうした職能が分化するのは江戸時代に入ってからのことらしい。日本の中世史家である網野善彦は、江戸時代に入るまでは漁業や製塩や水運などの職能が分化せず、人びとは海にかかわるさまざまな仕事を行っていた。「漁民」という言葉では意味が狭くなってしまうため、中世において海にかかわる人びとの活動を総合的に把握できる「海民」という言葉を使うと語っている［網野 1998: 267］。

　私がこれまで歩いてきた海外の漁業現場においても、似たような状況がある。1980年代の初頭に歩いたフィリピン北部の海村では、バンカと呼ばれるダブルアウトリガー型カヌー[2]で出漁する漁民たちが、浜辺で塩を作り、獲った小エビやカタクチイワシを使ってバゴンと呼ばれる塩辛ペーストに加工する。

台風や熱帯低気圧が近づけば、湾内に避難してくる貨物船の乗組員に日用雑貨など、さまざまな商品やサービスを提供して日銭を稼ぐ。そうしたもろもろの活動が、彼らの生業の重要な部分を占めていた。

1980年代後半から2000年代に歩いたインドネシアでは、一攫千金の大物マグロを狙う釣り漁民が、時間の経過とともに、雑貨店を営みながらまき網船の乗組員となり、その後、賃乗り用のバイク2台とマグロ釣り用の小船2隻を人にまかせ、その売り上げを待つ立場に変容していく。それが海にかかわって生きたある男性の、1990年から2005年までの15年間にわたる遍歴であった［北窓 2013a: 82-83］。

2000年代になって通うようになった西アフリカのセネガルでは、マングローブデルタに暮らす女性たちが、出稼ぎで年中不在の男たちにかわって一家を支え、子育てや家事のかたわら、デルタ内の干潟で貝類を採取・加工し、最寄りの町で販売して、生活に最低限必要な現金収入を得ていた。彼女たちは、ある場面ではマングローブの薪材を集め、水産物を燻製加工するギニア人に販売する人たちでもある［北窓 2013b: 238-263］。

こうした人びともまた、漁民や漁業者という言葉ではくくれない。海にかかわって生きる人びとという意味で「海民」という言葉こそふさわしい。はからずも、日本の中世に海で生きた人びとと現在の海域東南アジアや西アフリカの海にかかわって生きる人びとの実相が「海民」という言葉で一致する。私はこの事実の背景に、中世—近世—近代—現代といった一律な歴史的発展史観では捉えきれない、社会のあり方の違いがかかわっているのではないかと考えている。

2　日本列島の海民

網野は、もともと無主である海面には天皇や有力寺社から保証された広域の漁業権が存在し、やがて地先漁業権がそれに優越していくと考えた。彼は、日本の平安後期から鎌倉・南北朝頃までの海民を浪人、下人・所従、職人、平民（百姓）の4つの身分に分けて考える［網野 1984］。

浪人的海民とは、諸国流浪の海民をいい、現実に中世を生きた海民の一類型とした。下人・所従的海民とは不自由民であり、生産手段の保有を認められず、領主によって譲与・売買されるような隷属状態にある海民をいう。ここで

第13章　ひとはいかに海を利用してきたか

の議論で重要なのは、次の職人的海民と平民的海民である。

　職人的海民は天皇家や寺社から供御人・神人・供祭人などの称号を得て、漁獲物などの特産物を貢納するかたわら、課役を免除され、漁撈・交易・通行の特権を保証された海民である。彼らは船・漁具といった生産手段をみずから持ち、海民集団の首長のような立場で、広大な水面を自由に使用し、通行する特権を持った。彼らの中には、在地の領主になる者、海産物の売買など商業にたずさわる者、広域の海面で漁業に従事する者、船を操って廻船業を営む者、海賊的な略奪を行う者などがいた。

　平民的海民とは浦々に定着した自由民である。彼らは、共同で大型の網具を用いた漁撈に従事した。なかには、船を所有する者もいた。平安末から鎌倉初期には、漁場についての個々人の権利はまだ表面にあらわれなかった。その後、浦々の集団に占有された地先の海で共同作業による漁撈活動を行うなかで、地先漁場を利用する慣行が次第に根づいていった。鎌倉後期に入ると、小型定置網が増えるなど網漁業が発展し、地先漁場占有の慣行が確立した［網野 1984: 243-269］。

　このように鎌倉後期には平民的海民による網場が固定してくるので、職人的海民による水面の自由な使用・通行という特権は、確実に狭められていった。職人的海民に付与された広域の海面を自由に移動し、そこで漁業を営む特権と、浦に定着した平民的海民たちの日常的な操業のなかで生まれた漁場慣行が対立するのは、当然の帰結だった。その対立は、「磯は地付き、沖は入会」と呼ばれる社会的慣行に落ち着く時代まで続く。

　「磯は地付き、沖は入会」とは、どのような意味だろうか。ここでいう磯とは海浜の地付き漁場のことで、陸地から続く干潟や暗礁、藻場などの沖側の端までを表している。この地付き漁場で行われる磯漁は、その漁場を前面に持つ漁村共同体が総有という形態で管理する。総有とは共有の一形態であり、漁村共同体が磯漁場の支配権を持ち、その構成員が共同体の内部規範に基づいて共同利用する権利を持つ。一方、沖とは磯の外海を指し、そこは一定の約束のもとで、自由に誰もが利用できることを表す［羽原 1952: 3-8］。

　この言葉は、江戸時代に浦々で確立した漁場を利用する慣行の原則を示している。それはまた、現在の日本の漁業権制度の基礎になる考え方でもある。明治政府は、藩幕時代に形成されたこの原則に基づく漁場利用の慣行を継承する

とともに、漁業を営む権利は国の免許によって発生するという原則を採用した［二野瓶 1981: 19-32］。明治漁業法は、「磯は地付き、沖は入会」という藩幕時代の漁場利用の慣行を、漁業権制度という近代法の体系として受け継いだものである。それが現在の日本の漁業権制度につながっている。

つまり、地先の海を陸地の延長と捉え地先海面の権利を主張する「陸の論理」と、漁場横断的な特権を主張する「海の論理」の相克が中世の海なのである。その相克が近世になり、江戸時代の藩幕体制のなかで、「磯は地付き、沖は入会」として落ち着いた。現代の日本において施行されている漁業権制度は、日本の歴史的経緯のなかで、「陸の論理」が「海の論理」を凌駕した結果として存在するものだといえよう。

第2節　インドネシアの海域特性と海の権利

1　海域の特性

海域東南アジアはモンスーン地帯に位置する。1年はアジア大陸から吹き出す12～3月の西風季と、オーストラリア亜大陸から吹き出す6～9月の東風季に分けられる。たとえばジャワ海の海流は、モンスーンの変化に応じて流れの向きを変える。西風季に南シナ海を南下する海流はジャワ海を西から東へ流れる。反対に東風季にフローレス海を西方へ流れる海流とマカッサル海峡を南下する海流は、合流してジャワ海を東から西へ流れる。こうした海流の変化は、ムロアジなど浮魚資源の回遊に大きな影響を与える。

海域東南アジアの大分を占めるインドネシアの海域において、西方のアジア大陸から延長するスンダ陸棚と東方のオーストラリア亜大陸から延長するサフル陸棚という二つの浅い海のあいだに、水深数千メートルに達する深い海がある。スラウェシ海、マルク海、バンダ海、フローレス海などが連なるウォーレシア海域である（図1）。

ジャワ海やマラッカ海峡、南シナ海からなるインドネシア西方の浅い海は、マングローブが繁茂する水深50メートルほどの砂泥底の海である。海と川の水が混じる汽水域で成長するマングローブが繁茂する低湿地帯が養殖池の好条件を提供することから、かつてマングローブにおおわれていたジャワ島の北海岸は、過去数百年のあいだに養殖池地帯へと変貌した。一方、深い海を形成する

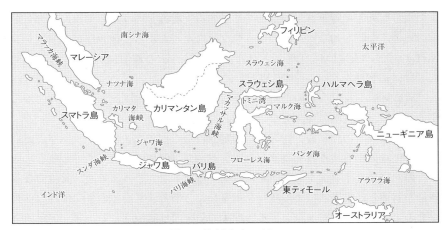

図1　海域東南アジア
出典：北窓 ［2000a: 24］ をもとに筆者作成

インドネシア東部海域には、サンゴ礁性リーフで囲まれた島嶼群が分布する。これら二つの海を分けるのは、ウォーレス線という生物地理学上の境界線である。こうした特性を持つ海域で、海の権利はどのように考えられてきたのだろうか。

2　海の権利

インドネシアの慣習法における所有の概念は「共同占有権」と呼ばれるものだった。ファン・フォレンホフェン（C. van Vollenhoven）は、この権利概念の内容を次のようにまとめている［岸；馬淵（編）1969: 38-39］[3]。①慣習法共同体とその成員は領域内の未墾地を自由に利用できる、②外部の人間は共同体の許可を得て、許可料や貢納を支払うことで（開墾、居村の設立、産物の採集などに）参入できる、③共同体はその領域に対して、何らかの干渉権を保有する、④共同体は土地の権利を永続的に他へ譲渡できない。この権利の行使には、氏族や慣習法共同体に対する種々の義務をともない、その権利の譲渡も制限されていた。

オランダ植民地時代になり、「所有権の立証されないすべての土地は国有地である」[4]と宣言された。ここでいう所有権とは、使用や収益、処分のすべて

にわたる個人の絶対不可侵的なモノに対する支配権をいう。この地には従来からこのような絶対的な所有権という概念はなかったから、地元住民の慣習が及ぶほとんどの土地は国有地とされた。しかし、法の適用に際しては、「現地人」には慣習法を用い、「非現地人」には成文法を用いる二元主義が採用された［加納 1994: 53-62］。このため、農漁村社会における地先海面の諸権利にかんする問題は、成文法の関与しない慣習法に委ねられた。

　インドネシアの独立後、1960年に制定された土地基本法は、オランダ植民地時代の土地の国有地宣言を破棄し、インドネシア領域内のすべての土地と水域とその上空は、インドネシア国家に帰属するとした。それまでの二元論的な土地法を解消し、慣習法による統一を規定した。慣習法共同体の権利は認められたものの、それは国家が保有する管理権の範囲内に制限される。独立が民族全体の闘争で勝ち取られたものである以上、インドネシア領域内のすべての土地と水域とその上空はインドネシア民族全体の共有物であり、慣習法共同体の権利は無視されることはないとしながらも、国民と国家の利益がその上位に位置づけられた［水野 1988: 54-71］。

第3節　インドネシアにおける海の利用

　ファン・フォレンホフェンが整理した慣習法共同体における権利概念が現代のインドネシア海域で比較的よく認められるのは、多くの島嶼群から構成される東部の海域である。そこでの観察から始めることにしよう。

1　東部海域のハクとサシ

　サシ（sasi）という言葉を初めて聞いたのは1988年、アル諸島のフェルニ村でのことである。村の沖合3海里まで彼らは海の権利、ハク（hak）を持ち、村の慣習法長がナマコの禁漁期を定める。彼らはこれをサシ・トゥリパン（sasi teripang）と呼んだ。サシは禁止を、トゥリパンはナマコを意味する。つまりサシ・トゥリパンは、「ナマコの採取規制」という意味になる。村では、モンスーンが東風から西風に切り替わる10月のみナマコ漁を解禁し、それ以外の時期にナマコを採取することを禁じていた。このとき、ハクとサシという二つの概念が、密接に結びついていることを知った。

第13章　ひとはいかに海を利用してきたか

　その6年後、ニューギニア島パプア特別州のジャヤプラ近郊に位置するタナメラ湾沿いの村で、サシとハクの関係を調べる機会があった［北窓 2000b: 22-26］。タナメラ湾の海岸は全域、サンゴ礁性リーフにおおわれている。リーフは干潮時に干出する浅瀬から水深5メートルほどまで徐々に深くなり、リーフの落ち込みから先はスロープ状に深くなる。

　タブラヌス村はタナメラ湾の一角を占めるエンティイェボ湾の奥部に位置する（図2）。1994年当時、村に住む309人は、10の氏族（ケレット）から構成されていた。なかでもソウミレナ、スワエ、ダニャという3氏族が有力であり、海の権利を持つのもこの3氏族である。スワエの居住区は村の西部を占め、彼らは居住区の前浜に広がるサンゴ礁性リーフの占有権を保有する。村の東部はソウミレナの居住区で、その前浜に広がるリーフの占有権は彼らに属する。両氏族の居住区にはさまれた村の中央部は、ダニャをはじめとする8氏族が混住する。その前浜のリーフは、これら8氏族の共有となっている。

　村の氏族が占有するのは、海岸から海へせり出すサンゴ礁性リーフの内側であり、スカレ（sekarre）と呼ばれる。リーフを占有する氏族以外の人びとが、そのリーフ周辺に生息する魚介類を収穫することは禁じられる。リーフの

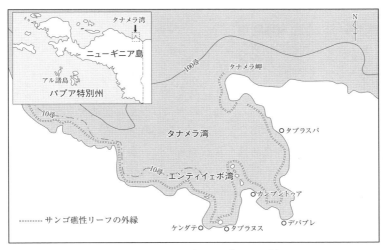

図2　タナメラ湾とタブラヌス村
出典：北窓［2000b: 22］をもとに筆者作成

313

落ち込みから先の海面は、ナウクトゥ（naukutu）と呼ばれる村の共同占有漁場である。エンティイェボ湾内はナウクトゥと認識され、すべての村人はこの漁場を利用できる。しかし、村外の人びとがこのナウクトゥで漁獲活動を行う場合は、村の総意に基づく許可が必要になる。

オンドアフィ（ondoafi）と呼ばれる世襲制の慣習法長が新たに就任するときは、その1年前から特定のリーフ内での漁獲・採取が禁じられる。彼らはこれをティヤイティキ（tiyaitiki）もしくはサシと呼んだ。慣習法長の就任前にティヤイティキを解き、毒漁で魚介類を収穫する。収穫物は慣習法長の就任式に集まる人びとに振る舞われるほか、市場での交換を経て、儀式に必要な品々を揃えるために用いられる。

日本の近世に成立した「磯は地付き、沖は入会」に似た慣行がインドネシア東部海域でも認められる。「磯」がサンゴ礁性リーフの内側（スカレ）であり、「沖」はサンゴ礁性リーフの落ち込みの先（ナウクトゥ）ということである。ここではタブラヌス村という慣習法共同体が両者の管理主体になっている。この地における「磯は地付き、沖は入会」の原則は、慣習法共同体の内部でのみ成り立つ。人びとが頻繁に移動する現在、外部者が村のナウクトゥに侵入し、村の住民とのあいだで紛争に発展する事例も増えている。

2　西部海域の地先漁場利用

インドネシアの西部海域は、海岸から砂泥底の遠浅の海が沖合へ広がる浅い海である。ここでは前述のサシやハクのような制度は、一般的に認められない。これらの浅い海では、セロと呼ばれる簀建漁やバガン・タンチャップと呼ばれる櫓敷網漁（やぐらしきあみ）が普及している。地先の海にこうした構造物を設置して漁業活動を営む場合、その漁場利用はどのように行われているのだろうか。

インドネシア海域で漁業活動を営む漁業者は、海洋水産省への登録が義務づけられている。登録により発給される許可証には2種類ある。漁業事業許可証（SIUP: surat izin usaha perikanan）は漁業活動を行う個人または法人が所持しなければならない許可証である。これに対し、漁獲許可証（SIPI: surat izin penangkapan ikan）は、漁業活動を行うすべての漁船が所持しなければならない許可証であり、SIUPと一体をなすものとされる。SIUP発給の目的は、漁業管理を容易にして漁業生産を高めること、地域の収入源を確保することであ

第13章　ひとはいかに海を利用してきたか

る(5)。

　海洋水産省は、毎年漁業者に対してSIUPやSIPIという許可証を発給する。しかし、櫓敷網や簀建の設置場所を定めるというような、漁場における調整機能を持たない(6)。海洋水産省がこうした立場に立つのは、インドネシアの領海は国家に帰属し、その資源はすべてのインドネシア国民のものであるという理解に立つからである。このため伝統漁業に必要な地先海面での漁業構造物の設置は、地元コミュニティレベルの調整に委ねられる。漁業者は地元コミュニティの慣行に基づき、それらの構造物を設置する。

写真1　簀建（セロ）

写真2　櫓敷網（バガン・タンチャップ）

　ジャカルタやカリマンタンのバリックパパン、スマトラのランプンで25年間にわたり櫓敷網漁に従事してきたあるブギス人漁業者によれば、新たにその地に参入する者は、まず、その沿岸コミュニティの住民にならなければならない。そうすれば、その地先海面に櫓敷網を設置することができる。

　ブギス人の多くは、人生のある時期、就業機会を求め、あるいは一攫千金を夢見て、生まれ故郷を離れ、新たな地へ旅立つ。ブギス人たちのそうした営みが幾世代にもわたって繰り返されてきた結果、海域東南アジアの大小さまざまな群島の各地に、ブギス村と呼ばれる沿岸コミュニティが築かれてきた［立本 1999: 190-210］。

　上述のブギス人漁業者もまた南スラウェシの故郷を離れ、ジャカルタやランプンに位置するブギス村の一員となった。そこには櫓敷網漁業者のグループ

（kelompok nelayan）があり、新規参入の希望者の求めに応じ、会議（musya-wara）で櫓敷網の設置場所や、作り始める時期が決められ、グループ内の共同作業で海上に櫓が建設された[7]。新たに設置される櫓敷網は、既存の櫓から少なくとも300メートル以上離すことが、不文律として定められている。反対に、地元コミュニティの同意なしに櫓敷網や簀建を建設すると、思わぬ妨害にあったりする。

　このことは、特定の地先海面がそれを利用する沿岸コミュニティの共有海域とみなされ、そのコミュニティが利用の慣行や権利を成員間で共有し、外部者を排除する論理の存在を示している。共有海域を占有し、そこからの恩恵を受け取ることができるのは、そのコミュニティの成員に限られる。コミュニティの成員でない人間は、共有海域を使用し、そこからの恩恵を受け取る権利を持たない[8]。

　ここでの沿岸コミュニティはブギス人という移動民のコミュニティであり、立地する土地の所有とは切り離されている。インドネシアの西部海域における地先海面の利用権とは、地先の海をある目的を持って利用する人びとからなる沿岸コミュニティが、その目的に沿って特定海域を共同で利用する権利であり、地先の海はかならずしも陸地の延長とはいえない。

　インドネシアの西部海域は一部を除き、サンゴ礁性リーフが発達していない。ジャワ海やマラッカ海峡は遠浅の海が沖に向かって続く。櫓敷網や簀建など漁撈のための海上構造物が建設できるのは、こうした海である。そこでは、土地から切り離されたブギス村の構成員等の社会グループが地先海面を共同で利用し、海上構造物から得られる漁獲物をグループ構成員のみが享受する。つまり、「磯は（かならずしも）地付き」ではない。

　それではこの海域で、「沖は入会」なのだろうか。ジャワ海の代表的な沖合漁業の事例から、その実態をみてみよう。

3　沖合の漁場利用

　東西のモンスーンが卓越する時期、インドネシアではラヤンと呼ばれるインドマルアジ（*Decapterus russelli*）がジャワ海に大群で来遊する。ジャワ島北海岸の海民たちは、帆走船の時代から動力船に転換した今日まで、インドマルアジの回遊路にルンポン（rumpon）と呼ばれる漬け木を設置し、遊泳速度の速

第13章 ひとはいかに海を利用してきたか

いインドマルアジを一時的にそこに滞留させ、彼らが保有するパヤン（payang）と呼ばれる伝統的なまき網で漁獲してきた。漬け木とは、竹などの浮材を錘や錨のついたロープで海の一点に設置する装置で、浮材の下部に取り付けた椰子の葉のまわりに魚群が蝟集する（図3）。

ジャワ島北岸の東部地方では、ある漁船が他船の漬け木に集まった魚群を漁獲した場合、漁獲物の3分の2を漁獲した船が取得し、3分の1を漬け木の所有者に支払う社会慣行がある［北窓 2000a: 109-110］。共通の漁場を利用する

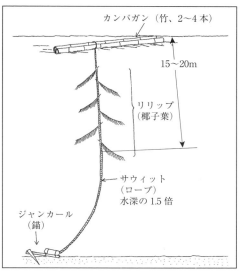

図3　東ジャワの漬け木（ルンポン）
出典：筆者作成

周辺のパヤン漁船は、漬け木を設置するとき、慣習的な取り決めに従わねばならず、いったん設置した漬け木は、その所有者といえども、自由に位置を変えることはできない。漬け木が設置される海上の一点は、あたかも設置者の占有漁場となり、漬け木に用益権が発生するのである。用益権とは、あるモノをその用法にしたがって使用し、そこから生まれる収益物を入手する権利をいう。

この地域の海民が対象とするのは、ジャワ海を東西に回遊するムロアジやグルクマ、イワシなど小型浮魚資源である。彼らは設置した漬け木に対して用益権を持ち、漁獲物の分配制度を取り入れることで、他船による漬け木の利用を認める漁場慣行をつくり出した。

ここでは、共通の漁業技術で操業する漁船群が共有する漁場慣行を順守するという条件のもとに成り立つ「沖は入会」だといえる。

第4節　海民の活動と発展史観

1　ブギス人の移動慣行とブーム化現象

　海域東南アジアにおいて人の移動は、ずいぶんと盛んである。とりわけ、南スラウェシ州に本拠地をもつブギス人やマカッサル人は、古くから群島の各地に移民を送り出した人びととして知られる。ナマコ漁を行う彼らの船は、17世紀の後半にはすでにオーストラリア北岸に達していたようである。

　前述したように彼らの社会において、人びとは人生のある時期に生まれ故郷を離れ、新たな地へ旅立つ。それをよしとする価値観が社会一般にあり、その価値観に裏づけられた社会慣行が長年にわたって引き継がれてきた。1998年に南スラウェシのパレパレからカリマンタン東岸のサマリンダへ向かう木造貨客船で出会ったラタンドゥさん（37歳、男性）が語ってくれた彼の半生は、ブギス人の行動原理をよく表している［北窓 2001: 134-136］。

　南スラウェシ州ボネ出身のブギス人である彼は、17歳まで故郷で暮らした後、親戚をたよってジャカルタへ向かった。その親戚はジャカルタ湾で櫓敷網漁を営んでいた。その操業を6年間手伝った後、ジャカルタの港から沖合に浮かぶスリブ諸島で暮らす人びとや観光客向けのホテルに、米や野菜などの生活物資を運ぶ仕事に就いた。その頃、ジャワ島西部出身のジャワ人女性と知り合い、結婚した。ジャカルタでの生活は14年に及び、彼は31歳になっていた。ボネ出身のブギス人は、ジャカルタへ出稼ぎに出る最初の数年間を敷網漁で働き、そのあいだに資金を蓄えながら、自分がやりたいと思う仕事を見つける。彼にとっては、それがエビ養殖だった。幾ばくかの資金を蓄えた彼は、1992年にボネへ帰り、エビ養殖を始めた。96年までの3年半で7回の収穫を得るが、8回目に病気が出て失敗した。その後、カリマンタン東部に養殖地を移し、新たな挑戦を始めようとしていた。

　インドネシアのエビ養殖生産は、1985年に4万トンたらずだったのが、90年に11万トン、95年に15万トンへと、10年間で3.6倍に増加した。ジャワ島ばかりでなく、スマトラやカリマンタンなどの外島で養殖適地となるマングローブ林が伐採され、養殖池面積が拡大したこと、技術や経営形態を粗放的養殖から集約的養殖に転換したことなどが、その背景にあった。この時期、海域東南アジアの各地でエビという商品はブーム化の状況にあり、生産されたエビは日本

などの消費国へ輸出された。

　この時期のエビにみられるような海産物のブーム化は、海域東南アジアにおいて時々見られる現象である。たとえば、1988年頃、アル諸島のドボはフカヒレ景気のただなかにあった。86年にルピアの切り下げが行われたことと、香港市場でのフカヒレ価格の高騰が重なって、買付け競争が激化し、インドネシアのフカヒレ価格が急騰したからである。それまで白蝶貝を採取していたダイバー船の多くが、サメ刺網漁船に転換した。ドボを根拠地とするサメ刺網漁船はその頃200～400隻にも及んだ。エビやフカヒレのほかにも、90年頃の官民あげての生鮮マグロの空輸ブームや2008年前後の南スラウェシでの海藻養殖ブームなど、ブーム化の事例は豊富にある。

2　卓越する「海の論理」

　海域東南アジアには道としての海が広がり、モノや人が移動する拠点と拠点が船によって結びつくことで、流通網が生まれた。こうした人とモノのネットワークに支えられ、人びとはその時々に有利な商品となる海産物を求めて、東南アジアの海域空間を自由に移動してきた。海域東南アジアの海民は、日本の中世における職人的海民のように供御人や神人としての特権を持つことなく、海に生きるふつうの人びととして、今日まで広大な海域空間を自由に活用してきたのである。

　海域東南アジアにおいて、海を自由に移動する海民たちの活動は、インドネシア東部海域のサシの現場にも及んでいる。たとえば、前述のタブラヌス村が占有する海域にブギス人の敷網船が侵入し、漁獲操業を行った。このため、タブラヌス村の住民とのあいだで争いになったことがある。マルク諸島のハルク島では、川を遡上するイワシの一種がサシの対象となっている。ところが、近隣の海民が沖合で集魚灯による敷網を使って漁獲したため、紛争に発展した。

　このように、マルクやパプアの海域で慣習法共同体が共同占有権を主張する海域に、外部からの移動漁民が侵入し、慣習法共同体が実施するサシなどの漁場利用の秩序を乱している事例は、近年ますます増えている。その背景には、漁業の近代化による漁船の動力化によって、海民たちの機動力が飛躍的に向上した現実がある。

　海域東南アジアの海面利用においては、海にかかわって生きる圧倒的多数の

海民たちが漁場横断的に海を利用し、その時々で市場価値の高い海産物にアクセスする。こうした「海の論理」が、陸地の延長としての地先海面の権利を主張する「陸の論理」を圧倒しているのが、現代の海域東南アジアである。両者の力関係の差は、人口圧力が大きく、海の資源枯渇が危惧されるインドネシアの西部海域から、相対的に人口圧力が小さく、未開発の東部海域へ、海域東南アジアの海民が海のフロンティアを求めて移動する時代の流れとともに拡大する傾向にある。

3　共有した「海の時代」

中世の日本列島において、移動するための主要手段は海や川の利用だった。瀬戸内海には、通行する船を見張るのに最も好都合な場所に海城があり、航行する船は海の領主にきちんと関所の通行料を支払う限りにおいて、安全な通行が保障された。しかし、もしも彼らが通行料の支払いを拒めば、海の領主はその船を囲んで取り押さえた。海の領主は状況に応じて海賊にもなったという［網野 1998: 269］。

この時代、アジアの海ではマラッカ王国が国際貿易の一大中心地として栄えていた。1512年にマラッカを訪れたトメ・ピレス（Tomé Pires）は、そこで取引している人びとと彼らの出身地について、63の地域と人を挙げたのち、マラッカの港では84の言語が話されていると記述した。マラッカにやって来る商人は、商品の100分の6にあたる税金をマラッカ王国に支払い、国王や王国の役人に100分の1ないし2に相当する贈り物をしなければならなかった。彼はまた、マラッカ王に服従するセラテ人（マライ人で海上生活を主とする人びと）は盗みをはたらく海賊で、小舟に乗って海上を移動し、可能な場所で略奪するとも記している［ピレス 1966: 444, 455, 462］。中世のマラッカ海峡は海賊の海でもあった。

中世の瀬戸内海とマラッカ海峡には、共通する景観があった。その時代、二つの地域はともに人びとが頻繁に海を移動した。まさに「海の時代」を共有していたのである。

その後、幾世代もの時代を経て、かつて瀬戸内海にあった多くの遠浅の入り江は埋め立てられ、陸と海の境界は地図の上に護岸という一本の線として描けるようになる。陸と海のあいだのあいまいな空間が、埋め立てによって陸地に

第13章 ひとはいかに海を利用してきたか

変化したからである。そこには自動車道が走り、鉄道網が敷かれる。臨海地帯は原料の入荷や製品の出荷に適地を提供し、工業地帯へと変貌する。その変化の過程で、地盤沈下や水質汚染、大気汚染などの公害も発生した。潮汐による干満差によって、海水と陸水が定期的に入り混じることで豊かな水産資源を育んだ遠浅の海は、現在の瀬戸内海ではほとんどが消失してしまった。東京という中心から拡散する交通網や情報網からなる一元化された社会の一部として、「陸の論理」が貫徹する場となる。人びとの視界から海は遠ざかり、海は国内と海外を隔てる壁となった。

一方、現在のマラッカ海峡の特にスマトラ島側を見れば、今なお深いマングローブ林におおわれた迷宮の水路が続く（図4）。潮汐の大きな干満差によって、満潮時には内陸部に向かい何キロメートルにもわたって海水が河川を上っていく。人びとが暮らす村や町は、マングローブ林の中に分布する点として存在する。海と陸の境界があいまいなマングローブデルタが広がる社会生態空間では、海と川が人びとの移動と生活を支えている。ここでは今もなお、人びとの生活にとって海と川が現役なのである。

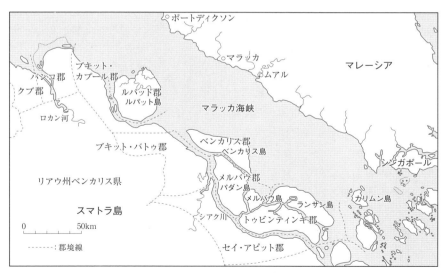

図4　現在のマラッカ海峡
出典：北窓［2000a: 53］をもとに筆者作成

321

第4部　海の民の豊かな世界

　この地に暮らす人びとにとって、マラッカ海峡は国境の海というよりも、対岸をつなぐ生活の海である。スマトラ島の村を出た海民がマラッカ海峡で漁獲した魚介類を直接マレー半島で水揚げすることもあるし、親に勧められた結婚を嫌う若い女性が、船に乗って対岸へ逃げ、しばらくのあいだ、姿を隠すことも日常のひとこまである。ここでの海は国と国を隔てる壁ではなく、人やモノを結びつける道なのである。

おわりに——社会生態単位と発展史観

　人びとの思考や価値観は、その地に暮らす人びとの日常景観や日々の情報に制約される。東京という首都から拡散する交通網や情報網の中で日々の生活を営む私たちと、ジャカルタという国家の首都よりも、むしろマラッカなど対岸の社会へ日常的に海を渡るスマトラ島東岸のマングローブデルタに暮らす人びとの意識が異なるのは自然である。本章の最後にあたり、異なる自然生態基盤のもとで、その自然生態基盤に影響を受けながら生まれてきた人間の社会集団と不可分に結びついた、いわば社会生態単位を考えてみよう[9]。

　かつて一つの地域に「海の時代」があり、その景観の中で生まれてきた社会に海民と呼びうる人びとがいた。その後の時代の変遷を経て、職能の分化が進み、国境で区切られた「陸の論理」が貫徹する社会へ変貌し、海民の世界が歴史の狭間に埋没した社会がある。

　かたや、かつて「海の時代」を共有したもう一つの社会では、国家という国境で区切られた「陸の論理」が貫徹する時代になってもなお、何百キロメートルと続くマングローブ水路と低湿地帯という自然生態基盤に形成された社会ゆえに、人びとが水路や海を移動する「海の時代」が今日まで続いてきた。そこでは、「陸の論理」がジャカルタから放射状に延びる航空路を利用する一部の人びとのみの論理であり、圧倒的多数の普通の人びとにとって、ある島から隣接する島へ海を渡る「海の時代」が今も続いている。

　そこでは、水路と水路につながる海がその地に暮らす人びとの生活の道となり、多様な資源特性に支えられた生業の多様性を生活に取り込む人びとは、今もなお「海民」と表現できる生業形態を営んでいる[10]。このことを考えるとき、中世—近世—近代—現代といった一律な歴史的発展史観では捉えきれない、自然生態基盤とそこに形成される人間社会とのハーモニーでつくり出され

る社会生態単位の違いに応じた発展史観の可能性が強く意識される。

　冒頭での問題意識として、海域東南アジアで暮らす人びとが、海とそこにある資源に権利を行使し、必要な義務を負うシステムとはどのようなものなのかを考えたいと述べた。そして、日本の社会と海域東南アジアの社会を等置しながら、議論を進めてきた。海域東南アジアの現代的文脈において、どのようなシステムがあれば、海に生きる人びとが地先の海とそこにある資源を正当に活用し、持続的な生活を確保していけるのか、私にはまだその青写真が描けてはいない。

　私が現時点でただ一ついえるのは、対象となる地域の自然生態基盤とそこに形成される人間社会とのハーモニーでつくり出される社会生態単位の性格と、その範囲を強く意識することが重要だということである。異なる社会生態単位に応じて人びとの価値観と生活様式があり、それによって発展史観が異なるとすれば、その社会に埋め込まれるであろう慣習や制度もまた、おのずと異なるはずだからである。

【注】
(1) 日本では何人も無条件で漁業を営むことはできない。漁業者は、漁業法の定めに従って免許、許可、承認などを取得しなければならない。そのうち、都道府県知事が発行する免許によって、特定の水面で特定の漁業を排他的に営むことができる権利を漁業権という。漁業権漁業には定置漁業、公共水面を用いて行う養殖業、漁業協同組合が共同で権利を利用する小規模漁業などが含まれる。
(2) アウトリガーとは細長いカヌーの平衡を保つために舷外に張り出した浮材のこと。カヌーの両側に浮材があるものをダブルアウトリガー、片舷のみに張り出したものをシングルアウトリガーという。
(3) ファン・フォレンホフェンは、この権限を処分権と呼んでいる。しかし、この表現は英語のright of disposalと混同されやすいため、本章では「共同占有権」とした。
(4) 1870年に制定された「土地法」第1条による。
(5) 「ボネ県の漁業事業許可に関するボネ県地方規則 2006年度第10号（Peraturan Daerah Kabupaten Bone Nomor 10 Tahun 2006 tentang Surat Izin Usaha Perikanan di Kabupaten Bone)」および「ボネ県の漁業事業許可に関するボネ県地方規則 2006年度第10号実施細則（Pelaksanaan Peraturan Daerah Kabupaten

Bone Nomor 10 Tahun 2006 tentang Surat Izin Usaha Perikanan)」によれば、SIUP取得のための年間登録費は櫓敷網で10万ルピア（約1000円）、簀建で5万ルピア（約500円）である。

(6)　2010年7月20日、南スラウェシ州ボネ県の海洋水産事務所での聞き取りによる。

(7)　このブギス人漁業者によれば、敷網用の櫓は5～10人が5日で建造できるという。

(8)　秋道はコモンズを「共有とされる自然物や地理的空間、事象、道具だけでなく、共有資源（物）の所有と利用の権利や規則、状態までを含んだ包括的な概念」と位置づけ、それをローカル・コモンズ、パブリック・コモンズ、グローバル・コモンズに分けて整理した。ローカル・コモンズとは、「住民自らが利用慣行や権利を村落の成員間で共有し、外部者を排除する」資源利用とそのあり方であり、パブリック・コモンズとは、「社会一般や国家によって共有される場ないし資源」をいう［秋道 2004: 25-26］。スカルノ大統領が「自国の領海はインドネシア国家のものであり、同時にすべてのインドネシア国民のものである」と宣言したインドネシアの領海は、ここでいうパブリック・コモンズだといえる。

(9)　高谷好一［1993］は、生態環境とそこに住む人間とそこに流入した外文明の影響の結果として生まれる、同一の世界観を共有する人たちが暮らす範囲を「世界単位」として提示した。本章で提示する社会生態単位は、その定義に準ずるものである。しかし、分析視角や範域については、今後さらに精緻化を進めたい。

(10)　熱帯に位置する海域東南アジアでは、生産の対象となる資源の多様性に特徴がある。たとえばマングローブ林やサンゴ礁性の海では、色とりどりの魚や種々の甲殻類、貝類や海藻など、水中生物の種類が豊富である。生物の種類が多様だということは、同一種あたりの生産量がさほど多くないことを意味する。このため、それらを生産する技術は多様になる。陸上の資源についても同じことがいえ、こうした多様な資源特性を取り込む生業形態は、おのずと多様なものになる。

【参考文献】

秋道智彌. 2004.『コモンズの人類学——文化・歴史・生態』京都：人文書院.
網野善彦. 1984.『日本中世の非農業民と天皇』東京：岩波書店.
―――. 1998.『海民と日本社会』東京：新人物往来社.
加納啓良. 1994.「インドネシア農業における土地制度」『インドネシアの農林業——現状と開発の課題1994年版』東京：（社）国際農林業協力協会.

岸幸一；馬淵東一（編）．1969．『インドネシアの社会構造』東京：アジア経済研究所．
北窓時男．2000a．『地域漁業の社会と生態——海域東南アジアの漁民像を求めて』東京：コモンズ．
―――．2000b．「漁場管理の環境社会学的考察——インドネシアの事例から」『地域漁業研究』40(2): 19-41．
―――．2001．「東南アジアの海に生きる漁民たちのくらし——漁民と漁業の多様性」『海のアジア③島とひとのダイナミズム』尾本惠一；濱下武志；村井吉敬；家島彦一（編），115-140ページ．東京：岩波書店．
―――．2013a．「漁村に暮らす——海に生きる人びとの時間と空間」『インドネシアを知る60章』村井吉敬（編），81-85ページ．東京：明石書店．
―――．2013b．『海民の社会生態誌——西アフリカの海に暮らす人びとの生活戦略』東京：コモンズ．
高谷好一．1993．『新世界秩序を求めて——21世紀への生態史観』東京：中公新書．
立本成文．1999．『地域研究の問題と方法——社会文化生態力学の試み』京都：京都大学学術出版会．
トメ・ピレス．1966．『東方諸国記』東京：岩波書店．
二野瓶徳夫．1981．『明治漁業開拓史』（平凡社選書70）東京：平凡社．
羽原又吉．1952．『日本漁業経済史　上巻』東京：岩波書店．
水野広祐．1988．「インドネシアの土地所有権と1960年土地基本法——インドネシアの土地制度とその問題点」『国際農林業協力』10(4): 54-71．

【推薦図書】
秋道智彌；岸上伸啓（編）．2002．『紛争の海——水産資源管理の人類学』京都：人文書院．
京都大学東南アジア研究センター（編）．1997．『事典東南アジア——風土・生態・環境』東京：弘文堂．
村井吉敬．1998．『サシとアジアと海世界　環境を守る知恵とシステム』東京：コモンズ．

第4部　海の民の豊かな世界

第14章　フィリピンとマレーシアのあいだの海域世界
―― スル諸島ムスリム社会の周辺化と自律

石井　正子

はじめに

　2011年1月17日、私はフィリピン人ムスリム（イスラーム教徒）の友人2人と共に、フィリピン・ミンダナオ島のサンボアンガ（Zamboanga）からマレーシア・ボルネオ島のサンダカン（Sandakan）行きの船に乗り込んだ（地名と調査旅程については図1を参照）[1]。フィリピンとマレーシアのあいだの海域を渡るルートは、フィリピン側では「裏口（back door）」と呼ばれている。この海域を通じて、日用品から麻薬までが密貿易によりフィリピンまたはマレーシアにもたらされ、国境を越える違法な人の往来が見られるからである。「海賊」も出没する。

　しかし、私にとっては、この海域こそが「一度は渡ってみたいあこがれのルート」になっていた。ここは、かつてイスラームが今日のフィリピンにもたらされた「表口」であり、スル王国（Sulu Sultanate）が繁栄し、モロ民族解放戦線（MNLF: Moro National Liberation Front）の拠点が置かれた場所であった。ほぼ毎年フィリピン南部のムスリム社会を訪れてきたこの20年間、どれだけこの海域を往来した人びととの物語を聞いたことだろう。「表」か「裏」かは、どの視点に立つかによって異なるのだ。

　本章は、フィリピンとマレーシアのあいだの海域世界に焦点をあて、その歴史的変遷のなかでも、フィリピンのスル諸島（スル州、バシラン州、タウィタウィ州）におけるムスリム社会の動向を描こうとするものである。この海域は18世紀後半から19世紀前半にかけてスル王国を中心に最も繁栄した。スル王国の中心のホロ島は、ボルネオ島、ミンダナオ島、そしてセレベス（スラウェシ）島や香科群島（モルッカ諸島）に囲まれた海上交易の要所にあった。スル王国は、スペインやオランダが進出してくると、それらや中国、イギリスなど

の勢力を舵取りしながら、ダイナミックな海上交易を展開した。歴史家のワレンは、スル王国を中心ととした海上交易ネットワークをスルゾーン（Sulu Zone）と呼び、植民地勢力や国境によって分断される前の在地の社会経済の論理を明らかにした［Warren 1985］。スル諸島は、アメリカ植民地期に現在のフィリピン国家の領域内に組み込まれ、かつてのスルゾーンには、現在、フィリピン、マレーシア、インドネシアの国境が引かれている。

しかし、同海域では、国境を越えたヒトとモノの往来が連綿と続いている。スルゾーンに引かれた国境線は、スル諸島のムスリム社会のフィリピン国家への帰属を固定化しなかった。

スル諸島のムスリム社会にとって、フィリピン国家の一部に位置づけられる歴史は、同社会が周辺化されていく過程でもあった。スル王国は、かつてはフィリピンのどの地域よりも繁栄し、スペインによる植民地支配と戦った。植民地時代からキリスト教徒中心の中央政府に対抗することで強化されてきたムスリムとしてのアイデンティティは、スル諸島のムスリムが周辺化されることに抵抗する精神的基盤を形成した。1970年前後からは、武力紛争が展開し、国家の管理統制が行き届かない地域が形成されている。こうした状況は、スル諸島だけに限らず、フィリピン南部のムスリム社会全般にいえることではある。しかし、とりわけスル諸島の諸勢力は、国境管理が緩やかな海域世界を利用して外から経済的資源を入手することができるため、国家から自律することが可能になっている。2013年には、スル諸島および周辺域において「スル王国軍」とMNLFがかかわる二つの武力衝突が起こったほどである。

フィリピン国家の周辺に位置づけられていく過程で、南部のムスリム社会は、国家統合への協力と適応、そして抵抗を繰り返してきている。本章は、そのようなフィリピン南部のムスリム社会のうち、特に、スル諸島のムスリム社会に焦点をあて、その動態を論じる。具体的には、①国政政治に参加したエリート指導者、②分離運動を展開したMNLF、③サバの領有権を主張する「スル王国軍」の三者に注目する。かつてMNLFは「バンサモロ（モロ民族）」として多様な民族集団をまとめ、自決権獲得を目的に戦っていた。しかし、近年では、モロイスラーム解放戦線（MILF: Moro Islamic Liberation Front）を構成するミンダナオ島の主な民族集団とは異なることを主張し始めている。こうした新たな動きが見られることに注目し、フィリピン南部のムス

第4部　海の民の豊かな世界

リム社会の多様性と、スル諸島のムスリム社会の自律性に目を向けることの重要性を喚起し、フィリピン南部を「ミンダナオ」とまとめて称する見方に対して、一石を投じたい。

図1　フィリピンとマレーシアのあいだの海域世界を渡る
　　　調査経路（2011年1月10〜22日）
出典：Google Mapをもとに筆者作成

第14章　フィリピンとマレーシアのあいだの海域世界

第1節　スル王国の繁栄と衰退

1　海上交易、イスラームの伝来——シムヌル島訪問

　フィリピンは、キリスト教徒が人口の大多数を占めるアジアで唯一の国である。しかし、首都マニラと南部のミンダナオ島、スル諸島、そしてパラワン島には、総人口の5％ほどのムスリムが生活している。フィリピンのムスリムは10以上の異なる言語を話す集団で構成されている。そのうちスル諸島のタウスグ（Tausug）人、サマ・デヤ（Sama Deyaq）人／サマル（Samal）人、ミンダナオ島のマラナオ（Maranao）人、マギンダナオ（Maguindanao）人が、人口が大きい民族集団である。

　なぜ、フィリピン南部に少数派のムスリムが住んでいるのだろうか。そうした宗教人口の地理的分布は、隣のインドネシアやマレーシアの人口の多数がムスリムであることを考えたとき、まったく不思議ではなくなる。

　フィリピン南部は、サウジアラビアのマッカ（メッカ）を中心とするイスラーム圏の東の周縁部に位置している。13世紀から14世紀頃、アラビア半島からインド洋を渡り、東南アジア島嶼部をつなぐ海の交易ルートが成立した。イスラームはこの海上交易ルートを通じてフィリピン南部に伝わった。

　実は、サンボアンガで船に乗り込む前、私たちはマレーシアに渡る近道を目指し、タウィタウィ州のシムヌル（Simunul）島に降り立っていた。サンボアンガからサンダカンまでは船で1日以上かかるが、シムヌル島からだとランツァ（lantsa）と呼ばれる動力船で6〜8時間ほどである。このルートでマレーシア側に渡ることは長らく非合法であったが、近年、合法になったとの情報を得ていた。しかし、実際にシムヌル島に到着してみると、確かに島民は日常的にマレーシアとのあいだを往来しているが、そのルートはまだ合法にはなっていなかった。私たちはシムヌル島からマレーシアに渡ることを断念した。

　シムヌル島には、1380年に建てられたというシャイフ・マフドゥーム・モスク（Sheik Makhdum Mosque）があった（写真1・2）。それは、今日のフィリピン共和国に残る最古のモスクの一つだとされている。入り口には、モスクはイスラームがもたらされてから6世紀後の1980年に改修されたこと、開設記念式典にはゲストとして当時の大統領、フェルディナンド・マルコス（Ferdinand Marcos）とイメルダ（Imelda）夫人が来訪したことを記すプレートが

写真1　シャイフ・マフドゥーム・モスク

あった。後述するように、フィリピン南部のムスリムを中心とする分離運動は、マルコス政権期に激化した。それを鎮めるために、マルコスはムスリムに対して多くの懐柔政策を実施した。このモスクの改修も、そうした懐柔政策の一つとして行われたと考えられる[2]。

2　スル王国の繁栄

東南アジア島嶼部では、15世紀から17世紀にかけて海上交易が活発になった［Reid 1990, 1995］。それにともなってムスリム商人やイスラームの布教者が現在のフィリピンにやってきた。その影響により、15世紀にスル諸島を中心にスル王国、16世紀にミンダナオ島を中心にマギンダナオ王国（Maguindanao

写真2　シャイフ・マフドゥーム・モスクの門に「祝イスラム伝来から630年目」の文字

Sultanate）が形成された。双方ともにイスラーム王国であり、スルタン（sultan）によって統治された。スルタンとは、東南アジア島嶼部がイスラーム化する過程で、在地の君主が権力の正統性を強化するために用いた称号である［小林 2002］。

しかし、イスラームの影響が海上交易に乗ってフィリピン諸島の南から北東方面に広がり始めていた16世紀、その拡大は突如阻まれることになる。1521年、ポルトガル人のフェルディナンド・マゼラン率いるスペイン船隊が太平洋を渡ってセブ島付近のマクタン島に到着し、キリスト教がもたらされたのである。続いて、スペイン国王フェリペ二世の命を受けたミゲル・ロペス・デ・レガスピが65年にフィリピン諸島に到達し、71年にイスラームの影響が及んでい

たマニラに植民地政府の拠点を築いた。スペインは征服と同時に住民をキリスト教に改宗していった。ところが、香料などを求めて南部に進出すると、そこにはイスラーム王国の中心があった。スペインは、かつて十字軍の遠征で敵対した北アフリカのムスリムのムーア人を「モロ（Moro）」と呼んでいた。フィリピン諸島南部のムスリムもスペイン植民地支配に激しく抵抗し、キリスト教への改宗を拒んだ。スペインは敵意と憎悪を込めて彼らを同じく「モロ」と呼んだ。そしてキリスト教徒化した中北部の住民を動員し、「モロ」とのあいだで300年以上にわたって戦争を繰り返した。これを、モロ戦争という［Majul 1999: 121-297］。

　マギンダナオ王国とスル王国がスペイン植民地支配に抵抗することができたのは、両者が海上交易によって富を蓄積し、スペイン以外の植民地勢力を利用することなどにより、軍事力を強めたからであった。たとえば18世紀後半になると、中国への交易拠点を求めてイギリスがスル王国に接近してきた。スル王国のスルタンは、イギリスとの貿易によって武器・弾薬を手に入れて王権を強化し、ブルネイを抑えて北ボルネオへの支配力を強めた。スル王国は次第にイギリス、スペインに加えて、アメリカとの貿易も発展させた。ナマコ、ツバメの巣、フカヒレ、鼈甲、白蝶貝などの海産物や、蜜蝋、シナモンなどの森林産物を輸出することで、広東、マカオなどとのあいだの中継貿易の中心地となり、18世紀後半から19世紀前半にかけて経済的に繁栄した［Warren 1985; 早瀬 2003: 27-28］。

　一方、スル王国が北ボルネオへ支配力を強めていた史実が、後にフィリピンとマレーシアのあいだの北ボルネオ／サバをめぐる領有権問題へと発展することになる[3]。1878年、勢力の衰えていたスル王国のスルタンは、オーストリア・ハンガリー帝国の香港領事とのあいだに北ボルネオの権利にかんする契約を結んだ。このとき両者が交わした契約に「パジャック（padjak）」という言葉が使われた。スル王国側はこの言葉は「租借」を意味すると主張し、この契約を今日までサバに対する領有権の根拠としている。一方、北ボルネオの権利を引き継いだイギリス北ボルネオ会社はパジャックを「割譲」と解釈し、その代金として5000海峡ドル（後に5300海峡ドル）をスル王国のスルタンに毎年払っていた。スル王国のスルタンからみれば、これは「租借代金」であった。1963年に北ボルネオはイギリスから独立し、サバ州としてマレーシア連邦の一

部となった。それ以降は、マレーシア政府がスルのスルタンの末裔に毎年5300リンギを支払っている［山本 2013］。

19世紀半ば頃になると、マニラに植民地政庁を置いていたスペインは、スル王国と他のヨーロッパ諸国との貿易を抑えるため、たびたび攻撃を仕掛けるようになった。また蒸気船を導入してスル海域の海賊を取り締まるようになった。シンガポールや香港などが近代的な港湾施設や通信網を整備させると、スル王国の交易中継地としての重要性は低下し、19世紀半ばには勢力が衰え始めた［早瀬 2003: 27-30］。1898年には、米西戦争に勝利したアメリカが、翌年スル王国とベイツ協定（Bates Treaty、後述）を結んだ。

こうしてスペイン植民地末期には、南部のイスラーム勢力はスペインと和平を結んだり、その保護下に入ることを認める書類に署名をした。しかし、スペインの実質的な支配が南部に及ぶことはなかった［Majul 1999: 337-364］。フィリピン中北部の住民がキリスト教徒化してスペインの植民地支配下に置かれたのに対し、南部のムスリムはスペインから自律し続けた。その歴史は、フィリピンのムスリムが誇る歴史観となって継承されている。

第2節　スル諸島の周辺化——アメリカ植民地期から独立期

1　プトリ・モネラ・アミルバンサとオンブラ・アミルバンサ

シムヌル島を後にした私たちは、サンボアンガでスル王国の末裔の一人であるというプトリ・モネラ・アミルバンサ（Putri Monera Amilbangsa）と出会った。プトリとは王女の意味である。兄のオンブラ・アミルバンサ（Ombra Amilbangsa）は、初期にフィリピン国政に参加したムスリム議員の一人であった。彼女自身は、サバ州から「租借代金」を受け取る資格を持つが、親族との分配争いを避けて、受け取りを辞退しているという。

モネラが「租借代金」を受け取っていないことには、別の理由もある。スル王国のスルタン、ジャマルル・キラム二世（Jamalul Kiram II）には正統なスルタン継承者がいなかったといわれてきた[4]。それもあり1936年のジャマルル・キラム二世の没後、スルタンの継承権は複数の親族で争われてきた。オンブラの妻ダヤン・ダヤン・ピアンダオ・キラム（Dayang Dayang Piandao Kiram）はキラム二世の有力な相続人の一人であった。それを根拠にオンブラ

第14章　フィリピンとマレーシアのあいだの海域世界

はスルタンを名乗った。しかし、彼のスルタンとしての正統性は、他の親族から争われている。ちなみにダヤン・ダヤン・ピアンダオは、1939年にイギリス北ボルネオ会社の高等裁判所に対し、9人のスル王国の末裔に「割譲料金」を支払わせることを認めさせたことで知られている［The Philippine Daily Inquirer. Feb 23, 2013］。モネラとオンブラはシムヌル島出身である。

　ここで、アメリカ植民地期以降、南部のムスリム社会がどのようにしてフィリピン国家に統合されていったかを簡単に振り返ってみたい。1898年に米西戦争に勝利したアメリカは、スペインからフィリピン諸島の領有権を得たが、フィリピンの独立を目指して戦ってきた現地の革命勢力はこれに抵抗し、両者のあいだに米比戦争が勃発した。アメリカは米比戦争において、まずは兵力をフィリピン中北部に集中させて同地域を平定すべく、南部の抵抗を抑止するために99年にキラム二世とベイツ協定を結んだ。ベイツ協定により、スルタンやダトゥ（貴族・首長）層の権利と尊厳が尊重されること、アメリカは「モロ」の宗教に干渉しないことなどが約束された。しかしアメリカは、米比戦争に勝利すると、一方的にベイツ協定を破棄した。そして、スルを含めた南部のムスリムや非ムスリム系先住民を植民地行政下に置き、フィリピン国家に段階的に統合していった。

　1915年、キラム二世は、アメリカ植民地政府とカーペンター覚書協定に署名した。この協定により、スルのスルタンはアメリカの主権を認め、世俗的な権限を放棄し、宗教的権限のみを保持することとなった。翌16年、アメリカ議会はフィリピン自治法（ジョーンズ法）を制定し、上院と下院から成るフィリピン議会を設置し、行政機構のフィリピン人化を促進した。同法により、非キリスト教徒部族局（Bureau of Non-Christian Tribes）が設置され、国家統合が推進された。しかし、南部のムスリムは、モロ戦争でスペイン側に動員された中北部のキリスト教徒を信頼することができず、彼ら中心の政府に組み込まれるよりは、アメリカの保護下に置かれることを望んだ。21年にスルのダトゥたちは、アメリカ政府に対してミンダナオ島とスル諸島をフィリピンから分離するよう嘆願書を送った［Majul 1985: 22］[5]。しかし、34年にはフィリピン独立法が成立し、35年に南部のムスリム社会を含めたコモンウェルス政府（独立準備政府）が発足した。

2 エリート指導者層の協力

　一方、アメリカの植民地支配に対する勢力が鎮圧され、スル王国のスルタンがアメリカの主権を認めていく歴史の流れのなかには、テンブラ・アミルバンサのように、アメリカの植民地支配体制を担う一部のダトゥ層の存在もあった。オンブラは1934年から35年までのフィリピン議会、およびコモンウェルス期の35年から38年までの第1回国民議会の議員を務めた[6]。実質的には日本軍政下にあった43年から44年に設置された国民議会では、スル州を代表する議員になった。日本はフィリピン南部のムスリムを統治するにあたって、オンブラのような国会議員などの有力者の協力を取りつけることを基本方針とした［川島 1999: 108］。

　日本の敗北が近づいた太平洋戦争末期に、コモンウェルス政府が復活すると、オンブラはコモンウェルス期第3回国民議会の代表になった。1946年にフィリピンが独立してからは、61年まで連続して下院議員を務めた。モネラによると、この議員時代に兄のオンブラは、49年に下院議員に当選し、その後、上院議員、大統領と登りつめていったフェルディナンド・マルコスと親しくなったという。マルコス夫妻がアミルバンサ家を訪ねてきて、ムスリムが日常行っているように右手をつかって一緒に食事をしたこともあったという。

　1957年、当時のカルロス・ガルシア（Carlos Garcia）政権は、非キリスト教徒のフィリピン人を国民として完全に統合するために、国民統合委員会（CNI: Commission on National Integration）を設立した[7]。モネラはディオスダド・マカパガル（Diosdado Macapagal）大統領の時代（1961～65年）の62年からマルコス時代（1965～86年）の75年までCNIの次長（Associate Commissioner）を務めた[8]。当初、CNIの次長職への打診があったとき、彼女は荷が重すぎると思いそれを断った。しかし、兄に請われて、同職を引き受けることとなった。当時のCNIの委員長は、マカパガル政権と非常に近しかったダトゥ・ママ・シンスアット（Datu Mama Sinsuat）であった。国民統合委員会は、ムスリムや他の少数民族に奨学金を支給するなどの役割を果たした。

　このようにしてオンブラは、アメリカ植民地期、日本軍政期、そして独立したフィリピン政府において、中央政府とスル諸島のムスリム社会をつなぐ役割を果たしてきた。

　しかし、アメリカ植民地期から独立後の1960年代にかけて、フィリピンのム

第14章　フィリピンとマレーシアのあいだの海域世界

スリム社会は急速な経済的、社会文化的、政治的周辺化を経験する。まず、経済的には、アメリカ植民地期から北部のキリスト教徒をミンダナオ島に入植させ、南部を開拓する政策が実施された。この政策は、独立後にも継続された。入植地はスル諸島には設けられなかったが、ミンダナオ島ではムスリムや非ムスリム系先住民の先祖伝来の土地がキリスト教徒の移民の所有になっていった。アメリカ植民地期にはムスリムに対して同化主義がとられたため、ムスリムの社会文化実践を考慮に入れない学校教育が導入され、独立後にも実施された［Majul 1985: 30］。1950年代には南部で普通選挙が全面的に導入された[9]。すると、中央行政機構から排除されたムスリム指導者層が、人口比率を伸ばすキリスト教徒に政治的基盤をゆるがされるようになり、不満を高めていった［川島 1992: 133-134］。

　ムスリム社会が周辺化されていく流れのなかで、1961年にオンブラはスル州をフィリピンから独立させる法案を下院に提出した［Majul 1985: 39］。この法案は、世間の注目を集めたものの、成立はしなかった[10]。

　このオンブラの動きに見られるように、1960年代にかけてキリスト教徒とムスリムがそれぞれの宗教グループへの帰属意識を覚醒させられる象徴的な事件が続いた。そして、その流れは、バンサモロの自決権獲得を目指すMNLFやMILFによる分離運動の流れへとつながっていった。

第3節　政治化する境域——新しい指導者層の台頭とMNLFの誕生

1　新しい指導者層の台頭

　フィリピンのムスリム社会にとって、1960年代は変動の時代であった。アミルバンサ家やシンスアット家のようなエリート指導者にかわり、新しい指導者が台頭し始めていた。たとえば、学校教育の普及により、MNLFの初代議長となるヌル・ミスアリ（Nur Misuari）のように、高等教育を受けた若手知識人が台頭した。ミスアリは64年にフィリピン大学からアジア学の修士号を取得し、政治学の博士課程に進学した。66年から68年までは、同大学アジア学部の講師を務めた［Stern 2012: 13］。ミスアリらは、当時世界各地の植民地で起こっていた民族主義による独立運動や共産主義思想などの影響を受けた。そして、多国籍企業などによる新植民地主義や、フィリピン中央政府による国内植

335

民地主義により抑圧され貧困化した南部のバンサモロの民族解放を目指すようになった［Stern 2012: 25］。彼らは解放闘争を展開するなかで、スペインが名づけた「モロ」という蔑称を植民地勢力に屈しなかった誇り高い民族の総称に変えていった[11]。

また、CNIの奨学金などを受けて、ムスリムの若者がマニラの大学で学んだり、エジプト政府から奨学金を受けて同国の教育機関に留学するようになった。中東諸国から帰国した若いウラマー（イスラームの知識に優れた学者および宗教指導者）は、フィリピンにおけるイスラームのあり方や政治体制に対して批判的な態度をとり、反政府意識を強めた。そのなかにはミスアリと共に初期のMNLFの指導者となり、後にMILFを創設するハシム・サラマト（Hashim Salamat）も含まれていた［McKenna 1998: 143-144］。

オンブラ・アミルバンサのようなエリート指導者、ミスアリのような若手知識層、サラマトに代表される若手ウラマーの社会的不満が高まっていた最中、MNLF結成の契機となる事件が起きた。事件はシムヌル島から始まった。

2 ジャビダ事件とMNLFの誕生

1967年、スル諸島出身の約200人の青年がシムヌル島に集められた［Horvatich 1997: 203 (fn. 3)］。そのうち最大で180人が同島で軍事訓練を受けた後、さらに特別な訓練を受けるためマニラ湾の入り口にあるコレヒドール（Corregidor）島に移された。部隊はムスリムのあいだに語り継がれる伝説の美しい女性「ジャビダ（Jabidah）」にちなんで「ジャビダ部隊」と名づけられた。ところが訓練兵は約束された手当が支払われないなどの理由から不満を高め、一部が除隊を申し出た。すると秘密漏洩を防ぐためか、68年3月18日、彼らは狙撃された。その結果、最大で70人前後が死亡したといわれている。ところが1人が木板にしがみつき、海を漂流して生き延びた。当時のマルコス大統領の政敵であったベニグノ・アキノ上院議員が生存者に会い、議会においてスピーチを行ったため、事件は明るみに出された［Rappler. March 18, 2013］。

この「自由作戦（Oplan Merdeka）」と名づけられた訓練の目的については、いくつかの説がある［George 1980: 122-128; 鶴見 1986: 81-82］。うち有力なものが、フィリピンがサバに侵攻し、併合するための訓練であった、という説であった。

第14章　フィリピンとマレーシアのあいだの海域世界

　ジャビダ事件は当時、フィリピンのムスリムに対するジェノサイド（集団殺害）が実行されるのではないかとの噂に真実味を与える衝撃的なものであった。フィリピンのムスリムはこの事件を「ジャビダ虐殺（Jabidah Massacre）」と呼び、「虐殺」が実行された3月18日には、MNLFやMILFなどのムスリム解放戦線が中心になって、毎年さまざまなイベントを開催し、今日まで語り継いでいる。

　MNLF創設者のミスアリによると、「ジャビダ虐殺」こそが彼に武力蜂起を決断させるきっかけになったという［Stern 2012: 29］。事件後ミスアリは、MNLFを結成する兵士の軍事訓練に参加した。当初は独立を目指して武力闘争を開始したMNLFに支援を申し出たのは、マレーシア・サバ州のムスタファ・ビン・ハルン（Mustapha bin Harun）州首相やリビアのムアンマル・アル＝カダフィ（Muammar al-Qadhafi）大佐などであった。

　マレーシアとリビアでは、軍事訓練も行われた。マレーシアで行われる軍事訓練の通過点にもなり、当時フィリピン人ムスリムの一大集落が形成されたのが、サバ州のジャンピラス（Jampiras）と呼ばれる島の周辺であった。2011年1月22日、私たちはジャンピラスを訪ねた（写真3・4）。案内してくれたのは、軍事訓練が行われる前からジャンピラスに住んでいるというタウスグ人のA氏（男性、68歳、2011年現在）であった。

　サンダカンの市場の近くにある船着き場からジャンピラスまでは、15馬力のエンジンをつけ

写真3　ジャンピラス島　うっそうとしたマングローブでおおわれている

写真4　ジャンピラス島（2014年12月撮影）

た小船でおよそ25分ほどであった。ジャンピラスはマングローブが迷路のように生い茂る中にあった。この周辺を経由して、トップ90、そしてトップ300などと呼ばれる軍事訓練が行われた。トップ90には、ミスアリを含めた90人が参加し、トップ300には、2015年現在のMILF議長のムラド・イブラヒム（Murad Ebrahim）など300人が参加した。「当時は、とにかくたくさんの家が建ち並んでいて、MNLFが寄付で建てた学校やクリニックなど、あらゆる生活基盤がそろっていた」とA氏は語った。

　フィリピン政府とMNLFとの戦闘は、1970年代から80年代にかけて南部を中心に激化した。戦禍を逃れて、多くのフィリピン・ムスリムがマニラやサバ州に避難した。加えて70年代以降は、フィリピンからマレーシアに出稼ぎに行く労働者も増えた。2013年2月の「スル王国軍」による事件（後述）が発生したときには、サバ州を中心にマレーシアには80万人のフィリピン人が滞在していると報じられた［InterAksyon. Feb 27, 2013; The Philippine Star. March 5, 2013］。

第4節　スル諸島ムスリム社会の周辺化への抵抗

1　スル王国軍とMNLF

　バンサモロの自決権を求める武力闘争は、今日まで続いている。しかし、2015年現在、自治政府設立にむけてフィリピン政府と和平交渉にあたっているのは、MNLFではなく、MNLFから分派したMILFである。フィリピン政府とMNLFは、過去に二度にわたって和平合意に署名した。1976年トリポリ協定と96年最終和平合意である。96年最終和平合意では、トリポリ協定で自治が与えられると謳われた14州（76年当時は13州）9市において住民投票を実施し、ムスリム・ミンダナオ自治地域（ARMM: Autonomous Region in Muslim Mindanao)[12]にかわる新たな自治政府を設立する予定であった。

　しかし、住民投票の実施が予定されていた1998年が近づくと政府側もMNLF側も住民投票の準備が整っていないという理解に達した。そこで議会は住民投票の延期を決定した。しかし、2001年8月に政府は、MNLFの反対を押し切って住民投票を実施した。その結果、新たにバシラン州とマラウィ市がARMMに加わった。ARMMの知事に就任したのは反ミスアリ派のパロク・フシン（Parouk S. Hussin）であった。MNLFの創設者ミスアリは、この結果

第14章　フィリピンとマレーシアのあいだの海域世界

に納得しなかった。その後、ホロ島でMNLFと政府軍の交戦が起こり、MNLFの蜂起を扇動した容疑がミスアリにかけられた。ミスアリは海域を渡ってマレーシアに逃げた。そして、ジャンピラスで身柄を拘禁された［BBC News. Nov 24, 2001］(13)。

　2015年現在、和平交渉は主にフィリピン政府とMILFとのあいだで進められている。両者は96年最終和平合意を踏まえて和平交渉を行っているという立場をとっているが、事実上MNLFのミスアリ派は和平交渉から外れている。

　一方、サバの領有権の問題は、フィリピン政府の主要外交関心事ではなくなっている。独立後は、フィリピン政府は北ボルネオがかつてスル王国の支配下にあったことを根拠に、イギリスやマレーシアに対して領有権を主張した。しかし1977年に、当時のマルコス大統領はサバに対する領有権主張を取り下げようとした［Quezon III 2013］。ラモス政権時代（1992～98年）になると、経済発展が優先され、不法移民や密貿易などの国境管理が強化され、サバの領有権主張はほとんど唱えられなくなった。70年代以降に増加したマレーシアにおけるフィリピン人労働者の問題が多発すると、マレーシアはサバ州にフィリピン領事館の開設を求めるようになった。一方、領事館の開設は、マレーシアのサバに対する領有権を認めることになるため、この動きにスル王国の末裔が反対するという動きが見られるようになっている［The Manila Times. March 10, 2014］。

　このようにバンサモロの解放戦線の運動のなかにおいても、国政における位置づけにおいても、スルの諸勢力は周辺化されている局面にあるといえる。そのようななか、2013年にスル諸勢力による二つの大きな事件が起きた。

　2013年2月14日ごろ、100人の武装集団がサバ州ラハダトゥのタンドゥオ（Tanduao）村に到着したことをマレーシア警察筋が確認した。後に彼らは総勢200人以上であると報じられた［GMA News. March 7, 2013］。彼らが降り立ったのは、ヤシ油生産では世界第3位の規模を誇るフェルダ・グローバル・ベンチャーズ（Felda Global Ventures）のアブラヤシ園であった。彼らは、「スル王国軍」であると名乗った。率いていたのはスル王国のスルタンを称するジャマルル・キラム三世の弟のアジムッディン・キラム（Agbimuddin Kiram）であった。フィリピン政府とマレーシア当局は帰国を促したが、彼らは、「なぜわれわれの家（home）を去る必要があるのか」と主張したという

［GMA News. March 7, 2013; Rappler. March 2, 2013］。フィリピン側の報道では、彼らがフィリピン政府とMILFとの和平交渉においてサバの領有権問題が一顧だにされなかったことの不満を述べたとされた［MindaNews. Feb 22, 2013］。彼らはマレーシア政府が定めた帰国日の期限を過ぎても帰国しなかった。そのため、とうとう3月1日にマレーシアの治安部隊と「スル王国軍」とのあいだに発砲が起こり、交戦に発展した。その後、マレーシア政府は空爆による掃討を行った。これにより、スル王国軍側の死者数は70人近くに上り、マレーシア当局側にも犠牲者がでた。また、これに乗じてMNLFのミスアリがキラム三世を訪ねて支持を表明した［The Philippine Star. March 6, 2013］。

続いて同年9月9日、サンボアンガ市内において、MNLFと政府軍との戦闘が起こった。戦闘の1カ月ほど前の8月12日、ミスアリは、MNLFのみずからの派の集会で、ミンダナオ、パラワン、スル、サバなどを含む地域の独立を宣言していた［ABS-CBN News. Aug 14, 2013］。彼らの主張はフィリピン内外で注目はされたが、フィリピン政府には考慮されなかった。9月16日には、フィリピン政府とMNLFは、両者が署名した96年最終和平合意の履行にかんする見直しを行う予定であった［The Philippine Star. Sep 13, 2013］。このような予定をかかえてサンボアンガ市に到着したMNLFミスアリ派の兵士が、市役所でMNLFの旗を掲揚しようとしたところ、政府軍との衝突が起きた。

この戦闘に起因する死者数は100人を超え、国内避難民の数は約11万人以上に上った。戦闘はバシラン（Basilan）島にも拡大した。MNLFミスアリ派が戦闘の意図をもってサンボアンガに上陸したことを否定しているように［MNLF 2013］、この武力衝突は、かならずしもMNLFが意図的に起こしたものとはいえない。しかし、フィリピン側のメディアは全般的にMNLFを今回の事件の首謀者とみなし、MNLFが暴力を用いて問題を訴えたとの論調であった［GMA News. Sep 9, 2013; The Philippine Daily Inquirer. Sep 10, 2013; The Philippine Star. Sep 13, 2013］。また前述のような流れのなかで、フィリピン政府とMILFとの和平交渉から疎外されたMNLFミスアリ派や、スル諸島のムスリムたちの政治的アピールであるという見方が有力視された［Rappler. Sep 12, 2013］。

2　フィリピン南部ムスリム社会の多様性と自律性

　2013年にスル諸島の出身者がかかわった二つの武力衝突は、白紙の状態から突如起こったものではない。スル王国の武装集団の存在は2000年代以降には確認されている［Cortez 2002］。一方、サバの領有権問題は、かつてはフィリピン政府が「スル王国のスルタン」を代表してマレーシア政府と交渉をしていたが、1977年以降、歴代政権は重要外交事案に位置づけていない。バンサモロの自決権確立の闘争の中心は、ミンダナオ島を拠点とするMILFが担っている。2013年にスルにおいて一連の事件が発生する前年の12月19日、MNLFは公式ウェブサイトにおいて「フィリピンとマレーシア植民地主義――バンサモロの自由を恐れるのか？」と題する記事を掲載していた。その中に、興味深いことに、ミンダナオ島の民族集団であるマギンダナオ人と、スル諸島のタウスグ人を分けて論じている次の一節が掲載されていた。

　　　MNLFの指導者層にかんしていえば、90人、そして300人のMNLFの幹部オフィサーが、「特別支部」というインテリジェンス・グループに監督されたマレーシア兵士による訓練を受けたことはよく知られている。それにより、1968年から96年までのあいだ、〔マレーシア政府は（筆者注記、以下同）〕MNLFのフィリピン政府に対する自己防衛のための解放闘争を支援しているかのように見せかけた。しかし、マレーシアのインテリジェンス・グループは常にMNLFの指導者をタウスグ人からマギンダナオ人へ、とにかくミンダナオ本島出身者に代えたいと望んできた。タウスグ人はミンダナオ本島の人びととは異なり、北ボルネオ〔つまりサバ〕をマレーシアから取り戻す意図を常にもつので、マレーシアの植民地主義は、タウスグ人にMNLFを率いてほしくないのである。MNLFのミスアリ議長は、マレーシア政府に対してサバの地位を譲歩することはできない［MNLF 2012］。

　スル諸島では、1970年前後からMNLFを中心とする武力闘争が始まると、軍事化が進行し、首都から遠く離れているという地政学上の理由からも、国家の管理統制が浸透しにくい地域が形成されてきた。事実上ゆるやかな海域の国境管理により、密貿易などが可能なことから、スル王国軍やMNLFのような

武装集団が国家の管理統制から自律的に存在することができている。そのようななか、かつては「バンサモロ」の名のもとに諸民族をまとめようとしたMNLFのミスアリ派が上述のようにタウスグ人がMILFとは異なる民族集団であると公に主張している動向は注目に値する。

おわりに

　かつてスル王国が繁栄したスルゾーンであるが、アメリカ植民地期から独立期にかけて、フィリピン国家の周辺部に位置づけられてきた。スル王国が解体され、権力機構が再編されるなかで、オンブラ・アミルバンサのように国政に参加するかたちで中央政府とスル諸島のムスリム社会をつなげようとしたエリート指導者もいた。しかし、1960年代に経済的、社会文化的、政治的な周辺化が加速すると、エリート指導者の一部も国家から離反する動きを見せるようになった。また、エリート指導者にかわって、若手知識層がフィリピン南部のムスリムの異なる民族集団などをまとめてバンサモロの自決権獲得を目指すようになった。

　一方、フィリピン政府にとってサバの領有権問題が重要でなくなり、解放戦線の中心がミンダナオ島を拠点とするMILFに移ると、スル諸島の勢力が掲げてきた政治的課題が顧みられなくなった。2013年に起きた二つの事件は、スル諸島勢力が国家の管理統制から自律している実態、およびミンダナオ島のムスリム社会との差異を政治化したものとして捉えることができる。フィリピン南部ムスリムの社会の多様性とスル諸島ムスリム社会の自律性に注目することは、今後一層重要になってくるだろう。

【注】
(1) フィリピンとマレーシアのあいだの海域世界を渡る旅では、アガリン・サラ・長瀬（Agalyn Salah Nagase）さん、ロレンソ・ジャラルディン・ロペタ（Lorenzo Jalalludin Ropeta）さんが同行してくださった。フィリピンでは、ハロン・サラ（Haron Salah）さん、マレーシアでは、ダン・ジャマロン（Dhang Diamalon）さんにお世話になった。アガリン・サラ・長瀬さんは、故村井吉敬先生がご紹介くださった。記して敬意を表する。
(2) スル諸島の主な民族集団はタウスグ人、サマ・デヤ人／サマル人、サマ・

第14章　フィリピンとマレーシアのあいだの海域世界

ディラウト（Sama Dilaut）人／バジャウ（Bajau/Badjao）人、ヤカン（Yakan）人、マプン（Mapun）人などであるが、本章はこれらの民族集団の多様性についてまで述べることができなかった。シムヌル島には、主にサマ・デヤ人／サマル人が住んでおり、彼らはタウスグ人中心のMNLFと距離を置こうとしたといわれている［Horvatich 2003］。

(3) サバ州は1963年に成立した。そのため、本章ではその地理的領域を1963年より前の場合「北ボルネオ」、それ以降の場合は「サバ」と呼ぶ。

(4) しかし、近年になって実子を名乗る人物もあらわれているという［Cortez 2002］。

(5) こうした動きはスル諸島のムスリムに限られなかった。1935年、マラナオ人のダトゥ（貴族・首長）層の指導者たちが当時のローズベルト米大統領に対し、彼らをフィリピン国家から除外し、彼ら自身が独立するまでアメリカの保護下に据え置かれることを望む嘆願書を送った［Majul 1985: 22］。

(6) オンブラは、同国民議会に2人いたムスリムの議員のうちの1人であった。もう1人は、コタバト州代表の議員のマギンダナオ人のシンスアット・バラバラン（Sinsuat Balabaran）であった［川嶋 1989: 52］。

(7) 1975年、大統領令第690号により、CNIは南部フィリピン開発庁（Southern Philippines Development Administration）に発展解消した。

(8) 委員長の下に、2名の次長が置かれた。

(9) アメリカ植民地期には、キリスト教徒が多数居住する州が一般州政府組織法に基づいて設立されたのに対し、非キリスト教徒が多数居住する州は同組織法の自治規定が適用されず、特別州に制定された。特別州の行政官吏は1955年に特別州廃止法が成立するまで基本的に任命制であったが、コモンウェルス（独立準備政府）期から1950年代にかけては、南部の特別州において国政代表者と地方政府代表者の公選制が実現されていった［川島 1992: 116-119, 125］。

(10) 当時のスル州はタウィタウィ州を含む。タウィタウィ州は1973年にスル州より分割された。

(11) 「モロ」は一般的にはフィリピン・ムスリムの総称だが、MNLFとMILFは、ムスリム以外の南部の住民を排除しないために、モロの定義をムスリムに限定していない。

(12) 1989年、当時のコラソン・アキノ政権は共和国法第6734号を成立させ、南部にARMMを設立することで、問題を解決しようとした。そして同年11月に、76年トリポリ協定で話し合われた13州9市において住民投票を行った。その結果、90年に4州（南ラナオ州、マギンダナオ州、スル州、タウィタウィ州）のみにARMMが設立された。MNLFとMILFは、住民投票をボイコットし、

ARMM設立に反対した。
(13) ミスアリは2008年4月に保釈解放された。のち、無罪放免となった。

【参考文献】

川島緑．1989.「フィリピンにおける国民統合体制の成立――1950年代ムスリム・エリートの役割を中心に」『アジア研究』36(1): 41-88.

―――．1992.「南部フィリピンにおける公選制の導入――ムスリム社会の構造的変化をめぐって」『東南アジア――歴史と文化』21: 115-141.

―――．1999.「『モロ族』統治とムスリム社会の亀裂――ラナオ州を中心に」『日本占領下のフィリピン』池端雪浦（編），103-144ページ．東京：岩波書店．

小林寧子．2002.「スルタン」『岩波イスラーム辞典』大塚和夫；小松久男；羽田正；小杉泰；東長靖；山内昌之（編），544ページ．東京：岩波書店．

早瀬晋三．2003.『海域イスラーム社会の歴史――ミンダナオ・エスノヒストリー』東京：岩波書店．

鶴見良行．1986.「フィリピンの難民――ミンダナオ内戦を中心として」『難民問題の学際的研究』国連大学・創価大学アジア研究所（共編），63-93ページ．東京：お茶の水書房．

Beckett, Jeremy. 1977. The Datu of Rio Grande de Cotabato under Colonial Rule. *Asian Studies* 15(2): 46-64.

Cortez, Jose P. 2002. Sulu's 'Lost Sultan': Family Feud Haunts Sabah Claim. *Philippine Graphic*, October 14: 20-25.

George, T. J. S. 1980. *Revolt in Mindanao: The Rise of Islam in Philippine Politics.* Kuala Lumpur: Oxford University Press.

Horvatich, Patricia. 1997. The Ahmadiyya Movement in Simunul: Islamic Reform in One Remote and Unlikely Place. In *Islam in an Era of Nation-States: Politics and Religious Renewal in Muslim Southeast Asia*, edited by Robert W. Hefner and Patricia Horvatich, pp. 183-206. Honolulu: University of Hawai'i Press.

Horvatich, Patricia. 2003. The Martyr and the Mayor: Or the Politics of Identity in the Southern Philippines. In *Cultural Citizenship in Island Southeast Asia: Nation and Belonging in the Hinterlands*, edited by Renato Rosaldo, pp.16-43. Berkeley and Los Angeles: University of California Press.

Majul, Cesar A. 1985. *The Contemporary Muslim Movement in the Philippines.* Berkeley: Mizan Press.

―――. 1999. *Muslims in the Philippines.* Quezon City: University of the Philippines Press. (1999 Edition).

McKenna, Thomas M. 1998. *Muslim Rulers and Rebels: Everyday Politics and Armed Separatism in the Southern Philippines.* Berkeley: University of California Press.

Reid, Anthony. 1990. *Southeast Asia in the Age of Commerce, 1450-1680: Volume One: The Lands below the Winds.* Yale: Yale University Press.

———. 1995. *Southeast Asia in the Age of Commerce, 1450-1680: Volume Two: Expansion and Crisis.* Yale: Yale University Press.

Stern T. 2012. *Nur Misuari: An Authorized Biography.* Manila: Anvil Publishing, Inc.

Warren, James F. 1985. *The Sulu Zone 1768-1898: The Dynamics of External Trade, Slavery, and Ethnicity in the Transformation of a Southeast Asian Maritime State.* Quezon City: New Day Publishers.

【インターネット資料】

山本博之. 2013.「『スールー王国軍』を名乗る武装集団」『日本マレーシア学会・知的探訪』2014年8月12日アクセス.

　　http://jams92.org/essay/20130326_yamamoto.pdf

MNLF（Moro National Liberation Front). 2012. "Philippine and Malaysian Colonialism: Afraid of Bangsamoro Freedom?" MNLF Official Website, December 19. Accessed on August 14, 2014.

　　http://mnlfnet.com/Articles/Editorial_19Dec2012_Philippine%20&%20Malaysian%20Colonialism-Afraid%20of%20Bangsamoro%20Freedom.htm

———. 2013. "AFP Burning of Zamboanga 10,000 Houses/Mosques is Like Jolo's Inferno in 1974 AFP-MNLF War." MNLF Official Website, October 13. Accessed on August 14, 2014.

　　http://mnlfnet.com/Articles/BYC_05Oct2013_Burning%20of%20Zambo%20 10,000%20Houses.htm#sthash.oeaLLG 8 d.dpuf

Quezon III, Manuel L. 2013. "North Borneo (Sabah): An Annotated Timeline 1640s-Present." *The Philippine Daily Inquirer.* Accessed on August 13, 2014.

　　http://globalnation.inquirer.net/66281/north-borneo-sabah-an-annotated-timeline-1640s-present/

【推薦図書】

川島緑. 2012.『マイノリティと国民国家——フィリピンのムスリム』東京：山川出版社.

Nimmo, A. Harry. 1994. *The Songs of Salanda and Other Stories of Sulu.* Maryland University of Washington Press.

第15章 海民と国境
——タイに暮らすモーケン人のビルマとインドへの越境移動

鈴木　佑記

はじめに

　インド洋に面するタイ南部の沿岸と島々と聞くと、多くの人は、プーケットに代表される、観光客で賑わうリゾートをイメージするかもしれない。あるいは、レオナルド・ディカプリオ主演の映画『ザ・ビーチ』(20世紀フォックス配給、2000年)の舞台となったアンダマン海に浮かぶ島とそのヤシの木、白い砂浜を思い浮かべる人もいるだろう。そうした観光地としての風景は、タイ南部に確かにある。その一方で、マングローブ林でカニを獲り、またサンゴ礁の海で魚を追う漁場としての風景もそこにはある。私は、後者の風景の中を、2003年8月から現在に至るまで歩き続けている。

　この海域には、海と密接な暮らしをしてきた、タイ人とは異なる言語を話すモーケン人が暮らしている。私は、彼らの生活世界を知るために、何度もタイ南部に足を運んできたのである。モーケン人の居住地は、インド洋東部、タイとビルマ[1]に跨がるアンダマン海に広がる (図1)。これまで私は、タイのモーケン人を中心に、彼らの漁撈のあり方や住まいの変

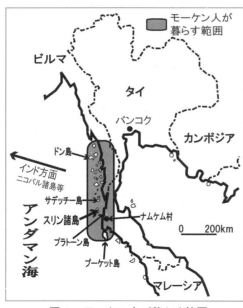

図1　モーケン人が暮らす範囲
出典：鈴木［2011a: 59］をもとに筆者作成

容などについて論じてきた。しかし、モーケン人の生活世界を知るためには、ビルマやインドなどの隣接地域にも目を向けなければならない。

そこで本章では、私が調査を続けているタイ・スリン諸島に暮らすモーケン人を対象に、彼ら自身の語りに重点を置きながら、彼らのタイの外側への移動を描いていく。その具体的な目的は、国境にかんするモーケン人の複雑な心情を読み解くことにより、近代国家の境域で生きる彼らのジレンマを示すことである。

ここでの境域とは、「国家の最周辺部かつ国境地帯という地理的空間と同時に、国家と社会、優位民族とマイノリティ、国民と非国籍保有者など、複数の異なるシステム、アクターが日常的に接し、交渉・拮抗しあう社会空間」を指している［長津 2010: 473］。長津一史はフィリピンと国境を接するマレーシア・サバ州に暮らす海サマ人をとりあげて、境域における開発が彼らの社会でどのように経験されたのかについて、海サマ人の語りを引用しながら論じた［長津 2010］。本章でとりあげるモーケン人も海サマ人と同様に、国境を跨いで広がる生活圏を持っている。東南アジアの海の民を論じるうえで、国境が重要なキーワードの一つであることがわかる［e.g. 村井 1994; 長津 2001, 2004, 2010］。

タイのモーケン人にとって、国境を接する最も身近な「外国」はビルマである。1900年代半ばまで彼らは、気軽にビルマ領海までナマコや夜光貝などの海産物を採捕しに出かけていた。ときには、大型漁船に乗り込み、インドまで出漁していた。その頃のモーケン人で国籍を持っている人は少なく、国境を越えて移動するという感覚は希薄であったと思われる。ある場所で捕れなくなると、別の場所へ移動して漁をする。その行動様式は、山中で畑を次々と開拓していく焼畑農耕民に近かった。しかし現在ではモーケン人も、所定の手続きを経ないで国境を越えることは、国に罰せられる「違法」行為であると理解している。それにもかかわらず、国家からみて違法な越境を続けるモーケン人は今も少なくない。では、なぜ彼らは国境を越えるのだろうか。他方で、ある人びとはなぜ国境を越えようとしないのか。本章では、モーケン人の越境移動にかんする多様な言説をとりあげることで、境域におかれたモーケン社会が国家のはざまでいかに揺れ動いてきたのか、その変化の一端を描くことを試みる。

以下、第1節では、モーケン人にかんする基礎情報を示す。そのうえで、彼

らの生活の拠点が、どのようにして海から陸へと移っていったのか、その歴史過程をスリン諸島のモーケン人を事例として提示する。第2節では、タイ—ビルマ間の国境を越える移動生活の動態について、モーケン人の越境にかんする肯定的な語りと否定的な語りをとりあげつつ考えてみたい。第3節では、タイからインドへ密漁に出かけたことのあるモーケン人の語りを紹介する。また、インドで海域管理が厳しくなるなか、2007年に生じたインドでのモーケン人拿捕事件をとりあげる。その記述の中で、モーケン人が国境や国籍への意識を高めている状況を説明する。第4節ではまず、2004年末に発生したインド洋津波に被災した後に、タイ人がモーケン人に対して関心を払うようになった経緯を跡づける。非国籍保有者としてのモーケン人は、被災にかんするメディアの報道を通じて注目され、政府から国籍を与えられることになる。本節の後半部では、その社会的文脈についても考察する。第5節では、国籍を得たモーケン人の国籍保有にかんする対照的な意見をとりあげる。また、国籍を得たことによりパスポート発行が可能となり、新たなかたちの越境移動が生じていることを紹介する。最後に、私がモーケン人の男性たちと交わしたナマコをめぐる会話をとりあげて、スリン諸島に暮らすモーケン人の将来可能性（futurability）について考えてみたい。

第1節　陸上がりした海の民

1　従来の生活

　モーケンという民族名称の由来については、「海中に潜る」、「海に溺れる」、「海に沈んだケン（モーケン人の口承叙事詩に登場する女性）」などの諸説がある。いずれにせよ、海との関連性の強い名称であることは間違いない。800以上の島が浮かぶタイとビルマのアンダマン海域に、約2800人のモーケン人が暮らしているとされる［Narumon et al. 2007: 9］。

　モーケン社会は、核家族を基本単位とする双系社会であり、男女の平等性は高い。一夫一婦制であり、基本的に配偶者は自分の意思で自由に選ぶことができる。しかし、船上居住生活をしていた時代には、親が子どもの配偶者を決めることが多かった［鈴木 2007］。通常は10代のうちに結婚する。夫は妻方の暮らす家船や家屋に移り住み、妻方の両親と生活を共にする。共同生活を1年程

度経験した後、若夫婦は自分たちの家船や家屋を造り、親元を離れて暮らす。

船を造る際、木の刈り出しや船腹を広げる作業などは、人手を必要とする。そのため、家族だけでなく親族や友人も作業を手伝うことになる。船で移動する際は、拡大家族と親族を基本とした家船の集団が船隊をなし、行動を共にしていた。それゆえ、仲間の力を必要とするときにはお互いに助け合うことができた。船隊は、約10から20世帯で構成されるのがふつうであった。

各船隊にはポタオ（potao）と呼ばれる男性リーダーがおり、その日の風の状況を見極め、漁場や移動経路、また停泊地などを決定してきた。ポタオが最も注意を払っていたのが風である。特に、アンダマン海にはモンスーンが吹き込むので、モーケン人たちは季節ごとの風の特徴を把握しておく必要があった。天候が良く海が穏やかな北東モンスーンの季節（乾季の11月から4月）は、彼らは毎日のようにリーフに出かけ、魚介類を採捕した。それでも突然の風雨に襲われ、波が荒立つこともあるので、ポタオは漁に出ている最中も常に注意深く風の状態をみる必要があった。ポタオの判断が集団生活では何よりも重要であり、海上での移動生活のあり方を決定づけていた。

モーケン人は海とかかわりの深い民である。とはいえ、陸上での活動も欠かすことはできない。採捕した魚介類を米や野菜と交換するために本土に運び、また真水を得るために定期的に陸地に上がる。そのほかにも、船底についた虫や貝を焼き落とすためにも、家船を砂浜にあげる必要がある。南西モンスーンの季節（雨季の5月から10月）には、陸域での一時的な生活を余儀なくされる。天候が不順なため、島嶼や沿岸の砂浜に杭上家屋を建て、強風や波浪を避けて生活するのである。このように、かつてのモーケン人は、乾季には主に船上で、雨季には主に杭上家屋で暮らす、半遊動民的（semi-nomadic）な生活を営んでいた。

2 船から家屋へ——スリン諸島の場合

タイのスリン諸島は、雨季を過ごす場所の一つとして長いあいだモーケン人に利用されていた。スリン諸島は、首都バンコクから南西方向に約750キロメートル離れた場所に位置し、パンガー県クラブリー郡の管轄区域に属している。スリン諸島からは、タイの本土へ渡るよりもビルマ領内の島へ移動するほうが近く、タイの領海では辺境の地にあるといえる。スリン諸島には入り江が

多く存在し、モーケン人は古くから船の停泊地として利用してきた。マングローブ林や砂浜も点在しているが、その後背は急勾配な小山で占められており、平地面積の率が低いのが地形的特徴である。

　熱帯雨林が叢生する豊かな森には、船や家屋を造るのに必要な樹木が生い茂り、発達した造礁サンゴのリーフには多種多様な魚介類が棲息している。スリン諸島はモーケン人にとって、南西モンスーンの待避地として、また生業の場として重要な役割を果たしてきた。その一方で、1970年代に入ると、自然保護の対象地域としてタイ政府の目にもとまるようになった。タイ政府は、スリン諸島を71年には保護林地区に、81年には海洋国立公園に指定した。86年からは観光客も訪れるようになり、島には観光客のための手洗所や食堂などの建設が進められた。結果、一部のモーケン人は国立公園事務所が提供する観光業の仕事に従事するようになった［鈴木 2011a］。女性の主な仕事は、砂浜やテントなどの掃除、それに食器洗いであり、男性の主な仕事は、船を操舵して国立公園事務所があらかじめ指定するシュノーケリング・ポイントまで観光客を送ることである。そのほか、村落を見学に訪れる観光客を相手に、土産用の手工芸品を売ったり、ネイチャートレッキングのガイドを務めたりすることもある。

　その頃から、モーケン人の一部は船での移動生活をやめ、スリン諸島に陸地定着し始めた。その大きなきっかけとなったのは、政府によるアンダマン海域の海洋国立公園化である。1980年代以降、モーケン人が暮らすアンダマン海の島々は続々と海洋国立公園リストに追加されていった。国立公園に指定された区域では土地の所有が認められず、生態系に危害を加えるような行為は禁じられている。指定区域内で勝手に木材を伐採することや、動植物を狩猟採集することは認められない。政府が進めたアンダマン海域の国立公園化は、モーケン人の伝統的な生活を否定することと同義であった。住まいであり移動手段でもある船を造ることは困難となり、漁撈活動も制限された。その結果として彼らは、陸地定着するようになったのである。

　モーケン人の陸地定着化が急速に進んだもう一つの理由として、船の形態の変化がある。対象地域で船の動力が櫂と帆から小型エンジンに移行したのは1970年代である。エンジンを使用するためにはガソリンが必要である。エンジンがモーケン人のあいだで普及するようになったとき、スリン諸島が国立公園に指定され、また同諸島を訪れる観光客が増え始めた。モーケン人は、ガソリ

ンを購入するため現金収入が必要になっていった。そのため彼らは、スリン諸島で観光客相手の仕事をするようになったのである。現在では、スリン諸島に暮らすモーケン人のほとんどが、雨季は漁業、乾季は観光業を主な生業としている［鈴木 2010: 163］。

本章でとりあげるモーケン人は、上記のような経緯でスリン諸島に陸地定着するようになった人びとである。ただし、モーケン人の一部は、今でもスリン諸島からビルマに、あるいはインドに出漁し続けている。次節では、同一村落に暮らすモーケン人の、越境移動にかんする対照的な語りをとりあげる。なお、登場人物のデータは2012年のものである（一部は推定年齢、聞き取り実施日は個別に注で示す）。登場人物はすべて男性であり、既婚者である。特にことわりのないかぎり、登場人物の生業は、雨季が漁業、乾季が観光業である。

第2節　タイービルマ間の越境移動

1　肯定的な語り

ここで紹介するのは、ビルマへの密入国を繰り返してきたモーケン人の語りである[2]。彼らは一様に、ビルマの海はタイの海よりきれいで、魚もたくさん泳いでいると話す。そこには、モーケンの主な現金収入源であるナマコや夜光貝も多く棲息する。つまり、彼らにとってビルマの海は、絶好の漁場として捉えられている。そのことを理解したうえで、以下の3人の語りに目を通してほしい。

A氏（30歳、タイ・プラトーン島出身）

　　タイでは、漁をするうえでたくさんの制約があります。たとえば、スリン諸島では、ロブスター、ウミガメ、シャコガイの採捕が禁じられています。なぜなら、これらの生物は観光客が見て楽しむものだからです。国立公園事務所のスタッフがそう言っていました。また、シミラン諸島では、国立公園事務所が漁撈活動そのものを認めていません。スリン諸島では漁が黙認されていますが、それは観光客を受け入れていない雨季の半年間だけです。一方、ビルマでは年間を通して漁ができるし、タイよりも多くの夜光貝を獲ることができます。

第4部　海の民の豊かな世界

B氏（35歳、ビルマ・サデッチー島出身）

　タイでは乾季になると漁を自由にできません。だけど、ビルマでは、ダイナマイト漁〔浅瀬の海に爆発物を投げ入れ、爆破の衝撃により死んで、あるいは気絶して水面に浮かんだ魚を捕獲する漁。以下、キッコウ括弧内の注記は筆者による〕の仕事があります。たった3日間働くだけで、3万チャット〔約3000円〕も稼ぐことができます。スリン諸島だと、国立公園事務所が与えてくれる仕事をしても、3日間で300バーツ程度〔約1000円〕しか稼げません。しかも、観光客が島にやってくる乾季のあいだだけです。

C氏（31歳、ビルマ・サデッチー島出身）

　通常、タイ人がビルマ領に入るには、パスポートやビザ、あるいは特別な許可証を持っている必要があります。一方で、モーケン人であれば、パスポートなどの証明書がなくても両国のあいだを自由に行き来できます。カバン・モーケン〔モーケン人の伝統的な船。写真1〕に乗ってさえいれば、軍人はモーケン人だと気付いてくれるので、許可証はいりません。ただし、フアトーン船〔南タイの漁民が乗る一般的な船〕に乗っていたら、軍人にかならず停められます。軍人はその船に乗っているのはタイ人だと思うからです。カバン・モーケンに乗るモーケン人は、軍人に国籍を持っていないと思われているので、航行中に停められることもなく、簡単にビルマに入ることができるのです。

写真1　カバン・モーケン、船首にモーケン人の親子が乗っている（2007年11月筆者撮影）

　A氏とB氏の語りに共通する内容は、乾季のタイにおける漁の不自由さである。このことは、A氏が言及した、ロブスター、ウミガメ、シャコガイの3種類が、スリン諸島で採捕禁止対象種になっていることにもかかわりがある[3]。乾季にアンダマン海域を訪れる多くの観光

客は、シュノーケリングやダイビングを目的としており、国立公園事務所は観光客の視覚的欲求を満たすために一部の魚介類を保護しようと考えているからである［鈴木 2011a: 65］。ウミガメについては、1977年にタイマイの種全体が附属書Ⅰに掲載されたことにより、世界的に捕獲が規制されるようになった背景とも関連がある。

　また、タイにおける漁撈活動が制限される一方で、ビルマでは漁が比較的自由にできるというのも、彼らに国境を越える動機を与えている。B氏は、ダイナマイト漁が違法な行為であると知っている。警察に見つかれば逮捕されるリスクが高い。しかしそれでも、タイで働くよりも短期間で現金を稼ぐことができる。その点を、B氏は肯定的に評価している。そのほかにも、モーケン人がビルマ領における漁を高く評価している背景には、タイ―ビルマ間の移動のしやすさも関係している。C氏が語るように、国境を越えるためには、通常ならばパスポートが必要であり、煩雑な手続きを経なければならない。しかしモーケン人は、カバン・モーケンという伝統的な船に乗ることで越境できるのである。

2　否定的な語り

　次に紹介するのは、今見た越境する人たちとは対照的な3人の語りである。いずれのモーケン人も、過去にビルマ領海の島で生活をしていた経験がある。彼らの語りの中で注目したいのは、モーケン人と軍人との関係性である。

D氏（62歳、タイ・プーケット島出身）

　　ビルマでは、何をするにも軍から制約を受けます。たとえば、ビルマにある島で木材を伐採すると、その伐採量に応じて軍人に現金を支払わなければなりません。たとえば、杭上家屋を1棟建てるための木材を伐採するには、5000チャット〔約500円〕を、カバンを1隻造るための木材を伐採するには、1万チャット〔約1000円〕を軍人に手渡す必要がありました〔2000年頃〕。もちろん、ビルマ政府が徴収する税ではありません。各島にいる軍人が勝手に決めたものです。だから、払った現金はすべて軍人の個人的な収入になります。ときには、私たちが獲った魚を、お金を払わずに全部持っていくこともあります。それでも、私たちは不満を言うことは

できません。

E氏[4]（23歳、タイ・スリン諸島出身）

　ビルマは怖いところです。とにかく軍人が多い。彼らは私たちを奴隷のように扱ってきました。人使いが荒く、無償労働を課してきます。たとえば、この前襲った激しい風〔2008年5月初旬にビルマを襲った大規模サイクロン・ナルギスのこと〕の後、サデッチー島に暮らすモーケン人男性が木材伐採の労働に駆り出されました。ビルマ本土の崩壊した橋を再建するために、政府は大量の丸太を必要としており、〔モーケン人〕男性一人に対し40本の伐採を命じてきました。これを3日以内に完遂できない場合、本数が達成されるまで妻子が人質にとられました。しかも、抑留中は食べ物の配給がなかったと聞いています。魚はタイよりたくさんいますが、ビルマには行かないほうがいいです。

F氏（85歳、ビルマ・ドン島出身、生業は年間を通して漁業）

　ビルマの若い軍人は、モーケン人に暴力を振るうことがあります。カバン・モーケンを見つけると、ふざけて発砲してくる者がたまにいます。ふつうの漁船ではないので、彼らはモーケン人が乗船していることを知りながら撃ってきます。そのほかにも、酒に酔った若者が、モーケン人の女性をレイプする事件が何度か発生しています。干潮時の砂浜で貝を採集している女性が犠牲になったこともあります。私たちの目の前でレイプ事件が起きたこともあります。しかし、武器を持っている宣人には何も言えません。殺されるかもしれないからです。それに比べるとタイでの生活は安全です。国立公園に指定されたため、漁ができない時期もあります。しかし、軍人に暴行を加えられる危険はありません。漁にしても、ビルマではダイナマイト漁に巻き込まれて死ぬ人もいますが、タイではその恐れもありません。私の知人には、ダイナマイト漁で腕をなくした人もいます。そうなったら、ナマコも獲れなくなります。

　D氏、E氏、F氏の3人の語りに共通しているのは、ビルマの軍人に対する恐怖心と嫌悪感である。D氏の話からは、木材を伐採するたびに、モーケン人

が軍人に現金を支払っている様子がうかがえる。モーケン人にとって、木材は杭上家屋を建てたり船を造ったりするのに不可欠な材料である。スリン諸島では、法的には木材の伐採は禁止されているものの、モーケン人が日常生活で必要とする程度の伐採は黙認されている。ビルマでは森林が軍人の厳しい管理下に置かれていることがわかる。

　E氏が語った、無償労働の話は印象的である。2008年にビルマを襲ったサイクロンは、イラワディデルタを中心に甚大な被害をもたらした。死者と行方不明者は、合わせて13万人を超えるといわれる。災害発生直後から、日本を含む多くの国がビルマへの災害救助支援を申し出たが、ビルマ政府はこれを拒否した。E氏の語りからは、他国からの支援を拒否し続けるなかで、国内の社会的弱者に無償労働を課していた「軍事政権」の内情を読み取ることができる。

　F氏の語った、軍人による暴力の話は衝撃的である。F氏は、軍人がモーケン人女性に性的暴力を加えた事実をつまびらかにし、何も抵抗できなかった彼らの無力さを吐露している。また、B氏がビルマ領におけるダイナマイト漁を肯定的に捉えていたのに対し、F氏は身体的リスクを理由にダイナマイト漁を否定的に語っていた。

　ビルマにおける漁を肯定的に捉えた語りでは、タイにおける仕事の少なさが指摘され、ビルマにおける仕事の多さが相対的に評価されている。その一方で、ビルマにおける漁を否定的に捉えた語りでは、ビルマにおける軍人の横暴さが強調され、タイにおける生活の安全面の高さが評価されている。肯定的な語りと否定的な語りを比べると、同じアンダマン海域であってもタイとビルマとでは、モーケン人を取り巻く環境が大きく異なることがわかる。タイとビルマ間の国境が意識されていなかった頃は、船で移動できる範囲はモーケン人にとってひと続きの生活空間であった。しかし、今日では両国間の海における資源管理のあり方は異なっている。そしてその差異をモーケン人は認識している。彼らは、タイとビルマ双方における生活環境を把握し、それらを比べながら、国境を移動していると考えられる。

第4部　海の民の豊かな世界

第3節　タイ―インド間の越境移動

1　密漁経験者の語り

これから紹介するG氏は、モーケン人の中では非常に珍しく、数字で物事を理解するのが得意であり、また記憶力も抜群である。彼にライフヒストリー調査をする中で、インドへの密漁経験談を聞くことができた。以下、その経験談を短くまとめて紹介しよう。

G氏（68歳、ビルマ・サデッチー島出身）[5]

　　私が30歳だった〔1975年〕12月、ラノーンから大型漁船がナムケム村にやってきて、潜水漁民を募集しました。タイ人やビルマ人を含む合計30人近くが一つの船に乗って、インドへ向かいました。出航から3日経つと島がたくさんある海域について、夜光貝や高瀬貝を獲りました。マーニャブンダ島〔インド領アンダマン海に浮かぶニコバル諸島のいずれかの島名だと思われる〕に移動して、いつものように小船に乗り換えて潜水漁をしていたら、軍人が船で近づいてきて発砲してきました。すると、大型漁船は逃げてしまいました。小船で一緒にいたモーケン人男性2人と共に、急いで島へ上がりました。岩のあいだや林の中を走って逃げたのですが、銃を構えた軍人に見つかってしまいました。そして、山頂へ連れて行かれ、そこにいた軍人の中で一番地位が高いと思われる人物から2回頬を軽く叩かれました。その後、服を全部脱いで、踊るよう命令されました。また、滝のある場所まで連れて行かれ、体を洗うように命じられました。それから山頂のほうへ連れて行かれ、そこにある建物に1カ月と5日間収容されました。

　　その後、留置所に移されましたが、手枷などをされることなく、過ごすことができました。木を伐採して木炭をつくり、ロティ〔全粒粉を使用した無発酵パンの一種〕売りのおじさんに売っていました。留置所には約一年半いましたが、その間にタイからやってきた別の2隻の船が拿捕されて、収容人数が増えていきました。合計150人くらいになっており、そのうちモーケン人は48人だったと記憶しています。捕まったビルマ人は皆、自国へ強制送還されるのを嫌がっていました。

　　それから1年半後〔1977年頃〕、留置所からニコバルの大きな島に移動

第15章　海民と国境

させられ、そこで10晩過ごしました。それから本土のリカタール〔所在地不明〕という場所に送られ、さらにニューデリーに移されました。ホテルで3晩過ごした後、タイ領事館の関係者がわれわれを空港に連れて行き、飛行機に乗せました。機内にはモーケン人だけでなく一般客もいました。ビールとウィスキーをたらふく飲みました。大量のおつまみをもらってバンコクの飛行機を降りるとタイ政府の役人が待っていました。彼らから交通費をもらい、もと居た場所〔ナムケム村〕へ戻りました。

　G氏は、インド領への密漁で警察に捕まり、一年半以上ものあいだ、留置所での生活を余儀なくされた。しかしそのことは、決して辛い思い出ではなく、むしろ楽しい思い出として強く記憶に残っている。彼によると、当時はインドで捕まっても、じきに返してくれるのがふつうだったらしい。

　インドでの密漁経験者の中には、複数回密漁をしても捕まったことのない人もいる。そのうちの一人であるH氏（29歳、出生地不明）は、インドの本土に上がった際に、密漁した記念として仲間と一緒に入れ墨を彫った。彼の太ももの前面には、「INDIA 3.1.1993 FROM THAILAND THE ADVENTURE」という文字とともに水牛の形をした絵が彫られている（写真2）。彼が文字や形を指定して注文したわけではなく、現金を彫り師に渡して適当に彫ってもらったものである。私が彼の太ももの写真を撮った後、何が書かれているのか聞かれたので「1993年の1月3日か3月1日に、インドにいたことが書かれてあるよ」と説明をした。ただ、「THE ADVENTURE」をモーケン語に直訳することができなかったので、「遠くの島へ出かけるのが好きな人（olang hak lakau polau nanyot）」と訳して伝えると、彼は誇らしげな顔で大きく笑った[6]。

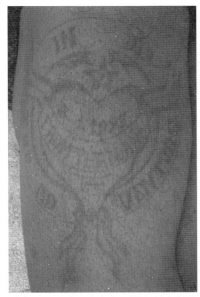

写真2　H氏の太ももに彫られた刺青
（2008年3月筆者撮影）

H氏はもうインド領へ密漁に行くつもりはまったくないという。彼によると、インドにおける警察の取り締まりが年々厳しくなっており、もし今捕まったらなかなかタイに戻ってくることができないと語っていた。ほかにも、かつてインド領で7回密漁したことがあり、一度も捕まらなかったI氏（42歳、ビルマ領海の船上で出生、第2節で紹介したC氏の父）も、「昔はたくさんのお金を短期間で稼ぐことができたから行ったけど、今は土産用の木造模型船を西洋人に売ったほうが危険がないし、お金にもなる」と語った[7]。また「私は国籍を持っていない。今インドに行って捕まったらタイに戻って来られなくなるだろう」とも話した。

2　厳しさを増す国境管理

スリン諸島でH氏とI氏にインタビュー調査をしたのは2008年である。まさにその頃、インドの留置所に拘禁されている他村落のモーケン人がいた。事件はスリン諸島において大きな話題となっていた。それは、2007年5月にモーケン人を乗せた船がインド領海で拿捕され、タイへ戻ってくることができないままの状態になっているというものであった。ナマコ漁を目的として5月23日に3隻で出漁し、インド領海でそのうち一隻が捕まり、同船に乗っていたタイ人3人、ビルマ人9人、モーケン人19人がニコバル諸島にある留置所に勾留されたままになっていた。2007年7月22日付のタイ字新聞マティチョン紙には、上記の基本情報とともに、当該村落のモーケン人がラノーン県知事に対して送った陳情書の内容が載せられている［Matichon. Jul 22, 2007］。そこには、インド領海域で取り締まりが厳しくなっている近年でもなお、モーケン人が密漁をする背景が記されている。重要なので、少し長くなるが、関係する部分のみ訳して以下に記す。

　　県知事殿、私たち村人を助けてください。……彼らが逮捕されてから2カ月以上経ちますが、私にはどうしたら助けることができるのかわかりません。……市民証もないのに〔村人がインドで捕まったことを〕警察へ通告したり、網元に報告したりする勇気はありませんでした。そうすることで網元が私たちを雇わなくなったり、〔網元から〕暴力を振るわれたり、あらゆるひどい仕打ちを受けたりすることを恐れていたからです。私たち

第15章　海民と国境

　モーケン人なんて、殺されても、誰かに罪を問うことなんてできないのです。なぜなら、私たちは国籍を持っていないからです。私たちはすべての人間から見下され、差別を受けてきました。……モーケン人の身に降りかかった本当の苦しみは、渇水やモンスーン、それに津波でもありませんでした。本当の苦しみとは、国籍も市民証も持たない人間だということであり、私たちの面倒をみてくれる機関が何もないことにあるのです。
　私たちが不思議に思うのは、シーナカリン王太后〔ラーマ9世の母〕は私たちに対して「プラモンキット」という名字を授けてくださったのに、どうして政府は私たちをタイ人と認めてくれないのか、ということです。また、スリン諸島のモーケン人は市民証を得ることができたのに、どうして私たちは得ることができないのでしょうか。市民証を持たないことは、私たちの人生は、自分たちで採捕するあのナマコと同然の生き方ということなのです。〔市民証がないからこそ〕私たちはインドで捕まってしまうのです。……モーケン人は一度捕まってしまったら、国籍を持たないために、もと居た場所に戻れるように〔私たちが〕手助けすることはできないのです。彼〔インドの警察〕はタイ国籍を持つ船の操舵手とその船だけを〔タイに〕帰すのです。私たちの命なんて、船よりも価値が低いのです。

　文章全体を通して、「市民証」と「国籍」がキーワードとなっていることを確認できる[8]。それは、特に「殺されても、誰かに罪を問うことなんてできないのです。なぜなら、私たちは国籍を持っていないから」や「本当の苦しみとは、国籍も市民証も持たない人間」という文言から読み取れる。
　インドで逮捕された男性の親族や仲間にとっては、タイ政府が国籍を与えてくれないことこそが、モーケン人の生活状況を劣悪なものとさせている最大の原因なのである。彼らは、国籍がないため、一般のタイ人のように仕事に就くことができず、網元のもとで密漁に従事せざるをえない。また無国籍であるために、逮捕されればなかなか釈放されないと訴えかけている。
　スリン諸島のモーケン人がインド領へ密漁に出かけなくなった理由として、他村落のモーケン人が置かれている生活状況や、逮捕された後の経過をよく知っているということがある。H氏とI氏は、インド領における海域の管理が厳しくなっており、捕まる可能性が高くなっていることを感じている。長期間

勾留されるリスクを冒してまで、インド領への密入国をしなくなったのである。インド領海域への越境移動のあり方は、かつてのように自分の意思で出かけるものではなく、網元のもとで密漁に連れ出されるものへと変化してきている。

第4節　タイ国籍の取得

　先に紹介した手紙の中に、「スリン諸島のモーケン人は市民証を得ることができたのに、どうして私たちは得ることができないのでしょうか」という記述があった。たしかにスリン諸島のモーケン人には、他村落に比べて市民証を持つ人が多い。とはいえ、全員所持しているわけではない。2004年の時点で、タイ国籍を持っているスリン諸島のモーケン人は199人中わずか5人であったが［Narumon 2005: 2］、それから約10年が経った現在では40人以上が国籍を獲得し、「タイ国民」となっている。先の5人については、両親がタイの役所に出生届を提出したため国籍を得ることができた。では、そのほかの人びとはどのようにしてタイ国籍を持つようになったのだろうか。

1　高まるモーケン人への関心

　今から12年前、一般のタイ人でモーケン人の存在を知る人はほとんどいなかった。私は2003年の夏期に3週間、モーケン村落を探すためにバスとソンテウ（乗り合いトラック）、それにバイクタクシーを利用しながら、アンダマン海沿岸を歩きまわったことがある。各地の市場や食堂で「この辺にモーケン人の村落はありませんか」と数えきれないほど尋ねたが、「モーケンって何ですか」と聞き返されるのが常であった。その度に「アンダマン海沿岸に暮らす少数民族のことです」と私が説明した。続けて、「それでは、海の民（タイ語でチャオ・レー）の村落はありませんか」と言葉をかえて再度、質問しなければならなかった。そうするとようやく意味を理解する人もいて、彼らは村落の場所を教えてくれた。しかしその村落は、モーケン人とは何ら関係のない、ただの漁村であることが多かった。チャオ・レーという名称には、モーケン人などの海洋民族を指す以外に、海とかかわりの深い漁民を指す場合もあることを知ったのはこのときである。

第15章　海民と国境

　ところが2004年末にインド洋大津波が発生し、タイ南部にいた外国人観光客や漁民だけでなく、モーケン人という少数民族が被災したことがメディアを通じて広く伝えられると、多くのタイ人がモーケン人に興味を抱きだした。特に、スリン諸島のモーケン人が事前に津波の来襲を察知した出来事は繰り返し報道され、モーケン人は一躍注目の的となったのである［鈴木 2011b］。

　また偶然にも、津波がスリン諸島に押し寄せたときに、有名なタイ人俳優2人がモーケン人村落に観光で訪れており、モーケン人と一緒に高台へ逃げて助かったことがワイドショーや新聞で盛んにとりあげられた［Matichon. Jan 1, 2005］。その結果、スリン諸島のモーケン人への世間の関心は、さらに高まっていった。その後、俳優2人は、モーケン人のおかげで万死に一生を得ることができたとして、"We Love Morgan"（本来はMokenであるが、一部の人たちはこのように呼ぶ。おそらくタイ語を英語表記にする際に起きた間違い）という文字の入ったTシャツを売ることで50万バーツ（165万円）以上の義捐金を集め、米や小型ボート、キンマの葉や巻きスカートなどをスリン諸島のモーケン人に寄付している。彼らが義捐金を募り、航空会社エアアジアの支援でプーケットまで行き、国防省王立海軍の船に乗ってスリン諸島へ向かう様子は、タイのテレビで報道された。俳優2人がモーケン人の年長者に対してワイ（合掌してお辞儀をするタイの伝統的挨拶）をしながら支援物資を届ける姿はニュースでもとりあげられた。

　こうして有名になったスリン諸島のモーケン人は、次々とやってくる新聞記者に意見を述べるようになり、国籍についても言及するようになった。たとえば、「いくつかの面でまだ支援を受けていません。なぜなら、国籍がないからです」というモーケン人による発言が新聞に載っている［Matichon. Feb 20, 2005］。

　さらに、スリン諸島のモーケン人が注目されると同時に、モーケン人研究者として有名なナルモン・アルノータイ（Narumon Arunotai）チュラーロンコーン大学社会調査研究所研究員（現副所長）にも各国のメディアやNGOの関係者が集まってくるようになった。彼女は1990年代からスリン諸島に入り研究を続けている人類学者である。津波に被災する前のモーケン人の生活や被災後の彼らの状況を詳しく知っている。そのため、メディア関係者は専門家の意見をもらおうと集まったのである。私が知る限りでも、タイのメディアはもち

ろんのこと、日本の朝日新聞や読売新聞の記者、それにアメリカのCBSレポーター、そのほかNGOで働く多くの人が彼女に意見を求めに来ていた。そのなかで彼女がよく口にしたのは、「政府はモーケン人に国籍を与えるかどうか検討するべき」、「政府は、モーケン人を無国籍状態のまま放置しないと約束すべき」といった政府への要請であった。記者も彼女から得た情報をもとに、「政府の支援金は来ない。スリン諸島のモーケン人は近年まで、季節ごとに移動し、ビルマ領内に入ることも多かったため、タイ国民とは見なされていないからだ」〔朝日新聞 2005年8月2日〕と、国籍を持たないために行政機関による支援が不十分であることを指摘している。

2　行政機関の動向

モーケン人の国籍問題にかんして、政府は何もせずにいたわけではない。まずスリン諸島の行政を担う郡役所が動いた。津波発生から一カ月後に、当時の郡長は新聞記者に対し以下のように語っている。

　　スリン諸島のモーケン人については、郡役所の調べで、彼らがタイで生まれたことがわかっています。そのため内務省では、スリン諸島のモーケン人に国籍を与える計画が出ています。モーケン人には今までどおりの生活を送ってほしいと考えています〔Matichon, Jan 26, 2005〕。

2005年3月15日には、内務省と郡役所の係員がスリン諸島に出向き、2日間かけてモーケン人個々人の履歴を聞き取りによって調べた。そうして得た情報を書類にまとめ、内務省に提出している。その後も調査が続けられ、最終的に提出された文書が公的資料として認められ、一定の基準（満15歳以上であることやタイで生まれたことを証明できることなどが必要）を満たす34人に対して、06年3月15日に郡役所において市民証（国籍）が配られた。このようにしてタイ国籍を持つモーケン人が増えたわけである。

第5節　国籍を得た人びと[9]

1　対照的な意見

J氏（31歳、タイ・プラトーン島出身）

　これまでは、禁漁海域で漁をしているのが見つかっても、市民証を持っていなかったので捕まりませんでした。でも、今は警察に捕まります。なぜなら、私はタイ国籍を持つ新タイ人だからです。私は、最初から市民証なんか欲しくありませんでした。

K氏（26歳、タイ・プラトーン島出身）

　市民証を持つことができて嬉しい。これでやっとタイ本土でいろいろな仕事に就くことができます。

　これら二つの対照的な発言は、新たに市民証、つまり国籍を得たモーケン人によるものである。前者は国籍を持ったことに対して否定的な意見を述べ、後者は肯定的な評価を下している。前者の発言をしたJ氏は、市民証を持つようになったから密漁するのが困難になったと述べている。彼は今や「新タイ人」、つまり新しくタイ国籍を取得したモーケン人になった。警察もタイの法律のもと彼らをタイ人として管理するようになり、密漁に対しても厳しい対応をとっているのである。

　他方で、後者の発言をしたK氏は、市民証を持つようになったことで、仕事の選択肢が増えると喜んでいた。無国籍者がタイにおいて賃金労働に従事することは不法就労にあたる。市民証を得る前のK氏が本土へ出ても、国が定める最低賃金を下回るような劣悪な条件の職しか探せなかったはずである。もちろん、多くのモーケン人は学歴がなく就ける職種は限られる。それでも正規に職を探せるようになったことは、K氏にとって大きな環境の変化である。

　以上の2人の発言を比較すると、どちらも生業に関連づけて、市民証を持つことの善し悪しを判断しているのがわかる。市民証を要らないと述べたJ氏は、雨季における漁撈活動に制限が生じることを心配している。その一方で、市民証の所持を喜んでいたK氏は、乾季における賃金労働の職種の幅が広がることを期待している。

2　広がる「外国」への道

市民証を得たことに対して肯定的な評価を下しているモーケン人はK氏だけではない。次に紹介するL氏は、別の角度から市民証の意味をみている。

L氏（21歳、タイ・スリン諸島出身）

> 市民証があれば、グーイみたいにノルウェーへ行ける。僕もパスポートをつくって、いつか日本に行きたい。

グーイは、私の調査に最も協力してくれたモーケン人の一人であり、長期間寝食を共にしてきた人物である。彼は、モーケン人の伝統的な船でノルウェー海を航海した経験を持つ。ルナー・ヤルレ・ウィーク（Runar Jarle Wiik）というノルウェー人映像作家のドキュメンタリー作品の制作に参加するためにパスポートを取得し、ノルウェーへ渡ったのである。2010年7月16日から8月21日までの約5週間と同年9月22日から30日までの約1週間、合計1カ月半ほどをノルウェーで過ごした。伝統的な船は、モーケン人10人が集まり、9日間で造りあげた。タイからノルウェーまでは、コンテナに入れて運ばれた。ノルウェー海の航海は、7月23日にスタバンゲル（Stavanger）を出発し、8月12日にオスロ（Oslo）にあるコンティキ博物館へ到着するものであった。9月のノルウェー渡航は、航海の成功を祝うために催されたパーティーへの出席を目的としていた。所要経費はすべてルナーが負担した。

L氏の発言に話を戻すと、彼が市民証の所持について評価しているのは、海外渡航が合法的に可能になった点である。もちろん、モーケン人はこれまでにもビルマやインドへ漁に出かけることはあったが、公的に認められるようなものではなかった。国籍を持った現在、彼らは必要な資金さえあれば、あらゆる地域へ出かけることが可能になったのである。

おわりに——グーイの思い

かつてアンダマン海に浮かぶ島々のあいだを、船で移動しながら漁に従事してきたモーケン人は、今や私たちと同じように国籍を持つようになった。飛行機に乗って北欧に移動する人もあらわれた。今回グーイは、映像作家の企画のために偶然海外へ赴くことになった。この事実はスリン諸島のモーケン人に、

第15章　海民と国境

近い将来にビルマやインド以外の地域へ越境移動できる期待を抱かせたと考えられる。第5節の終わりで紹介したL氏の「僕もパスポートをつくって、いつか日本に行きたい」という発言は、そうした文脈で解釈する必要がある。

彼が日本への渡航を希望している背景について、若干の説明を加える。L氏にインタビューをする前、私は彼とグーイを含めた6人の男性と、2011年に東日本を襲った津波の話をしていた。その最中、グーイが突然、「日本でナマコは獲れるのか」、「たくさんいるのか」と重ねて聞いてきた。私は「オキナワという地域にたくさんいる」と返答した。すると、そこにいた皆が目を輝かせながら「日本へ行こう」と語りだした。私は、沖縄の場所と気候を説明し、モーケン人の船を使用した場合、スリン諸島から沖縄までどれくらいの時間を要するのかを彼らと一緒に語り合った。そうした会話の後に、L氏に市民証にかんする聞き取りをしたところ、上記の言葉を述べたのである。

その時点では、グーイが津波からナマコに話題を移した理由はわからなかった。どちらも海にかかわることだから、彼にとってナマコは津波と同じくらい、あるいはそれ以上に大きな関心事なのだろう、その程度に考えていた。ところが、その理由は決してそのような軽いものではないことにすぐに気付かされた。

市民証にかんするインタビューがひと段落し、グーイの家に移動してコーヒーを飲んでいたときに、「ユーキ〔筆者を指す〕、私が漁でコンプレッサー〔酸素を送りだす道具〕を使わない理由がわかるか」とたずねてきた。彼がこう語った2012年にはすでに、スリン諸島のモーケン人の多くが、コンプレッサーを用いるナマコ漁に着手していた。そして、深海[10]に棲息するナマコも容易に獲れるようになっていた[11]。しかしグーイは、決してコンプレッサーを使おうとはしなかった。彼は続けて、次のように語った。

> コンプレッサーを使用しているモーケン人には減圧症〔潜水病〕にかかって苦しんでいる人が多い。歩けなくなり、口もあまり動かせなくなる。減圧症にかかりたくないから私はコンプレッサーを使わない。ただ、理由はそれだけじゃない。少なくてもいいからナマコを毎年獲って生活していきたいんだ。でも、どうやらそれも難しそうだ。あと10年もしないうちに、モーケン人はスリン諸島からいなくなるだろう[12]。今の村の状況を

見ればわかる。乾季は漁が許されず、さらに国立公園で提供される仕事も少なくなっている。だから、多くの人が子どもを連れて本土へ出稼ぎに行っている。コンプレッサーが村に持ち込まれてからは、スリン諸島周辺のナマコも獲り尽くされつつある。そのうち、スリン諸島で潜る場所も働く場所もなくなったら、全員スリン諸島を離れてしまうだろう。もしそうなったら、私はナマコの獲れる場所に移動したいと考えている。ナマコが獲れる場所ならどこにでも行く。これからも海で暮らしていきたい。

　先の会話で、私は冗談半分で日本行きの話を皆と楽しんでいた。モーケン人が沖縄で漁をするのは最初から不可能であるという前提で話をしていた。一方でグーイたちは、そうした前提で話をしてはいなかった。どうやらグーイは、スリン諸島の次に暮らす海域の候補地を探していた。しかも、彼は移住先として、国境を接しない地域までも視野に入れていた可能性がある。
　彼との会話で、私はアンダマン海域におけるモーケンの人びとの歴史を思い出した。ある場所で魚が獲れなくなったら、別の獲れる場所に移動する、それが海民モーケンにとって長いあいだ続いていた行動様式なのである。村井吉敬［1998: 145］は、「東南アジアはもとは一衣帯水、海で結ばれた地域」だと述べ、国境を取り払って考察することの重要性を指摘した。彼はまた、東南アジアの海域に暮らす「小さな民」の視点から、ヒトやモノの移動をみる必要性を説いている。この視座に立てば、グーイの発言は別の見方ができる。つまり、スリン諸島は数多くある陸地拠点の一つであり、最終的な定住地ではない。一衣帯水の海に漕ぎ出し、ナマコが獲れる新たな海域へと越境移動する。そのような意思を彼の言葉から感じ取ることができる。
　しかし、今やモーケン人は国籍を持つようになっている。そのため、モーケン人に課される国民としての義務も大きくなっている。ナマコを求めて、気軽に国境を越えて移動できる時代ではもはやない。こうした制約のなかで、モーケン人はどのようにみずからの生活圏を確保していくのか、興味深い問いである。他方で、いまだに国籍を持たないモーケンが多数いることも忘れてはならない。モーケンが暮らす境域は、一世代前とは様相がかなり異なってきている。今後は、タイーピルマ間の国境を越える移動についても、タイーインド間の越境移動の場合と同様に、非国籍保有者に対する取り締まりが厳しくなると

予想される。仮に国境を越えられたとしても、各国で海域の資源管理が強まっており、勝手にナマコや貝類を獲ることは難しくなっている。

　現在、モーケン人は、国家や国境という上からの支配装置に組み込まれつつある。彼らは、日常生活の中でそうしたマクロなシステムにいかに対処していくのか。これから先、彼らはどのような未来を切り拓いていくのか。引き続きサンゴ礁の海辺を歩き、モーケン人の生活世界を探っていきたい。

【注】
(1) 国家名としては、ビルマとミャンマーの二つの通称が存在する。1989年に、軍事政権が表記をミャンマーに統一した理由は、ビルマという表記は「ビルマ人（民族）」のみを指すので、多民族が暮らす国家としては、ミャンマーという表記がよりふさわしいというものであった。しかし実際には、どちらの表記もビルマ人を指す用語である。したがって、当時の軍事政権が示した理由は妥当ではない。また、民主的な手続きを経ずに決定された用語には問題がある、と私は考える。以上の理由から本章での表記は、「ビルマ」で統一する。
(2) 本節でとりあげる語りは、2008年7月14日から16日にかけて、スリン諸島において収集されたものである。
(3) 法的には、全種類の魚介類の捕獲が禁止されている。しかしモーケン人は、国立公園に指定される以前よりスリン諸島に暮らしていたため、自給用の漁は、一部の魚貝種を除いて、国立公園事務所の裁量により認められている。
(4) 男性Eの妻の両親（父はモーケン人と華人の混血、母はビルマ人）がサデッチー島在住のため、義父母への挨拶を目的としてビルマへ渡航する機会があった。
(5) 2008年2月28日と3月9日に、スリン諸島で実施した聞き取り調査による。
(6) 2008年3月11日のスリン諸島における会話のやり取り。
(7) 2008年4月18日にプラトーン島で実施した聞き取り調査による。
(8) タイにおいて市民証（bat prachachon）を所持することは、タイ国民であることを意味する。市民証の所持と国籍を持つことは同義である。
(9) この節でとりあげる語りは、いずれも2012年2月10日にスリン諸島において収集されたものである。
(10) モーケン人にとっての深海は、素潜りの熟練者が到達できる20～30メートル程度の深さを指す。実際には、コンプレッサーを用いて水深50メートル程の深い場所でもナマコ漁をするようになっている。通常、動物相を基準にした場合、深海は水深200メートル以深を指す。

⑾　その一方で、ナマコの個体数が急激に減少するという、乱獲が大きな問題になっていた。それまでの素潜りによる潜水漁に、コンプレッサーが導入されるようになった詳細については鈴木［2013］を参照のこと。
⑿　グーイが発言してからすでに3年が経過しているが（2015年3月現在）、モーケン人がスリン諸島を離れ、他地域に移住する動きはみられない。しかし、乾季に島を離れて出稼ぎに行く男性は増える傾向にある。

【参考文献】
鈴木佑記．2007．「『漂海民』モーケンの初婚事情――タイのアンダマン海で結婚について考える」『をちこち』18: 64-65.
―――．2010．「『悪い家屋』に住む――タイ・スリン諸島モーケン村落の動態」『自然災害と復興支援』林勲男（編），155-180ページ．東京：明石書店．
―――．2011a．「交錯する視覚――観光のグローバル化が『漂海民』モーケンに与えた影響に注目して」『AGLOS: Journal of Area-Based Global Studies』2: 47-82.
―――．2011b．「創られた災害――洪水神話から出来事としての〈津波〉へ」『地域研究』11(2): 139-160.
―――．2013．「区切られる空間、見出される場所――タイ海洋国立公園におけるモーケンの潜水漁に注目して」『文化人類学研究』14: 89-113.
長津一史．2001．「海と国境――移動を生きるサマ人の世界」『島とひとのダイナミズム』（海のアジア3）尾本惠市；濱下武志；村井吉敬；家島彦一（編），173-202ページ．東京：岩波書店．
―――．2004．「越境移動の構図――西セレベス海におけるサマ人と国家」『海域アジア』（叢書現代東アジアと日本4）関根政美；山本信人（編），91-128ページ．東京：慶応義塾大学出版会．
―――．2010．「開発と国境――マレーシア境域における海サマ社会の再編とゆらぎ」『開発の社会史――東南アジアにみるジェンダー・マイノリティ・境域の動態』長津一史；加藤剛（編），473-517ページ．東京：明石書店．
村井吉敬．1994．「民族・国家・国境――東南アジアの『海の民』から考える」『ソフィア』43(2): 235-249.
―――．1998．『サシとアジアと海世界――環境を守る知恵とシステム』コモンズ．
Narumon Arunotai. 2005. *Khomun Phuenthankiaokap Moken, 3 Mokarakhom 2548.* （Unpublished Document）
Narumon Arunotai; Paladej Na Pombejra; and Jeerawan Buntowtoo. 2007. *Uuraklawoi Moklaenlae Mokaen: Phuchiaochan Thale Haeng Kolae Chaiphang An-*

daman. Bangkok: Chulalongkorn University Social Research Institute.

【新聞資料】

朝日新聞. 2005.「漂海民　海から陸へ——船上の暮らしに変化の波」2005年8月2日付朝刊.

Matichon. 2005a.　Khon Thai Mai Thing KanMueang Thai Mai Apchon. January 1, 2005.

———. 2005b.　Pit TamnanYipsi Thale Andaman Hai Sanchat Thai "Mokaen" lang Wibattiphai "Suenami". January 26, 2005.

———. 2005c.　Siang Roangchak Yuea "Suenami" 55 wan Phanpai Thuk Yang Thangthom. February 20, 2005.

———. 2007.　Khianduai Chiwit Cotmaicak Mokaen tueng Phuwa. July 22, 2007.

【推薦図書】

羽原又吉. 1963.『漂海民』東京：岩波書店.

鈴木佑記. 2016.『現代の〈漂海民〉』東京：めこん.（予定）

● ● ● ● ● ● ● ● ● ● ● ● *column* ● ● ● ● ● ● ● ● ● ● ● ●

海道の起源を求め、海域世界を歩く
インドネシア・北マルク諸島のフィールドから

小野　林太郎

　バリバリバリとけたたましい唸りをあげ、数人の男たちを乗せたクティンティンが翡翠色をした海の上を走り抜けた。クティンティンとは、インドネシアで木製の小型舟を意味し、たいていパンボートと呼ばれる小型の船内機を装着することが多い。男たちはおそらく獲った魚を運んで帰るバジャウの漁民であろう。インドネシア・北マルク諸島に浮かぶカヨア島ではよく見かける光景でもある。

　北マルク諸島のカヨア島には、こうした漁業で暮らすバジャウ人と、カヨア島の北に位置するマキアン島を故地とするカヨア人が暮らしている。バジャウ人の村落は全部で三つあり、いずれもカヨア島の中心地となるグロアピン村とその周辺に形成されている。一方、カヨア人の村は島の沿岸部を中心に各地に点在するが、人口が最も集中しているのがグロアピン村である。

　両者に共通するのは、イスラーム教徒であることくらいで言語も明確に異なる。バジャウ語は、東南アジア島嶼部で話されている主要言語と同じくオーストロネシア語族に属している。しかしマルク圏では、パプア語族に属する言語を話す民族も多く、北マルク諸島ではむしろパプア語族のほうが優勢である。現にマキアン島はその東と西で言語が異なり、パプア語話者とオーストロネシア語話者が共生しており、カヨア島へは両マキアン島民が移住してきた歴史がある。いずれも18世紀頃までしかたどることができない。

　一方、両者で大きく異なるのはその生業で、海民としての要素が強いバジャウ人の多くは漁業に従事する。島で流通している鮮魚のほぼすべてにバジャウの漁民によって捕獲・販売されている。これに対しカヨア人の多くはココヤシやサゴ、森林産物の栽培・利用を生業とする農民である。しかし近年では、バジャウ人に出自を持つ住民の中にも、農業に従事する人がいる。また、カヨア人に出自を持つ住民でも、交易や商業に従事する人がもちろんいる。

　このように両者の生業がモザイク化しつつある背景には、何より通婚による両集団の混淆がある。在来のカヨア人とバジャウ人の夫婦を両親とする住民は少なくない。

column

両者の村は同じ道でつながっており、歩いただけではその境界がわからないほどに近接している。ここには本書（第12章）で長津がいう「異なる出自の人々が交易や商業の機会を求めて恒常的に交雑した、共生的な関係」を前提とした「クレオールな集団」の生成を垣間見ることができる。

東南アジアの海域世界で、こうしたクレオールな集団が生成される「場」の共

カヨア島とクティンティン

通性としては、海道が存在することとその結節点であることの2点を指摘できるかもしれない。実際、インドネシアの海域世界を結ぶ人々の道は、長らく海の道がメインだった。鶴見良行は、『海道の社会史――東南アジア多島海の人びと』〔朝日新聞社、1987年〕の中で、それを海道と呼んだ。その成り立ちはどの時代まで遡ることができるだろうか。

海道の成立として、まずは人が海を渡るという行為を原点にするなら、現時点で人類史上最も古い渡海としては、約80万年前のジャワ原人によるフローレス島への移住痕跡が注目されている。しかし、ただ海を渡るだけでは海道は成立しない。人が海を渡り、海を挟んだ地域や集団が、移住や交易といったさまざまな人間活動を通して密接につながる。その移住や交易が繰り返される過程で、特定の海道が生まれ、海道として認知されていくはずである。一方、海道の結節点はたいてい境界に生まれやすい。それは国境の場合もあるし、よりあいまいな民族集団を軸とした人間の居住圏の境界だったり、単に地理・生態的な境界の場合もある。バジャウに代表される海民の村落はこうした結節点に形成されることが多い。

海道の出現をおぼろげながらも示唆する考古学的痕跡が出てくるのは、約4000年前の新石器時代以降である。カヨア島にも、そんな新石器時代の遺跡がある。興味深いことに、東南アジアの海域世界における新石器時代の主な遺跡の多くは、現代においても海道の結節点に形成されている。その証拠に、新石器時代遺跡とバジャウ村落は隣接していることが多い。カヨアの場合、ここのバジャウ村落は北マルク圏一帯に点在するバジャウ村落の起源地として知られ、ここから彼らの海道が広がっていった。より広い地理的な視野で見た場合、カヨアは東のニューギニア圏と西のスラウェシ圏をつなぐ結節点の一つとして認識することも可能である。

第4部　海の民の豊かな世界

　新石器時代の遺跡とバジャウ村落。両者が形成された歴史的背景は、もちろん異なる。にもかかわらず、その立地にみられる共通性は、海道の成り立ちとその結節点が地理・生態圏の遷移帯や境界に生まれやすい性格と関係があると仮定できるかもしれない。東南アジアの海民は文字による歴史をほとんど残さなかった。ゆえに彼らの過去を探るうえで考古学的視点は一つの有効なアプローチでもある。東南アジア海域世界研究に大きな足跡を残した村井吉敬は、海域の現場を歩くことを徹底した［たとえば同著『スラウェシの海辺から――もうひとつのアジア・太平洋』1987年、同文舘］。考古学から得られた知見と仮説の検証を可能にするのも徹底した臨地調査しかない。遺跡の発掘と同時代に生きる海民たちの暮らしを見つめながら、海域世界の現場を歩き、海道の形成と海民の生活史を追い求めていきたい。

カヨア島のバジャウ村落の風景　　カヨア行の船が出るテルナテ島の桟橋

あとがき

　この本は、アジア研究者・村井吉敬さん（1943〜2013年）の教えを受けた人、村井さんとさまざまな現場でかかわりあった人が寄せた文章によって構成されている。村井さんは東南アジア社会経済論を専門とし、インドネシア研究やアジア研究、日本・アジア関係にかんする研究などで知られる。市民運動にも深くかかわり、学問と社会との関係を常に問い続ける姿勢を貫いた。1978年から2008年までは上智大学に、2008年以降は早稲田大学に所属し、多くの学生を育てた。

　村井さんは30年以上にわたり、研究と教育と市民運動に貢献したが、2012年に体調を崩してしまった。2013年3月、病状が悪化した村井さんのもとを、アメリカからルーベン・アビトさんが訪ねてきた。アビトさんはかつて上智大学で教鞭をとり、1978年から89年まで村井さんと親交を深め、その後、アメリカのサザン・メソジスト大学に移った。上智大学在職当時、アビトさんは、母国フィリピンでフェルディナンド・マルコス大統領（在職1965〜86年）が独裁政権を樹立し、人権を蹂躙している状況を深く憂いていた。アジアの開発問題を論じ、日本の政府開発援助（ODA）やエビ交易を手がかりに、日本とアジアとの関係を批判的に検証する村井さんと意気投合し、いわば同志になっていった。そのアビトさんが病床にある村井さんを見舞いにきたのである。村井さんのお連れ合いである内海愛子さん（恵泉女学園大学名誉教授・大阪経済法科大学アジア太平洋研究センター所長）によると、その際、アビトさんはこう述べたという。「村井さんから教えを受けた人たちが、いまさまざまな世界で活躍している。そうした人たちが、学んだことをどのように自分の研究や活動に生かしているのか、それぞれの思いをまとめた論集ができればいいですね。村井さんから学んだことが各地で、各分野でどのように花開いているのか、それがわかる論集をぜひ、読みたい」。この言葉がきっかけとなり、この論集が作られることになった。

　村井さんは多くの人に惜しまれながら、2013年3月下旬、逝去された。その後、ゆかりのある人々がご夫妻のお宅に何度となく集まり、どのように村井さんが残した仕事を引き継ぎ、次世代につないでいくべきか、話し合った。そう

した人々のうち有志4人が編集委員になり、本書の企画を進めることになった。

編集委員はアビトさんの提案を参考にしながら、論集刊行の趣旨をこう考えた。村井さんの指導を受けた者がどのように教えを受け継ぎ、自分なりに発展させているのか。研究者だけでなく、市民団体を含め社会のさまざまな分野で活動している者も書き手になって、文章化し、次の世代に残すことが大切なのではないか。村井さんは研究者や大学と社会とのつながりを常に意識し、研究者の姿勢や倫理を厳しく問うていた。そうした社会との関係、研究倫理を教え子や友人がどう受け止め、いまに継承しようとしているか、も伝えたい。

私たちは村井さんの研究分野を振り返りながら、本の内容構成を考えた。村井さんの研究範囲は多岐にわたる。それでも、代表的著作を読み解き、議論を重ねるうちに次のような構成を着想するに至った。①アジア地域研究に基づく「小さな民」の視点と生き様（代表的著作として、『小さな民からの発想──顔のない豊かさを問う』時事通信社、1982年）。②日本のODA問題を告発する正義と人権（『検証ニッポンのODA』（編著）学陽書房、1992年）。③エビ交易やグローバル化をめぐるモノの流れ（『エビと日本人』岩波書店、1988年）。④国家・国境を越える海の民の研究（『スラウェシの海辺から──もうひとつのアジア・太平洋』同文館、1987年）。

こうして、本書の構成が以下のように決まった。第1部「小さな民の生き様──民衆生業と移住」、第2部「人権と援助──少女・先住民・地域住民の声」、第3部「モノからみる世界と日本──グローバル化と民衆交易」、第4部「海の民の豊かな世界──国家と国境の向こうへ」。各部には、4つの論文と1つのコラムを割り振ることにした。コラムは各部の主題について、村井さんから何を学び、どう自分が継承しているか、短くまとめた文章である。各部の編集責任者は、専門性を踏まえてそれぞれ佐竹、甲斐田、幡谷、長津が務めることにした。

原稿執筆者については、村井さんの指導を受けた人、さまざまな活動をともにした人を対象にして、編集委員が協議を重ねて決めた。もっと多数の方に声をおかけしたかったが、1冊の本に所収できる論文、コラム数には限りがあった。結果として、15本の論文、4本のコラムを1冊の本に収めることになった。

それでも、多彩な関心を持つ多様な分野の執筆者が本書に参加していることは、読者に十分理解していただけたことと思う。日本の政府開発援助のあり方

を問い直す非営利団体（NPO）の理事、コーヒー栽培を通して新生国家・東ティモールの自立を支えるNPOの代表、あるいはインドネシア最東端のパプア島でチョコレートの民衆交易に取り組む企業の現地責任者から、東南アジアとアフリカの海で漁民の豊かな世界を再評価しようとする国際協力の実務家、カンボジアで女性と子どもの人権を守ろうとするNPO活動家兼研究者、25年にわたりバリ島を歩き続けたジェンダー人類学の研究者まで、執筆者の立ち位置を一言でまとめることはできない。

　本書のタイトルは『小さな民のグローバル学——共生の思想と実践をもとめて』である。私たち執筆者は小さな民の視点からグローバルな世界の問題を考えてみた。そのうえで、さまざまな生き様にある普通の人々が共に生き、また、そうした人々と自然が共に生きるにはどのような理念が求められるのか、どのような仕組みがあり、あるいは何をしたらよいのかを追い求めた。そうした思想や実践によって、もう一つの（オルタナティブな）生き方、人のつながり、モノの流れ、世界のあり方を明らかにしようとした。

　各論文の根底に共通する課題は「小さな民の連帯に基づくもう一つのグローバル化を探る」ことであると、序章で述べた。私たちは、一見、統一感を欠くようにもみえる上記のテーマ群を、この課題のもとに束ね、＜公正かつグローバルな＞未来を構想するための問いとして次世代に向けて提示しようとした。しかし、この壮大な目標とその射程におかれた魅力的なテーマ群を開拓したのは私たちではない。それらを開拓し、私たちに残してくださったのはいうまでもなく村井さんである。つまり村井さんこそが、本書の真の企画者なのである。

　村井さんは、社会運動家であり、教育者であり、また研究者であった。広い範囲に及ぶ数え切れないほどの友人・教え子に学びの道、実践の道を拓いてくださった。本書の執筆者はその中のごく一部でしかない。それでも、本書が村井さんの拓いた道を——たとえ一部ではあっても——読者につなげることができたならば、私たちにとってこれにまさる喜びはない。

　本書はアジア、アフリカ、ラテン・アメリカに関心のある人、外国人移住者に興味のある人、人権や国際協力について知りたい人、国際協力団体（NGO）やフェアトレードにかかわりたい人、国境を越える海民の豊かな世界を学びたい人などに、ぜひ読んでいただきたい。活動・研究分野や世代を問わず多くの人に手にとっていただけるよう、わかりやすい文章が並ぶよう編集に努めた。

本書を書き終えつつあるいま、日本と世界はかつてないほどに大きく変わろうとしている。そうした現代だからこそ、この本は特別な意義を有すると信じている。日本をみても、本書で論じられているように、政府開発援助において国益がますます前面に打ち出されようとしている。国会では安全保障関連法案（戦争法案といったほうが正確だろう）が強行採決され、民主主義が危機に直面している。つまり、「大きな国・政府」が突出しつつある。世界に目を転じると、移民・難民の増加やグローバル経済の拡大など、国境を越える人やモノの流れが加速している。貧富の格差がさらに広がるなかで、民衆交易、フェアトレードにみられるように、生産者みずからが自立を目指し、消費者が連帯する動きも広まっている。他方、国家の枠を越えて生きてきた海民は国境の管理を厳格にしようとする新たなナショナリズムに抗い、自前の海域世界をつくりなおそうとしている。読者の皆さんには、こうした現在の〈小さな民〉を切り口にして、日本と世界のいまを見直し、もう一つのグローバル化を展望していただければ幸いである。

　多くの方々による支えがあって、本書は刊行に至った。まず、それぞれの活動の場で多忙を極めていたにもかかわらず、原稿を寄せてくださった執筆者の皆さんに御礼を申し上げる。そして、何より本書の刊行は、上智大学出版の支援体制がなければ実らなかった。構想段階から相談にのっていただき、その後も常に細やかな助言をくださった。入稿後は出版社ぎょうせいの皆さんにお世話になった。編集委員会の細かい要望にも真摯におつきあいくださり、出版まで導いてくださった。また、「論集」を起案してくださったアビトさんにもフィリピン語で「Maraming salamat po!」（マラミン サラマッポ）（多謝！）とお伝えしたい。編集会議の場を提供し、私たちを温かく見守ってくださった内海愛子さんにも大変お世話になった。内海さんのどこまでも優しい支援と励ましによって、私たちは編集作業を進めることができた。感謝申し上げる。

　最後に、村井さんにあらためてお礼を述べたい。繰り返しになるが、彼の教えと生き方があって、この本は生まれた。最後の単著『パプア——森と海と人びと』（めこん、2013年）において、彼が卓越した民衆の指導者として紹介したパプア農村発展財団のデッキー・ルマロペンさんは次のような詩を寄せている。

村井先生、私の友よ	Pak Profesor Murai Sahabatku
あなたの作品はいまも	Karya-Karya Mu Saat ini
あなた自身を語る	Bercerita tentang Dirimu
時を超えて、	Dari Waktu ke Waktu
たとえ時代が変わっても	Walau Zaman Berganti

（津留歴子　訳）

　時を超えて、時代が変わっても、あなたのメッセージが受け継がれることを祈りつつ、本書を天国で微笑んでおられる村井さんにささげる。

2015年11月
編者一同

【執筆者紹介】

①生年・出身地等。②現職。③最終学歴・学位。④主な研究テーマ・関心。⑤主要著書・論文／主要作品。

佐竹眞明（さたけまさあき）〔編者・第1部担当・第4章執筆〕
①1957年東京都生まれ。②名古屋学院大学国際文化学部・教授。③上智大学大学院外国語学研究科博士後期課程修了・博士（国際関係論）。④フィリピン移民研究／開発研究。⑤『フィリピンの地場産業ともう一つの発展論――鍛冶屋と魚醬』明石書店、1998年／ *People's Economy-Philippine Community-based Industries and Alternative Development,* Solidaridad Publishing House and Shikoku Gakuin University: Manila and Kagawa, 2003／『フィリピン・日本国際結婚――移住と多文化共生』（メアリ・アンジェリン・ダアノイと共著）めこん、2006年／『在日外国人と多文化共生――地域コミュニティの視点から』明石書店、2011年。

甲斐田万智子（かいだまちこ）〔編者・第2部担当・第5章執筆〕
①1960年長崎市生まれ。②文京学院大学外国語学部・教授／認定NPO法人国際子ども権利センター（C-Rights）・代表理事。③サセックス大学開発問題研究所・修士（開発学）。④国際協力／子どもの権利／ライツベースアプローチ。⑤「カンボジアにおける子どもの性的搾取と人身売買――グローバル化する暴力と国際社会の役割」『平和研究』31、2006年／「子どもと開発」『国際協力のレッスン――地球市民の国際協力論入門』学陽書房、2013年／「児童労働と子どもの権利ベース・アプローチ」『児童労働撤廃に向けて――今、私たちにできること』アジア経済研究所、2013年。

幡谷則子（はたやのりこ）〔編者・第3部担当・第11章執筆〕
①1960年横浜市生まれ。②上智大学外国語学部・教授。③University College London, Ph.D.（人文地理）。④ラテンアメリカの社会運動・連帯経済。⑤『ラテンアメリカにおける都市化と住民組織』古今書院、1999年／『貧困・開発・紛争――グローバル／ローカルの相互作用』（下川雅嗣と共編者）上智大学出版、2008年／ *La ilusión de la participación comunitaria: Lucha y negociación en los barrios irregulares de Bogotá, 1992-2003,* Universidad Externado de Colombia: Bogotá, 2010.

長津一史（ながつかずふみ）〔編者・第4部担当・第12章執筆〕
①1968年札幌市生まれ。②東洋大学社会学部・准教授。③京都大学大学院人間・環境学研究科博士課程単位取得満期退学・博士（地域研究）。④東南アジア海域世界の社会史。⑤「境域の言語空間――マレーシアとインドネシアにおけるサマ人の言語使用のダイナミクス」『多言語社会インドネシア――変わりゆく国語、地方語、外国語の諸相』めこん、2009年／『開発の社会史――東南アジアにおけるジェンダー・マイノ

リティ・境域の動態』（加藤剛と共編著）風響社、2010年／「異種混淆性のジェネオロジー——スラウェシ周辺海域におけるサマ人の生成過程とその文脈」『民族大国インドネシア——文化継承とアイデンティティ』木犀社、2012年。

中谷文美（なかたにあやみ）〔第1章執筆〕
①1963年山口県下関市生まれ。②岡山大学大学院社会文化科学研究科・教授。③オックスフォード大学博士課程修了（社会人類学専攻）・D.Phil. ④女性労働とジェンダー規範／アジア地域の伝統染織の生産と消費。⑤『「女の仕事」のエスノグラフィ——バリ島の布・儀礼・ジェンダー』世界思想社、2003年／『ジェンダー人類学を読む』（宇田川妙子と共編著）世界思想社、2007年／『オランダ流ワーク・ライフ・バランス——「人生のラッシュアワー」を生き抜く人々の技法』世界思想社、2015年。

間瀬朋子（ませともこ）〔第2章執筆〕
①1970年金沢市生まれ。②東洋大学社会学部・助教。③上智大学外国語学研究科地域研究専攻博士後期課程修了・博士（地域研究）。④インドネシア・ジャワ島ソロ地方の人びとの出稼ぎ経済活動／モノ売りの仕事と暮らし。⑤「インドネシア・中ジャワ州ソロ地方特定地域における人間関係と出かせぎ様式」『東南アジア研究』48（4）、2011年／『現代インドネシアを知るための60章』（村井吉敬・佐伯奈津子と共編著）明石書店、2013年／「現代的な消費と"インフォーマル・セクター"——ジョグジャカルタ特別州スレマン県の学生街の事例」『消費するインドネシア』慶應義塾大学出版会、2013年。

権　香淑（くぉんひゃんすく）〔第3章執筆〕
①1969年大阪府生まれ。②早稲田大学地域・地域間研究機構・招聘研究員／恵泉女学園大等・非常勤講師。③上智大学大学院外国語学研究科博士課程修了・博士（国際関係論）。④人の移動論／東北アジア地域研究。⑤『移動する朝鮮族——エスニック・マイノリティの自己統治』彩流社、2010年／「グローバル化と〈朝鮮族〉——移動から見えると東北アジア跨境論」『アジア学のすすめ（社会・文化編）』弘文堂、2010年／「〔見えない朝鮮族〕とエスニシティ論の地平——日本の新聞報道を手掛かりに」『コリアン・ディアスポラの経験と現在』京都大学学術出版会、2013年。

原村政樹（はらむらまさき）〔第1部コラム執筆〕
①1957年千葉県生まれ。②記録映画監督。③上智大学外国語学部卒。④農業をライフワークに、農と自然、農民の精神風土、農民文学、村からみえる戦争と平和、森林と農業のかかわり、地域自立経済と反グローバル化を追求している。⑤主要記録映画作品：「海女のリャンさん」2004年（キネマ旬報ベストテン第1位／文化庁文化記録映画大賞ほか）／「里山っ子たち」2008年（キネマ旬報ベストテン第3位／アースビジョン厚生労働省社会保障審議会特別推薦賞ほか）／「無音の叫び声」2015年（山形国際

ドキュメンタリー映画祭2015公式上映作品）。

小川玲子（おがわれいこ）〔第6章執筆〕
①1964年東京都生まれ。②九州大学比較社会文化研究院・准教授。③ライデン大学社会行動科学学部修士課程修了・開発社会学／文化人類学修士。④移民研究。⑤「グローバル化するケア労働と移民」『地域・草の根から生まれる平和』早稲田大学出版部、2015年／「東アジアのグローバル化するケアワーク：日韓の移民と高齢者ケア」『相関社会科学』(24)、2014年。／Configuration of Migration and Long-Term Care in East Asia: The Intersection between Migration and Care Regimes in Japan and Taiwan. In *Social Issues and Policies in Asia: Family, Ageing and Work*. Cambridge Scholars Publishing, 2014. ／Globalization of Care and the Context of Reception of Southeast Asian Care Workers in Japan. *Southeast Asian Studies*, 49(4), 2012.

佐伯奈津子（さえきなつこ）〔第7章執筆〕
①1973年東京都生まれ。②名古屋学院大学国際文化学部・講師／インドネシア民主化支援ネットワーク事務局長。③上智大学大学院外国語学研究科博士後期課程満期退学・修士（国際関係論）。④地域研究／平和研究／国際協力。⑤『アチェの声——戦争・日常・津波』コモンズ、2005年／「グローバル援助の問題と課題——スマトラ沖地震・津波復興援助の現場から」『貧困・開発・紛争——グローバル／ローカルの相互作用』(地域立脚型グローバル・スタディーズ叢書3) 上智大学出版、2008年／『現代インドネシアを知るための60章』（村井吉敬・間瀬朋子と共編著）明石書店、2013年。

長瀬理英（ながせりえい）〔第8章執筆〕
①1958年岐阜県下呂市生まれ。②特定非営利活動法人メコン・ウォッチ・理事／上智大学等非常勤講師。③筑波大学地域研究研究科修士課程修了・修士（国際学）。④国際協力／開発／ODA。⑤「国連援助システムの批判的検討——フィリピンを事例として」『平和研究』18、1993年／「拡大するカネの流れと人びとの生活」（高橋清貴と共著）『ODAをどう変えればいいのか』コモンズ、2002年／「日本の市民社会を強めるために——国益論から見たODAの潮流とNGOの位置どり」『NGOの選択——グローバリゼーションと対テロ戦争の時代に』めこん、2005年。

村山真弓（むらやままゆみ）〔第2部コラム執筆〕
①1961年群馬県生まれ。②日本貿易振興機構アジア経済研究所・主任調査研究員。③Institute of Business Administration, University of Dhaka/ MBA. ④南アジア（バングラデシュ、インド）地域研究／ジェンダー／雇用問題。⑤*Gender and Development: The Japanese Experience in Comparative Perspective*（編著）. Palgrave Macmillan, 2005／『現代バングラデシュを知るための60章』（大橋正明と共編著）明石書店、2003年、

2009年／『知られざる工業国バングラデシュ』(山形辰史と共編著)アジア経済研究所、2014年。

伊藤淳子(いとうじゅんこ)〔第9章執筆〕
①1974年東京都生まれ。②特定非営利活動法人パルシック・東ティモール事務所代表。③上智大学外国語学研究科博士前期課程修了・修士(地域研究)。④協同組合／フェアトレード／連帯経済。⑤「コーヒー・紅茶——甘くて苦い植民地支配の遺産」『インドネシアを知るための50章』明石書店、2004年／「東ティモールからの希望の風 独立10年間の国づくりを振り返る——人びとと共に生活して10年」『オルタ』5、2012年／「東ティモールコーヒー見聞録——激動の時代を生き抜いたマウベシの珈琲二百年」『Nikkei Gallery』(Asia Oceania Edition) 90、2012年。

津留歴子(つるあきこ)〔第10章執筆〕
①1960年東京都生まれ。②(株)オルター・トレード・ジャパン(インドネシア駐在)。③ボストン大学国際関係学科・修士。④先住民族社会(インドネシア領パプア)／民衆交易。⑤「フリーポート鉱山開発による人権侵害」『森と海と先住民——イリアン・ジャヤ(西パプア)』インドネシア民主化支援ネットワーク、1999年／「パプア先住民女性と慣習法(特集 先住民族は何を獲得し、何を失ったか——サパティスタ蜂起から10年、国際先住民族の10年)『Impaction』140、2004／「伝統的エビ養殖の持続的発展」『季刊at(アット)』5、2006年。

堀 芳枝(ほりよしえ)〔第3部コラム執筆〕
①1968年熊谷市生まれ。②恵泉女学園大学人間社会学部・国際社会学科・准教授。③上智大学大学院外国語学研究科博士課程修了・博士(国際関係論)。④フィリピン地域研究(社会経済論、ジェンダーなど)。⑤「フィリピンの農民の自立と日本のNGO」、「フィリピンの市民社会とNGO」『アジアの市民社会とNGO』晃洋書房、2014年／「モノから考えるグローバル経済と私たちの平和」『学生のためのピース・ノート2』(編著)コモンズ、2015年／「北タイのストリート・チルドレンとNGO——メコン川流域開発と子どもの人権」『国際関係のなかの子どもたち』晃洋書房、2016年。

北窓時男(きたまどときお)〔第13章執筆〕
①1956年兵庫県生まれ。②アイ・シー・ネット株式会社コンサルティング部・シニアコンサルタント／大阪経済法科大学アジア太平洋研究センター客員研究員。③長崎大学大学院海洋生産科学研究科博士後期課程修了・博士(水産学)。④社会と生態の視点から海民と漁業を考える。⑤『地域漁業の社会と生態——海域東南アジアの漁民像を求めて』コモンズ、2000年／『熱帯アジアの海を歩く』成山堂書店、2001年／『海民の社会生態誌——西アフリカの海に生きる人びとの生活戦略』コモンズ、2013年。

石井正子（いしいまさこ）〔第14章執筆〕
①1968年静岡県生まれ。②立教大学異文化コミュニケーション学部・教授。③上智大学大学院外国語学研究科博士後期課程満期退学・博士（国際関係論）。④フィリピンのムスリム社会。⑤『女性が語るフィリピンのムスリム社会』明石書店、2002年／「『平和の配当』は平和をもたらすか——フィリピン南部の紛争に対するJ-BIRDの意義と課題」『現場〈フィールド〉からの平和構築論』勁草書房、2013年／「フィリピン南部の2つの先住民と平和構築」『地域・草の根から生まれる平和』早稲田大学出版部、2015年。

鈴木佑記（すずきゆうき）〔第15章執筆〕
①1978年千葉県生まれ。②東洋大学社会学部・助教。③上智大学大学院外国語学研究科博士後期課程修了・博士（地域研究）。④東アジア・東南アジア海域に暮らす漁民。⑤「『悪い家屋』に住む——タイ・スリン諸島モーケン村落の動態」『自然災害と復興支援』明石書店、2010年／「区切られる空間、見出される場所——タイ海洋国立公園におけるモーケンの潜水漁に注目して」『文化人類学研究』14、2013年／「漁民の世界——エビ養殖とイカかご漁の風景から」綾部真雄編『タイを知るための72章』明石書店、2014年。

小野林太郎（おのりんたろう）〔第4部コラム執筆〕
①1975年松江市生まれ。②東海大学海洋学部・准教授。③上智大学外国語学研究科博士課程修了・博士（地域研究）。④東南アジア海域世界の海洋考古学・民族考古学。⑤Ethno-Archaeology and the Early Austronesian Fishing Strategies in Near-shore Environments. *Journal of the Polynesian Society* 119(3), 2010／『海域世界の地域研究——海民と漁撈の民族考古学』京都大学学術出版会、2011年／「動作の連鎖・社会的プロセスとしての漁撈技術——ボルネオ島サマによる漁撈活動を中心に」『文化人類学』77(1)、2012年。

人　名　索　引

アンダーソン、ベネディクト　Anderson, Benedict R O'G　142, 157-159
ウォーレス、A. R.　Wallace, A. R.　289, 290, 293, 294, 304
ウリベ（政権）　Uribe Vélez, Álvaro　257, 258, 266
エドワード・サイード　→サイード、エドワードをみよ
オンブラ・アミルバンサ　Ombra Amilbangsa　332-336, 342, 343
サイード、エドワード　Said, Edward　138, 139, 144, 148, 158
スハルト　Soehart　15, 32, 36, 37, 164, 174, 238, 302
立本成文　280, 281, 283-286, 302, 304, 305, 315, 325

鶴見和子　139, 158
鶴見良行　139, 158, 161, 182, 277, 278, 283, 284, 303, 304, 336, 344, 371
トメ・ピレス　→ピレス、トメをみよ
ナルモン・アルノータイ　Narumon Arunotai　361
ヌル・ミスアリ　Nur Misuari　335-342, 344
ピレス、トメ　Pires, Tome　320, 325
マララ・ユスフザイ　Malala Yousafzai　125
村井吉敬　1, 2, 8, 9, 35, 36, 38, 60, 111, 112, 139, 157, 159, 199, 203, 204, 240, 242, 252, 254, 277, 278, 283, 303-305, 325, 342, 347, 366, 368, 372

地名・民族名索引

ア　行

アジア　1-3, 7-9, 60, 77, 79, 80, 82, 84, 95, 109-111, 118, 129, 130, 135, 138-141, 145, 146, 156, 158, 170, 179, 182, 188, 191, 194, 203, 210, 213, 214, 217, 239, 253, 255, 266, 277, 278, 280-286, 294, 295, 301-308, 310, 311, 315, 318-320, 323-325, 329, 330, 335, 344, 347, 361, 366, 368, 370-372
アチェ　Aceh　5, 160-162, 164-172, 174, 175, 179-181, 183
アトラト（川）　Atrato　261, 262, 264-267

アフガニスタン　189, 193-195, 197, 198
アンダマン（海）　Andaman　8, 280, 281, 346, 348-350, 352, 355, 356, 360, 364, 366, 368
イリアン・ジャヤ(州)　Irian Jaya　238, 253　→パプアもみよ
インドネシア(人)　13, 16, 20, 32-36, 38, 42, 50, 54, 56-58, 60, 61, 91, 111, 112, 141, 160, 161, 163, 164, 170, 175, 178-182, 212-214, 216, 218-220, 223, 226, 228, 231, 234-245, 247, 249, 250, 253, 281-283, 285, 287, 288, 290, 291, 293-297, 300, 303-305, 307, 308, 310-312, 314-316, 318-320, 324, 325, 327, 329,

383

370, 371
インド洋　14, 162, 311, 329, 346, 348, 361
ウォーレス線　Wallace Line　311
海サマ（人）　Sama Dilaut　347, 368
→バジャウもみよ
延辺朝鮮族自治州　4, 62, 67

カ行

華系インドネシア人　16　→華人もみよ
華人　71, 72, 79, 81, 216, 288, 290-294, 296-299, 301, 303, 367
カンボジア　115, 130, 131
北アチェ（県）　Acheh Utara　161, 162, 165, 167, 169-171, 174, 175
コロンビア（人）　6, 179, 213, 255, 256, 258, 259, 261, 263, 265, 267, 268, 273-275

サ行

在日朝鮮族　68
サバ（州）　Sabah　281, 295, 327, 328, 331, 332, 336-343, 347
シムヌル（島）　Simunul　328, 329, 332, 333, 336, 343
ジャビダ　Jabidah　336, 337
シンガポール　14, 32, 162, 170, 281, 292, 296, 321, 332
スールー　→スルをみよ
スル（スールー）（諸島）　Sulu　8, 140, 281, 295, 326-336, 338-345
スル王国　140, 326, 327, 329-334, 336, 338-342, 345
ソロ　Solo　35-39, 41-56, 58-61

タ行

タイ（人）　8, 111, 170, 281, 304, 346-364, 366-368
太平洋　9, 110, 140, 162, 217, 255, 256, 261, 262, 264-267, 269, 270, 275, 277, 305, 311, 330, 334, 372

タウスグ（人）　Tausug　329, 337, 341-343
朝鮮族　4, 62-74, 76-84
チョコ（県）　Chocó　255, 261, 263-265, 268-270, 272, 274
東南アジア　1, 2, 7, 8, 111, 138, 140, 156, 188, 191, 278, 280-286, 294, 295, 301-303, 306-308, 310, 311, 315, 318-320, 323-325, 329, 330, 344, 347, 366, 368, 370-372

ナ行

日本（人）　1, 2, 4-7, 14, 15, 26, 29, 32, 46, 48-50, 53, 59, 60, 62, 64-80, 82, 83, 85-88, 90-103, 106-109, 111, 112, 114, 119, 121, 135, 139-142, 145, 146, 148, 155-158, 161, 163, 164, 167, 169, 172, 179-181, 185, 187, 188, 191-195, 199, 200, 203, 206, 211, 213, 214, 218, 220, 224, 229-232, 235, 236, 240, 242-245, 251, 254, 255, 272, 273, 277, 278, 282, 283, 286, 289, 291, 302, 304-310, 314, 318-320, 323-325, 334, 344, 345, 355, 362, 364-366, 368

ハ行

バジャウ（人）　Bajau　294, 295, 297-300, 303, 343, 370-372
パプア（州）（人）　Papua　6, 18, 179, 234-247, 249-254, 281, 282, 288, 289, 291, 293, 313, 315, 370　→イリアン・ジャヤもみよ
バンサモロ　→モロをみよ
東ティモール　6, 162, 210-233, 239, 281, 311
フィリピン（人）　4, 5, 7, 8, 58, 85-93, 95-103, 106-111, 138-142, 144, 145, 147-149, 151, 153, 155-158, 162, 170, 179, 191-193, 203, 239, 281, 295, 307, 311, 326-345, 347

384

索　引

ブギス（人）　Bugis　285, 287, 288, 290, 293, 294, 296, 297, 315, 316, 318, 319, 324
ブンガワン・ソロ（地域）　Bengawan Solo　41-45, 47-49, 51-53, 55, 59, 60
ベトナム（人）　91, 107, 130, 161, 191
ボロ　Mboro　36

マ 行

マラッカ（海峡）　Malacca／Melaka　160, 162, 167, 281, 303, 304, 310, 311, 316, 320-322
マルク　Maluku　54, 235, 236, 281, 282, 288, 292, 293, 295, 310, 311, 319, 370, 371
マレーシア　14, 162, 170, 281, 295, 311, 321, 326-329, 331, 337-342, 345, 347, 368
ミンダナオ　Mindanao　111, 142, 143, 152-154, 179, 281, 295, 326-330, 333, 335, 338, 340-342, 344
モーケン（人）　Moken　8, 346-368
モロ／バンサモロ　Moro／Bangsa Moro　8, 326, 327, 331, 333, 335, 336, 338, 339, 341-344

事 項 索 引

ア 行

アイデンティティ　33, 63, 83, 141, 142, 144, 151, 156, 198, 236, 251, 281, 299, 304, 327
アフロ系住民　255, 256, 262-264, 266-269, 274
移住　3, 4, 7, 16, 21, 29, 31, 32, 66, 67, 69, 73, 74, 76, 78, 80, 82, 86, 90, 92, 102, 103, 109, 110, 143, 166, 236, 238, 239, 265-267, 280, 285, 286, 290, 293, 294, 297, 298, 300, 301, 366, 368, 370, 371
イスタンブール原則　130
イスラーム（教）　Islam　52, 123, 124, 140-142, 152, 157, 160, 185, 186, 297-299, 326, 327, 329-332, 336, 344, 370
イスラーム教徒　→ムスリムをみよ
磯は地付き、沖は入会　309, 310, 314
移転　165-167, 170-175, 177, 182, 193
移動　2-4, 7, 8, 13, 15, 26, 36, 37, 48, 51, 62-81, 83, 147, 170, 172, 174, 241, 267, 280, 283, 284, 286, 292, 294, 301, 309, 314, 316, 318-322, 346-351, 353, 355, 356, 360, 362, 364-366, 368
移民　64, 73, 74, 78, 79, 82, 83, 107, 109, 139, 156, 234, 238, 239, 245, 248, 288, 291, 293, 294, 297, 300, 301, 303, 318, 335, 339
インタビュー調査　18, 358
インド洋津波　14, 348, 361
インフォーマル・セクター　informal sector　35
海の民　→海民をみよ
エイジェンシー　agency　196, 197, 199, 203
エシカル・ジュエリー　ethical jewelry　6, 270-272
エビ　167, 239, 277, 278, 283, 307, 318, 319
オルタナティブ　alternative　1, 144, 157, 211, 257, 260, 269, 271-273, 278

カ 行

外国人観光客　13, 14, 361

385

開発　　1-5, 9, 15, 16, 30, 32, 36, 37, 58, 114, 115, 122, 123, 125, 126, 128-130, 135, 136, 139-143, 149, 152-154, 158, 160, 161, 163-165, 170-172, 176-181, 183-185, 187-191, 194, 196, 202, 203, 205, 211, 212, 228, 229, 234, 239, 241, 242, 249-251, 253, 255, 257-261, 263-268, 270, 272-274, 276, 284, 306, 320, 324, 343, 347, 368

開発協力大綱　　180, 184, 185, 187, 190, 202

海民　　3, 7, 8, 280, 282-287, 290, 293, 294, 296, 300-302, 304, 306-309, 316-320, 322, 324, 325, 346-348, 360, 366, 368-372

カカオ　　6, 174, 214, 234, 239-254

カカオポッド　cocoa pod　　246

学歴　　19, 21, 31, 75-77, 207, 363

過疎化　　85, 86, 88, 89, 94, 95, 97, 107, 109

家族の分散　　62-64, 69, 75, 79

環境　　1, 6, 7, 16, 31, 46, 55, 63, 72, 77, 109, 139, 153, 154, 160, 164, 165, 175, 178-180, 182, 183, 199, 200, 203, 211, 212, 240, 246, 249, 256, 260, 264, 267-274, 280, 282, 285, 296, 297, 324, 325, 355, 363, 368

環境社会配慮　　179, 180, 182, 183　→環境配慮もみよ

環境配慮　　179　→環境社会配慮もみよ

観光　　4, 12-16, 18-22, 24-34, 69, 88, 89, 95, 266, 318, 346, 350-353, 361, 368

観光産業　　13, 15, 21, 31

慣習法　　176, 236, 251, 311, 312, 314, 319

慣習法共同体　　311, 312, 314, 319

教会組織　　12

共生　　1-3, 7, 8, 109, 234, 280, 281, 284, 294, 300-302, 305, 370, 371, 375

強制移住／強制移住者（IDP）　　265, 267

協同組合　　212, 218, 220-227, 229, 231-233, 240, 247, 249, 278, 323

共同占有権　　311, 319, 323

漁業権（制度）　　7, 306-310, 323

キリスト教（徒）　Christianity/ Christiane　　12, 16, 18, 20, 21, 32-34, 141, 142, 145-147, 151, 152, 231, 234, 236, 241, 304, 327, 329-335, 343

軍事　　160, 161, 174, 175, 180, 185-187, 189-193, 195, 198, 201, 203, 213, 214, 218, 219, 237, 257, 265, 331, 336-338, 341, 355, 367

軍事部門との関係の拡大および深化　　189, 190

経済格差　　160, 169, 230

経済協力開発機構（OECD）　　179, 184, 188, 204

経済自立　　217, 219, 223, 227, 228, 256, 257, 269

経済連携協定（EPA）　　85, 90-92, 99-103, 107, 110

ケイパビリティ　capability　　196, 197, 199

ケイパビリティ・アプローチ　capability approach　　196, 199

ゲリラ組織　　257

限界集落　　97-99, 107, 109

権利ベース・アプローチ　rights-based approach　　114, 123, 128-131, 135

権利保有者　　114, 130-132, 134

公共　　28, 46, 144, 155, 156, 176, 177, 199-203, 223, 257, 323

公共的討議　　199-203

鉱山開発　　143, 178, 179, 258, 259, 261, 266, 270, 274

高齢者介護　　85, 92, 98-100, 107

コーヒー　　6, 24, 146, 171, 172, 210, 212-231, 233, 239, 243, 255, 256, 271, 278, 365

跨境生活圏（こきょう）　　66, 67, 79, 81

国益　　145, 180, 188, 191, 193, 202

国際協力　　1-4, 130, 135, 136, 138, 139, 145, 157, 179, 182-184, 202, 203, 221

国際協力機構（JICA） 179, 181, 182, 221
国際協力銀行（JBIC） 179-182
国際連合 →国連をみよ
国内観光客 14, 15
国民国家 1, 3, 7, 8, 64, 79, 140, 158, 280, 284, 301, 302, 345
国連（国際連合） 5, 114-117, 121-123, 126, 127, 130, 134, 135, 141, 179, 183, 187, 190, 206, 214, 218, 237, 238, 344
国連人口基金（UNFPA） 118, 126, 127, 129, 134, 135
国家安全保障戦略 187
子どもに対する暴力 115-118, 120
子どもの世話と職業生活の両立 22
コミュニティ 33, 68, 72, 80, 81, 109, 128, 132, 143, 147, 149, 150, 152, 186, 197-199, 257, 259-261, 264, 265, 267-270, 272-274, 298, 306, 315, 316
コミュニティ審議会 consejo comunitario 264, 265, 267, 274
コロンビア革命軍 FARC: Fuerzas Armadas de Revolución de Colombia 265
混淆 7, 280, 281, 290, 293, 297, 300-304, 370

サ 行

採掘権 257, 259-261, 267
サイクロン・ナルギス Cyclone Nargis 354
再定住 162, 165-167, 170-175, 186
在日朝鮮族女性会 68
サシ sasi 312-314, 319, 325, 368
サントス（政権） Santos, Juan Manuel 258
仕事と子育ての両立 27
児童婚 114-119, 131, 132, 134
市民 3, 5, 76, 82, 114, 117, 127, 130, 135, 139, 155, 160, 161, 186, 189, 195, 198, 202, 211, 229, 239, 277, 278, 283, 358-360, 362-365, 367

市民運動 277, 283
市民団体 5, 130, 136, 160, 161, 202, 229, 239
社会空間 280, 282, 290, 293, 300-304, 347
社会権規約 130
社会生態単位 322-324
ジャムー jamu 4, 35-42, 47, 49-53, 56-59
ジャムー売り集団 38-42, 51, 52, 57, 59
自由権規約 130
自由選択行為 Act of Free Choice 237
集団的自衛権の行使容認 190, 192
集団的土地所有権 263-265, 267, 268, 272, 274
住民移転 182
主体性 4, 86, 96, 105, 107, 109, 143
狩猟採集 234, 241, 245, 262, 350
循環型の移動 circular migration 36, 51
浚渫船 266, 267, 274
商業 4, 7, 15, 45, 54, 59, 117, 118, 280, 283-286, 288, 290, 293, 294, 296, 300-302, 309, 370, 371
少女に対する暴力 5, 114-117, 130, 131, 133-135
植民地 7, 32, 80-82, 123, 126, 140-144, 146, 151, 157, 158, 160, 176, 213, 214, 225, 236-238, 241, 256, 261, 262, 264, 265, 273, 278, 282, 288, 292, 304, 311, 312, 327, 330-336, 341-343
植民地支配 80, 81, 140-144, 146, 151, 158, 160, 213, 236, 237, 278, 327, 331, 332, 334
女性差別撤廃条約 115, 130
女性性器切除 →FGM/Cをみよ
女性に対する暴力 114-116, 118, 120, 135
人権 3-5, 82, 96, 110, 114-118, 120, 122-127, 129-132, 134, 135, 146, 160, 161,

387

174, 178, 184, 185, 187-189, 195, 198, 206, 208, 218, 219, 240, 253, 264, 265
真珠　286, 291
新自由主義　156, 278
人身取引　115, 131
人道支援　184, 186, 187, 190, 194
人道支援原則　190
簀建（すだて）　314-316, 324
スル王国　Sulu Sultanate　140, 326, 327, 329-334, 336, 338-342, 345　→スルもみよ
スル王国軍　Royal Sulu Sultanate Army　327, 338-341　→スルもみよ
性的搾取　115, 117, 118
世界銀行　179, 208, 239, 256, 276
世界人権会議　116, 129
責務履行者　115, 131, 132, 134
説明責任　130
狭い国益　188, 202
先住民族　5, 138, 140-156, 182, 234-236, 245, 251, 253, 261, 274
戦争　14, 15, 51-53, 140, 146, 154, 160, 161, 183, 186, 187, 197, 198, 236, 331-334
総有　309
ソロ出稼ぎ送り出し圏　39, 41-43, 52, 58, 59　→ソロもみよ
ソンゴ・ガウェ（制度）　songgo gawe　46, 50

タ 行

小さな民　1-5, 8, 60, 85, 86, 107, 108, 111, 112, 139, 140, 155-157, 159, 277, 278, 366
地縁・血縁　41, 52, 53, 57, 221, 286
超高齢社会　97, 107, 109
漬け木　316, 317
テロ　14, 142, 153, 186, 187, 189, 198
伝統的金採取法　266, 269, 272
東南アジア海域世界　7, 8, 280-286, 301-

303, 372
討論型世論調査　200, 203
独立闘争　219, 220, 228, 231
土地収用　160, 161, 165, 167, 170, 173-175, 177, 180, 181, 260, 267
土地買収　256, 257, 260
トランスミグラシ　transmigrasi　238

ナ 行

内発的発展　139, 158, 252
ナマコ　8, 277, 278, 288, 290, 291, 294, 296, 298, 301, 312, 318, 331, 347, 348, 351, 354, 358, 359, 365-368
難民　185, 186, 205, 218, 257, 340, 344
ニッケル鉄　255, 258
人間の安全保障　5, 184, 185, 187, 190, 193, 196-204
ネットワーク　2, 4, 7, 69, 70, 76-79, 81, 96, 140, 239, 242, 252, 278, 280, 284-286, 290-292, 296, 298, 301, 302, 319, 327
農村花嫁　85

ハ 行

パキキパッグ・カプワ・タオ　pakikipag kapwa-tao　103
爆破テロ事件　14
パトロン―クライアント関係（親分―子分関係）　41, 52-54
バナナ　45, 139, 158, 171, 239, 271, 277, 278, 283
パプア自由運動　OPM: Organisasi Papua Merdeka　237, 238
早すぎる結婚　→児童婚をみよ
パラミリタリー　paramilitary　257, 259
比較考量　195, 196, 201
非軍事　180, 186, 187, 189
開かれた国益　188
貧困　2, 8, 48, 57, 78, 139, 145, 146, 154, 169, 179, 194, 196, 211, 257, 263, 335

ヒンドゥ教（徒） Hindu 12, 16, 19-21, 26, 33, 206
フェアトレード 1, 6, 210-212, 214, 217, 222, 225, 227-233, 255, 256, 268-274 →民衆交易もみよ
フェアトレード認証 231, 271, 273
福祉 91, 92, 98, 100-103, 107, 108, 110, 117, 155, 164, 196, 205
付随的損害 195-197, 203
普遍的価値 184, 185, 187-189, 191, 193, 198, 201, 202, 258
普遍的人権主義 126
不法採掘業者 267
プランテーション 178, 257
フロンティア 283, 290, 293, 304, 320
文化観光 31
文化相対主義 123, 129
文化に配慮したアプローチ 126
ベッコウ 286, 291, 296
偏見及び慣習 115
暴力 5, 104, 114-120, 123, 125, 129-131, 133-135, 137, 139, 143, 144, 154, 155, 179, 180, 238, 257, 259, 265, 272, 340, 354, 355, 358
ポンドック制度 pondok system 54, 55

マ　行

マイノリティ minority 4, 5, 83, 138-142, 144, 146, 148, 152, 154-157, 267, 268, 345, 347, 368
未熟練労働 15, 31, 165
南シナ海領有権問題 191
民衆交易 5, 214, 234, 239, 240, 242, 243, 252, 253, 278 →フェアトレードもみよ
民衆に依拠した発展 252
民族 5, 8, 33, 62, 64-66, 68, 72, 73, 79-81, 83, 87, 103, 109, 111, 121, 122, 126, 138-157, 176, 181, 182, 219, 234-236, 245, 251, 253, 261, 274, 281, 282, 285, 288, 289, 293, 295, 297-299, 301-304, 312, 326, 327, 329, 334-336, 341-343, 347, 348, 360, 361, 367, 368, 370, 371
民族的ルーツ 103
ムスリム（イスラーム教徒） Muslim 8, 33, 124, 140-142, 152, 157, 158, 288, 298, 304, 326-338, 340-345, 370
モノ売り 35, 36, 38, 39, 42, 51-55, 57-59
モロイスラーム解放戦線（MILF） Moro Islamic Liberation Front 327, 335-343
モロ民族解放戦線(MNLF) Moro National Liberation Front 8, 326, 327, 335-343, 345

ヤ　行

櫓敷網 314-316, 318, 324
有害慣行 117, 127, 128
有害な伝統的慣行 →有害慣行をみよ
ユニセフ（UNICEF） 115-121, 124, 129-136
良い生き方 196, 199, 200
用益権 44, 46, 47, 59, 317

ラ　行

ライフステージ life stage 13, 29
離散移住 280, 285, 286, 301
零細採掘業者 260

A－Z

CSO: Civil Society Organization →市民団体をみよ
EPA →経済連携協定をみよ
FGM/C 114, 115, 117, 120-129, 131-135
JBIC →国際協力銀行をみよ
JICA →国際協力機構をみよ
MILF →モロイスラーム解放戦線をみよ
MNLF →モロ民族解放戦線をみよ
NGO 5, 114-116, 121-123, 125, 127-130, 132, 136, 138, 140, 142, 143, 145, 154,

158, 160, 161, 180, 182, 189, 195, 202,
　　　212, 218, 219, 239, 240, 242, 249, 250,
　　　269, 361, 362
ODA　　4, 5, 160, 161, 179, 180, 183-185,
　　　187-191, 193, 195, 198, 199, 202-204,
　　　283
ODA大綱　　5, 180, 184, 187-189, 202
OECD → 経済協力開発機構をみよ
UNFPA → 国連人口基金をみよ
UNICEF → ユニセフをみよ

小さな民のグローバル学
――共生の思想と実践をもとめて

2016年1月30日　第1版第1刷発行

共編著：甲　斐　田　　　万　智　子
　　　　佐　　竹　　　眞　　明
　　　　長　　津　　一　　史
　　　　幡　　谷　　則　　子
発行者：髙　　祖　　敏　　明
発　行：Sophia University Press
　　　　上　智　大　学　出　版
　　　〒102-8554　東京都千代田区紀尾井町7-1
　　　URL：http://www.sophia.ac.jp/

制作・発売　㈱ぎょうせい
〒136-8575　東京都江東区新木場1-18-11
TEL　03-6892-6666　FAX　03-6892-6925
フリーコール　0120-953-431
〈検印省略〉　　URL：http://gyosei.jp

©Eds. Machiko Kaida, Masaaki Satake,
Kazufumi Nagatsu, and Noriko Hataya, 2016,
Printed in Japan

印刷・製本　ぎょうせいデジタル㈱
ISBN 978-4-324-09944-5
(5300240-00-000)

［略号：（上智）小さな民］
NDC 分類　302

Sophia University Press

　上智大学は、その基本理念の一つとして、「本学は、その特色を活かして、キリスト教とその文化を研究する機会を提供する。これと同時に、思想の多様性を認め、各種の思想の学問的研究を奨励する」と謳っている。

　大学は、この学問的成果を学術書として発表する「独自の場」を保有することが望まれる。どのような学問的成果を世に発信しうるかは、その大学の学問的水準・評価と深く関わりを持つ。

　上智大学は、(1) 高度な水準にある学術書、(2) キリスト教ヒューマニズムに関連する優れた作品、(3) 啓蒙的問題提起の書、(4) 学問研究への導入となる特色ある教科書等、個人の研究のみならず、共同の研究成果を刊行することによって、文化の創造に寄与し、大学の発展とその歴史に貢献する。

Sophia University Press

One of the fundamental ideals of Sophia University is "to embody the university's special characteristics by offering opportunities to study Christianity and Christian culture. At the same time, recognizing the diversity of thought, the university encourages academic research on a wide variety of world views."

The Sophia University Press was established to provide an independent base for the publication of scholarly research. The publications of our press are a guide to the level of research at Sophia, and one of the factors in the public evaluation of our activities.

Sophia University Press publishes books that (1) meet high academic standards; (2) are related to our university's founding spirit of Christian humanism; (3) are on important issues of interest to a broad general public; and (4) textbooks and introductions to the various academic disciplines. We publish works by individual scholars as well as the results of collaborative research projects that contribute to general cultural development and the advancement of the university.

**Global Studies from People's Perspectives:
In Search of Philosophy and Practice of Co-existence**

© Eds. Machiko Kaida, Masaaki Satake, Kazufumi Nagatsu,
and Noriko Hataya, 2016
published by
Sophia University Press

production & sales agency : GYOSEI Corporation, Tokyo
ISBN 978-4-324-09944-5
order : http://gyosei.jp